10대를 위한 직업 백과

초판 1쇄 발행 2015년 11월 25일
1판 10쇄 발행 2022년 3월 15일

글 한승배 | **그림** 박하
펴낸이 서명지 | **디자인** 조예솔 | **제작** 이현애
사진 협찬 한국 잡 월드
펴낸곳 ㈜키즈스콜레 | **등록번호** 제2013-000015호
주소 서울특별시 서초구 방배천로 91 구산타워 9층
주문 전화 02)829-1825 | **주문 팩스** 070)4170-4316

ⓒ한승배, 2015
ISBN 979-11-6825-048-2 | **값** 22,000원
한국출판문화산업진흥원 2015년 우수출판콘텐츠 제작 지원 사업 선정작입니다.

- 이 책은 저작권법에 따라 보호받는 저작물이므로 무단전재와 무단복제를 금지합니다.
- 잘못 만들어진 책은 구입한 곳에서 바꾸어 드립니다.
- 이 책의 띄어쓰기, 맞춤법은 국립국어원에서 정한 지침을 따랐습니다.

초판 1쇄 발행 2015년 11월 25일
1판 10쇄 발행 2022년 3월 15일

글 한승배 | **그림** 박하
펴낸이 서명지 | **디자인** 조예솔 | **제작** 이현애
사진 협찬 한국 잡 월드
펴낸곳 ㈜키즈스콜레 | **등록번호** 제2013-000015호
주소 서울특별시 서초구 방배천로 91 구산타워 9층
주문 전화 02)829-1825 | **주문 팩스** 070)4170-4316

ⓒ한승배, 2015
ISBN 979-11-6825-048-2 | **값** 22,000원
한국출판문화산업진흥원 2015년 우수출판콘텐츠 제작 지원 사업 선정작입니다.

- 이 책은 저작권법에 따라 보호받는 저작물이므로 무단전재와 무단복제를 금지합니다.
- 잘못 만들어진 책은 구입한 곳에서 바꾸어 드립니다.
- 이 책의 띄어쓰기, 맞춤법은 국립국어원에서 정한 지침을 따랐습니다.

10대를 위한 직업 백과

꿈꾸는 달팽이

차례

선생님, 궁금해요! 8

나는 어떤 흥미 유형일까요? 10

6가지 직업 유형 12

1장 음악/춤 14 | 성악가 / 지휘자 / 바이올리니스트 / 작곡가 / 음악 감독 / 뮤지컬 배우 / 발레리노

2장 미술/디자인 42 | 패션 디자이너 / 자동차 디자이너 / 광고 디자이너 / 그래픽 디자이너 / 웹툰 작가 / 일러스트레이터 / 사진작가 / 메이크업 아티스트 / 큐레이터 / 푸드 스타일리스트

3장 스포츠 82 | 축구 심판 / 카레이서 / 프로 골프 선수 / 프로 배구 선수 / 스포츠 트레이너 / 스포츠 에이전트 / 치어리더 / 프로 게이머

4장 방송/언론/출판 114 | 방송 연출가 / 아나운서 / 방송 작가 / 쇼핑 호스트 / 기상 캐스터 / 성우 / 광고 기획자 / 신문 기자 / 동시 통역사 / 캐스팅 디렉터 / 번역가

5장 서비스 158 | 스튜어디스 / 호텔 컨시어지 / 소믈리에 / 플로리스트 / 요리사 / 이미지 컨설턴트 / 경호원 / 웨딩 플래너

6장 의료 190 | 안과 의사 / 치과 의사 / 한의사 / 간호사 / 약사 / 임상 병리사 / 방사선사 / 물리 치료사 / 응급 구조사 / 수의사

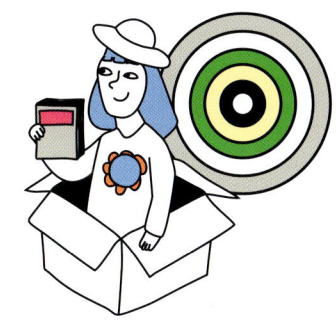

7장 IT 230 | 정보 보안 전문가 / 게임 기획자 / 입체 영상 콘텐츠 개발자 / 모바일 앱 개발자 / 소프트웨어 개발자 / 웹 마스터 / 네트워크 관리자

8장 교육 258 | 유치원 교사 / 초등학교 교사 / 중등학교 교사 / 청소년 지도사 / 인터넷 중독 상담사

9장 법/행정 278 | 국회 의원 / 외교관 / 국제기구 종사자 / 판사 / 변호사 / 변리사 / 소방관 / 사회 복지사 / 경찰관 / 사이버 범죄 수사관 / 디지털 포렌식 수사관 / 범죄 심리 분석관

10장 경제/금융 326 | 외환 딜러 / 펀드 매니저 / 투자 분석가 / 회계사 / 재무 설계사 / 세무사 / 헤드헌터

11장 공학/자연 과학 354 | 로봇 공학자 / 건축사 / 반도체 공학 기술자 / 조선 공학 기술자 / 항공기 조종사 / 항공기 정비사 / 항공 우주 연구원 / 해양 생물학자 / 항해사 / 기상 예보관 / 생명 공학자 / 임업 연구관 / 농업 생명 과학 연구원 / 수학자 / 동물 조련사

부록
나에게 꼭 맞는 직업 찾기 414
미래의 직업은 어떻게 달라질까요? 416
101번째 직업 소개 418

선생님, 궁금해요!

현직 중등학교 진로·진학 상담 선생님과 직업에 대한 궁금증을 풀어 보세요. 직업의 다양한 특성을 파악하고, 나에게 맞는 직업을 찾고 계획하는 것이 중요해요.

Q. 직업이 뭐예요? 왜 직업을 가져야 하나요?

A. 직업의 사전적 의미는 '생계를 유지하기 위하여 자신의 적성과 능력에 따라 일정한 기간 동안 하는 일'이에요. 즉 사람은 직업을 통해서 돈을 벌고 경제적으로 안정된 삶을 살 수 있지요. 돈을 버는 것 외에도 직업은 개인의 재능과 잠재력을 발휘할 기회가 되어 주고, 개인이 사회에 봉사하고 참여하는 장이기도 해요.

Q. 진로와 직업은 무엇이 달라요?

A. '진로'란 개인이 가치관에 따라 추구하는 모든 일을 의미해요. 유치원과 초·중·고·대학교, 직업과 결혼, 취미 활동 등 모든 부분이 진로와 관련이 있지요. 예전에는 한 직업을 평생 동안 갖는 일이 많았기 때문에 진로를 직업과 같은 의미로 보았어요. 하지만 현재에는 직업의 종류가 다양해지고, 직업을 바꾸는 경우도 많아 그 의미 구별이 필요해요. '직업'은 성인이 되어 일정한 기간 동안 하는 일이며, 진로의 일부분에 해당한다고 볼 수 있어요.

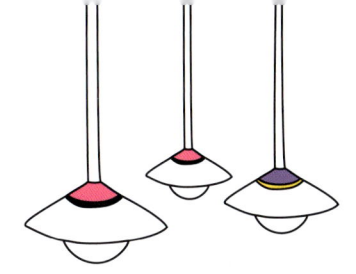

Q. 직업의 종류가 엄청나게 많아서 어떻게 골라야 할지 막막해요.

A. 현재 우리나라에서 찾을 수 있는 직업의 수는 11,000개가 넘어요. 직업을 기준에 따라 나누고, 해당 직업에 필요한 요구 조건 등을 미리 알아보면 미래의 내 직업을 선택하는 데 도움이 된답니다. 가령 사회적으로 존경을 받는 직업, 돈을 많이 벌 수 있는 직업, 창의성을 발휘할 수 있는 직업, 재능이 필요한 직업 등의 기준에 따라 해당하는 직업을 꼽아 보고, 나와 잘 맞을지 상상해 보세요. 특기·적성 검사를 실시해 보는 것도 좋아요.

Q. 직업을 정할 때 어떤 점을 생각해 봐야 할까요?

A. 직업을 정할 때 자신과 주변, 사회적 요인까지 여러 가지를 고려해야 해요. 그 중에서 반드시 따져 보아야 할 것이 바로 흥미와 적성입니다. 흥미는 어떤 활동이나 물건에 느끼는 관심, 집중도 따위의 감정을 의미해요. 적성은 일을 할 때 다른 사람에 비해 더 쉽게 잘해 낼 수 있는 능력이지요. 적성은 태어날 때부터 타고나기도 하지만 노력으로 만들어지기도 합니다. 흥미와 적성에 맞는 직업을 선택해야 오랜 기간 즐겁게 일할 수 있지요.

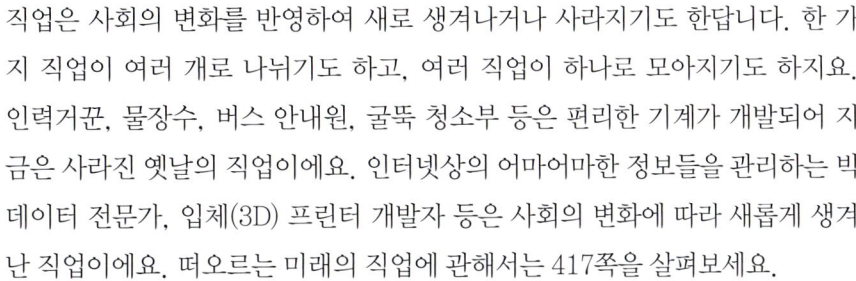

Q. 옛날과 현재, 미래의 직업에 어떤 변화가 있나요?

A. 직업은 사회의 변화를 반영하여 새로 생겨나거나 사라지기도 한답니다. 한 가지 직업이 여러 개로 나뉘기도 하고, 여러 직업이 하나로 모아지기도 하지요. 인력거꾼, 물장수, 버스 안내원, 굴뚝 청소부 등은 편리한 기계가 개발되어 지금은 사라진 옛날의 직업이에요. 인터넷상의 어마어마한 정보들을 관리하는 빅 데이터 전문가, 입체(3D) 프린터 개발자 등은 사회의 변화에 따라 새롭게 생겨난 직업이에요. 떠오르는 미래의 직업에 관해서는 417쪽을 살펴보세요.

나는 어떤 흥미 유형일까요?

다음 문항을 읽고 나의 성격에 해당하는 내용에 V 표 해 보세요. 가장 많이 표시한 부분이 나의 주된 흥미 유형이에요.

- ☐ 남성적이고 솔직하다.
- ☐ 성실하고 검소하다.
- ☐ 운동이 재미있고, 다른 친구들에 비하여 잘한다.
- ☐ 친구들과 대화하면 이야기를 듣는 편이다.
- ☐ 고집이 세다는 말을 자주 듣는다.
- ☐ 책상 위나 방을 자주 정돈한다.
- ☐ 연장, 기계를 다루는 것을 좋아한다.

실재형 흥미유형

- ☐ 새로운 사실을 알아내는 것이 흥미롭다.
- ☐ 팀의 리더가 되는 것보다 묵묵히 내 일을 하는 편이 좋다.
- ☐ 일의 과정을 깊이 생각하여 합리적으로 처리한다.
- ☐ 반복적인 일보다 새로운 일이 더 좋다.
- ☐ 내성적이고, 수줍음이 많다.
- ☐ 수학, 과학 과목을 좋아한다.
- ☐ 혼자 튀는 것을 좋아하지 않는다.

탐구형 흥미유형

- ☐ 엉뚱하게 상상하는 일이 재미있다.
- ☐ 기쁘거나 슬프거나 화나는 감정의 표현이 자유롭다.
- ☐ 틀에 박힌 것보다 변화를 좋아한다.
- ☐ 미술, 음악 과목을 좋아한다.
- ☐ 스스로 일을 계획하여 수행하는 것이 어렵다.
- ☐ 생각이 자유분방하고, 개성이 강하다.
- ☐ 어떤 사물을 보고, 다른 일화나 물건, 색깔이 잘 떠오른다.

이해유형 응답개수

- ☐ 친구들과 어울리는 것을 좋아하고, 이해심이 많다.
- ☐ 다른 사람을 돕는 일이 즐겁다.
- ☐ 친구의 이야기를 잘 들어준다.
- ☐ 기계 작동 원리에는 관심이 없다.
- ☐ 리더십이 있다.
- ☐ 수학, 과학 과목을 싫어한다.
- ☐ 남을 위해 봉사한 인물의 이야기를 읽으면 나도 닮고 싶다.

사회유형 응답개수

- ☐ 남과 경쟁하는 것을 즐긴다.
- ☐ 통솔력, 지도력이 있고, 말을 잘한다.
- ☐ 모든 일에 긍정적이고, 열정적이다.
- ☐ 반이나 조직에서 리더를 잘 맡는다.
- ☐ 언어 능력이 있지만 과학적 능력은 부족하다.
- ☐ 조직의 목표를 위해 조직원이 따라야 한다고 생각한다.
- ☐ 남들의 평가를 중요하게 생각하고, 잘한 일은 인정받고 싶다.

관리유형 응답개수

- ☐ 일을 할 때, 정확하고 꼼꼼하며, 계획성이 있다.
- ☐ 새로운 것보다 익숙한 것이 좋다.
- ☐ 책임감이 강하고, 고집이 센 편이다.
- ☐ 정해진 원칙을 지켜야 마음이 편하다.
- ☐ 책상에 앉아서 하는 일을 즐긴다.
- ☐ 모험, 글짓기, 새로운 것을 만드는 일에 소질이 없다.
- ☐ 정확하게 일을 처리하지만 탐구력은 부족하다.

사무유형 응답개수

6가지 직업 유형

앞 장은 미국의 심리학자 존 홀랜드(Jhon L. Holland) 박사의 진로 및 적성 탐색 검사예요. 이 검사에 따라 대부분의 사람들은 6가지 직업적 성격 유형으로 나뉘어요. 테스트 결과를 참고하여 나에게 맞는 직업 유형을 찾아 읽어 보세요.

현실형
체계적으로 조작하는 활동을 좋아하고, 운동 능력이 뛰어나요.
3장 스포츠, 11장 공학/자연 과학

탐구형
물리적·생물학적·문화적 현상을 관찰하는 것과 연구 활동을 즐겨요.
2장 미술/디자인, 4장 방송/언론/출판, 7장 IT, 11장 공학/자연 과학

예술형
예술 활동을 선호하고, 아이디어를 창의적으로 표현하는 것을 즐겨요.
1장 음악/춤, 2장 미술/디자인, 4장 방송/언론/출판

사회형
다른 사람을 이해하고, 돕고, 치료하는 일에 흥미를 보여요.
5장 서비스, 6장 의료, 8장 교육, 9장 법/행정

진취형
리더십이 있고, 다른 사람과 함께 목표를 이루려는 의지가 강해요.
3장 스포츠, 5장 서비스, 9장 법/행정

관습형
꼼꼼하고, 명확하며, 체계적인 계산 능력이 필요한 일을 좋아해요.
9장 법/행정, 10장 경제/금융

100명의 멘토와 떠나는 즐거운 직업 여행

각 직업 분야에서 활동하고 있는 100명 멘토의
어린 시절 이야기, 꿈, 하는 일 등을 들어 보세요.
직업에 대한 소개, 목표를 위해 미리 준비해야 할 것, 직업 전망 등
알찬 정보까지 가득합니다. 100명의 멘토를 만날 준비가 되었나요?
자, 출발!

>>> 본문의 질문과 답은 각 멘토와 서면 인터뷰를 통해 재구성되었습니다.

음악/춤

성악가

영혼을 울리는 성악가, 조수미

Q 어떻게 성악을 시작하게 되셨어요?

어머니가 오페라를 좋아하셔서 어린 시절에 매일 집에서 오페라 음악을 들려주셨어요. 그러다 보니 저는 늘 그 멜로디를 따라 부르게 되었죠. 초등학교 4학년 때에 학교에서 열린 노래 부르기 대회에서 우승한 적이 있는데 그때 담임 선생님께서 〈누가 누가 잘하나〉라는 방송 프로그램에 나가 볼 것을 권하셨어요. 저는 5, 6학년 학생들이 많이 참가한 가운데 우승을 했어요. 그때 저를 본 심사 위원 중 한 분이 어머니께 저의 예술 학교 진학을 제안하셨다고 해요. 그 일을 계기로 저는 그저 동요 부르기 좋아하는 소녀에서 전문적으로 노래를 부르는 사람이 되었지요.

Q 성악가는 타고난 재능이 필요한가요?

맞아요. 노래를 부르는 것은 몸에서 소리를 내는 일이기 때문이에요. 하지만 뛰어난 재능을 가졌더라도 끈질긴 노력이 뒷받침되어야 좋은 성악가가 될 수 있습니다. 악기 연주자들이 자기의 악기를 소중히 다루듯이 성악가들도 좋은 소리를 낼 수 있도록 평소에 몸 관리를 철저히 해야 해요. 특히 감기 같은 질병에 걸리지 않도록 신경을 써야 하지요. 신기하게도 생각과 영혼이 깨끗할 때에는 아름다운 노래가 나와요. 반면 힘들거나 좋지 않은 마음을 품고 있으면 목소리도 달라진답니다. 그러므로 타고난 재능과 함께 늘 밝고 긍정적으로 생각하려는 노력도 필요해요.

Q 가장 보람을 느낄 때는 언제인가요?

저는 지금 노래를 통해 베풀 수 있는 사람이 되어 무척 보람됩니다. 제 목소리로 위로가 필요한 이들에게 용기를 주고, 세상을 밝히는 것이 사명이라고 생각하거든요.

Q 성악가로 활동하시면서 가장 힘들었을 때는 언제인가요?

2006년 파리에서 중요한 단독 콘서트가 있었어요. 그런데 아버지가 돌아가셨다는 소식을 들었어요. 저는 곧바로 공연과 모든 스케줄을 취소하고 짐을 싸서 한국으로 가려 했어요. 그때 어머니가 오히려 저를 위로하시며 팬들과 약속한 공연을 잘 마치라고 말씀하셨고, 저는 눈물이 마르기도 전에 무대에 서야 했어요. 결국 그 공연은 제가 아버지께 드린 마지막 선물이 되었어요.

Q 성악가를 꿈꾸는 어린이들에게 하고 싶은 말씀은 무엇인가요?

이 세상에 음악이 없다면 참 슬플 겁니다. 그러므로 음악을 공부하는 분들은 사명감을 갖고 자신의 발전을 위해서 많은 희생을 하고 끊임없이 연습을 해야만 합니다. 자신의 희생과 노력만이 많은 사람에게 좋은 에너지를 줄 수 있다는 것을 알고 힘든 길이더라도 꿈과 소망을 가지고 열심히 나아가길 바랍니다.

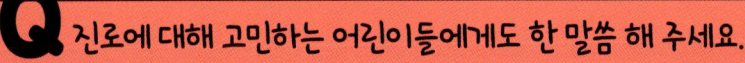

Q 진로에 대해 고민하는 어린이들에게도 한 말씀 해 주세요.

무엇보다 가슴이 뜨거워지는 꿈을 향해 하나씩 목표를 이뤄 나가며 가까워지는 것이 중요합니다. 어떤 분야에서 진정한 전문가가 되기 위해서는 자신과의 싸움에서 승리해야 하며, 결코 포기해서는 안 됩니다. 제게도 방황의 시간이 있었지만, 마음을 다잡고 유학길에 올라 힘들고 외로운 시간을 이겨 냈습니다. 어느 분야든 탁월한 재능이 필요하지만, 그보다는 고된 연습과 노력이라는 인고의 시간이 가장 중요하다는 것을 잊지 마세요.

조수미 님 약력

2015 제24회 이탈리아 티베리니 (올해의 성악가) 금상
2013 제7회 대원음악상 대상
2008 국제 푸치니상
2006 한국을 빛낸 자랑스런 한국인 문화 예술 부문 대상
대표작 《꿈꾸는 프리마돈나 조수미》, 《아름다운 도전》
서울대학교, 이탈리아 산타체칠리아 음악 학교 성악과 학사

성악가에 대해 알아볼까요?

 성악가는 어떤 직업인가요?

넓은 의미의 '성악'은 사람의 목소리로 만드는 모든 음악이다. 하지만 일상적으로 성악가는 '서양 고전 음악을 하는 가수'를 가리킨다. 오페라, 독창, 중창, 합창의 형태로 정통 고전 음악과 가곡을 노래하고, 합창단에 소속되어 활동한다. 발성, 화음 등 음악 전반에 대한 기술로 피아노나 오케스트라 반주에 맞추어 노래를 하고 문학과 연기, 무대 장치 등이 종합된 오페라에서 노래로써 대사를 전하기도 한다. 오페라 무대에 오르려면 노래는 물론, 연기 실력을 갖추어야 한다.

 성악가가 되는 방법을 알려 주세요.

대부분은 일찍 자신의 진로를 결정해, 예술 중학교, 예술 고등학교, 대학의 성악과로 진학한다. 성악을 전공하면 학교에서 발성법, 화성법, 청음, 발음 교정 등 성악에 필요한 분야를 체계적으로 배울 수 있어 전문 성악가로 진출하기에 유리하다. 성악가를 꿈꾸는 사람들 중에는 과거 성악과 오페라의 근거지였던 이탈리아, 독일 같은 나라로 유학을 가서 전문 교육을 받는 경우도 많다.

무엇을 준비해야 할까요?

 **필수**
타고난 음악적 소양은 물론 남다른 인내와 끈기가 필요해요. 좋은 성악은 꾸준한 연습을 통해 만들어지기 때문이에요.

 **중요**
악보를 보는 법, 소리를 내는 법, 화음을 맞추는 법 등을 공부하며 음악적 지식을 갖추어야 해요.

 **도움**
성악의 본거지는 유럽이에요. 노래 불러야 할 곡도 유럽의 언어로 된 것이 많으므로, 외국어 공부나 발음 연습을 하면 도움이 돼요.

앞으로의 전망은 어떤가요?

문화생활에 대한 관심이 높아져 오페라나 뮤지컬 공연이 많아지고, 그에 따라 성악가들의 활동도 활발해졌다. 하지만 순수 성악 무대가 줄고, 인기 있는 소수의 성악가에게 관심이 집중되어 실력 있는 성악가로 인정받기까지 경쟁은 더욱 치열해졌다. 앞으로는 문화생활을 즐기는 사람들의 수준과 관심 분야가 보다 전문적으로 변할 것이라고 예상됨에 따라 재능이 있다면 충분히 도전해 볼 만한 직업이다.

 **성악가를 부르는 말이 궁금해요!**

여자

소프라노
가장 높은 음역대를 부른다. 오페라에서 절정 부분을 부르는 경우가 많다.

메조소프라노
'메조'는 가운데를 뜻하는 말이다. 소프라노와 알토의 중간 음역대를 노래한다.

알토
여성의 가장 낮은 음역이며, 다른 말로 '콘트랄토'라고도 한다.

남자

테너
남자 성악 파트에서 가장 높은 음역대를 부르는 사람이다.

바리톤
테너와 베이스 사이의 중간 음역으로 '깊고 무거운 소리'라는 뜻을 가지고 있다.

베이스
인간이 낼 수 있는 가장 낮은 음역대를 노래하며 '굵고 낮은 소리'라는 뜻을 가지고 있다.

지휘자

음악/춤

오케스트라의 감동적인 소리를 만드는 권주용

- 미술 디자인
- 스포츠
- 방송 언론 출판
- 서비스
- 의료
- IT
- 교육
- 법 행정
- 경제 금융
- 공학 자연 과학

Q 어린 시절에는 어떤 학생이셨나요?

음악을 좋아해서 합창단원이 되기도 하고 피아노도 계속 쳤지만, 사실 저는 중·고등학교 때에 수학과 과학을 좋아했습니다. 그래서 대학도 식물과 공학, 화학 공업 등의 전반을 배우는 임산 공학과를 전공했지요. 그런데 뜻밖에도 대학 시절에 음악과의 인연이 시작되었습니다. 주변 사람들의 권유와 제 관심 덕분에 음악 활동을 활발히 해 오다가 본격적으로 음향학 공부를 하기로 마음먹었지요. 저는 한국에서 대학원 과정을 마친 뒤 미국에서 음악 공부를 계속 이어 갔습니다. 결국, 여러 선택의 과정 끝에 워싱턴주립대학교에서 오케스트라 박사 학위를 취득하였습니다.

Q 여러 음악 분야에서 오케스트라 지휘자를 선택하신 이유가 있나요?

음향학 중에서도 제가 공부한 분야는 악기에 관한 것이었습니다. 공부를 하다 보니 여러 악기의 매력에 푹 빠져들었고 자연스럽게 모든 악기가 한곳에 모여 있는 오케스트라에 관심을 가지게 되었지요. 결국 오케스트라의 음향을 이해하는 과정에서 지휘를 공부하게 되었습니다. 점차 지휘법에도 자신이 생기고 이 일이 제 성격에도 맞는다는 생각이 들어 지휘자가 되기로 결심하였습니다.

권주용 님 약력

현 서울 오케스트라 전임 지휘자, 신성대학교 교수
워싱턴주립대학교 오케스트라 지휘 박사
노던일리노이주립대학교 물리학과(음향학 전공), 지휘, 오르간 석사
서울대학교 임산 공학과(음향학) 학사, 석사

Q 오케스트라 지휘자를 한마디로 표현해 주세요.

'오케스트라와 함께 음악을 만들어 내는 사람'입니다. 이 표현 안에 굉장히 많은 일이 함축되어 있습니다. 오케스트라 지휘자는 오케스트라와 함께 수준 높은 음악을 완성하기 위한 음악적 리더인 동시에 조직원의 리더가 되어야 합니다. 오케스트라의 각 파트가 연주했을 때 아름다운 하모니를 만들 수 있도록 악보를 이해하고, 음악의 깊은 감성과 작곡가의 철학까지도 연구해야 하지요. 따라서 좋은 오케스트라 지휘자가 되기 위해서는 오랜 기간의 훈련과 자기 성찰이 필요합니다.

Q 어떻게 준비해야 할까요?

준비의 처음과 끝은 음악일 수밖에 없습니다. 우선 악기를 깊이 연구하고 기초적인 음악 지식과 기술을 연마해야 하지요. 지휘자가 되는 길도 다양하고, 지휘자마다 연주했던 악기도 다양하기 때문에 어느 한 가지 길을 말할 수는 없지만 대표적인 악기인 피아노를 배우고 연습하는 것은 상당한 도움이 된다고 생각합니다.

Q 힘들 때도 있으셨나요?

음악은 주관적인 면이 강하고 단원들도 각자의 음악에 대해 예민할 때가 많기 때문에 음악적 리더로서 리더와 단원 간의 조화, 단원과 단원 간의 조화를 만드는 과정이 결코 쉽지 않습니다. '조직'이라는 측면에서, 스포츠 팀의 감독과 운동선수의 어려움을 모두 가지고 있다고 생각하면 됩니다.

Q 마지막으로 지휘자가 되고자 하는 어린이들에게 조언 부탁드립니다.

지휘자는 사람들이 공감할 수 있는 음악을 만들어 내려고 노력해야 합니다. 그렇기 때문에 자기가 좋아하는 음악 세계를 깊이 연구하는 것도 좋지만 대중적인 음악에도 관심을 가져야 합니다. 또, 오케스트라는 여러 사람의 연주가 하나로 모여 최상의 소리를 낼 수 있도록 이끌어야 하므로 조직과 함께 나아갈 수 있는 품성을 기르는 것이 중요하다고 생각합니다.

지휘자에 대해 알아볼까요?

 지휘자는 어떤 직업인가요?

하나의 곡을 여러 가지 악기로 함께 연주하여 조화를 이루는 음악을 '오케스트라'라고 한다. 지휘자는 오케스트라 연주자들이 하나가 되어 곡을 아름답게 연주할 수 있도록 이끄는 역할을 한다. 지휘자는 악보를 연구하고 재해석하여 멜로디, 악기 연주의 조합, 연주법 등을 오케스트라 단원에게 지도한다. 수십 명의 연주자들은 지휘자가 이끄는 방향으로 곡을 연주하고, 관객들은 지휘자가 재해석한 음악을 듣게 된다.

 지휘자가 되는 방법을 알려 주세요.

세계적으로 유명한 오케스트라 지휘자 중에는 처음부터 지휘자 과정을 전공한 사람도 있지만, 다른 음악 분야에서 연주가로 활동하며 실력을 인정받은 후 세계적으로 이름이 알려진 지휘자로부터 지휘법 등 필요한 과정을 배워 진출하는 경우가 많다. 지휘자가 되면 국·공립 합창단이나 관현악단, 교향악단 등에 소속되어 활동한다.

지휘자가 되려면?

흥미 유형
예술형
탐구형

능력과 성격
음악적 감각
리더십
음악적 지식(화성법, 연주법)
판단력
책임감
창의력

관련 문의 기관
한국 음악 협회
한국 지휘자 협회
한국 문화 예술 위원회

관련 직업
작곡가
연주가
성악가

관련 학과
관현악과
기악과
작곡과
음악학과

🎵 무엇을 준비해야 할까요?

 **필수**

악보에 담긴 음악 세계를 알고, 연주법, 화성법 등 음악의 폭넓은 분야를 공부하여 자신만의 방법으로 재해석할 수 있어야 해요.

 **중요**

대학 전공을 선택할 때 관현악과, 기악과, 성악과, 피아노과, 음악과, 작곡과 등 음악 예술에 관련된 과에 진학하는 것이 유리해요.

 **도움**

책을 많이 읽어 음악적, 인문학적 지식을 갖추면 좋아요. 이탈리아 어, 독일어 같은 유럽권 언어를 배우는 것도 도움이 되지요.

🎵 앞으로의 전망은 어떤가요?

문화 예술 산업이 성장하면서 오케스트라 공연에 대한 관심이 높아지고 있다. 오케스트라 지휘자에 따라 공연의 성공 여부가 달라지기도 한다. 그만큼 지휘자의 역할이 중요해진 것이다. 국가나 공공 기관에서 운영하는 음악 관련 단체에 소속되어 활동할 경우 신분이 보장되고 수입이 안정적이지만 경쟁률이 높다.

오케스트라에 대해 더 알고 싶어요!

'관현악' 또는 '관현악단'이라고도 부른다. 고대 그리스 시대에 무대와 객석 사이에서 음악을 연주하던 '오르케스트라'에서 유래하였다. 각각 다른 방법으로 소리를 내는 관악기, 타악기, 현악기 등이 모여 연주하는 음악이나 단체를 의미한다.

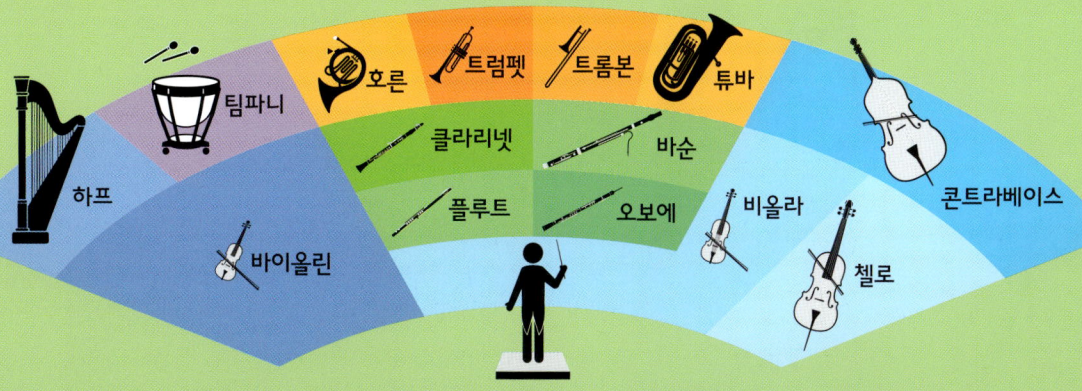

오케스트라의 일반적인 악기 배치

음악/춤

바이올리니스트
4개의 줄로 소리를 빚는 김정연

Q 몇 살 때부터 바이올린을 연주하셨나요?

여섯 살 때 집 근처에 있는 음악 학원에서 흘러나오는 피아노 소리에 반하여 피아노를 배우기 시작했어요. 그런데 그 음악 학원에서 바이올린을 배우는 친구를 보았습니다. 기다란 활이 4개의 바이올린 줄 위를 미끄러지듯 지날 때마다 뽑아내는 웅장한 소리에 큰 매력을 느꼈지요. 결국 부모님을 설득해 일곱 살 때부터 바이올린을 배우기 시작했습니다.

Q 바이올린 연주의 매력은 무엇인가요?

바이올리니스트는 마치 소설가처럼 상상력을 동원하여 연주 기법과 멜로디를 통해 듣는 이에게 이야기를 전달합니다. 노랫말이나 해설로 음악의 내용을 전하지 않기 때문에 듣는 사람들도 각자의 경험과 생각에 따라 음악을 느끼게 되지요. 바이올리니스트는 끊임없는 연구와 노력으로 곡을 해석하여 연주로 표현합니다. 듣는 이는 줄과 활을 통해 전달되는 소리로 기쁨과 슬픔, 감동을 느낄 수 있습니다.

김정연 님 약력
현 국제 연주자 협회 리더, SIA New York 예술 감독
뉴욕 클래시컬 심포니 오케스트라 음악 감독
예일대학교 석사 과정, 최고 연주자 과정 졸업
서울대학교 음악 대학 수석 졸업
예원 학교, 서울 예술 고등학교 졸업

미술 디자인 | 스포츠 | 방송 언론 출판 | 서비스 | 의료 | IT | 교육 | 법 행정 | 경제 금융 | 공학 자연 과학

정말 멋지네요! 활동하시면서 가장 보람을 느꼈을 때는 언제인가요?

무대 위 화려함 뒤에는 바이올리니스트의 끊임없는 연습과 자신과의 싸움이 있습니다. 홀로 무대 위에 서는 외로움을 극복해야 하지요. 하지만 연주회에 찾아온 관객들이 위안을 얻고, 사랑하는 사람과 즐거운 시간을 보내는 모습을 볼 때면 힘든 연습 기간과 좌절을 느끼던 순간을 잊게 됩니다. 우리나라뿐만 아니라 유럽이나 미국 등 세계 여러 나라에는 클래식 음악을 진심으로 사랑하는 사람이 많은데, 오직 음악을 듣기 위해 연주회장을 찾아오시는 관객들을 보면 마음이 든든해져요. 관객석에서 행복한 미소를 지으시거나 무대 뒤로 찾아와 기뻐하시는 모습을 볼 때면 연주자로서 정말 큰 보람을 느낍니다.

 바이올린 연주를 하는 동안 힘든 시간도 있으셨지요?

고등학생 때였습니다. 매일 몇 시간씩 엄청나게 연습을 했지만 참가하는 콩쿠르와 오디션에서 줄줄이 떨어졌지요. 어릴 때부터 눈앞에 있는 콩쿠르와 시험을 인생의 가장 큰 목표처럼 생각하며 준비했는데 막상 생각하지 못한 결과를 만나니 무척 답답했습니다. 늘 저를 위해 기도해 주시는 어머니를 보며 더 죄송하고 힘들었던 시간이었습니다. 그때 저를 지도해 주시는 선생님께서 제게 이렇게 말씀해 주셨어요.
"원하는 결과가 나오지 않더라도 포기하지 말고, 원인을 찾아야 한다."라고요. 저의 문제점은 바이올린 연주의 기술적인 부분이 아니었습니다. 음악을 즐기고 사랑하기보다는 치열한 경쟁 속에서 경쟁자보다 바이올린 연주를 더 잘해야 한다는 욕심이 앞섰던 것이죠. 그때 저는 연주자가 즐기면서 연주하는 음악이 듣는 이도 즐겁게 만든다는 사실을 깨달았습니다. 그 후에는 힘든 시간이 와도 긍정적으로 생각하고, 마음을 담아 최선을 다해 연습하며 어려운 순간을 극복해 나갈 수 있게 되었습니다.

 바이올리니스트로서의 최종 목표는 무엇인가요?

나이가 들어 바이올린을 들기 힘들어질 때까지 바이올린을 연주하고, 후배를 가르치는 것입니다. 연주자의 소리에서는 종종 그 사람이 겪어 온 삶이 느껴지기도 합니다. 수많은 경험과 감정들이 소리로 무르익어 전해질 때 듣는 이의 마음을 움직일 수 있죠.
세상에는 재능 있는 사람이 많습니다. 하지만 편안함을 쫓는 유혹을 이겨 내고 평생을 연주에 몰두하는 사람에게서 나오는 연륜과 경험, 가르침, 또 삶이 묻어 있는 음악은 그 어떤 성공보다도 값지고 귀합니다.

바이올리니스트 에 대해 알아볼까요?

 바이올리니스트는 어떤 직업인가요?

바이올리니스트는 서양의 현악기인 바이올린을 연주하는 전문가이다. 오케스트라 단원이나 실내악 연주자, 혹은 혼자 연주하는 솔리스트로 활동한다. 무대에 오르기 전에는 곡을 해석하고, 무대에서는 풍부한 상상력과 연주 기법으로 많은 사람에게 아름다운 연주를 들려준다. 대부분의 바이올리니스트는 보통 사람들보다 왼손 손가락이 반 마디 이상 더 길다. 어릴 때부터 왼손으로 음계를 잡는 연주를 반복하다 보니 길어진 것이다.

 바이올리니스트가 되는 방법을 알려 주세요.

바이올린을 전문적으로 연주하는 사람들은 대부분 어렸을 때부터 바이올린을 시작해서 예술 중학교나 예술 고등학교로 진학한다. 대학에서 관현악과, 기악과, 음악학과 등을 졸업하며, 일부는 독일을 비롯한 유럽과 미국 등으로 유학을 다녀오는 경우도 많다. 졸업 후에는 국·공립 또는 사립 오케스트라나 교향악단 등에 소속되어 활동하거나 프리랜서 연주자로 활동한다.

🎵 무엇을 준비해야 할까요?

 **필수**

바이올린의 음색과 화성을 파악할 수 있는 음악적 재능이 필요해요. 바이올린을 연주하는 데 필요한 정교한 손동작도 뒷받침되어야 해요.

 **중요**

어린 시절부터 꾸준히 바이올린 연주법을 배워야 하고, 새로운 공연을 준비할 때마다 연습을 해야 해요. 끈기와 인내심이 필요하지요.

 **도움**

오케스트라와 함께 연주하는 경우가 많아요. 따라서 원만한 대인 관계 능력이 필요해요. 각종 콩쿠르 수상 경력도 도움이 되어요.

🎵 앞으로의 전망은 어떤가요?

바이올리니스트로서의 성공과 가능성을 결정짓는 것은 자신의 노력 여하에 달려 있다. 국·공립 오케스트라에 들어가는 것은 경쟁이 매우 치열하지만 경쟁에서 이기고 연주단원이 되었을 때에 일에 대한 만족감이 매우 높다. 프리랜서로 활동하면서 대학이나 사설 학원에서 후배 연주자들을 가르치는 일을 하는 경우도 많다.

 ## 바이올린은 어떤 악기인가요?

서양에서 만들어진 현악기 중 하나이다. 바이올린을 어깨 위에 놓고, 활로 4개의 줄을 문지르거나 손가락으로 튕겨 소리를 낸다. 활을 누르는 압력이나 속도에 따라 다른 느낌의 소리가 나며, 4 옥타브* 이상의 음역대를 연주할 수 있다. 연주법에 따라 풍부한 소리를 표현할 수 있다.

*옥타브 어떤 음에서 완전 8도의 거리에 있는 음

음악/춤

작곡가

독창적인 선율을 만드는 박근태

Q 작곡가는 무슨 일을 하나요?

어린이 여러분은 대개 작곡가라는 직업을 가수가 부르는 노래를 만드는 사람으로 생각하고 있지요? 물론 맞는 말이에요. 그 외에도 만든 노래를 연주할 악기를 정하거나 반주와 가수가 녹음하는 과정을 지켜보는 등 자기가 만든 곡이 노래로 완성되기까지 모든 과정을 감독하고 조율하는 일을 한답니다.

저처럼 가수가 부르는 노래를 만드는 작곡가를 대중음악 작곡가라고 해요. 작곡가는 만드는 음악 장르에 따라 클래식 음악 작곡가, 공연 음악 작곡가, 교회 음악 작곡가 등으로 분야가 나뉘어요.

Q 어린 시절의 꿈은 무엇이었나요?

어린 시절, 집에 10,000여 장의 음반이 있었습니다. 그러다 보니 자연스럽게 음악 듣는 일을 즐기게 되었어요. 학교를 마치고 집에 돌아온 뒤, 집에서 음악을 듣는 일이 무척 좋았습니다. 초등학교 5학년 때에는 기타 연주를 배웠습니다. 이때부터 음악인의 꿈을 키운 것 같군요. 당시의 꿈은 최고의 기타리스트가 되어서 전 세계를 누비며 공연을 하는 것이었습니다.

박근태 님 약력

2004 스포츠 서울 올해의 프로듀서상
2003 SBS 가요 대전 올해의 작곡가상
2003 서울 가요 대상 최고 작곡가상
대표작 〈친구여〉, 〈정말 사랑했을까〉

🎵 무엇을 준비해야 할까요?

 **필수**

바이올린의 음색과 화성을 파악할 수 있는 음악적 재능이 필요해요. 바이올린을 연주하는 데 필요한 정교한 손 동작도 뒷받침되어야 해요.

 **중요**

어린 시절부터 꾸준히 바이올린 연주법을 배워야 하고, 새로운 공연을 준비할 때마다 연습을 해야 해요. 끈기와 인내심이 필요하지요.

 **도움**

오케스트라와 함께 연주하는 경우가 많아요. 따라서 원만한 대인 관계 능력이 필요해요. 각종 콩쿠르 수상 경력도 도움이 되어요.

🎵 앞으로의 전망은 어떤가요?

바이올리니스트로서의 성공과 가능성을 결정짓는 것은 자신의 노력 여하에 달려 있다. 국·공립 오케스트라에 들어가는 것은 경쟁이 매우 치열하지만 경쟁에서 이기고 연주단원이 되었을 때에 일에 대한 만족감이 매우 높다. 프리랜서로 활동하면서 대학이나 사설 학원에서 후배 연주자들을 가르치는 일을 하는 경우도 많다.

 ## 바이올린은 어떤 악기인가요?

서양에서 만들어진 현악기 중 하나이다. 바이올린을 어깨 위에 놓고, 활로 4개의 줄을 문지르거나 손가락으로 튕겨 소리를 낸다. 활을 누르는 압력이나 속도에 따라 다른 느낌의 소리가 나며, 4 옥타브* 이상의 음역대를 연주할 수 있다. 연주법에 따라 풍부한 소리를 표현할 수 있다.

***옥타브** 어떤 음에서 완전 8도의 거리에 있는 음

작곡가

독창적인 선율을 만드는 **박근태**

Q 작곡가는 무슨 일을 하나요?

어린이 여러분은 대개 작곡가라는 직업을 가수가 부르는 노래를 만드는 사람으로 생각하고 있지요? 물론 맞는 말이에요. 그 외에도 만든 노래를 연주할 악기를 정하거나 반주와 가수가 녹음하는 과정을 지켜보는 등 자기가 만든 곡이 노래로 완성되기까지 모든 과정을 감독하고 조율하는 일을 한답니다.

저처럼 가수가 부르는 노래를 만드는 작곡가를 대중음악 작곡가라고 해요. 작곡가는 만드는 음악 장르에 따라 클래식 음악 작곡가, 공연 음악 작곡가, 교회 음악 작곡가 등으로 분야가 나뉘어요.

Q 어린 시절의 꿈은 무엇이었나요?

어린 시절, 집에 10,000여 장의 음반이 있었습니다. 그러다 보니 자연스럽게 음악 듣는 일을 즐기게 되었어요. 학교를 마치고 집에 돌아온 뒤, 집에서 음악을 듣는 일이 무척 좋았습니다. 초등학교 5학년 때에는 기타 연주를 배웠습니다. 이때부터 음악인의 꿈을 키운 것 같군요. 당시의 꿈은 최고의 기타리스트가 되어서 전 세계를 누비며 공연을 하는 것이었습니다.

박근태 님 약력

2004 스포츠 서울 올해의 프로듀서상
2003 SBS 가요 대전 올해의 작곡가상
2003 서울 가요 대상 최고 작곡가상
대표작 〈친구여〉, 〈정말 사랑했을까〉

음악/춤

미술 디자인
스포츠
방송 언론 출판
서비스
의료
IT
교육
법 행정
경제 금융
공학 자연 과학

Q 현재는 어떤 꿈을 가지고 계시나요?

어느덧 작곡가로 정식 데뷔한 지 20년이 넘었습니다. 시간이 정말 빨리 지나가는 것 같아요. 저는 앞으로도 꾸준히 새로운 음악을 만드는 일을 하고 싶습니다. 처음 시작하던 때에 먹었던 마음가짐을 잊지 않고, 앞으로도 더 좋은 음악을 만들기 위해 쉼 없이 달리는 음악 인생을 살 계획입니다.

Q 작곡가라는 직업에 종사하시면서 가장 보람을 느낄 때는 언제인가요?

제가 가장 보람을 느낄 때는 제 음악을 듣는 많은 사람이 위안을 받을 때입니다. 음악은 듣는 사람이 처한 상황에 따라 기쁨을 주기도, 위로를 주기도, 지난 일을 추억하게 만들기도 하는 것 같아요. 제가 만든 음악을 통해 사람들이 다양한 감정을 느끼게 되었다는 말을 들었을 때 제 일이 참 좋아집니다.
대중음악은 가수를 통해 세상에 알려집니다. 음악의 성공과 가수의 성공이 연결되어 있어요. 제가 만든 노래를 부른 신인 가수가 유명세를 얻거나, 사람들에게 잊혀져 가는 가수가 제 노래를 불러 다시 인기를 얻게 되었을 때 보람을 느낍니다.

Q 작곡가가 되고 싶어 하는 어린이들에게 조언을 해 주세요.

작곡가는 음악적 재능이 중요한 직업이지만 재능이 있다 해도 부단히 노력하지 않으면 절대 성공하기 어려운 직업입니다. 단순히 음악을 즐기고 좋아하는 정도로는 부족합니다. 음악을 만드는 일은 타고난 음악적 재능과 노력이 필요한 일이기 때문입니다. 본인이 음악적으로 재능이 없다고 생각한다면 취미로 즐길 것을 권합니다. 그럼에도 불구하고 음악을 만드는 직업을 목표로 삼았다면 열심히 훈련하십시오. 작곡가는 멋으로 음악을 즐기는 사람이 아닙니다. 자신의 감정을 음악이라는 언어에 담아 남을 설득하는 사람입니다. 그렇기 때문에 그에 따른 재능이 탁월한지 아닌지를 주변 사람들의 조언을 참고하여 결정하기를 바랍니다.

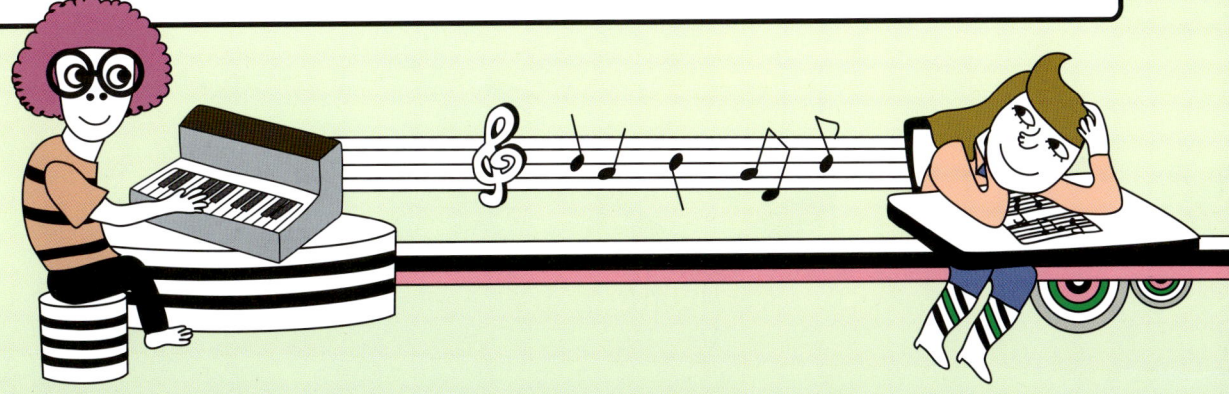

작곡가에 대해 알아볼까요?

 작곡가는 어떤 직업인가요?

작곡가는 전문적인 기술을 가지고 음악을 만드는 사람이다. 화음, 리듬, 음악 이론 등을 기초로 하여 담고자 하는 메시지를 멜로디로 악보에 표현한다. 클래식, 민요, 대중음악 등 다양한 장르의 기존 음악들을 새롭게 편곡하는 일도 한다. 작곡가는 하나의 곡을 완성하기까지 작사가, 편곡가 등과 수차례 논의하고, 완성된 곡을 연주자나 가수가 녹음할 때 곡의 분위기나 메시지 등에 대해서도 의견을 제시한다.

 작곡가가 되는 방법을 알려 주세요.

작곡가가 되기 위해서는 일반적으로 음악 대학의 음악학과, 작곡과, 실용 음악학과 등에서 작곡에 대해 전문적으로 배워야 한다. 이들 학과에서는 작곡에 필요한 이론과 작곡가로 현장에서 활발히 활동하고 있는 교수님들의 실기 지도를 받아 다양한 분야의 음악을 작곡해 볼 수 있다. 이름이 알려진 작곡가가 운영하는 학원, 방송사 아카데미 등에서도 작곡가 교육을 받을 수 있다.

흥미 유형
예술형
탐구형

능력과 성격
음악적 지식(화성법, 연주법)
집중력
책임감
창의력
기억력

관련 문의 기관
한국 작곡가 협회
한국 성악가 협회
한국 음악 협회
한국 지휘자 협회
한국 문화 예술 위원회

관련 직업
작사가
편곡가
가수
연주가
지휘자

관련 학과
음악학과
작곡과
실용 음악학과

무엇을 준비해야 할까요?

필수
새로운 음악을 만들어야 하므로, 창의적인 멜로디와 리듬을 만들 수 있는 음악적 재능이 반드시 필요해요.

중요
한 가지 이상의 악기를 연주할 수 있어야 해요. 여러 악기의 음색과 특징을 알면 표현하고자 하는 음악의 느낌을 잘 살릴 수 있어요.

도움
요즈음에는 컴퓨터를 사용하여 작곡을 하는 경우가 많아 작곡 관련 컴퓨터 프로그램을 다루는 능력이 도움이 되어요.

앞으로의 전망은 어떤가요?

최근에는 각종 오디션 프로그램이 인기를 얻어 작곡의 영역이 일반인에게까지 넓어지고 있다. 취미 생활이 전문 기술을 배우는 단계까지 진화하여 일반인들도 작곡을 하게 될 것이다. 그렇기 때문에 작곡가로 성공하려면 치열한 경쟁에서 이겨야 한다. 사람들의 관심이 커지는 만큼 영화, 연극, 무용 등의 분야에서 작곡가의 인력 수요는 늘어날 것으로 예상된다.

편곡가는 어떤 일을 하나요?

최근에는 작곡가 못지않게 편곡가의 역할이 중요해지고 있다. 작곡가는 곡의 뼈대가 되는 멜로디를 만들고, 편곡가는 작곡가의 의도를 파악하여, 음악의 전달력을 극대화하기 위하여 화성, 악기 연주, 박자, 효과음 등으로 분위기를 조절한다. 같은 음악이라도 편곡을 어떻게 하느냐에 따라서 곡이 완전히 달라지기도 한다. 오래전 노래를 재해석하여 편곡한 리메이크 곡을 원곡과 비교해 보면 편곡에 따라 음악이 어떻게 달라지는지 알 수 있다.

음악/춤 — 음악 감독

지휘, 작곡, 편곡을 아우르는 이성준

Q 음악 감독이 되기까지의 과정을 말씀해 주세요.

사실 저는 제 의지와 상관없이 음악을 시작했습니다. 어렸을 때 어머니께서 제게 취미로 할 수 있는 음악을 배우게 하셨거든요. 그때 저는 음악을 즐기기보다 남보다 기술적으로 잘할 수 있다는 것에 우쭐함을 느끼는 정도였습니다. 그러다 고등학교 때에 뮤지컬을 처음 보고는 무작정 뮤지컬을 동경했습니다. 대학에서 배우, 연출자가 되기 위한 과정을 공부하기로 결심했지요. 그러다가 음악 감독이라는 직업에 관심을 갖게 되었습니다. 사실 저는 어렸을 때부터 지휘자가 되는 것이 꿈이었는데 음악 감독이 하는 일이 지휘자와 비슷하다는 사실을 알았고, 제 적성에도 잘 맞아 직업으로 택하게 되었습니다.

Q 지휘자와 통하는 것은 어떤 부분인가요?

음악 감독의 일에는 여러 가지가 있지만, 주된 업무는 지휘입니다. 배우의 노래나 합창, 오케스트라의 연주를 지휘하지요. 편곡도 음악 감독의 주요 업무입니다. 요즘은 음악 감독이 공연 프로그램이나 무대의 분위기에 맞게 음악을 편곡하거나, 새로 만드는 일이 많아졌기 때문입니다. 따라서 음악 감독에게 작곡, 편곡 능력은 꼭 필요한 조건이 되었습니다.

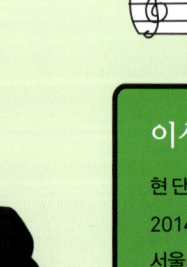

이성준 님 약력

현 단국대학교 공연 영화학부 뮤지컬 전공 교수
2014 제8회 더 뮤지컬 어워즈 음악 감독상 수상
서울대학교, 영국 왕립 스코틀랜드 음악 연극 대학원 석사
2003 1집 앨범 〈Guitar and Friends〉로 데뷔

Q 감독님께 가장 소중한 작품을 하나만 꼽아 주세요.

참여한 모든 작품을 잊지 못하고, 소중하게 생각합니다. 하지만 굳이 하나를 꼽아야 한다면 뮤지컬 〈프랑켄슈타인〉을 들겠습니다. 제가 처음으로 곡을 만들고, 지휘를 한 작품이기도 하지만 예상했던 것보다 많은 사랑을 받아서 얼떨떨했지요. 이 작품으로 오랜 꿈을 이룰 수 있었습니다.
〈프랑켄슈타인〉을 얘기하니 〈모차르트〉를 빼놓으면 섭섭할 듯합니다. 저는 〈모차르트〉에서 배우가 부르는 곡의 노랫말을 직접 썼습니다. 노랫말을 쓰면서 모차르트에 관한 여러 자료를 봤는데 결론은 '모차르트는 천재가 아니다.'였습니다. 음악 이외에 다른 일은 할 수 없어 절실했고, 그만큼 피나는 노력을 해야 했지요. 모차르트의 모습을 보며 마음이 아팠습니다. 모차르트가 쓴 편지에는 "다시 태어나면 천재로 태어나고 싶지 않다."라는 말이 있어요. 그의 음악은 세계적인 명성을 얻었지만 개인의 삶은 우리의 삶과 비슷했던 것 같아 기억에 많이 남습니다.

Q 감독님께서 본받고 싶은 멘토가 있나요?

저희 어머니, 그리고 정명훈 지휘자와 엘턴 존 작곡가입니다. 제 어머니는 하나를 배우셔도 최선을 다하고 진심으로 다가가셨습니다. 그래서 그런지 저도 어떤 일을 하더라도 마음을 다하려고 노력합니다.
음악적으로는 정명훈 지휘자와 엘턴 존 작곡가의 카리스마와 음악성을 동경합니다. 두 분의 발자취를 주목하면서 저의 음악 인생을 설계하였고, 늘 따라가려고 노력합니다.

Q 음악 감독이 되기 위해서는 어떤 자질이 필요할까요?

어느 것 하나로 말하기는 어렵습니다. 그래도 기본적으로 갖추어야 할 것은 노래와 악기를 이해하는 능력입니다. 그러려면 악기를 연주할 수 있어야 하겠지요.
저의 경험에 비추어 한 가지를 더 얘기하자면, 음악 감독은 뮤지컬을 사랑해야 합니다. 저는 매일 공연을 보러 다니고, 자료를 찾아 모으면서 뮤지컬에 흠뻑 빠져 있었습니다. 뮤지컬 음악을 듣고, 방 안에서 홀로 지휘도 해 보았지요. 그렇게 뮤지컬에 미쳐 있다 보니 자연스럽게 음악 감독이라는 직업의 세계에 들어오게 되었습니다. 여러분도 음악을 많이 들으세요. 그러다 보면 홍수처럼 많은 음악 중에서 나만의 음악을 찾을 수 있을 거예요.

음악 감독에 대해 알아볼까요?

 음악 감독은 어떤 직업인가요?

음악 감독은 오페라, 영화, 드라마, 연극, 뮤지컬, 콘서트, 음반 등 다양한 분야에서 활동한다. 대본이나 시나리오를 보고 관계자들과 작품의 성격 및 진행 방향에 대해 협의를 한 후 장면에 맞는 음악을 선정하거나 기존의 음악을 작품에 맞게 편곡하고, 새롭게 음악을 만들기도 한다. 이 과정에서 관련된 사람들을 지휘하고 관리하며 최종적으로 음악을 통해 작품과 관객을 연결하는 역할을 한다. 합창, 가수 공연, 뮤지컬 공연에서 오케스트라를 지휘하기도 한다.

 음악 감독이 되는 방법을 알려 주세요.

음악 감독이 되기 위해서는 오랜 시간 동안 음악적 소양과 악기 다루는 능력을 길러야 한다. 음악학과, 실용 음악학과, 작곡과 등 음악 관련 학과 중에서도 작곡에 필요한 이론과 실기를 모두 배울 수 있는 작곡과가 적합하다. 학원에서 음악적 지식과 실력을 쌓거나 연주가, 지휘자, 작곡가 등 다른 분야에서 활동하다가 음악 감독이 되기도 한다.

음악 감독이 되려면?

흥미 유형
예술형
탐구형

능력과 성격
음악적 지식(화성법, 연주법)
창의력
리더십
집중력
대인관계능력

관련 문의 기관
한국 음악 협회
한국 지휘자 협회
한국 문화 예술 위원회
한국 뮤지컬 협회
한국공연프로듀서협회

관련 직업
작곡가
연주가
작사가

관련 학과
작곡과
음악학과
실용 음악학과
대중 음악과
뮤지컬학과

🎵 무엇을 준비해야 할까요?

필수
다양한 악기의 음색과 특징을 알아야 해요. 음악이 쓰일 작품을 이해하고, 적합한 곡을 만들거나 편곡할 줄도 알아야 하지요.

중요
피아노, 기타 등의 악기를 다룰 수 있어야 해요. 뮤지컬 공연에서는 연주단원을 지휘하는 경우도 많아 지휘 실력을 갖추어야 해요.

도움
연주자, 음향 감독 등 공연 팀의 음악과 관계있는 제작진을 이끌어야 하므로 리더십을 기르면 도움이 되어요.

🎵 앞으로의 전망은 어떤가요?

최근 문화 산업에 대한 사람들의 관심이 매우 높아졌다. 그중 영화나 뮤지컬은 사람들의 관심과 국가와 기업의 지원이 늘어 빠르게 성장하는 문화 산업이다. 따라서 음악 감독이 설 무대와 활동 분야가 늘어날 것으로 예상되지만, 음악 감독이 참여하는 작업이 전문화되어 자신만의 경쟁력과 실력을 갖추기 위한 꾸준한 노력이 필요하다.

음향 디자이너는 어떤 일을 하나요?

음악 감독이 영화나 연극, 뮤지컬에 사용되는 '음악'을 담당한다면, 음향 디자이너는 음악을 포함한 모든 '소리'와 관계된 일을 맡는다. 자연이나 사물의 효과음, 배우들의 목소리, 노래, 악기 소리 등을 가장 좋은 상태로 영상에 입히기 위해 음향과 관련된 제작 장비나 인적, 물적 시스템을 구성하고 조작한다.

뮤지컬 배우

종합 무대 예술인, 김승대

음악/춤

미술 디자인

스포츠

방송 언론 출판

서비스

의료

IT

교육

법 행정

경제 금융

공학 자연과학

Q 언제 처음으로 뮤지컬에 반하게 되셨나요?

어렸을 적 제 꿈은 격투기 선수였어요. 그런데 고등학교 3학년 때 우연히 〈피터 팬〉이란 가족 뮤지컬을 보고는 충격을 많이 받았어요. 집과 학교, 체육관이 아닌 다른 세계를 경험하게 된 거죠. 현실에는 있을 수 없는 사람들이 무대에서 날거나 뛰어다니며 땀을 흘리고, 다양한 행동이나 몸짓, 감정을 주고받는 모습을 보며 웃고 울고 찡그리는 제 자신을 발견했어요. 보는 이들에게 아름다운 환상과 노래를 선사하고, 마음속으로 그 캐릭터가 되어 감정을 공유하게 하는 마법 같은 경험이었어요. 그 첫 충격이 절 뮤지컬 배우로 만들어 준 것이 아닌가 해요.

Q 뮤지컬 배우가 된 뒤, 뮤지컬에 대해 갖고 있던 생각이 달라지셨나요?

네, 뮤지컬을 시작한 지 얼마 안 되었을 때, 공연을 끝내고 나오는데 한 자그마한 여자아이가 제 허리를 잡고 다시는 죽지 말라고 엉엉 우는 거예요. 그 일 덕분에 더욱이 직업에 자부심과 책임감을 느꼈답니다. 제가 어렸을 때 공연 속 인물들에게서 삶의 에너지와 위로를 받았듯이 제 공연을 보신 관객들이 스트레스가 풀렸다. 열심히 살아 보고 싶은 힘이 생겼다고 하실 때 이 일을 하길 정말 잘했다는 생각이 들어요.

김승대 님 약력

현 저스트엔터테인먼트 소속
대표 뮤지컬 〈햄릿〉, 〈로미오와 줄리엣〉, 〈몬테크리스토〉, 〈엘리자벳〉, 〈내 마음의 풍금〉, 〈영웅〉 등
2006 뮤지컬 〈지킬 앤 하이드〉로 데뷔
동국대학교 연극영화학과 졸업

Q 힘든 순간도 있으셨지요?

많은 분이 뮤지컬 배우의 생활이 화려하고 멋질 거라고 생각해요. 하지만 절대 그렇지 않답니다. 피나는 노력과 고생 없이는 절대 이룰 수 없는 직업이죠. 제가 무대에서 청동검을 다루어야 해서 검술을 배운 적이 있어요. 열심히 배워서 검을 다루는 것이 몸에 부자연스럽지 않게 훈련했지만 부상을 당하고 말았어요. 검에 손을 베어 자칫 잘못했다면 한쪽 손을 잃을 뻔했답니다. 회복하는 기간 동안 제 손을 보며 불안감과 두려움으로 힘든 시간을 보냈지요. 하지만 제 공연을 기다려 주시고, 쾌유를 빌며 응원해 주신 분들 덕분에 거짓말처럼 하루가 다르게 회복되었어요. 다시 무대에 설 수 있다는 희망과 의지로 극복할 수 있었지요.

Q 10년 뒤에는 어떤 모습일지 상상해 보신 적이 있나요?

배우는 평생 배워야 하는 직업이에요. 어떤 작품에서 어떠한 인생을 살아가는 인물이 될지 모르잖아요. 귀족이나 천민, 무사 등 어떤 역할을 맡더라도 그 사람이 저인 것처럼 자연스럽게 훈련해야 하지요. 이러한 것들을 뮤지컬 장르에선 주로 대사, 노래, 행동으로 보여 주기 때문에 연기력과 가창력, 몸을 쓰는 훈련을 평생 배우고 익혀야 하고요. 저는 아마 10년 뒤에도 뮤지컬 공연을 위해 연습을 하고 있을 거예요. 저와 같은 대학을 졸업하신 배우 최민식 선배님께서 저에게 하신 말씀이 있어요. "배우라는 호칭을 다는 것은 대통령이 되는 것과 같다. 국민들의 지지를 얻어 대통령이 되는 것이 영광스럽듯, 관객이 인정하여 이름 앞에 배우라는 호칭을 붙여 주는 것만큼 배우에게 영광스러운 일이 또 있겠느냐."라고요. 진정한 의미의 배우라는 호칭이 제 이름 앞에 붙을 수 있도록 평생 노력할 거예요.

Q 뮤지컬 배우가 되고 싶어 하는 어린이들을 위해 한 말씀 해 주세요.

겉으로 보이는 멋진 모습만 보고 뮤지컬 배우를 꿈꾼다면 좋은 뮤지컬 배우가 되기 어려워요. 하나의 작품이 무대 위에 올라가기까지의 전체 과정과 그에 따르는 노력에 관심을 기울여야 하지요.
뮤지컬 배우가 되기까지 현실적으로 부딪칠 수 있는 여러 가지 갈등에 대해서도 더 깊게 고민하길 바라요. 그래서 무대 앞보다는 뒤에 있을 때의 모습을 좀 더 생각해 보는 것이 중요합니다. 배우에게는 많은 작품 가운데 한 작품일지 모르지만 관객에게는 어쩌면 인생에 큰 영향을 미칠 수도 있으니까요.

뮤지컬 배우에 대해 알아볼까요?

 뮤지컬 배우는 어떤 직업인가요?

뮤지컬은 재미있는 이야기에 음악, 춤, 노래 등 다양한 요소가 어우러진 종합 예술 공연이다. 뮤지컬 배우는 극 중의 다양한 배역을 맡아 뛰어난 노래와 춤 솜씨로 관객들을 즐겁게 해 준다. 대부분의 뮤지컬 배우들은 오디션을 통해 배역을 맡는다. 배역이 정해지면 이야기와 등장인물의 성격을 파악하고, 대사, 춤, 노래를 연습한다. 뮤지컬 연습은 오랜 시간 동안 진행되는데, 장기 공연의 경우 연습 기간과 공연 기간을 합쳐 6개월이 넘게 걸리는 경우도 많다.

 뮤지컬 배우가 되는 방법을 알려 주세요.

뮤지컬 배우 중에는 예술 중학교와 예술 고등학교, 대학에서 연극, 영화, 무용, 성악 등을 전공한 사람이 많다. 최근에는 대학에 뮤지컬학과가 생겨 발성과 호흡, 뮤지컬 음악, 현대 무용, 발레, 재즈 댄스, 연기 등을 종합적으로 배우고 익힐 수 있다. 또한 배우를 양성하는 학원을 통해 뮤지컬 배우가 되기도 한다. 뮤지컬 배우들은 주로 뮤지컬 극단이나 기획사 등에 소속되거나 프리랜서로 활동한다.

뮤지컬 배우가 되려면?

흥미 유형
예술형
탐구형

능력과 성격
인내력
신체 운동 능력
대인 관계 능력
협동심
창의력
공간 지각 능력

관련 문의 기관
한국 뮤지컬 협회
한국 문화 예술 위원회

관련 직업
안무가
무용가
가수
성악가

관련 학과
뮤지컬학과
성악과
무용과
연극 영화학과

무엇을 준비해야 할까요?

필수
가창력과 주어진 배역을 소화할 수 있는 연기력이 필요해요. 율동을 하며 노래를 불러야 하므로 무용 실력도 갖추어야 해요.

중요
악보를 보고 노래로 곡의 분위기를 표현해야 해요. 반복되는 연습과 공연 일정을 소화하려면 강인한 체력도 필요하지요.

도움
연극, 영화, 방송 분야 등 뮤지컬뿐만이 아닌 다양한 문화 흐름에 관심을 가지면 좋아요. 독서를 통한 간접 경험이 도움이 되어요.

앞으로의 전망은 어떤가요?

주 5일 근무제를 시행하고 삶의 질이 높아지면서 뮤지컬에 대한 관심도 높아졌다. 우리나라의 뮤지컬 산업이 발달하기 전까지만 해도 외국의 유명한 공연단이 국내에서 공연하는 경우가 많았지만 요즈음에는 우리나라에서도 우리 정서에 맞는 수준 높은 뮤지컬을 활발하게 창작한다. 그래서 뮤지컬 배우와 뮤지컬 제작에 관련된 여러 가지 직업에 대한 수요가 함께 늘어날 것으로예상된다.

뮤지컬의 역사에 대해 알아볼까요?

뮤지컬은 일반 서민들을 위한 예술로 출발해 유럽의 전통적인 오페라 형식에 영국 셰익스피어 연극 기법이나 가면극 등 쇼의 요소를 혼합하여 새롭게 생겨난 예술 분야이다.
뮤지컬은 다른 유럽 국가에 비하여 음악극이 뒤떨어졌던 영국에서 시작되었다.
19세기 유럽에서는 귀족들을 위한 오페라가 유행했다. 같은 시기, 산업 혁명이 일어난 영국에서는 많은 돈을 번 시민들이 사회의 새로운 지도층으로 등장했고 그들은 유럽의 귀족들이 즐기던 오페라와는 다른 예술을 즐기고 싶어 했다. 이러한 분위기에서 등장한 것이 뮤지컬이다.

음악/춤

발레리노

무대에서 열정으로 춤추는 황형순

Q 어린 시절의 꿈은 무엇이었나요?

특별히 꿈이라든가 하고 싶은 건 없었어요. 어린 시절에 제가 엄청 개구쟁이였는데 매일 '뭐 하고 놀까?' 이런 생각만 했던 것 같아요. 하지만 노는 것 중에도 남들 앞에 나서서 춤추고 웃기는 걸 참 좋아했어요. 그냥 남들을 즐겁게 해 주고 모두가 나를 쳐다봐 주는 게 좋았어요. 학교 수련회라든지 장기 자랑 같은 걸 하면 꼭 무대 위로 뛰어나갔죠.

Q 숨겨진 끼가 많으신 것 같아요. 특별히 발레를 하시게 된 계기가 있나요?

제가 사람들 앞에서 춤추고 노는 걸 보고 어느 날 부모님께서 친구분이 운영하는 발레 학원에 데리고 가셨어요. 마침 발레 수업이 있어서 보게 되었죠. 저는 늘 막춤을 췄는데, 발레는 기본자세를 잡고 거기서 동작이 하나씩 하나씩 뻗어 나가더라고요. 발레의 동작들마다 이름이 있고, 춤추는 것도 방법이 있다는 걸 처음 알았어요. 발레에 대해 호기심이 생겨 학원을 다니게 되었는데, 그때가 고등학교 2학년 때였어요. 발레를 시작하기엔 늦은 나이였지만 처음엔 단지 춤을 배우고 싶었어요. 한 동작 한 동작 연습하면 한 만큼 실력이 늘어 가고 그렇게 배우는 보람과 재미도 느꼈죠. 그러던 어느 날 원장님께서 저를 보시더니 대회에 나가 보라고 추천해 주셨어요. 상을 타야겠단 생각은 없었어요. 그냥 열심히 하고 싶었죠. 발레 자체가 너무 즐겁고 재미있었기에 무작정 열심히 했는데 상을 받게 되었어요. 상을 타니까 더 욕심이 생기고, 대학도 무용과를 가야겠다는 목표가 생겼어요. 그렇게 좋아하는 발레를 계속 하다 보니 발레리노가 되었답니다.

Q 발레리노란 직업의 가장 큰 특징은 무엇일까요?

간단히 말하면 남자가 타이즈를 입고 춤을 추는 직업입니다. 남자 발레 무용수를 '발레리노'라고 하죠. 얼마 전 미국에서 가장 힘든 직업 2위로 발레리노가 뽑혔다는 기사가 생각나네요. 1위가 우주비행사였습니다. 발레리노는 연습을 게을리하면 안 되는 직업이에요. 아무래도 온몸으로 연기해야 하기 때문에 조금이라도 연습을 게을리하면 부상을 입을 가능성이 높아진답니다. 특히 여자 무용수와 호흡을 맞추어야 해서 체력적으로도 매우 힘들어요. 보기에는 아름답지만 그 안에 숨은 노력이 엄청난 직업이랍니다.

Q 실제로 부상을 당하신 적도 있었나요?

네, 인대가 끊어지는 부상을 여러 번 당했는데, 아무것도 할 수 없는 상황이 되니 무척 힘들었답니다. 무용수 가운데는 본의 아니게 부상으로 인해 포기하는 경우가 많거든요. 저도 매일매일 추던 춤을 멈추고 재활 치료만 했었죠. 치료 후 처음 시작하는 마음으로 다시 마음을 다잡고 연습을 해서 어려움을 극복했고요.

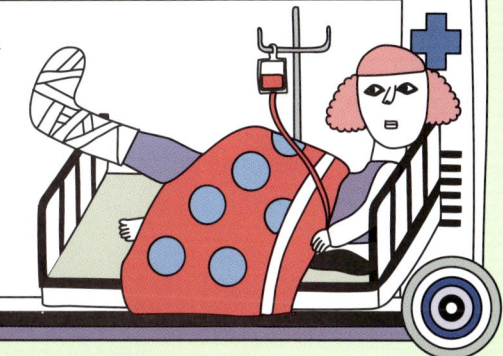

Q 활동하시면서 가장 기억에 남는 순간은 언제인가요?

대학 졸업 후 국내에서 활동하다가 일본 발레단 오디션에 합격하여 입단했습니다. 그때 방 한쪽에 늘 태극기를 걸어 두었어요. 외국에 가면 애국심이 생긴다더니 정말 그렇더라고요. 일본 도쿄 국립극장에서 첫 공연을 끝내고, 일본 관객들의 환호성을 듣는 순간, 제 자신이 자랑스럽고 뿌듯했답니다. 그 순간이 발레를 하면서 가장 기억에 남아요. 최근에는 고아원이나 소년원 등에 가서 공연을 쉽게 접하지 못하는 분들께 무료로 발레나 뮤지컬 문화 공연을 하면서 많은 보람을 느끼고 있습니다.

황형순 님 약력
현 브로스컴퍼니 대표
2005-2008 일본 NBA발레단 솔리스트
2001-2003 유니버설 발레단 객원 무용수
세종대학교 무용학과 졸업

발레리노에 대해 알아볼까요?

발레리노는 어떤 직업인가요?

발레 공연의 여자 무용수를 발레리나, 남자 무용수를 발레리노라고 한다. 발레리노는 무대 위에서 음악에 맞추어 혼자 또는 여러 명의 다른 발레 단원들과 호흡을 맞추어 공연을 한다. 발레리노는 여자 무용수와 호흡을 맞추고, 여자 무용수를 이끄는 역할을 한다. 유명 발레리노의 발을 보면 발가락 마디마디가 변형되거나 굳은살이 박인 모양을 흔히 볼 수 있는데 그만큼 평소에 연습을 많이 했기 때문이다.

발레리노가 되는 방법을 알려 주세요.

어린 시절부터 무용 교육을 받아 예술 중학교와 예술 고등학교를 졸업하고 대학에서 무용을 공부한다. 무용과에 입학하려면 발레, 한국 무용, 현대 무용 등으로 구분하여 실기 시험에 통과해야 한다. 입학 후에는 실기 수업을 통해 표현력과 창작 능력을 기르고, 학문적 이론을 배운다. 무용 학원을 거쳐 발레리노가 되는 경우도 많다. 무용단이나 예술단에 소속되며, 공개 오디션을 보고 배역을 맡는다.

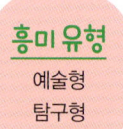

발레리노가 되려면?

흥미 유형
예술형
탐구형

능력과 성격
인내력
신체 운동 능력
대인 관계 능력
협동심
창의력
음악적 감각
공간 지각 능력

관련 문의 기관
한국 발레 협회
한국 문화 예술 위원회
국립 발레단
한국 무용 협회

관련 직업
안무가
무용가
가수
발레리나

관련 학과
실용 무용학과
무용과
무용 예술학과
뮤지컬학과

🎵 무엇을 준비해야 할까요?

필수
무용 동작을 잘 표현할 수 있게 몸이 유연해야 하고, 표현력이 풍부해야 해요. 창의적으로 감정을 표현할 수 있어야 하고요.

중요
오랫동안 힘든 연습을 하고, 강한 힘이 필요한 동작이 많아 체력이 강해야 해요. 균형 잡힌 신체 조건도 중요해요.

도움
몸동작으로 관객에게 메시지를 전달해야 하므로 춤과 연기 실력이 필요해요. 평소에 기초 체력 관리를 해 두면 도움이 되어요.

🎵 앞으로의 전망은 어떤가요?

국내 발레 시장이 성장하고 있다. 기획 단계부터 해외 무대 진출을 계획하고 발레 공연을 기획하여 다양한 관객층의 호응을 받는 작품이 늘어나고 있기 때문이다. 또한 전문 발레단의 활동이 늘어 발레 관련 직업의 분야와 수가 늘어날 것으로 전망된다. 발레단이 늘어나고 있다고는 하나 아직은 그 수가 많지 않아 발레리노가 되기 위한 경쟁이 매우 치열한 편이다.

아하! 그렇구나 — 발레리나에 대해 알아볼까요?

발레리나는 여성 발레 무용수들 중에서 최고의 지위에 있는 무용수에게만 붙이는 호칭이다. 예를 들어 〈백조의 호수〉의 오데트 공주, 〈잠자는 숲 속의 미녀〉의 오로라 공주, 〈지젤〉의 지젤 등의 배역을 맡은 사람이 발레리나이다. 발레리나는 무대 위에서 솔로 파트를 맡아 춤출 수 있을 정도의 실력을 갖추어야 한다. 우리나라의 경우 발레 공연을 하는 여자 무용수를 통틀어 발레리나라고 부르기도 한다.

미술/디자인

패션 디자이너

패션을 이끄는 거장, 이상봉

Q 어떤 계기로 패션 디자이너가 되셨나요?

군대에 있을 때 아버지가 돌아가셨어요. 저는 가정을 이끌어야 한다는 책임감 때문에 연극배우의 꿈을 포기하고 생계 수단으로 패션 디자인을 선택했습니다. 우연히 신문 광고를 보고 옷 만드는 기술을 배우는 학원에 찾아가 바느질부터 배우기 시작했죠. 아들이 바느질하는 모습을 보고 눈물을 흘리시던 어머니의 모습을 잊을 수가 없습니다. 꿈을 접고, 새로운 공부를 시작했지만 다행히 하면 할수록 패션 디자인의 매력에 빠지게 되었답니다. 새로운 도전이 정말 즐거웠고, 패션 디자인에 빠져 아침부터 밤까지 2년이라는 시간을 온전히 쏟아부었습니다.

Q 패션 디자인의 어떤 점이 그렇게 매력적인가요?

인간을 위해 인간이 만드는 모든 것이 패션 디자인입니다. 삶에 필요한 모든 도구나 의상, 액세서리, 가구, 건축물을 만드는 데에도 패션 디자인을 빼놓고는 상상할 수 없습니다. 더 나아가서는 삶의 희로애락에까지 영향을 주지요. 그래서 제가 패션 디자이너로서 일을 하고 있고, 저의 디자인을 통해 누군가에게 행복을 주며 세상을 변화시킬 수 있다는 점에 큰 보람과 자긍심을 느낍니다. 한국의 아름다움을 표현한 저의 의상에 대해 수많은 외국인이 아름답다고 극찬을 해 줄 때도 그렇고요.

이상봉 님 약력

현 이상봉 대표
2013 UN 세계 평화의 날 홍보 대사
2012 제7회 아시아 모델상 시상식 국제 문화 교류 공로상
서울예술대학교 방송 연예학과 졸업

🎵 무엇을 준비해야 할까요?

 **필수**

무용 동작을 잘 표현할 수 있게 몸이 유연해야 하고, 표현력이 풍부해야 해요. 창의적으로 감정을 표현할 수 있어야 하고요.

 **중요**

오랫동안 힘든 연습을 하고, 강한 힘이 필요한 동작이 많아 체력이 강해야 해요. 균형 잡힌 신체 조건도 중요해요.

 **도움**

몸동작으로 관객에게 메시지를 전달해야 하므로 춤과 연기 실력이 필요해요. 평소에 기초 체력 관리를 해 두면 도움이 되어요.

🎵 앞으로의 전망은 어떤가요?

국내 발레 시장이 성장하고 있다. 기획 단계부터 해외 무대 진출을 계획하고 발레 공연을 기획하여 다양한 관객층의 호응을 받는 작품이 늘어나고 있기 때문이다. 또한 전문 발레단의 활동이 늘어 발레 관련 직업의 분야와 수가 늘어날 것으로 전망된다. 발레단이 늘어나고 있다고는 하나 아직은 그 수가 많지 않아 발레리노가 되기 위한 경쟁이 매우 치열한 편이다.

아하! 그렇구나 발레리나에 대해 알아볼까요?

발레리나는 여성 발레 무용수들 중에서 최고의 지위에 있는 무용수에게만 붙이는 호칭이다. 예를 들어 〈백조의 호수〉의 오데트 공주, 〈잠자는 숲 속의 미녀〉의 오로라 공주, 〈지젤〉의 지젤 등의 배역을 맡은 사람이 발레리나이다. 발레리나는 무대 위에서 솔로 파트를 맡아 춤출 수 있을 정도의 실력을 갖추어야 한다. 우리나라의 경우 발레 공연을 하는 여자 무용수를 통틀어 발레리나라고 부르기도 한다.

패션 디자이너

미술/디자인

패션을 이끄는 거장, 이상봉

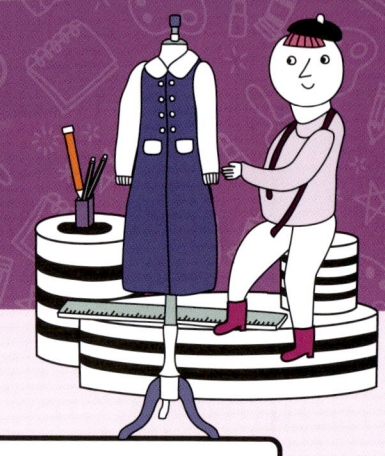

Q. 어떤 계기로 패션 디자이너가 되셨나요?

군대에 있을 때 아버지가 돌아가셨어요. 저는 가정을 이끌어야 한다는 책임감 때문에 연극배우의 꿈을 포기하고 생계 수단으로 패션 디자인을 선택했습니다. 우연히 신문 광고를 보고 옷 만드는 기술을 배우는 학원에 찾아가 바느질부터 배우기 시작했죠. 아들이 바느질하는 모습을 보고 눈물을 흘리시던 어머니의 모습을 잊을 수가 없습니다. 꿈을 접고, 새로운 공부를 시작했지만 다행히 하면 할수록 패션 디자인의 매력에 빠지게 되었답니다. 새로운 도전이 정말 즐거웠고, 패션 디자인에 빠져 아침부터 밤까지 2년이라는 시간을 온전히 쏟아부었습니다.

Q. 패션 디자인의 어떤 점이 그렇게 매력적인가요?

인간을 위해 인간이 만드는 모든 것이 패션 디자인입니다. 삶에 필요한 모든 도구나 의상, 액세서리, 가구, 건축물을 만드는 데에도 패션 디자인을 빼놓고는 상상할 수 없습니다. 더 나아가서는 삶의 희로애락에까지 영향을 주지요. 그래서 제가 패션 디자이너로서 일을 하고 있고, 저의 디자인을 통해 누군가에게 행복을 주며 세상을 변화시킬 수 있다는 점에 큰 보람과 자긍심을 느낍니다. 한국의 아름다움을 표현한 저의 의상에 대해 수많은 외국인이 아름답다고 극찬을 해 줄 때도 그렇고요.

이상봉 님 약력

현 이상봉 대표
2013 UN 세계 평화의 날 홍보 대사
2012 제7회 아시아 모델상 시상식 국제 문화 교류 공로상
서울예술대학교 방송 연예학과 졸업

- 음악/춤
- 스포츠
- 방송/언론/출판
- 서비스
- 의료
- IT
- 교육
- 법/행정
- 경제/금융
- 공학/자연 과학

Q 패션 디자이너가 되기 위해서는 어떤 자질이 필요할까요?

사물에 대한 끊임없는 호기심과 열정이 가장 중요하다고 생각합니다. 열정이 곧 사랑이고 꿈이기도 합니다. 물론 천부적인 자질이 있어야 하지만 그건 오랜 시간 노력하면 개발할 수 있어요. 그래서 저는 사람들이 소위 '재능'이라고 부르는 것에 크게 얽매일 필요는 없다고 생각합니다. 재능보다 '열정'이 더 중요하니, 열정을 먼저 끄집어내 보기를 권합니다.
또 한 가지, 세상과 소통하며 문화, 예술을 즐길 수 있는 소양 또한 중요하다고 생각합니다.

Q 디자이너로서의 영감과 아이디어는 주로 어떻게 얻으시나요?

디자인은 무(無)에서 유(有)를 창조하는 게 아니라 유에서 유를 창조한다고 생각합니다. 내가 보고 느끼는 것에서 영감을 받고, 그것을 디자인에 접목하여 새롭게 창조하는 거지요. 저는 1년에 두 번씩 항상 새로운 디자인을 발표합니다. 그래서 여행이나 영화, 문학 등 새로운 경험을 통해 아이디어를 얻으려고 하지요. 하지만 잘 안될 때는 결국 서재에 책을 수없이 쌓아 놓고, 하루 종일 몇십 권의 책을 계속 봅니다. 책은 저에게 새로운 아이디어와 영감을 가져다주는 원천이며, 서재는 새로운 에너지를 주는 장소랍니다.

Q 디자이너님께도 멘토가 있지요? 디자이너님을 멘토로 생각하는 어린이들에게 한 말씀 해 주세요.

모든 예술가를 존경하며 배우려고 합니다. 패션 디자이너로는 이브 생 로랑, 그리고 저에게 감동을 주는 모든 사람이 저의 인생 멘토입니다. 패션은 영원합니다. 우주에도 패션은 존재하지요. 단순히 옷뿐만 아니라 안경, 반지, 시계, 화장, 자동차도 모두 패션입니다. 결국 인간의 삶을 행복하게 만드는 것도 패션입니다. 자신감을 갖고 도전하여 열정적으로 일을 한다면 여러분의 꿈을 이룰 수 있을 것입니다. 그리고 그 꿈을 이룬 여러분이 한국의 패션 발전에 자랑스러운 한 획을 그을 것이라고 생각합니다.

패션 디자이너에 대해 알아볼까요?

패션 디자이너는 어떤 직업인가요?

다양한 옷감과 소재를 이용해 의류의 새로운 디자인을 기획하고 만드는 일을 한다. 시대별 패션의 흐름, 사회 현상과 사람들의 생각, 소재와 형태, 색의 조합 등을 종합적으로 분석하여 옷의 큰 틀을 디자인하고, 그에 어울리는 부속품을 선정한다. 최종적으로 옷이 만들어지면 생산부터 판매까지 관여하기도 한다. 자신이 디자인한 옷으로 패션쇼를 여는 것도 패션 디자이너의 주요 업무이다. 옷뿐만 아니라 모델 섭외와 무대 장치까지 패션쇼의 전반적인 기획에 참여하고, 관리한다.

패션 디자이너가 되는 방법을 알려 주세요.

의상 디자인, 패션 디자인, 의류학 등을 전공하거나 디자인 학원에서 전문적인 교육을 받을 수 있다. 대학에서는 패션 디자인에 필요한 이론 및 실기 교육, 의상과 의류 브랜드의 마케팅 분야까지 체계적으로 배운다. 요즈음에는 유행의 변화가 빠르고, 패션의 범위가 세계화되어 외국에 유학을 다녀오는 경우도 많다. 의류 회사, 섬유 회사 등에 취업하거나 직접 디자인한 옷을 파는 가게를 운영한다.

 ## 무엇을 준비해야 할까요?

필수  **중요**  **도움**

필수	중요	도움
패션의 흐름을 파악하고, 새로운 유행을 이끌 수 있는 창의적인 아이디어가 있어야 해요. 색채, 미적 감각도 필요하지요.	여러 분야의 전문가와 함께 일하는 경우가 많아 협동심이 필요해요. 사회학, 심리학 등 인문학 분야를 공부해 두는 것도 중요해요.	미술 작품 전시, 패션쇼, 패션 잡지 등을 꾸준히 보아 감각을 기르세요. 요즘에는 패션 산업이 세계화되어 외국어 실력도 키워야 해요.

 ## 앞으로의 전망은 어떤가요?

값싸고 빠르게 회전하는 외국 의류 브랜드의 수입, 고가의 해외 명품 브랜드가 인기를 얻어 우리나라의 패션 산업은 위기를 맞기도 하였다. 하지만 국내 패션 회사들은 품질 좋고 가격도 합리적인 브랜드를 개발하여 위기를 극복하거나, 해외에 진출하여 더 큰 가능성의 문을 열었다. 앞으로 패션 산업의 무대는 세계가 될 것이고, 실력 있는 국내 디자이너들이 해외 의류 회사에 진출하는 경우가 많아 가능성이 무한하다.

 ## 텍스타일 디자이너는 어떤 일을 하나요?

옷을 만들 때 사용하는 옷감의 무늬나 조직을 디자인하는 사람을 텍스타일 디자이너라고 한다. 옷감의 재료, 품질, 실의 굵기, 색상, 무늬 등 여러 가지 요소를 적절히 선택하여 새로운 형태의 옷감을 디자인하고 샘플 제작을 의뢰하거나 직접 만든다.
제품 디자이너나 패션 디자이너와 함께 샘플에 대해 협의하고 문제점을 개선하여 디자인에 적합하고 소비자들에게 인기를 얻을 수 있는 옷감을 제작한다.

미술/디자인

자동차 디자이너

세계적인 자동차 회사의 수석 디자이너, **이상엽**

Q 자동차 디자이너가 되겠다고 맨 처음 생각하신 건 언제인가요?

군대를 제대한 뒤, 무작정 미국으로 배낭여행을 떠났습니다. 우연히 자동차 디자인으로 세계적인 이름을 떨치는 미국 아트 센터 디자인 대학교(Art Center College of Design)를 지나게 되었습니다. 그곳에서 학생들의 졸업 작품을 볼 기회가 있었는데 그 순간 '이거다!'라는 생각이 들었습니다. 진로에 대해 고민하던 제게 인생의 전환점이 된 것이지요.

Q 자동차 디자이너의 매력은 무엇일까요?

자동차 산업을 보통 국가의 기간산업이라고 합니다. 그만큼 나라 산업의 기초가 되는 산업이라는 뜻입니다. 자동차 모델을 만들고, 판매하기까지는 상상을 초월하는 자금과 노동력, 시간이 필요합니다. 그중에서도 디자인 부서는 연구하고 새로운 제품을 개발하는 팀에 속합니다. 제품 개발 팀에서 주는 브랜드 전략, 사업 모델, 기계 장치, 마케팅 등 전반적인 요구를 통합해 완벽한 예술 작품이자 사용자를 위한 제품으로 디자인하는 일을 합니다. 그래서 제가 몸담고 있는 디자인실은 회사에서 비밀 유지가 가장 중요한 곳입니다. 자동차 회사의 미래를 한눈에 볼 수 있는 곳이기 때문이지요.

이상엽 님 약력

현 영국 벤틀리 익스테리어 & Advanced design 총괄 디자이너
폭스바겐 자동차 그룹 Design Center California 수석 디자이너,
GM 익스테리어 디자인 매니저
영화 〈트랜스포머〉의 범블비 카마로 디자인
1994 홍익대학교 조소과,
1999 미국 아트 센터 디자인 대학교(ACCD) 수석 졸업

음악 춤 · 스포츠 · 방송 언론 출판 · 서비스 · 의료 · IT · 교육 · 법 행정 · 경제 금융 · 공학 자연 과학

Q 일하신 곳이 모두 세계적인 자동차 회사인데 어떻게 입사하셨나요?

앞서 말씀드린 미국 아트 센터 디자인 대학교를 수석으로 졸업하고 미국 최대 자동차 회사인 제너럴 모터스(GM)의 연락을 받았습니다. 미국을 대표하는 스포츠카인 콜벳과 카마로 팀에서 저와 함께 일하고 싶어 한다고요. 100년이 넘은 기업의 대표 자동차를 디자인한다는 것은 매우 영광스러운 일이라고 생각했습니다. 단순히 자동차 디자인을 넘어서 새로운 문화를 만들고 역사를 창조하는 일이니까요. 고민할 필요도 없이 미국의 대표적인 자동차 회사(GM, Ford, Chrysler)가 모여 있는 디트로이트로 떠났습니다.

Q 지금까지 디자인하신 자동차 중에 가장 기억에 남는 작품은 무엇인가요?

영화 〈트랜스포머〉에 출연해 유명해진 GM사의 쉐보레 카마로입니다. 콘셉트를 잡을 때부터 생산 과정, 시장에 팔 전략을 짜는 일까지 참여했지요. 약 4년이 걸린 작업이었습니다. 그래서 카마로는 제게 분신과 같다고 할 수 있습니다. 빠른 속도로 치고 나가는 머슬카를 대표하는 모델이랍니다. 처음 출시한 후 50년 가까이 같은 이름으로 꾸준히 발전해 왔지요.

Q 보람을 느낄 때가 많을 것 같습니다.

모든 디자이너가 그렇겠지만 가장 보람을 느낄 때는 제가 디자인한 차가 많은 사람에게 사랑을 받을 때입니다. 특히 카마로가 처음 출품된 2006년 디트로이트 오토쇼는 제게 평생 기억에 남을 소중한 보람을 안겨 주었습니다. 전 세계 3대 오토쇼라 불리는 쇼에 미국 전 지역에서 수천 명이 넘는 카마로 애호가들이 모여 뜨거운 열기를 뿜어냈습니다. 그해의 오토쇼는 가히 카마로 쇼라고 할 만했죠.
시장에 판매하여 이익을 내지 못한다는 이유로 5년 동안이나 생산을 멈추었다가 다시 빛을 본 카마로 콘셉트카가 오토쇼에서 최고의 영예인 Best of the show를 수상했을 때 사람들은 카마로에 열렬한 환호를 보내 주었지요. 제게는 그 현장에 있다는 것 자체가 영광이었고, 그 디자인이 제 손을 거쳤기에 무한한 자긍심을 느꼈습니다.

자동차 디자이너에 대해 알아볼까요?

 ## 자동차 디자이너는 어떤 직업인가요?

자동차 디자이너는 보통 10명 정도가 팀을 이루어 일을 한다. 제품의 개발 방향이 결정되면 먼저 자동차 외부의 디자인을 팀원들이 합의하여 확정하고, 각 부분은 정해진 콘셉트에 따라 담당 디자이너가 마무리 짓는다. 자동차 디자이너의 최종 목표는 소비자들이 원하는 자동차를 디자인하는 것이다. 자동차 디자이너는 디자인을 통해 소비자가 최상의 편리함, 활동성, 자부심 등을 느낄 수 있도록 밖과 안의 사소한 부분까지도 소비자의 감성을 고려하여 디자인한다.

 ## 자동차 디자이너가 되는 방법을 알려 주세요.

산업 디자인, 공업 디자인, 시각 디자인을 전공하는 것이 필수이다. 우리나라 대학에는 자동차 디자인 전문 학과가 없고, 디자인 관련 학과 내에 세부 전공 과목으로 개설되어 있다. 외국 자동차 디자인 전문 학교에서 공부한 후 자동차 디자이너가 되거나 일부 비전공자의 경우 디자인 학원에서 교육을 받은 뒤 실력을 인정받아 자동차 디자이너가 되기도 한다. 졸업 후 자동차 회사 디자인 부서에 입사한다.

무엇을 준비해야 할까요?

 **필수**
소비자의 취향과 디자인 흐름을 파악하고, 새로운 디자인으로 만들어 내는 창의적인 표현력이 필요해요. 마케팅 감각도 필수 요소예요.

 **중요**
자동차 관련 책을 보고, 자동차에 대한 지식을 쌓아 두어야 해요. 사람들의 관심사에 주목하고, 꾸준히 스케치 연습도 해야 하지요.

 **도움**
입체 구조물을 만들어 내는 컴퓨터 프로그램이나 이미지를 만들고 수정하는 디자인 관련 컴퓨터 프로그램 활용 능력이 도움이 되어요.

앞으로의 전망은 어떤가요?

소비자들은 자동차를 구입할 때 디자인을 선택 요인으로 생각하는 경우가 많다. 그만큼 자동차 회사에서는 실력 있는 디자이너를 뽑거나 유명한 디자이너를 영입하기 위해 공을 들인다. 따라서 자동차 디자이너의 직업 전망은 밝을 것으로 예상된다. 자동차 디자이너는 소비자의 반응에 따라 바로 능력이 검증되고, 소비자의 선호도가 빠르게 바뀌기 때문에 지속적인 자기 개발을 통한 경쟁력을 갖추어야 한다.

 ## 제품 디자이너는 어떤 일을 하나요?

사람들이 살아가면서 사용하는 모든 제품을 아름답게 디자인하는 디자이너이다. 작은 문구류에서부터 생활용품, 전자 제품, 각종 통신 기기, 자동차, 비행기에 이르기까지 크고 작은 제품들을 디자인한다.
제품 디자이너는 디자인을 통해 불편함을 해결하고, 사람들의 삶이 더 나은 방향으로 나아갈 수 있도록 제시할 수 있다. 그렇기 때문에 반드시 기획, 디자인 개발, 마케팅 등 제품 개발의 전 과정에 대한 이해가 필요하다.

광고 디자이너

미술/디자인

아이디어가 작품이 되다, 광고 디자이너 **심영인**

Q 어린 시절에는 무엇을 좋아하셨나요?

어린 시절의 저는 운동과 미술, 그리고 음악을 좋아했어요. 초등학생 때에는 축구부 주장을 맡아 팀을 이끄는 방법을 경험했고, 중학생 때에는 모형 항공기 대회에 참가해 여러 번 입상을 하기도 했고요. 고등학생 때부터 대학생 때에는 음악을 전공해 다양한 악기와 컴퓨터 음악을 공부하고 직접 음악을 만들어 앨범도 냈어요. 생각해 보면 저는 참 여러 가지에 흥미를 느끼고 푹 빠졌었네요. 그 덕분에 지금의 광고 디자인을 하게 되었는지도 모르겠습니다. 운명처럼 이 직업을 선택했다기보다 저도 모르는 사이 서서히 준비하고 있었던 셈이지요.

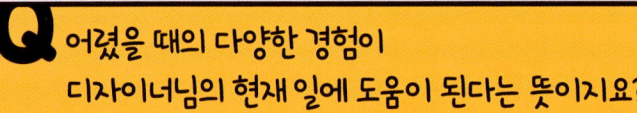

Q 어렸을 때의 다양한 경험이 디자이너님의 현재 일에 도움이 된다는 뜻이지요?

물론이죠. 다양한 것에 관심을 가지고, 흥미로워하는 태도는 이 일을 하는 데에 아주 중요합니다. 한 분야에 집중된 경력을 갖고 있는 것도 좋지만 다양한 경력을 조합해 새로운 일에 적용하는 능력도 필요하기 때문이에요. 그래서 제가 광고 디자이너라는 직업을 선택하게 되었고요. 광고 디자인을 하다 보면 다양한 산업의 특성과 제품에 대해 충분한 이해가 필요하다는 사실을 깨달을 기회가 많은데, 그런 면에서 저의 다양한 경험은 제가 이 일을 하는 데 아주 든든한 양분이 되어 줍니다.

심영인 님 약력

현 풀스크린 비주얼솔루션 대표 이사
롯데푸드, CJ, 메르세데스 벤츠 마이바흐 광고 영상 제작
유명 연예인 패션 광고 영상 제작
백석예술대학교 컴퓨터 음악 전공

- 음악 춤
- 스포츠
- 방송 언론 출판
- 서비스
- 의료
- IT
- 교육
- 법 행정
- 경제 금융
- 공학 자연 과학

Q 기억에 남는 작품 하나만 말씀해 주세요.

바른 언어로 깨끗한 인터넷 문화를 만드는 선플 달기 운동 본부의 캠페인을 제작했는데 그때가 2014년 소치 동계 올림픽을 앞둔 시점이었어요. 일방적인 응원만 하지 말고 상대 나라 선수에게도 용기를 북돋아 주자라는 메시지를 담아 영상을 제작했지요. 이 광고 영상은 매체를 통해 여러 나라에 알려졌어요. 누군가에게 감동을 주고 외교적 역할까지 해냈다는 데 큰 보람을 느꼈죠. 또 우리 옷의 역사와 전통, 살아 있는 자연의 신비로움까지 담아낼 수 있었던 천연 염색 옷 홍보 영상이 기억에 남네요.

Q 광고 디자이너가 되기 위해서는 어떤 자질이 필요할까요?

창의적인 사고가 꼭 필요합니다. 또 모든 프로젝트를 한정된 일정 안에서 계획적으로 수행해야 하기 때문에 현장 경험이나 신속한 판단력도 중요해요. 일어날 수 있는 모든 변수를 미리 준비하고, 잘 대처했을 때에 예상했던 것보다 좋은 결과가 나오는 경우가 종종 있습니다. 창의적인 생각이 만들어 내는 무한한 가능성을 체험하면서 놀랄 때가 많지요. 그래픽, 영상, 음악 프로그램 등 기술적인 준비도 해야 해요. 멋진 사진이나 영상을 찍는 감각이 있다면 더 좋습니다.
마지막으로, 반드시 대학에서 광고를 전공해야 하는 것은 아니지만 가능하면 광고 디자이너로서 전문성을 갖출 수 있도록 해당 학과를 선택하여 필요한 과정을 공부할 것을 권합니다.

Q 광고 디자이너의 미래가 무척 밝을 것 같습니다.

일반인들에게 전달되는 광고의 매체와 영역은 앞으로 더 넓고 많아질 것입니다. 컴퓨터와 스마트폰이 없던 때와 지금, 또 앞으로 20년 후를 상상하여 비교해 보세요. 사회의 변화 속도, 쏟아져 나오는 상품과 광고의 회전 속도도 매우 빨라질 것임을 예상할 수 있을 것입니다. 앞으로 광고 디자이너는 다른 사람보다 사회 변화를 빠르게 파악하여 새로운 것을 제시하고, 대중을 이끄는 사람이 되어야 합니다. 무한한 가능성이 있는 분야지만 그만큼 많은 것에 도전하는 자세와 꾸준한 노력이 필요합니다.

광고 디자이너에 대해 알아볼까요?

 광고 디자이너는 어떤 직업인가요?

광고의 화면 구성이나 이미지를 디자인하는 사람이다. 광고주의 요구 사항을 반영하고 제품의 특성과 소비자의 취향, 시장의 흐름 등을 철저하게 분석한다. 이를 바탕으로 전략 및 아이디어를 구상한 후 광고 기획자, 영상물 제작자 등과 협의하여 가장 효과적인 광고 매체를 선택하고 이미지를 선정한다. 광고를 만들거나 촬영할 때 함께 참여하여 새로운 아이디어를 제시하기도 한다.

광고 디자이너가 되는 방법을 알려 주세요.

시각 디자인학과, 광고 디자인학과에 진학하면 필요한 이론과 실습을 체계적으로 배울 수 있다. 대부분 관련 학과를 졸업한 사람에게 공개 채용이나 수시 채용의 기회가 우선적으로 주어지는 경우가 많다. 광고 디자인 관련 학과를 졸업하지 않았더라도 디자인 학원에서 전문 지식을 배워 취업하는 경우도 있다. 자신의 작품을 모은 포트폴리오, 공모전 수상, 업무에 필요한 자격증을 가지고 있으면 유리하다.

광고 디자이너가 되려면?

흥미 유형
예술형
탐구형

능력과 성격
공간 지각 능력
미적 감각
창의력
마케팅 능력
책임감

관련 자격
시각 디자인 산업 기사
시각 디자인 기사
컴퓨터 그래픽스 운용 기능사

관련 문의 기관
한국 광고 디자인 학회
한국 광고인 협회
한국 광고 제작사 협회
한국 디자인 진흥원

관련 직업
광고 아티스트
지면 디자이너
그래픽 디자이너
크리에이티브 디렉터

관련 학과
광고 디자인학과
디지털 디자인과
시각 디자인학과
영상 미술학과
컴퓨터 디자인학과

무엇을 준비해야 할까요?

 **필수**
창의적으로 생각하고, 실현 가능한 아이디어를 내놓을 수 있는 능력이 가장 중요해요. 광고의 흐름을 파악하는 훈련도 필요하지요.

 **중요**
시사, 경제, 정치 등 사회의 변화와 사람들의 관심사가 무엇인지 꾸준히 공부해야 해요. 여러 사람과 소통하는 능력도 중요해요.

 **도움**
공모전에 참여하여 자신의 아이디어를 구체화한 결과물을 모아 두세요. 화제가 되었던 광고를 많이 봐 두는 것도 도움이 되어요.

앞으로의 전망은 어떤가요?

엄청나게 쏟아져 나오는 수많은 상품이 다른 제품들과의 경쟁에서 살아남으려면 사람들의 눈과 귀를 끌어야 한다. 따라서 새로운 제품과 서비스를 알리고, 소비자들에게 기업의 이미지를 홍보하는 광고의 역할이 매우 커졌다. 광고 디자이너의 향후 전망은 매우 밝을 것으로 예상된다. 특히 창의적이고 실력 있는 광고 디자이너는 취업하는 데 큰 어려움이 없을 것이다.

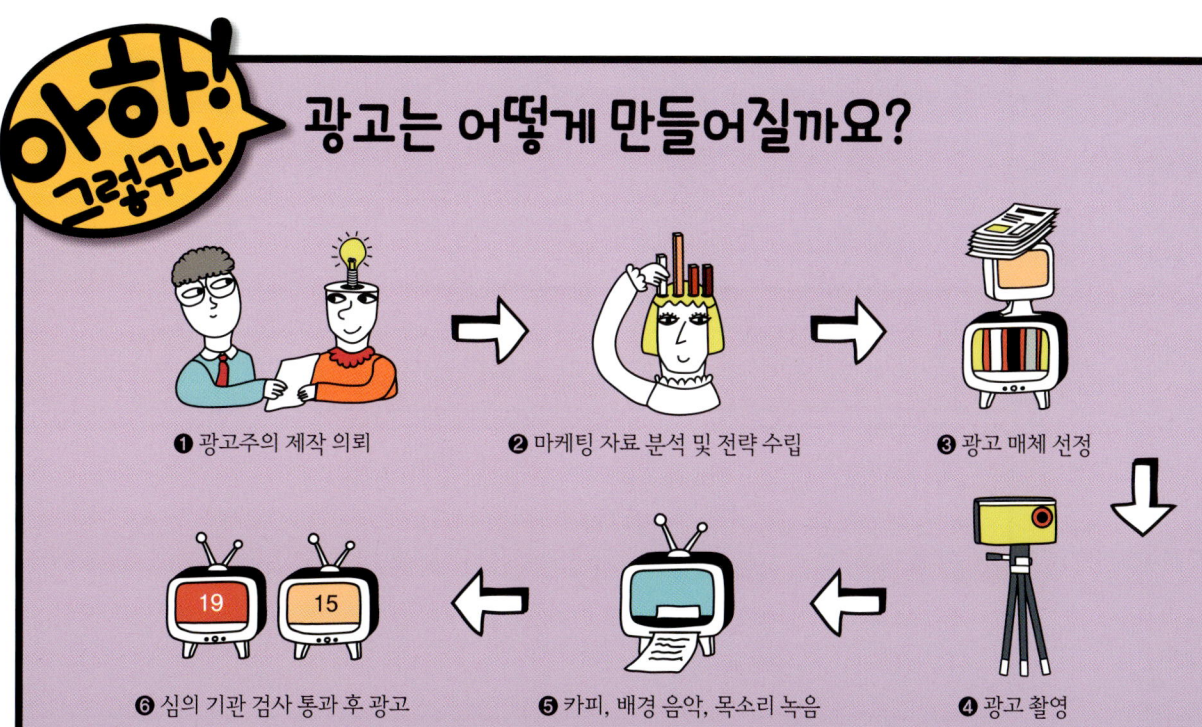

아하! 그렇구나 — 광고는 어떻게 만들어질까요?
❶ 광고주의 제작 의뢰
❷ 마케팅 자료 분석 및 전략 수립
❸ 광고 매체 선정
❹ 광고 촬영
❺ 카피, 배경 음악, 목소리 녹음
❻ 심의 기관 검사 통과 후 광고

미술/디자인

그래픽 디자이너

정보에 이미지를 입히는 강승우

Q 어린 시절의 꿈은 무엇이었나요?

초등학생 때에는 자동차가 좋아서 막연히 자동차 디자이너를 꿈꾸었습니다. 복잡하게 얽힌 기계가 아름답다고 느껴 자동차를 연구하고 만드는 기술자 대신 아름다운 자동차를 디자인하는 디자이너가 되고 싶었지요. 그래서 시각 디자인학과에 진학하였습니다. 디자인 공부를 하면서 내 손으로 새로운 것을 표현할 수 있다는 점이 즐거웠습니다. 그러다가 무엇인가를 장황하게 설명하는 것보다 전달하고자 하는 핵심을 이미지로 표현해 내는 그래픽 디자인의 매력에 푹 빠지게 되었습니다.

Q 그래픽 디자인에 대해 설명을 부탁드립니다.

그래픽이란 전달하고자 하는 정보를 그림이나 도형, 사진 등으로 이미지화한 것을 통틀어 이르는 말입니다. 그래픽 디자인에도 수많은 갈래가 있습니다. 기업이나 상품의 이미지를 한눈에 전달할 수 있도록 글자를 이미지화하는 로고 디자인, 광고나 선전을 위한 포스터 디자인, 정보를 그림으로 표현한 인포그래픽 디자인, 게임에 등장하는 캐릭터나 배경, 그 외 요소들을 디자인하는 게임 그래픽 디자인 등으로 분야가 나뉘지요. 그 외에도 신문, 잡지, 기업의 제품 카탈로그 등을 디자인합니다.

Q 그래픽 디자이너로서의 보람과 또 힘든 점이 있다면 무엇일까요?

말로 설명하지 않아도 단순한 그래픽만으로 제 감성이 전달되고 누군가 감동을 느낄 때가 가장 보람 있습니다. 반면에 세상에 없던 자신만의 것을 창작하는 것은 디자인뿐 아니라 어떤 분야라도 어려운 일일 것입니다. 저 역시 정해져 있는 조건과 시간 안에서 보는 사람을 만족시킬 수 있는 새로운 표현 방법을 찾아내야 하는 것이 가장 힘이 듭니다.

- 음악 춤
- 스포츠
- 방송 언론 출판
- 서비스
- 의료
- IT
- 교육
- 법 행정
- 경제 금융
- 공학 자연과학

Q 그렇게 하기 위해서 꼭 필요한 것이 있다면 무엇일까요?

디자이너에게 필요한 가장 중요한 자질은 좋은 '눈'이라고 생각합니다. 같은 물건, 같은 상황이라도 원래부터 가지고 있던 가장 근본적인 부분에 접근하여 남들과 다르게 해석할 수 있다면 창의적인 디자인을 만들 가능성이 큽니다. 그다음 중요한 자질은 '손'입니다. 제가 강조하는 손은 완벽한 기술을 구사하는 능력이 아니라 자신만의 디자인을 이미지로 표현해 낼 수 있는 능력입니다. 디자인은 어떠한 방식으로든 자신의 색깔을 가지고 있어야 남을 설득할 수 있기 때문입니다.

Q 그래픽 디자이너의 향후 직업 전망은 어떤가요?

원래 그래픽 디자인은 많은 양을 인쇄하기 위해 제작되는 디자인을 의미하였습니다. 그러나 지금은 상황이 달라졌습니다. 각종 정보 통신 산업에서 그래픽 디자인의 활용도가 커졌고, 사람들도 쉽게 끌리고 기억되는 이미지의 힘에 주목하게 되었습니다. 디자인이 과거에는 단순히 그림을 그려서 표현하던 것에서 지금은 눈으로 보고 느끼는 모든 것으로 영역을 넓히게 된 것입니다. 따라서 그래픽 디자인 분야의 미래는 매우 밝다고 말할 수 있습니다.

Q 그래픽 디자이너로서 최종 목표는 무엇인가요?

저만의 색깔을 갖는 것이 최종 목표입니다. 그래픽 디자이너의 색깔이라는 말이 추상적으로 느껴질지도 모르겠습니다. 디자인한 작품을 보고 작업한 디자이너가 누구인지 알아챌 수 있도록 저만의 뚜렷한 개성을 갖춘다는 의미입니다. 디자이너가 자신의 색깔을 가지고 있다면 어떤 결과물에서든 표현이 되기 마련이니까요. 이는 그래픽 디자이너로서 제가 디자인한 작품의 가치를 높여 주는 일이 될 것입니다.

강승우 님 약력

디자인 트렌드 페스티벌 기업전 등 전시회 다수 개최

서울 미술 대전, IDEA 디자인 어워드 information 부문,
서울 디자인 올림피아드 등에서 수상

국민대학교 테크노 디자인 전문 대학원 시각 디자인학과 졸업

그래픽 디자이너에 대해 알아볼까요?

그래픽 디자이너는 어떤 직업인가요?

그래픽 디자인이란 여러 가지 인쇄 기술의 특성을 이용하여 시각적 표현 효과를 꾀하는 디자인, 또는 그런 인쇄물을 말한다. 이처럼 기업이나 제품을 홍보할 목적으로 만든 책자나 카탈로그, 팸플릿, 신문이나 잡지 광고 등에서 디자인을 담당하는 사람이 그래픽 디자이너이다. 최근에는 디자인 관련 컴퓨터 기술이 발전하여 인쇄 매체가 아닌 광고, 영화, 드라마, 애니메이션의 특수 효과 및 입체 영상이나 도형, 공간, 자막, 그림 등을 설계하고 표현하는 일도 맡는다.

그래픽 디자이너가 되는 방법을 알려 주세요.

대학의 산업 디자인, 시각 디자인 관련 학과를 졸업하거나 학원에서 그래픽 디자인 과정을 공부해야 한다. 국가에서 실시하는 시각 디자인 산업 기사, 컴퓨터 그래픽스 운용 기능사 등의 자격증을 따면 그래픽 디자이너로 취업하는 데 유리하다. 그래픽 디자이너는 영화 제작사, 방송국, 광고 대행사, 애니메이션 제작 회사, 게임 회사, 인쇄 관련 회사, 디자인 및 건축 관련 회사 등에서 일한다.

무엇을 준비해야 할까요?

 **필수**
탁월한 색채 감각과 형태를 만들어 내는 감각, 독창적이고 세련된 감각이 필요해요. 소비자의 마음을 읽을 수 있는 능력도 필수 요소예요.

 **중요**
세심함과 꼼꼼함이 중요해요. 영상, 이미지 등을 편집하는 컴퓨터 프로그램 사용법을 배우세요.

 **도움**
영상, 그래픽, 상품 광고 등 다양한 디자인 분야의 잡지를 보고 디자인을 분석해 보세요. 독서와 체험 활동도 도움이 되어요.

앞으로의 전망은 어떤가요?

디자인 분야도 세분화되고 전문화되었다. 최근에는 광고, 영화, 게임, 건축, 군사, 의학, 학술 등 다양한 분야에서 그래픽 디자이너가 활동한다. 그만큼 그래픽 디자이너의 전망은 밝다고 볼 수 있다. 일찍 진로를 정하여 창의적이고 독창적인 디자인을 만드는 훈련과 소비자의 관심을 읽어 내는 능력을 기른다면 도움이 될 것이다. 하지만 근무 시간이 길고 불규칙한 경우가 많다는 어려움이 있다.

아하! 그렇구나 - 인포그래픽 디자이너는 어떤 일을 하나요?

인포그래픽(infographics)이란 '인포메이션(information; 정보)'과 '그래픽(graphics; 사진, 도형 등의 시각적 형태)'의 합성어로, 많은 정보를 차트, 지도, 도표, 로고타이프*, 그림 등으로 표현해 쉽고 빠르고 정확하게 전달하는 디자인을 말한다.
즉 긴 문장이나 수치 등을 한눈에 핵심을 파악할 수 있도록 이미지로 정리하는 것이다. 인포그래픽 사이언티스트, 인포그래픽 투자 분석가, 인포그래픽 저널리스트, 인포그래픽 디자이너, 인포그래픽 마케터 등 여러 분야로 나뉜다.

***로고타이프** 여러 개의 글자를 하나의 이미지로 디자인한 것

미술/디자인

웹툰 작가

인터넷 만화를 만드는 정현호(혀노)

Q 어렸을 때부터 만화 그리는 걸 좋아하셨어요?

만화뿐 아니라 뭐든 만드는 걸 좋아했어요. 그중에서도 저에게 가장 잘 맞는 게 만화를 그리는 일이라는 걸 일찍 알아챘지요. 초등학생 때부터 교과서 한쪽에 조그맣게 낙서를 하곤 했어요. 조금은 유치하고 조잡해 보일 수 있겠지만 나만의 이야기를 만들고 그림으로 그려서 친구들에게 보여 주면 다들 좋아했어요. 재미있어하는 친구들을 볼 때면 책임감을 느끼고 행복했어요. 그러다가 한 살 한 살 나이를 먹을수록 막연하게 꿈꾸었던 만화가가 되기 위한 준비를 하게 되었습니다. 그래서 대학도 만화 창작과에 들어갔고요.

Q 웹툰 작가에 대해 소개 좀 해 주세요.

웹툰이란 인터넷 통신망을 뜻하는 웹(web)과 만화(cartoon)의 합성어예요. 인터넷이나 스마트폰 애플리케이션을 통해 쉽게 접할 수 있는 만화입니다. 웹툰 작가는 웹상에 올라 있는 만화를 만들어 내는 사람이고요. 웹툰의 특징은 종이로 인쇄하는 책과 달리 작가의 기량에 따라 음악이나 기타 효과음 등을 넣어 폭넓게 표현할 수 있다는 것입니다. 최근에는 애니메이션처럼 이미지가 움직이는 웹툰도 등장했어요. 스토리 작가, 그림 작가가 한 팀으로 작업하는 경우가 많으며 스토리를 짜는 작업만 하는 웹툰 작가도 많습니다. 보통 1주일에 1회분을 웹상에 올립니다. 인터넷이라는 매체 특성상 회사에 출근하지 않아도 됩니다.

정현호 님 약력
네이버 웹툰 작가
대표작 《죽음에 관하여》, 《네가 없는 세상》, 《남과 여》
청강문화산업대학교 재학 중

Q 어떻게 하면 웹툰 작가가 될 수 있을까요?

모든 직업이 그렇겠지만 이 일을 진심으로 좋아하는 게 중요하지요. 만화 그리는 것을 좋아하는 분이라면 누구나 도전하실 수 있습니다. 면접이나 학력이 필요한 것도 아니죠. 아마추어 작가를 위해 마련된 인터넷 사이트에 언제든지 자신의 작품을 올릴 수 있으니까요. 블로그나 유명 사이트 관리자의 동의를 얻어 자기가 그린 만화를 올리는 등 웹툰 작가로 데뷔할 수 있는 방법은 무궁무진합니다.

Q 다른 사람에게 보여 줄 만한 수준이 아니라고 생각해서 망설이는 친구도 있을 것 같아요.

웹툰을 만드는 이유는 남들에게 내가 만든 이야기를 보여 주고, 보는 사람의 반응을 통해 만족감을 느끼기 위해서일 겁니다. 그렇다면 그리기만 하고 혼자 보는 것은 의미가 없겠지요. 완성도가 떨어지더라도 남들에게 보여 주어 많은 사람이 원하는 것과 자신이 만들고 싶은 만화를 조금씩 조율해야 합니다. 장르와 이야기 방식, 그림체는 상관없습니다. 일단 인터넷에 올려 사람들의 반응을 살펴보세요. 웹툰 작가로서 느끼는 책임감을 알게 될 것입니다.

Q 많은 독자가 작가님의 웹툰을 보고 좋아할 때 가장 기쁘시지요?

그렇지요. 독자의 반응을 가장 잘 느낄 수 있을 때는 제 웹툰을 보고 적은 댓글을 읽을 때입니다. 제 만화에 대한 여러 가지 의견들을 실시간으로 확인할 수 있으니까요. 안 좋은 평이나 비난하는 글을 볼 때면 가끔 상처를 받을 때도 있습니다. 하지만 대부분은 제게 보람을 느끼게 해 주지요. 제 만화를 좋아해 주는 사람이 이렇게 많구나 하며 더 분발하게 되어요. 제 웹툰을 좋아하는 팬들을 실제로 만나거나 웹툰을 모아 책으로 출간했을 때에도 무척 뿌듯했습니다.

Q 진로에 대해 고민하는 어린이들에게 해 주고 싶은 말씀이 있나요?

진로에 대해 항상 고민하세요. 하지만 미래의 직업을 일찍부터 결정해야 한다는 뜻은 아니에요. 일찍 진로에 대한 확신을 가지는 것도 좋지만 나중에 생각이 바뀔 수도 있거든요. 진로를 생각할 때 무엇보다 중요한 것은 자신이 가장 보람을 느끼는 일을 찾는 거에요. 그러다 보면 나의 적성과 흥미를 찾을 수 있지요. 어린이 여러분에게는 시간이 많으니까 조바심을 낼 필요가 없어요. 돈을 많이 버는 일도 좋지만 여러분이 좋아하는 일을 꼭 찾길 바라요.

웹툰 작가에 대해 알아볼까요?

 ## 웹툰 작가는 어떤 직업인가요?

웹툰이란 '웹(web)'과 '카툰(cartoon)'을 합성한 말로 인터넷에 연재하는 만화를 뜻한다. 만화가의 직업이 인터넷과 스마트폰이 발달하면서 변형된 것이다. 웹툰 작가는 사람들에게 재미와 감동을 줄 수 있는 이야기를 연속된 그림과 대화로 꾸미는 일을 한다. 대부분 기획부터 인터넷상에 올리는 작업까지 개인이나 작은 팀 단위로 작업한다. 순정 만화에서부터 정치·풍자 만화까지 장르가 다양하여 자신의 개성을 살릴 수 있는 분야에 전문성을 갖추는 것이 좋다.

 ## 웹툰 작가가 되는 방법을 알려 주세요.

애니메이션 고등학교나 대학의 만화 제작 관련 학과에 진학하면 드로잉, 색채, 이야기를 구성하는 방법 등에 대해 체계적으로 배울 수 있다. 유명 작가의 제자가 되어 전문 기술과 노하우를 배우기도 한다. 웹툰 작가가 되려면 작품을 포털 사이트나 블로그 등 인터넷 공간에 올려 많은 사람에게 알리는 것이 중요하다. 인기를 얻으면 웹툰 전문 회사, 포털 사이트의 소속 작가가 되어 웹툰을 연재한다.

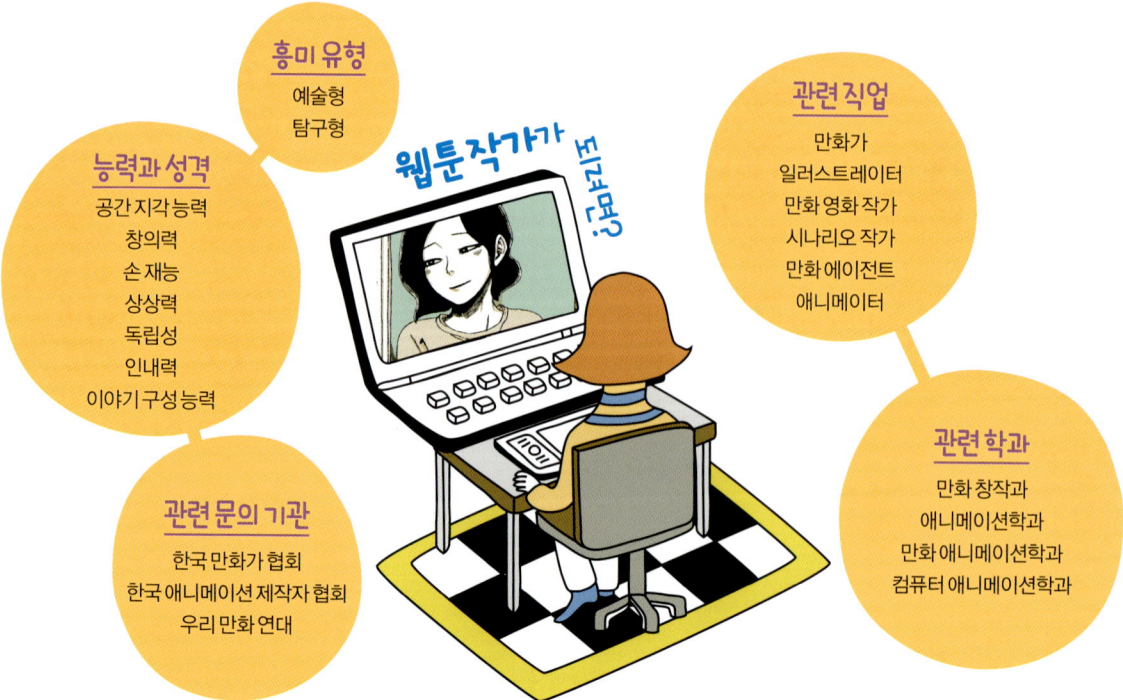

흥미 유형
예술형
탐구형

능력과 성격
공간 지각 능력
창의력
손 재능
상상력
독립성
인내력
이야기 구성능력

관련 문의 기관
한국 만화가 협회
한국 애니메이션 제작자 협회
우리 만화 연대

관련 직업
만화가
일러스트레이터
만화 영화 작가
시나리오 작가
만화 에이전트
애니메이터

관련 학과
만화 창작과
애니메이션학과
만화 애니메이션학과
컴퓨터 애니메이션학과

Q 어떻게 하면 웹툰 작가가 될 수 있을까요?

모든 직업이 그렇겠지만 이 일을 진심으로 좋아하는 게 중요하지요. 만화 그리는 것을 좋아하는 분이라면 누구나 도전하실 수 있습니다. 면접이나 학력이 필요한 것도 아니죠. 아마추어 작가를 위해 마련된 인터넷 사이트에 언제든지 자신의 작품을 올릴 수 있으니까요. 블로그나 유명 사이트 관리자의 동의를 얻어 자기가 그린 만화를 올리는 등 웹툰 작가로 데뷔할 수 있는 방법은 무궁무진합니다.

Q 다른 사람에게 보여 줄 만한 수준이 아니라고 생각해서 망설이는 친구도 있을 것 같아요.

웹툰을 만드는 이유는 남들에게 내가 만든 이야기를 보여 주고, 보는 사람의 반응을 통해 만족감을 느끼기 위해서일 겁니다. 그렇다면 그리기만 하고 혼자 보는 것은 의미가 없겠지요. 완성도가 떨어지더라도 남들에게 보여 주어 많은 사람이 원하는 것과 자신이 만들고 싶은 만화를 조금씩 조율해야 합니다. 장르와 이야기 방식, 그림체는 상관없습니다. 일단 인터넷에 올려 사람들의 반응을 살펴보세요. 웹툰 작가로서 느끼는 책임감을 알게 될 것입니다.

Q 많은 독자가 작가님의 웹툰을 보고 좋아할 때 가장 기쁘시지요?

그렇지요. 독자의 반응을 가장 잘 느낄 수 있을 때는 제 웹툰을 보고 적은 댓글을 읽을 때입니다. 제 만화에 대한 여러 가지 의견들을 실시간으로 확인할 수 있으니까요. 안 좋은 평이나 비난하는 글을 볼 때면 가끔 상처를 받을 때도 있습니다. 하지만 대부분은 제게 보람을 느끼게 해 주지요. 제 만화를 좋아해 주는 사람이 이렇게 많구나 하며 더 분발하게 되어요. 제 웹툰을 좋아하는 팬들을 실제로 만나거나 웹툰을 모아 책으로 출간했을 때에도 무척 뿌듯했습니다.

Q 진로에 대해 고민하는 어린이들에게 해 주고 싶은 말씀이 있나요?

진로에 대해 항상 고민하세요. 하지만 미래의 직업을 일찍부터 결정해야 한다는 뜻은 아니에요. 일찍 진로에 대한 확신을 가지는 것도 좋지만 나중에 생각이 바뀔 수도 있거든요. 진로를 생각할 때 무엇보다 중요한 것은 자신이 가장 보람을 느끼는 일을 찾는 거예요. 그러다 보면 나의 적성과 흥미를 찾을 수 있지요. 어린이 여러분에게는 시간이 많으니까 조바심을 낼 필요가 없어요. 돈을 많이 버는 일도 좋지만 여러분이 좋아하는 일을 꼭 찾길 바라요.

웹툰 작가에 대해 알아볼까요?

웹툰 작가는 어떤 직업인가요?

웹툰이란 '웹(web)'과 '카툰(cartoon)'을 합성한 말로 인터넷에 연재하는 만화를 뜻한다. 만화가의 직업이 인터넷과 스마트폰이 발달하면서 변형된 것이다. 웹툰 작가는 사람들에게 재미와 감동을 줄 수 있는 이야기를 연속된 그림과 대화로 꾸미는 일을 한다. 대부분 기획부터 인터넷상에 올리는 작업까지 개인이나 작은 팀 단위로 작업한다. 순정 만화에서부터 정치·풍자 만화까지 장르가 다양하여 자신의 개성을 살릴 수 있는 분야에 전문성을 갖추는 것이 좋다.

웹툰 작가가 되는 방법을 알려 주세요.

애니메이션 고등학교나 대학의 만화 제작 관련 학과에 진학하면 드로잉, 색채, 이야기를 구성하는 방법 등에 대해 체계적으로 배울 수 있다. 유명 작가의 제자가 되어 전문 기술과 노하우를 배우기도 한다. 웹툰 작가가 되려면 작품을 포털 사이트나 블로그 등 인터넷 공간에 올려 많은 사람에게 알리는 것이 중요하다. 인기를 얻으면 웹툰 전문 회사, 포털 사이트의 소속 작가가 되어 웹툰을 연재한다.

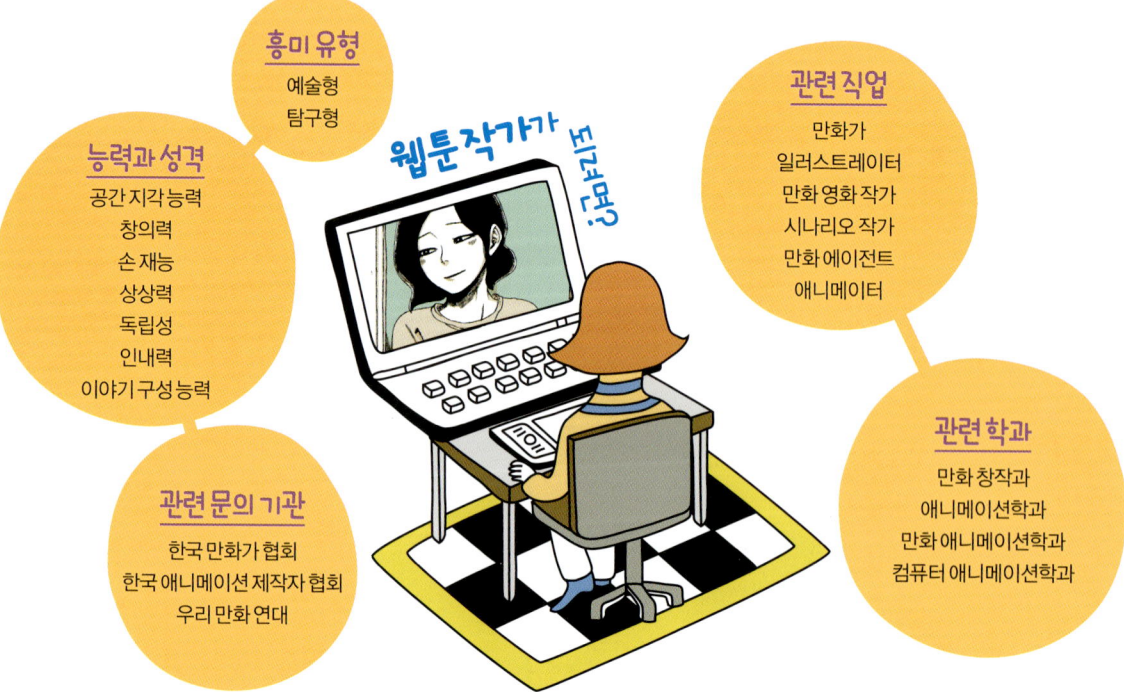

무엇을 준비해야 할까요?

 필수

독창적이며 감동을 줄 수 있는 이야기 구성 능력과 그림 그리는 실력이 필요해요. 연출 능력과 편집 능력도 갖추어야 하고요.

 중요

많은 책을 읽고, 다양한 경험을 해 보세요. 재미있는 이야기를 만들어 내는 데 이러한 독서와 폭넓은 경험이 아주 중요해요.

 도움

인터넷으로 만화를 공유하는 것이므로 컴퓨터로 해야 하는 작업이 많아요. 컴퓨터 활용 능력과 웹툰 공모전 참여 경력이 도움이 되어요.

앞으로의 전망은 어떤가요?

인터넷과 스마트폰의 대중화로 웹툰 산업은 빠르게 발전하고 있다. 특히 우리나라는 세계에서 매우 빠르게 웹툰이 확산되는 나라 중 하나인데, 앞으로는 웹툰 작가의 작품이 나라 간 장벽을 넘어 글로벌 서비스가 될 것이다. 하지만 불규칙한 근무 시간, 새로운 작품을 만들어 내야 한다는 중압감, 파일 불법 공유 등은 웹툰 작가로서 극복해야 할 요인이다.

 만화 에이전트는 어떤 일을 하나요?

만화, 시나리오 작가, 캐릭터 작가 등 만화를 창작하는 사람과 이를 활용하려는 회사 사이에서 연결 고리 역할을 한다. 만화가의 이야기와 캐릭터의 법적 권한 관리, 마케팅 활동을 지원하고, 개인의 스케줄 관리, 작품에 대한 고민을 함께해 준다. 제작하려는 회사를 위해서는 계약을 체결하여 목적에 맞는 콘텐츠 제작 및 작가 섭외 업무 등을 대신 해 주기도 한다.

일러스트레이터

책에 아름다움을 불어넣는 남동윤

Q 어린 시절 꿈은 무엇이었나요?

막연히 '그림 그리는 사람'이었어요. 반 친구들을 주인공으로 만화를 만들거나, 생김새를 유심히 살핀 뒤 특징을 재미있게 표현한 캐리커처를 많이 그렸어요. 고등학교 때는 큰 종이에 반 친구들 얼굴을 전부 다 캐리커처로 그리기도 했죠. 다 그리는 데 한 달 정도 걸렸는데 친구들이 자기 얼굴을 찾아보며 재미있어하는 게 너무 뿌듯하고 기분이 좋았어요.

Q 일러스트레이터는 어떤 직업인가요?

보는 사람에게 어떤 메시지를 의도한 대로 전달할 수 있도록 이미지화하는 미술을 일러스트레이션이라고 해요. 좀 어렵나요? 간단히 말하면 홍보물이나 책, 광고 등을 제작하려는 의뢰인이 의도한 주제를 가장 효과적이고 맛있게 그림으로 표현하는 사람이에요. 사진으로는 표현할 수 없는 부분도 일러스트레이터의 관점에서 자유롭고 적절하게 그림으로 표현할 수 있죠. 일러스트레이터의 일은 단 한 장의 그림을 그리더라도 바로바로 엄격하게 평가받는 일이기도 해요.

Q '맛있게'라는 표현이 참 재미있네요.

일러스트레이터는 요리사랑 비슷하다고 생각해요. 요리사는 자신을 대표할 요리가 있어야 좋은 요리사로 인정받을 수 있듯이 일러스트레이터도 대중적이면서도 자기만의 색깔이 담긴 독창적인 그림, 즉 콘텐츠가 있어야 해요. 예술가적 자세와 기업가적 마인드가 동시에 필요하지요. 그러기 위해선 자신만의 스타일을 꾸준히 개발하고 실력과 작품 세계를 보여 줄 수 있는 결과물을 만들어야 합니다.

Q 일을 하시면서 힘들 때 극복 방법이 있나요?

사실 그리기 싫은 그림도 그려야만 할 때나 일을 마무리하고도 원고료 입금이 원활하지 않을 때는 좀 힘들죠.
또 작업을 의뢰한 곳에서 요구한 대로 열심히 그렸는데 일의 특성상 수정을 요구할 때가 많아요. 일러스트레이터로 활동한 지 얼마 되지 않았을 때는 책의 표지 그림을 스무 번까지 계속 수정한 적도 있었죠.
특히 그림에 대한 평가가 좋지 않아 일이 중단될 때는 괴로워요. 좋아하는 일이 직업이 되어 좋은 부분도 많지만 그만큼 상처도 많이 받게 되더라고요. 하지만 그림을 계속 그리면서 스스로 부족한 부분을 발견하고 발전할 수 있다는 것이 늘 즐겁고 감사하다는 생각으로 극복하려고 노력한답니다.

**Q 가장 보람을 느낄 때는 언제인가요?
일러스트레이터로서의 꿈도 간단히 말씀해 주세요.**

제가 작업한 그림이 책이나 광고 등에 쓰인 것을 볼 때 가장 보람을 느끼지요. 일을 시작하고 처음으로 제가 그린 그림이 잡지에 실렸을 땐 너무 신기해서 열 권씩 사서 아는 사람들에게 나누어 주기도 했어요. 세상에 내놓은 자식들이 성장하는 걸 보는 부모처럼 뿌듯하더라고요.
지금처럼 꾸준히 그림을 그리면서 색깔이 있는 일러스트레이터가 되고 싶어요. 또 다양한 경험을 하여 해를 거듭할수록 계속 성장해 나가는 사람이 되는 것이 지금 저의 인생 목표예요.

남동윤 님 약력
현 프리랜서 일러스트레이터
대표작《귀신 선생님과 진짜 아이들》,《프리랜서 보고서》
상명대학교 만화학과 졸업

일러스트레이터에 대해 알아볼까요?

 일러스트레이터는 어떤 직업인가요?

일러스트 혹은 일러스트레이션이란 어떤 의미나 내용을 시각적으로 전달하기 위하여 사용되는 삽화, 사진, 도안 등을 통틀어 일컫는다. 일러스트레이터란 이러한 일러스트를 그리는 사람이다. 먼저, 출판 혹은 광고업체로부터 작업을 의뢰받으면 작업 방향과 주제, 시장의 흐름 등에 대해 상의한다. 그런 다음 정해진 크기에 맞추어 그림이나 문자 도안 작업 등을 하고 업체와 협의하여 수정 또는 보완을 거쳐 완성품을 만든다.

 일러스트레이터가 되는 방법을 알려 주세요.

꼭 관련 학과를 졸업해야 하는 것은 아니지만, 시각 디자인, 산업 디자인, 컴퓨터 그래픽스, 회화를 전공하여 활동하는 경우가 많다. 이들 학과에서는 색채론, 디자인론 등의 이론과 디자인 실습을 배운다. 일러스트레이션을 양성하는 전문 학원을 통해 일러스트레이터가 되는 경우도 있다. 일러스트레이터가 되면 디자인 회사, 광고 회사 및 일반 기업의 홍보 부서에서 일하거나 프리랜서로 일을 한다.

무엇을 준비해야 할까요?

 **필수**

틈나는 대로 그림 연습을 하여 색채 감각, 조형 감각 훈련을 해 두세요. 기발한 상상력과 창의력, 세심함과 꼼꼼함도 필요해요.

 **중요**

그림도 선호하는 흐름이 있어서 꾸준히 공부해야 해요. 의뢰인에게 자신이 그린 그림을 이해시키고 설득할 수 있는 의사소통 능력도 중요해요.

 **도움**

책을 많이 읽어 교양을 쌓으면 좋아요. 이미지 제작에 필요한 컴퓨터 프로그램 활용 능력을 배우는 것도 도움이 되어요.

앞으로의 전망은 어떤가요?

디자인의 중요성과 가치가 커지면서 디자인과 관련된 여러 직업의 종류와 일자리도 늘어나고 있다. 그중 일러스트레이터는 자기 개발 가능성이 높은 직업으로, 새로운 스타일을 개발하고 특정 분야에 대해 전문 지식을 갖고 이미지로 표현하는 등 노력 여하에 따라 얼마든지 인지도를 높일 수 있다. 따라서 일러스트레이터의 전망은 밝다고 볼 수 있다.

 ## 메디컬 일러스트레이터는 어떤 일을 하나요?

우리말로 하면 의학 전문 화가이다. 사람들의 건강에 대한 관심이 높아지면서 일반인들이 직접 의학 정보를 찾아보고 공부하는 일이 많아졌다. 어려운 의학 정보를 일반 사람들이 이해하기 쉽도록 그림으로 표현하는 사람이 바로 메디컬 일러스트레이터이다.
메디컬 일러스트레이터는 복잡한 인체를 정확하게 표현해야 하기 때문에 의학적 지식을 골고루 갖추어야 한다.

미술/디자인

사진작가

나만의 시선으로 세상을 기록하는 **김태환**

Q 사진과의 인연은 어떻게 시작되었나요?

사진에 대한 저의 첫 기억을 말씀드릴게요. 초등학생도 되기 전 어느 날, 여행을 다녀오신 아버지가 카메라를 정리하고 계셨습니다. 저는 조용히 아버지 옆에 놓인 필름 두 통을 들고 가 세숫대야에 담긴 물에 풀어 놓고는 가만히 지켜보았습니다. 텔레비전에서 사진작가가 필름을 약품에 담가 현상하는 것을 보고 따라 했던 것 같습니다. 그 모습을 보신 아버지는 화를 내셨지만 저는 아랑곳 않고 필름을 바라보았습니다. 초등학생 때에는 친구들과 놀다가 저녁노을이 지는 광경을 사진으로 남기고 싶어 곧장 집으로 뛰어간 일이 여러 번 있었습니다. 장롱 깊숙이 있던 카메라를 꺼내어 돌아가면 이미 해가 져 버린 뒤였습니다. 아마도 저는 사진을 찍는 일을 해야겠다라고 마음을 먹기 전부터 사진과 사진을 찍는 일에 끌림이 있었던 것 같습니다.

Q 사진과 관련된 재미있는 에피소드가 또 있나요?

중학생 때 사진반 선생님께서 어떤 사진을 보여 주셨는데 오랜 시간 카메라 셔터를 열어서 촬영하여, 도로 위의 차량 불빛이 춤추듯 이어지는 멋진 사진이었습니다. 그걸 보고는 사진이라는 건 눈에 보이는 대로 찍는 것이 아니라 작가가 의도한 대로 연출해서 찍을 수도 있다는 걸 알게 되었지요. 이후 사진의 매력에 흠뻑 빠졌습니다. 그러다가 사진학과에 진학하고 싶다는 친구의 말을 듣고 자극을 받았어요. 저도 망설임 없이 목표를 사진학과로 정하고 준비를 시작했습니다.

김태환 님 약력

현 서커스 스튜디오 대표
유명 연예인 사진첩, 드라마 포스터 등 사진 촬영
《인도는 눈물을 흘리지 않는다》 집필
경성대학교 사진학과 졸업

Q 사진작가는 어떤 일을 하는 직업인가요?

사진작가의 영역은 몇 가지로 나눌 수 있습니다.

첫째, 저처럼 상업 사진을 찍는 사진작가는 주로 상품 광고 사진, 패션 잡지 촬영이나 연예인 화보 촬영을 합니다. 여러분이 가장 쉽게 접할 수 있는 사진인데 가수들의 앨범 재킷 사진, 거리의 광고 사진 등이 바로 상업 사진작가들이 촬영한 것입니다.

둘째, 신문 기사에 실을 보도 사진을 찍는 분야도 있어요. 보도 사진을 찍을 때에는 사진작가가 일어난 사건을 객관적인 시선으로 보아 세상 사람들에게 생생하게 전달해야 합니다.

셋째, 뚜렷한 목적을 가지고 사진을 찍기보다 작가의 생각을 사진 속에 담아내는 순수 사진 분야입니다. 화가, 문학가들처럼 자신이 전달하고자 하는 메시지를 그림이나 글 대신 사진으로 표현하는 것이지요. 순수 사진작가들은 작품을 완성하면 전시회를 열어 자신의 작품을 알리고, 판매도 합니다.

Q 일을 하시면서 가장 보람을 느낄 때는 언제인가요?

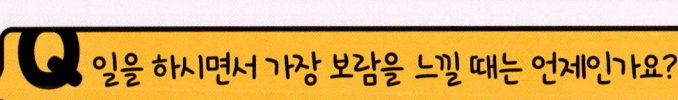

촬영을 하다 보면 카메라의 셔터를 누르는 순간 이 사진이 마음에 드는 사진임을 직감적으로 알게 되는 짜릿한 순간이 있습니다. 마치 타자가 방망이를 휘둘러 공을 '딱' 하고 맞히는 순간 이 공이 야구장 담장을 넘어가 홈런이 될 것임을 알게 되는 것처럼요. 그렇게 찍은 사진을 많은 사람이 보고 좋아해 줄 때 매우 큰 보람을 느낍니다.

Q 사진에 관심이 많은 어린이들에게 해 주고 싶은 말씀이 있다면요?

대단한 사진을 찍어야겠다는 생각을 버리고 놀이처럼 편하게 시작해 보세요. 다양한 사물과 상황을 카메라를 통해 바라보세요. 촬영한 사진을 가족이나 친구들, 선생님께 보여 주고 반응을 살펴보고요. 여러분 중에 만약 사진 찍는 것이 쉬워 보여서 사진작가를 꿈꾸는 친구가 있다면 마음을 굳게 먹어야 합니다. 이 분야는 경쟁이 무척 심하기 때문이지요. 실력을 인정받고 프리랜서로 독립하기까지 쉼 없이 노력해야 합니다. 대부분 스튜디오에서 실력 있는 사진작가를 도우며 기술을 배우는데 이 시기에는 비교적 월급이 적어요. 하지만 사진을 좋아하고, 간절히 사진작가가 되기를 꿈꾼다면 지금부터라도 사진을 많이 찍으면서 사진의 매력에 푹 빠져 보세요.

사진작가에 대해 알아볼까요?

사진작가는 어떤 직업인가요?

사진작가는 촬영하고자 하는 물체의 거리와 배경 등을 결정하고 그에 맞는 카메라 환경을 조작하여 사진을 찍는 일을 한다. 촬영 후에는 필름을 현상하거나 디지털 파일을 컴퓨터에 옮겨서 수정하고 편집한다. 촬영하는 대상과 목적에 따라 인물을 찍는 인상 사진가, 상업 사진을 찍는 광고 사진가, 예술 사진을 찍는 순수 사진가, 사람들에게 사건을 보도할 목적으로 사진을 찍는 보도 사진가 등으로 나뉜다. 최근에는 카메라로 동영상 촬영이 가능하여 분야가 확대되고 있다.

사진작가가 되는 방법을 알려 주세요.

필수 자격이나 학력의 제한은 없지만 점차 전문적인 사진 교육을 받고 직업을 선택하는 경우가 늘고 있다. 대학의 사진 관련 학과에서는 카메라를 다루고 사진을 촬영하는 이론과 실기 교육을 실시한다. 사진작가를 전문적으로 양성하는 학원이나 문화 센터도 많다. 신문사, 방송국, 대기업 홍보 부서, 광고 회사 등에서 요구하는 취업 요건을 확인하여 준비해야 한다.

사진작가가 되려면?

흥미 유형
예술형
탐구형

능력과 성격
공간 지각 능력
창의력
예술적 감각
상상력
손 재능

관련 자격
사진 기능사
항공 사진 기능사

관련 문의 기관
한국 사진작가 협회
한국 프로 사진가 협회
한국 문화 예술 위원회
한국 사진 기자 협회

관련 직업
생태 사진작가
사진 처리원
지리 정보 시스템(GIS) 전문가

관련 학과
사진학과
사진 광고학과
사진 영상 디자인학과
영상 미술학과
사진 예술학과

무엇을 준비해야 할까요?

 **필수**

상상력과 창의력을 바탕으로 다양한 사진을 찍어 보는 경험이 중요해요. 문화 센터, 사진 관련 동아리에 들어 경험을 쌓을 수 있어요.

 **중요**

요즈음에는 공공 기관이나 기업, 학교에서 주최하는 사진 관련 공모전이 많아요. 적극적으로 참여하여 포트폴리오를 만들어 보세요.

 **도움**

사진 관련 잡지를 보거나 전시회 관람을 통해 안목을 길러요. 사진을 가공할 수 있는 컴퓨터 활용 능력도 익혀 두면 도움이 되어요.

앞으로의 전망은 어떤가요?

성능이 뛰어난 디지털카메라의 보급으로 사진작가에게 촬영을 의뢰하는 비율이 줄어들었고, 개인의 취미 생활이 점점 더 전문화됨에 따라 사진작가의 일이 줄어들 것으로 예상된다. 촬영 및 이미지 사용 일정에 따라 근무 시간이 불규칙하고 길어 어려움이 있지만, 전문성이 높고 본인이 주도적으로 일을 처리할 수 있기 때문에 만족감이 큰 직업이다.

생태 사진작가는 어떤 일을 하나요?

곤충이나 식물, 동물 등 자연환경을 전문적으로 촬영하는 사진작가이다. 사람들이 살지 않는 머나먼 곳에 가서 독특한 환경을 촬영하거나 희귀 생물을 촬영하는 경우가 많다. 결정적인 순간을 촬영해야 해서 한자리에서 며칠씩 꼼짝하지 않고 기다려야 할 때도 있다.

메이크업 아티스트

개개인의 아름다움을 창조하는 조성아

음악 춤

스포츠

방송 언론 출판

서비스

의료

IT

교육

법 행정

경제 금융

공학 자연과학

Q 어렸을 때의 꿈은 무엇이었나요?

어렸을 때는 공부 이외의 것에 관심이 더 많았어요. 그림 그리기나 화장, 예쁜 옷을 입거나 액세서리로 꾸미는 일 등에 엄청난 집중력을 발휘했지요. 아주 어렸을 때부터 어머니의 화장대는 제가 가장 좋아하는 놀이터였어요. 친구들을 초대해 직접 옷과 액세서리로 꾸며 준 뒤, 최고의 미인을 뽑는 대회를 하며 놀았어요. 텔레비전 프로그램을 볼 때에도 스타가 되고 싶다는 생각보다 무대 뒤에서 스타를 아름답게 만들어 주는 사람이 되고 싶다고 막연히 꿈꾸었어요.

Q 대학에서는 미술을 전공하신 것으로 알고 있습니다.

제가 학교 다니던 시절에는 우리나라에 메이크업 아티스트라는 직업이 없었어요. 메이크업 아티스트가 되려면 어떻게 준비해야 할지 몰라 막막했지요. 저는 메이크업이 그림을 그리는 일과 비슷하다고 판단해서 차선책으로 미술 대학에 진학했어요. 그 덕분에 지금 메이크업 아티스트로 활동하는 데에 필요한 탄탄한 기본기를 다지게 되었습니다. 단순히 화장을 예쁘게 하는 것뿐만 아니라 색채 감각이나 주제 표현 능력에서 차별화된 경쟁력을 가질 수 있었지요.

Q 메이크업 아티스트는 어떤 직업인가요?

흔히 메이크업 아티스트를 화장을 하는 사람 정도로 생각할 거예요. 하지만 저는 '개인이 가진 아름다움을 찾게 도와주는 뷰티 멘토'로 정의하고 싶어요. 수많은 사람에게 메이크업을 해 주면서 깨달은 사실은 아무리 예쁜 사람이라도 자신을 인정하고 사랑하지 않는다면 절대 그 아름다움을 누릴 수 없다는 거예요. 그래서 저는 메이크업을 통해 자신만이 가지고 있는 아름다움을 깨달을 수 있도록 설득하고, 조언하고, 극대화시킬 수 있도록 노력한답니다.

Q 메이크업 아티스트가 되기 위해서는 어떤 자질이 필요한가요?

메이크업 아티스트가 되려면 무엇보다도 창의력과 소통이 가장 필요해요. 기술은 누구나 열심히 갈고닦는다면 충분히 익힐 수 있지요. 하지만 단순한 '기술자'에 머물지 않기 위해서는 늘 새로운 시도를 하며 자신을 진화시켜야 하고, 그러기 위해서는 무엇보다도 창의력이 필요해요. 또 혼자 일하는 것이 아니라 항상 누군가와 같이 일하기 때문에 상대방을 제대로 이해하지 않고 공감하기 위해 노력하지 않는다면 진정한 아름다움을 찾아 줄 수도 깨우쳐 줄 수도 없지요.

Q 이후의 인생 목표는 무엇인가요?

저는 제게 메이크업을 받은 사람이 자기도 모르고 있던 새로운 모습을 발견하고 그로 인해 자신감과 기쁨에 차 있는 모습을 볼 때 가장 큰 보람을 느껴요. 그래서 저만의 철학과 노하우를 담은 화장품 브랜드를 개발했습니다. 제 손길을 거치지 않더라도, 그동안 메이크업을 하며 깨달은 노하우가 담긴 제품을 통해서 많은 여성이 아름다움을 표출할 수 있도록 돕고 싶었기 때문입니다.

저의 꿈은 많은 사람이 화장하는 과정을 어려운 일이 아니라 즐겁고 긍정적으로 체험할 수 있도록 만들어 주는 것입니다. 앞으로 아름다움을 향한 제 철학과 한국의 아름다움을 전 세계에 알리는 모든 여성의 '뷰티 멘토'가 되고 싶습니다.

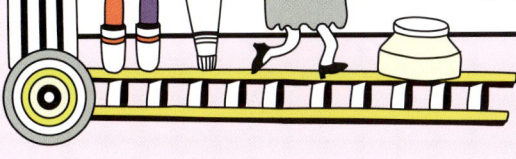

조성아 님 약력
현 초초스팩토리 대표 이사
포브스 코리아 선정 '2014 최고의 브랜드 대상 뷰티 라이프 스타일 부문' 수상
이화여자대학교 패션 디자인 연구소 교수
한양대학교 산업 미술 대학 졸업

메이크업 아티스트에 대해 알아볼까요?

메이크업 아티스트는 어떤 직업인가요?

화장을 통해 사람의 얼굴을 아름답게 꾸미는 것을 '메이크업'이라고 한다. 메이크업 아티스트는 전문적인 기술을 가지고 메이크업을 해 주는 사람이다. 메이크업 아티스트의 활동 분야는 화장을 하는 대상에 따라 다양하다. 일반인을 대상으로 하는 뷰티 메이크업, 결혼식을 앞둔 신랑 신부에게 화장을 해 주는 웨딩 메이크업, 극중 인물의 특징에 맞게 화장을 해 주는 무대 메이크업, 상품을 돋보이게 하는 광고를 목적으로 하는 광고·포토·패션 메이크업 등의 분야에서 활동한다.

메이크업 아티스트가 되는 방법을 알려 주세요.

특성화 고등학교 미용과에서 일찍부터 메이크업을 공부하거나 대학의 메이크업 아트과, 뷰티 아트과, 피부 미용학과, 미용 분장학과 등에서 전문적인 이론과 실습 과정을 배울 수 있다. 메이크업 아카데미 같은 사설 교육 기관에서 공부하기도 한다. 대부분 전문가의 보조로 4~5년 정도 일하며 실력을 쌓으면 정식 메이크업 아티스트로 인정받을 수 있다. 헤어 디자인, 의상 코디네이션 업무를 같이하는 경우도 많다.

메이크업아티스트가 되려면?

흥미 유형
예술형
탐구형

능력과 성격
손 재능
대인 관계 능력
미적 감각
예술적 감각
색채 감각

관련 자격
미용사
피부 미용사

관련 문의 기관
한국 메이크업 협회
한국 메이크업 전문가 협회
한국 분장 예술인 협회

관련 직업
피부 미용사
분장사
특수 분장사
네일 아티스트

관련 학과
특성화 고등학교 미용과
미용 분장학과
뷰티 아트과
뷰티 케어과
피부 미용학과
뷰티 코디네이션과

Q 메이크업 아티스트가 되기 위해서는 어떤 자질이 필요한가요?

메이크업 아티스트가 되려면 무엇보다도 창의력과 소통이 가장 필요해요. 기술은 누구나 열심히 갈고닦는다면 충분히 익힐 수 있지요. 하지만 단순한 '기술자'에 머물지 않기 위해서는 늘 새로운 시도를 하며 자신을 진화시켜야 하고, 그러기 위해서는 무엇보다도 창의력이 필요해요. 또 혼자 일하는 것이 아니라 항상 누군가와 같이 일하기 때문에 상대방을 제대로 이해하지 않고 공감하기 위해 노력하지 않는다면 진정한 아름다움을 찾아 줄 수도 깨우쳐 줄 수도 없지요.

Q 이후의 인생 목표는 무엇인가요?

저는 제게 메이크업을 받은 사람이 자기도 모르고 있던 새로운 모습을 발견하고 그로 인해 자신감과 기쁨에 차 있는 모습을 볼 때 가장 큰 보람을 느껴요. 그래서 저만의 철학과 노하우를 담은 화장품 브랜드를 개발했습니다. 제 손길을 거치지 않더라도, 그동안 메이크업을 하며 깨달은 노하우가 담긴 제품을 통해서 많은 여성이 아름다움을 표출할 수 있도록 돕고 싶었기 때문입니다.

저의 꿈은 많은 사람이 화장하는 과정을 어려운 일이 아니라 즐겁고 긍정적으로 체험할 수 있도록 만들어 주는 것입니다. 앞으로 아름다움을 향한 제 철학과 한국의 아름다움을 전 세계에 알리는 모든 여성의 '뷰티 멘토'가 되고 싶습니다.

조성아 님 약력
현 초초스팩토리 대표 이사
포브스 코리아 선정 '2014 최고의 브랜드 대상 뷰티 라이프 스타일 부문' 수상
이화여자대학교 패션 디자인 연구소 교수
한양대학교 산업 미술 대학 졸업

메이크업 아티스트에 대해 알아볼까요?

메이크업 아티스트는 어떤 직업인가요?

화장을 통해 사람의 얼굴을 아름답게 꾸미는 것을 '메이크업'이라고 한다. 메이크업 아티스트는 전문적인 기술을 가지고 메이크업을 해 주는 사람이다. 메이크업 아티스트의 활동 분야는 화장을 하는 대상에 따라 다양하다. 일반인을 대상으로 하는 뷰티 메이크업, 결혼식을 앞둔 신랑 신부에게 화장을 해 주는 웨딩 메이크업, 극중 인물의 특징에 맞게 화장을 해 주는 무대 메이크업, 상품을 돋보이게 하는 광고를 목적으로 하는 광고·포토·패션 메이크업 등의 분야에서 활동한다.

메이크업 아티스트가 되는 방법을 알려 주세요.

특성화 고등학교 미용과에서 일찍부터 메이크업을 공부하거나 대학의 메이크업 아트과, 뷰티 아트과, 피부 미용학과, 미용 분장학과 등에서 전문적인 이론과 실습 과정을 배울 수 있다. 메이크업 아카데미 같은 사설 교육 기관에서 공부하기도 한다. 대부분 전문가의 보조로 4~5년 정도 일하며 실력을 쌓으면 정식 메이크업 아티스트로 인정받을 수 있다. 헤어 디자인, 의상 코디네이션 업무를 같이하는 경우도 많다.

무엇을 준비해야 할까요?

 **필수**

사람마다 얼굴의 특징과 장점을 찾아낼 수 있는 능력이 필요해요. 메이크업의 흐름과 최신 유행을 읽을 수 있어야 하지요.

 **중요**

피부 관리, 착시 효과 등에 대한 전반적인 지식과 색채 감각, 창의력, 표현력 등을 길러야 해요. 관련된 책을 보고 공부해 보세요.

 **도움**

헤어, 피부 미용 등 관련 자격증이 있으면 도움이 되어요. 메이크업 관련 잡지를 보면 유행과 화장품에 대한 정보를 얻을 수 있어요.

앞으로의 전망은 어떤가요?

최근 개인의 개성과 아름다움을 표출하려는 사람이 많아지면서 메이크업에 대한 관심이 높아졌다. 수많은 상품이 쏟아져 나와 모델을 활용한 광고 촬영이 많아졌고, 연예인 못지않은 인기를 누리는 메이크업 아티스트들도 등장하였다. 메이크업 아티스트의 직업 전망은 매우 밝은 편이지만, 근무 시간이 불규칙하고, 짧은 시간 동안 콘셉트에 맞는 메이크업을 표현해야 하므로 스트레스가 높다는 점을 고려해야 한다.

특수 분장사는 어떤 일을 하나요?

영화나 드라마, 광고에 나오는 등장인물을 시체나 괴물, 외계인 등 일반 분장으로는 표현할 수 없는 특별한 모습으로 바꾸어 주는 사람이다. 작품에 들어맞는 모습을 표현하기 위해 분장 방법을 연구하고, 직접 재료를 구하며, 출연자의 몸에 분장을 한다. 촬영 중에는 조명 감독, 카메라 감독과 협의하여 분장의 목적이 최대한 드러나도록 한다. 다양한 장르의 영화와 드라마가 많아지고, 특수 효과 기술이 나날이 발전하여 미래가 밝은 직업이다.

미술/디자인

큐레이터

작품 전시를 기획하고 관리하는 **천유진**

Q 큐레이터는 어떤 직업인지 간단히 소개해 주세요.

'전시를 만드는 사람'이에요. 전시회의 주제를 정하는 일부터 작가 섭외, 작품 선정, 비용 정산, 도록 제작, 오프닝 행사까지 전시장에서 일어나는 행정 업무를 총체적으로 책임지는 일을 해요. 또 수장고에서 작품을 점검하고 기록하는 관리 업무를 하고 미술 강좌를 개최하여 교육 프로그램을 진행하지요. 갤러리의 경우 미술품 수집가들이 좋은 작품을 구입할 수 있도록 돕기도 해요.

Q 굉장히 다양한 일을 하시네요. 어떤 과정을 거쳐 큐레이터가 되셨나요?

대학생 때 미술관에서 작품을 소개하는 도슨트 일과 자원봉사를 많이 했어요. 그러면서 큐레이터라는 직업에 욕심이 생겼고 큐레이터 자격증 취득을 위한 공부를 병행하며 갤러리에서 학생 인턴으로 근무했어요. 대학교를 졸업한 뒤 인턴으로 근무했던 갤러리에 취직해 잠시 동안 전시 기획을 하고 일했지만 큐레이터라는 직업이 상당한 전문성이 필요하고 고학력자들이 많아 사실 힘들었어요. 그래서 일을 접고 학교로 다시 돌아가 대학원에서 미술사학을 공부했죠. 그러면서 큐레이터가 되기 위한 공부를 하는 데에 노력을 쏟았고 틈틈이 큐레이팅을 하며 실무 경험을 쌓았어요.

Q 언제 가장 보람을 느끼시나요?

전시장에 모든 작품을 설치한 뒤 작품들이 전시의 의도와 구성에 맞게 조화되었을 때 희열을 느껴요. 일반적으로 하나의 전시를 열기 위해서는 최소한 일 년 전부터 전시를 구상하고 이에 걸맞는 작품을 찾고 준비하는데 성공적인 전시를 개최하기 위한 여정이 길고 처리해야 하는 작업량도 많아 전시를 오픈한다는 것은 하나의 전시 기획에 마침표를 찍은 것이라고 볼 수 있어요.

- 음악 춤
- 스포츠
- 방송 언론 출판
- 서비스
- 의료
- IT
- 교육
- 법 행정
- 경제 금융
- 공학 자연 과학

Q 큐레이터가 되기 위해서는 어떤 준비가 필요할까요?

큐레이터는 기본적으로 미술에 관심이 많아야 하지만, 인문이나 철학 계열의 전공을 병행하는 것이 좋고, 영어나 불어의 외국어 실력을 갖추어야 해요. 또한 하나의 전시를 개최한다는 것은 사회와 문화를 반영하는 것이기 때문에 변화하는 사회에 늘 민감해야 하지요. 문화계뿐만 아니라 정치, 국제 등 세상 돌아가는 모든 부분에 관심을 기울여야 하고요. 예술 작품을 사회의 일부 속에 스며들게 하고, 많은 사람들과 지적인 계층을 유연하게 연결해야 하기 때문에 대중적인 센스도 놓치지 않도록 노력해야 해요.

Q 큐레이터 직업의 전망을 어떻게 보시나요?

국민의 문화적 수준이 향상되고 미술에 대한 관심이 높아지면서 미술계의 몸집도 커지는 상황이기 때문에 큐레이터에 대한 수요와 비중 역시 높아지고 다양화되고 있어요. 박물관이나 미술관에서 각계 각층 사람들의 문화적 욕구를 충족시킬 수 있는 여러 전시와 활동이 많아졌고 그중에서 전시 기획의 책임을 맡고 있는 큐레이터의 역할이 중요시되고 있고요. 아직은 체제가 미국이나 유럽처럼 세분화 되지 않았지만 정부에서 문화 기반 시설 확충을 지속적으로 추진하고 있고, 이에 따라 빠른 속도로 큐레이터의 활동 범위가 확대되고 있는 추세라 전망 또한 좋다고 볼 수 있어요.

천유진 님 약력
현 독립 큐레이터
갤러리 위, 이랜드 문화 재단 큐레이터
한양대학교 응용미술교육 학사
이화여자대학교 미술사학과 석사 과정 수료

큐레이터에 대해 알아볼까요?

큐레이터는 어떤 직업인가요?

큐레이터는 박물관이나 미술관에서 전시 기획, 예술 작품이나 문화재 관리, 관람객에게 설명하는 등의 일을 한다. 박물관 큐레이터는 유물과 문헌 자료 등의 사료를 수집·정리하여 전시회 준비를 하고, 유물이나 유적의 발굴 조사에 참여한다. 미술관 큐레이터는 기획전 준비와 예술 작품 전시 외에 신인 작가 발굴, 전시회 홍보, 작품 진열과 판매 등의 일도 담당한다. 성공적인 전시를 위해 전시 디자이너, 출판 디자이너 등과 협업하는 경우가 많다.

큐레이터가 되는 방법을 알려 주세요.

큐레이터는 전문 지식을 갖고 작품 전시를 기획해야 하므로 대학이나 대학원에서 관련 전공을 이수하는 것이 좋다. 고고학, 미술사학, 예술 기획, 박물관학, 미술관학을 전공하면 유리하다. 또 동양화, 서양화, 조각, 도예 등을 전공하여 작품 활동을 하다가 큐레이터가 되는 경우도 있다. 뽑는 기관에 따라 대학원 졸업 이상의 학력을 요구하기도 한다.

큐레이터가 되려면?

능력과 성격
꼼꼼함
분석적 사고력
창의력
공간 지각 능력
대인 관계 능력
표현력
외국어 능력

흥미 유형
탐구형
예술형

관련 자격
박물관(미술관) 정학예사(3·2·1급)
박물관(미술관) 준학예사

관련 문의 기관
국립 중앙 박물관
한국 문화 예술 위원회
한국 박물관 협회

관련 직업
문화재 보존원
기록물 관리사
도슨트

관련 학과
미술학과
미술사학과
민속학과
인류학과
고고학과
사학과

무엇을 준비해야 할까요?

 필수

 중요

 도움

역사, 문화, 예술 분야에 대해 관심을 갖고 관련된 책을 읽거나 신문 기사를 봐 두세요. 전문 지식을 갖추기 위해 체계적으로 공부해야 해요.

전시회의 기획 의도나 작가, 작품에 대해 관람객에게 정확하고 쉽게 전달할 수 있는 능력이 필요해요.

문화유산을 답사하거나 다양한 문화 체험 활동을 하면 전시회 기획에 도움이 되어요. 사물에 대한 깊은 관찰력도 필요해요.

 앞으로의 전망은 어떤가요?

각 지방 자치 단체의 문화유산을 소개하는 박물관 및 교육 기관이 생겨나고, 김치 박물관, 교육 박물관, 한글 박물관, 만화 박물관 등 이색 박물관이 늘어 직업의 수요가 늘어났다. 또 사이버 전시 공간의 활용이 늘어 활동 영역도 다양해졌다. 기본적인 채용 요건을 갖추었다면 전시 기획 경험, 근무 경험을 중점적으로 보고 선발하기 때문에 성별, 연령 등의 고용 불평등이 적다.

 **문화재 보존원은 어떤 일을 하나요?**

궁궐, 절 등의 유적이나 미술관, 박물관에서 소장한 유물의 망가진 곳을 복원하고 관리하는 사람이다. 소중한 문화재의 원래 모습을 되살리는 일이므로 전문 지식과 정밀한 기술력을 갖추어야 한다.
문화재 연구 개발, 문화재의 손상 방지 대안 마련, 문화재 손상을 막아 주는 제품 개발 등의 일을 한다.

푸드 스타일리스트

음식에 멋을 입히는 유한나

Q 푸드 스타일리스트가 된 동기는 무엇인가요?

저는 평소에 맛있는 음식을 먹는 것과 요리하는 것을 좋아해요. 어려서 예쁘게 차려진 상차림을 많이 보았는데 그 영향 덕분인지 음식을 만들고 멋지게 식탁 위를 연출하여 사람들에게 보여 주는 일이 재미있더라고요. 하지만 제가 어렸을 때만 해도 푸드 스타일리스트라는 직업이 흔하지 않았어요. 그런데 어느 날, 외국 유학을 다녀온 사촌 언니가 이 직업에 대해 알려 주었어요. 독특하고 창조적인 일인 것 같아 푸드 스타일리스트가 되겠다고 결심했답니다.

Q 어떤 일을 하는 직업인지 소개해 주세요.

푸드 스타일링은 눈을 통해서 오감을 느끼게 하는 일이에요. 신문, 광고, 텔레비전 프로그램, 영화에서 먹음직스럽게 차려진 음식을 본 적이 있지요? 그렇게 음식을 보기 좋고 상황에 맞게 연출하는 거예요. 직접 요리를 하거나, 그릇, 소품 등을 준비하여 음식을 꾸미지요. 음식 관련 전시의 기획, 행사의 테이블 세팅, 식품 회사나 외식 프랜차이즈 회사의 그릇과 음식의 담음새, 내부 인테리어에 대한 총괄적인 준비를 조언하기도 해요. 지금은 후배 양성을 위해 강의도 하고 있습니다.

유한나 님 약력

현 푸드판타지 대표 및 연성대학교 푸드 스타일링과 겸임 교수
한국 푸드 코디네이터 협회 이사
대표작 《아기 튼튼 이유식 엄마 날씬 다이어트》, 《미녀들의 식탁》, 《밀가루의 누명》, 《함께 떠나는 세계 식문화》 등
〈여왕의 레시피 by 유한나〉 방송 진행

Q 굉장히 다양한 일을 하시네요. 일하시면서 어려운 점은 무엇인가요?

체력이에요. 밤샘 작업이 잦고 무거운 짐을 잔뜩 가지고 다녀야 하거든요. 또 음식 냄새가 나는 곳에서 일하다 보니 때로는 두통이 오기도 해요. 그래서 푸드 스타일리스트가 되려면 체력과 끈기는 필수랍니다.

많은 사람을 만나고, 창의적으로 일해야 하기 때문에 계속 성장해 나가야 한다는 점도 어렵지요. 물론 발전한다는 점은 의미 있지만 바쁘게 일하며 공부하고 배우는 일이 쉬운 것은 아니에요. 꽃꽂이, 가구, 음식, 인테리어, 도자기, 여러 주제의 상식 등 하면 할수록 공부할 게 늘더라고요.

게다가 아직은 회사가 없어서 혼자서 여러 가지 업무를 직접 해결해 나가고 있어요. 그동안의 작업물을 잘 정리해 두었다가 의뢰인을 만나 소개하고, 의뢰를 받으면 필요한 준비 사항들을 체크해야 하지요. 열심히 공부하고 일을 오래 했다고 하더라도 경력 관리를 통해 실력을 인정받지 못하면 업계에서 오래 살아남기가 어려워요.

Q 반대로 장점과 매력도 많은 직업이지요?

자신의 노력 여하에 따라 고소득이 보장되고, 시간도 자유롭게 활용할 수 있어요. 창의적으로 생각해야 하고, 다양한 사람들을 만나기 때문에 지겨울 틈이 없이 늘 새롭지요. 또 본인이 작업한 작품들이 광고나 영화에 등장해서 많은 사람이 볼 수 있다는 것도 매력적이에요. 제 얼굴이 영상에 나오는 것은 아니지만 제 손을 거친 작품을 많은 사람이 보고 있다고 생각하면 뿌듯해지지요. 마치 연예인들이 프로그램을 통해 얼굴을 알리는 것과 비슷한 느낌이랄까요?

Q 푸드 스타일리스트를 꿈꾸는 어린이들에게 한 말씀 부탁드려요.

푸드 스타일리스트는 새로 생겨난 직업이고, 활동 분야도 다양해요. 프리랜서로 활동하는 전문가가 많아 능력과 경력에 따라 소득의 수준도 천차만별이고요. 그래서 어떻게 경력을 관리하고, 실력을 개발하느냐에 따라 자신의 가치가 결정되지요. 요즈음에는 일반인들도 요리나 푸드 스타일링을 대하는 수준이 높아지고, 외식 산업의 규모가 커져서 푸드 스타일리스트를 초빙하여 전문적인 조언을 듣고 싶어 하는 회사가 늘어날 것 같아요. 지금까지는 푸드 스타일링을 전문적으로 하는 회사가 없었지만 조금씩 변화의 싹이 보이고 있고요. 미래가 밝으니 여러분도 열심히 준비하여 '푸드 스타일리스트 ○○○'라는 특별한 이름을 갖기 위해 노력해 보세요.

푸드 스타일리스트에 대해 알아볼까요?

푸드 스타일리스트는 어떤 직업인가요?

영화, 드라마, 광고에 사용할 음식을 기획하고, 전체 분위기에 맞게 꾸미고 장식하는 일을 한다. 필요에 따라 조리된 음식을 다루거나 직접 만들기도 한다. 그 외에도 식품 회사에서 새로운 브랜드나 메뉴를 개발할 때 소비자의 기호를 고려한 식자재, 조리 방법에 대해 조언을 하고 요리책, 잡지에 소개할 요리를 개발하여 조리법을 작성하는 경우도 있다. 식당의 메뉴 촬영에 필요한 음식을 꾸미거나, 파티장의 식사 테이블을 꾸미기도 한다.

푸드 스타일리스트가 되는 방법을 알려 주세요.

대학에서 식품 영양학이나 식품 조리 같은 요리 관련 학과 혹은 미술학을 전공한 사람들이 많이 진출하지만 필수 요건은 아니다. 최근에는 대학에 푸드 스타일리스트과가 생기고, 전문 교육 학원도 늘어나고 있다. 전문 푸드 스타일리스트 밑에서 보조 직원으로 일을 하며 배우거나, 우리나라보다 푸드 스타일리스트 직업 분야가 발달한 다른 나라에 유학을 다녀온 뒤 푸드 스타일리스트가 되는 경우도 있다.

 ## 무엇을 준비해야 할까요?

 **필수**

요리 실력과 테이블 꾸밈, 음식 예절에 대한 전문적인 지식이 필요해요. 인테리어, 색채 감각 및 창의력도 갖추어야 해요.

 **중요**

의뢰인의 요구 사항을 파악하는 소통 능력이 중요해요. 돌발 상황에 바로 대처할 수 있는 순발력도 길러야 해요.

도움

그릇, 소품 등 인테리어 흐름을 공부하고, 유명 음식점을 보고 안목을 키우면 좋아요. 여러 사람과 일하므로, 대인 관계 능력도 필요해요.

 ## 앞으로의 전망은 어떤가요?

관광 산업, 외식 산업 발달과 파티 문화의 확산으로 새로운 음식을 경험하고 싶어 하거나 세련된 상차림을 선호하는 사람이 많아졌다. 더불어 음식과 요리 전문 케이블 방송 채널이 생기고, 잡지와 책 등이 인기를 끌면서 푸드 스타일리스트가 진출할 수 있는 분야와 가능성이 매우 커졌다. 한편, 세계 여러 나라의 음식 문화를 경험한 실력자들이 빠르게 늘어 실력을 인정받기까지 경쟁이 치열할 것으로 예상된다.

커피 바리스타는 어떤 일을 하나요?

'바리스타'는 '바(Bar) 안에 있는 사람'이란 뜻의 이탈리아 어에서 유래된 말로, 고온·고압에서 뽑아낸 에스프레소로 여러 가지 커피 음료를 만드는 사람이다. 커피는 원료의 생산지에 따라, 볶는 방법에 따라 각각 다른 맛을 낸다. 따라서 원료와 바리스타의 역량에 따라 커피의 맛이 달라진다.
에스프레소에 물, 우유, 여러 가지 단맛을 내는 시럽이나 감미료 등을 섞어 사람들의 입맛에 맞는 새로운 커피 메뉴를 개발하기도 한다.

스포츠

축구 심판

축구 경기장 위의 판결사, 김종혁

Q 어린 시절부터 축구 심판을 꿈꾸셨나요?

초등학교 4학년 때 축구를 배운 이후로 고등학생 때까지, 국가 대표 축구 선수가 되어 가슴에 태극 마크를 달고 뛰는 제 모습을 상상하며 꿈을 키워 나갔습니다. 그러다가 부상으로 무릎 수술을 세 번이나 받았습니다. 열여덟 살 때 독일에서 마지막 치료를 하고 귀국하여 다시 운동을 시작했는데 움직일 때마다 무릎이 부어올랐습니다. 결국 축구 선수의 꿈을 포기해야만 했지요. 당시 감독님이셨던 기영옥 선생님을 찾아가 운동을 그만두겠다고 말씀드렸습니다. 선생님은 제게 심판을 해 보라고 제안하셨고 국가 대표 축구 선수처럼 국제 무대에서 활동할 수 있는 국제 심판이 있다는 사실도 알려 주셨습니다. 그래서 바로 축구 심판의 길에 들어서게 되었습니다.

Q 어떤 과정을 거쳐 축구 심판이 되셨나요?

대한 축구 협회에서 주관하는 교육을 받고, 이론과 실기, 체력 테스트에 합격하여 심판 자격증 3급을 땄습니다. 그때부터 초등학생들의 축구 경기 심판을 보았어요. 그 뒤 2급, 1급 자격증을 취득했고요. 1급 자격증을 취득한 뒤 실력을 인정받으면 한국 프로 축구 경기의 심판을 볼 수 있고, 프로 축구 경기에서 실력을 인정받으면 국제 경기 심판 테스트를 치를 수 있습니다. 지금은 한국 프로 축구 연맹(K LEAGUE), 아시아 축구 연맹(AFC), 국제 축구 연맹(FIFA)에서 주관하는 대회에서 심판으로 활동하고 있습니다.

김종혁 님 약력

현 국제 축구 대회 심판, 한국 프로 축구 대회 심판

2014 대한 축구 협회 심판 어워즈(REFEREE AWARDS) 국제 심판상

2012 대한 축구 협회 최우수 주심상

2009, 2014 대한 축구 협회 심판 FA CUP 주심상

Q 축구 경기에서 심판의 역할이 무척 중요할 것 같습니다.

맞아요. 심판은 경기의 시작을 알리고, 상황에 따라 경기를 일시 중단, 종료시킬 수 있습니다. 반칙을 저지른 선수에게 경고를 주거나, 퇴장시켜야 하는 선수가 있다면 규정에 따라 처벌하는 역할도 합니다. 옐로카드, 레드카드를 선수에게 보이면 선수는 잠시 경기를 뛸 수 없거나 퇴장해야 하지요. 또 양 팀 선수들이 공정하고 안전하게 경기를 할 수 있도록 운영하는 것도 심판의 역할입니다.

Q 가장 보람을 느낄 때는 언제인가요?

모든 스포츠 경기는 승자와 패자가 있기 마련입니다. 경기가 끝난 후 이긴 팀에서 기분 좋게 인사를 하러 오는 것은 흔한 일이지만 진 팀의 감독이나 코치, 선수들이 먼저 다가와 악수를 청하면서 수고하셨다며 인사를 할 때에는 특히 뿌듯함을 느낍니다. 또 사람들에게 인기가 많은 세계적인 축구 대회에서 경기를 판정할 때에도 큰 보람을 느껴요.

Q 축구 심판을 꿈꾸는 어린이들에게 도움이 될 만한 말씀을 부탁드립니다.

보통 축구 심판은 한 경기마다 9~11km 정도를 뜁니다. 특히 요즘의 축구 경기는 선수들의 움직임이 매우 빠르기 때문에 심판도 그에 맞게 움직여야 합니다. 이렇게 90분 동안 열심히 뛰려면 강한 체력이 필수입니다. 또 공정하게 심판을 하려면 축구 경기의 규칙을 정확하게 알고 돌발 상황에 대처해야 합니다.
축구 경기는 한 경기에 한 명의 주심, 두 명의 부심, 한 명의 대기심으로 4명이 한 팀이 되어 경기의 심판을 보기 때문에 팀워크가 중요해요. 팀워크를 잘 이루기 위해서는 원만한 대인 관계 능력과 좋은 인성을 가져야 합니다.
축구는 전 세계인들에게 감동과 희망을 주는 스포츠입니다. 이렇게 멋지고 대단한 경기 현장의 한가운데에서 관중과 감독, 선수들과 함께 호흡하며 뛸 수 있는 심판은 대단히 매력적인 직업입니다.

축구 심판에 대해 알아볼까요?

축구 심판은 어떤 직업인가요?

축구 심판은 축구 경기가 공정하고 안전하게 끝날 수 있도록 하는 사람이다. 주심 1명, 부심 2명, 경기장 밖에서 선수 교체나 추가 시간 등을 안내하는 대기심 1명으로, 총 4명의 심판이 한 조를 이룬다. 축구 심판은 축구 경기의 시작과 끝을 알리고, 경기 도중 선수들이 규칙을 어겼을 때 호루라기, 손동작, 깃발, 카드 등으로 벌칙을 주기도 한다. 부상을 당한 선수가 발생하거나 갑자기 비가 내려 안전사고가 발생할 가능성이 있으면 경기를 멈추거나 중단할 수도 있다.

축구 심판이 되는 방법을 알려 주세요.

축구 선수를 하다가 심판이 되는 경우와 처음부터 축구 심판을 준비한 경우로 나뉜다. 축구 심판을 하려면 대한 축구 협회에서 발급하는 심판 자격증을 취득해야 한다. '4→3→2→1급' 순서로 취득할 수 있고, 급수에 따라 심판을 볼 수 있는 축구 경기가 다르다. 1급 심판으로 활동하며 능력을 인정받아야 국내 프로 축구 경기의 심판을 볼 수 있고, 거기에서 실력을 인정받으면 국제 심판에 도전할 수 있다.

축구 심판이 되려면?

흥미 유형
관습형

능력과 성격
신체운동 능력 판단력
협동심   분석력
공정성   책임감
대인 관계능력   집중력

관련 자격
대한 축구 협회
심판 자격증(4·3·2·1급)
국제 심판

관련 문의 기관
대한 축구 협회
대한 체육회
국제 축구 연맹

관련 직업
경기 기록원
축구 선수
축구 감독과 코치
비디오 분석관

관련 학과
체육학과
사회 체육학과

 ## 무엇을 준비해야 할까요?

경기 내내 뛰어야 하므로 강인한 체력을 길러야 해요. 공정하게 판단하고, 돌발 상황에 대처할 수 있는 순발력이 필요해요.

국제 심판은 외국어 능력이 필요하고 개최국에 대해 잘 알아야 해요. 경기에 참여하는 팀이 속한 나라의 문화를 파악하는 것도 중요해요.

축구 경기 규칙이나 축구의 역사, 유명한 축구 선수나 심판에 대해 소개하는 책을 보고, 축구 경기를 직접 관람해 보면 좋아요.

 ## 앞으로의 전망은 어떤가요?

앞으로 축구 경기의 수는 지금 수준을 유지할 것으로 예상되며 축구 심판의 고용 수준도 비슷한 선이 될 것이다. 프로 축구 심판의 경우 전임 심판으로 소속되어 신분이 안정적이고 급여도 괜찮지만, 아마추어 축구 심판은 급여가 낮고 고용 상태도 불안정하다. 특히 기존에 활동하던 심판 중에서 부족한 인원이 생겼을 경우에 진입할 수 있어 장벽이 높고 정년이 50세로 짧은 편이다.

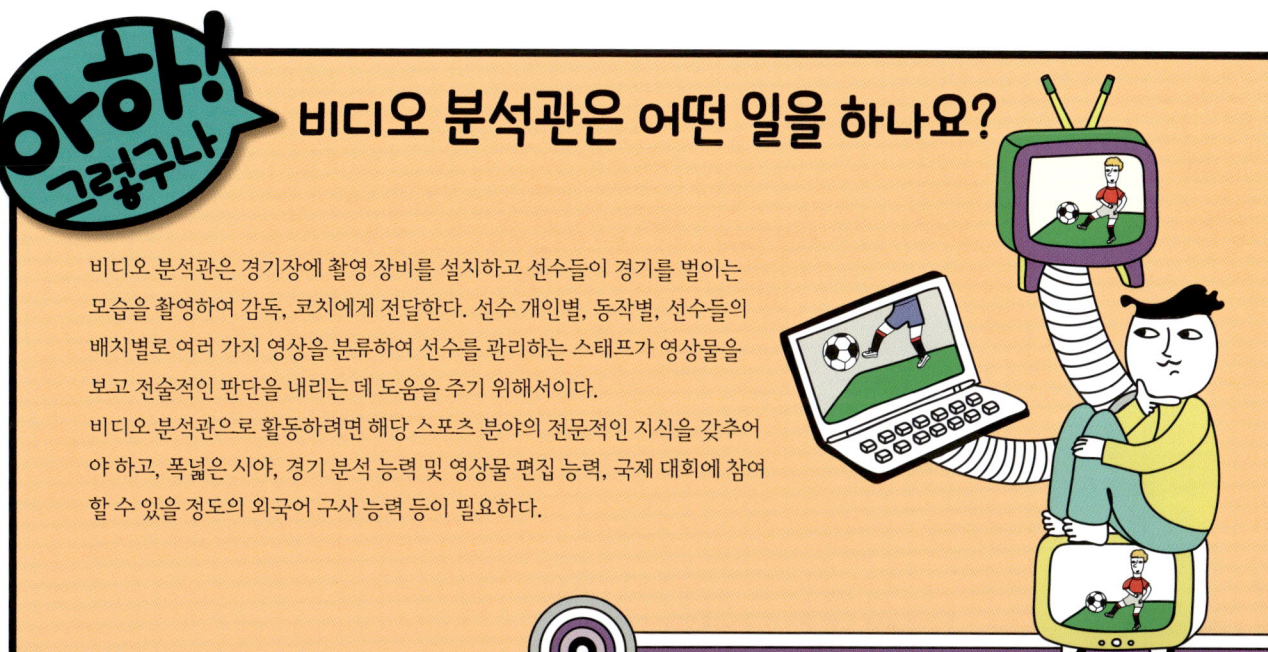

아하! 그렇구나 비디오 분석관은 어떤 일을 하나요?

비디오 분석관은 경기장에 촬영 장비를 설치하고 선수들이 경기를 벌이는 모습을 촬영하여 감독, 코치에게 전달한다. 선수 개인별, 동작별, 선수들의 배치별로 여러 가지 영상을 분류하여 선수를 관리하는 스태프가 영상물을 보고 전술적인 판단을 내리는 데 도움을 주기 위해서이다.

비디오 분석관으로 활동하려면 해당 스포츠 분야의 전문적인 지식을 갖추어야 하고, 폭넓은 시야, 경기 분석 능력 및 영상물 편집 능력, 국제 대회에 참여할 수 있을 정도의 외국어 구사 능력 등이 필요하다.

스포츠

카레이서

스피드에 인생을 건 최장한

Q 카레이서가 된 특별한 이유가 있으신가요?

빠르게 속도를 내는 것을 무척 좋아합니다. 그래서 예전에는 가파른 내리막길을 빠르게 내려오는 산악 자전거 다운힐(Downhill) 종목의 선수로 활동하였습니다. 그러다가 자동차 개발 일을 하면서 자연스럽게 자동차 레이싱에 매력을 느끼게 되었고, 지금까지 선수 생활을 하고 있습니다.

Q 카레이서는 어떤 직업인가요?

자동차 레이싱 경기에 출전합니다. 배구나 야구 경기를 뛰는 운동선수처럼 자동차 경주를 하는 운동선수로 보면 될 것 같습니다. 카레이서는 집중력과 승부욕이 강해야 합니다. 조종하기 힘든 경주용 자동차를 운전하고 다른 경주용 자동차와 경쟁해서 이기려면 강한 체력과 정신력을 갖추어야 해요. 그러기 위해서는 철저한 자기 관리가 필요하지요. 자동차 레이싱은 복잡하고 정교한 자동차를 이용한 경기입니다. 많은 사람의 도움을 받아야 경기 출전이 가능하기 때문에 팀워크가 중요한 직업이에요. 자동차 운전 기술은 물론 자동차에 대한 전문적인 지식도 갖추어야 하고 기계 공학에 대한 지식이 동시에 필요하지요.

최장한 님 약력

현 현대자동차 테스트 드라이버
2014 독일 뉘르부르크링 24시 자격 레이스 V5클래스 1위
2007 GT 마스터스 시리즈 엘리사 챌린지 종합 우승
국민대학교 자동차 공학 전문 대학원 자동차 공학 석사

Q 일을 하시다 보면 위험한 순간도 있겠군요.

연습 주행 중 브레이크 고장으로 제가 몰던 경주용 자동차가 경기장 밖으로 튕겨 나간 적이 있습니다. 다행히 자동차에 설치된 안전장치로 큰 부상을 피했지만 아직까지도 완벽하게 회복하지는 못했습니다. 그 이후에 저는 굉장히 긴 슬럼프에 빠졌습니다. 지금은 슬럼프를 잘 이겨 내고 정상적인 경기를 하고 있지만, 당시에는 무척 힘들었습니다.

Q 가장 인상 깊었던 경기는 무엇인가요?

2014년 6월, 한국인 최초로 출전했던 독일 뉘르부르크링 24시 경기였습니다. 경주용 자동차의 성능과 상태, 오랜 시간 경기를 이어 갈 수 있는 카레이서의 체력과 인내심이 필요한 경기였지요. 그래서 '세계 3대 내구 레이스'에 꼽힙니다. 24시간 동안 3~4명의 운전자와 교대하며 쉬지 않고 달려야 하지요. 잘 보이지 않는 야간에도 달려야 해서 정신적·육체적 부담이 엄청났습니다. 낯선 환경에서 익숙하지 않은 자동차와 경주 코스, 사람들 간의 의사소통까지 적응해야 했지만 결국 좋은 경기 결과로 팀과 동료 카레이서에게 실력을 인정받을 수 있었습니다.

Q 카레이서로서 다음 목표는 무엇인가요?

세계 최고의 내구 레이스인 르망 24시에 출전하는 것입니다. 현실적인 어려움이 있지만 열심히 노력하고 준비한다면 10년 안에 이룰 수 있는 목표라고 생각합니다. 가능하다면 체력과 정신력을 잘 관리하여 카레이서로서 오래 활동을 해 나가고 싶습니다.

Q 진로에 대해 고민하는 어린이들에게 해 주고 싶은 말씀이 있나요?

여러분은 아직 나이가 어리고 경험이 부족해 100% 확실한 선택을 하기 어렵습니다. 그렇기 때문에 하고 싶은 일이 있다면 과감하게 도전하고 또 그 길이 아니다 싶으면 다시 새로운 길에 도전할 수 있는 유연함을 갖추면 좋겠습니다. 우리가 가 보지 않고 주저하는 순간에도 소중한 시간은 흘러가고 있기 때문입니다.

카레이서에 대해 알아볼까요?

 카레이서는 어떤 직업인가요?

경주용 자동차를 운전하고, 자동차 경주 대회에 참가하여 관중들에게 즐거움을 제공한다. 평소에는 체력 관리를 하고 기술을 기르고, 대회 일정이 정해지면 자동차 정비 팀, 코칭 스태프들과 함께 차량을 정비하고 주행 연습을 한다. 대회 일정이 가까워지면 경주장을 살피고, 상대 팀을 분석하여 전략을 짠다. 우리나라에서는 비교적 늦게 자동차 경주 대회가 시작되었지만, 2013년에 처음으로 전남 영암에서 F1 그랑프리 자동차 경주 대회를 개최한 이래 사람들의 관심이 높아지고 있다.

 **카레이서가 되는 방법을 알려 주세요.**

학력 제한은 없지만 모터 스포츠학과, 자동차학과 등에 진학하여 자동차 경주에 필요한 전문적인 교육을 받거나 드라이빙 스쿨, 레이싱 팀에서 기술을 배우면 도움이 된다. 카레이서가 되려면 대한 자동차 경주 협회(KARA)에서 인정하는 국내 선수 자격증이나 국제 선수 자격증을 따야 하는데 만 18세부터 신청이 가능하다. 보통은 신인 경주 대회에서 이름을 알린 다음 프로 팀의 카레이서로 진출한다.

카레이서가 되려면?

흥미 유형
현실형

능력과 성격
공간 지각 능력
통제력
정신력
판단력
협동심
대인 관계 능력

관련 자격
국내 선수(C·B·A급)
국제 선수(C·B·A급)
슈퍼 라이선스

관련 문의 기관
대한 자동차 경주 협회
국제 자동차 연맹
국민 체육 진흥 공단

관련 직업
레이싱 미캐닉

관련 학과
자동차학과
모터 스포츠학과

 ## 무엇을 준비해야 할까요?

필수
사소한 실수도 사고로 이어질 수 있으므로 냉정하고 차분한 마음가짐이 필요해요. 많은 에너지가 필요해 체력 관리도 중요하지요.

중요
몸무게가 많이 나갈수록 자동차의 속도가 느려질 수 있으므로 체중 관리가 필요해요. 협동심도 중요하고요.

도움
경주용 자동차의 속도가 엄청나게 빠르기 때문에 위기 순간에 대처하는 순발력과 공포심을 몰아내는 훈련을 해야 해요.

 ## 앞으로의 전망은 어떤가요?

세계적으로 유명한 카레이서들은 유명 연예인 못지않은 인기를 누리고 있다. 세계에서 가장 많은 수입을 올리는 스포츠 선수도 카레이서이다. 몇 년 전부터 우리나라에서도 F1 그랑프리 자동차 경주 대회가 열리면서 사람들의 관심이 높아지고 있다. 특히 자동차 회사의 투자가 늘어 카레이서에 대한 수요와 대우에 긍정적인 영향을 미칠 것으로 예상된다.

아하! 그렇구나 — 레이싱 미캐닉(자동차 정비 전문가)은 어떤 일을 하나요?

자동차 경주 중에는 순간의 실수나 작은 결함이 큰 사고로 이어질 가능성이 크기 때문에 차량 정비와 안전이 매우 중요하다. 치열한 자동차 경주에서 자동차의 타이어를 교체하고 차량의 곳곳을 정비하는 사람을 '레이싱 미캐닉'이라고 한다.
경기 중에는 정비 구역에서 신속하게 차량을 수리하고, 평상시에는 자동차를 최상의 상태로 관리한다. 엔지니어와 함께 경주용 자동차를 제작하는 일에 직접 참여하기도 한다.

스포츠

프로 골프 선수

초록색 잔디 위의 스타, 박희영

Q 언제 골프 선수가 되기로 결심하셨나요?

어렸을 때부터 다양한 운동을 했어요. 그러다가 초등학교 5학년 때, 사회 체육학과에서 학생들을 가르치시던 아버지께서 저의 소질을 발견하고 골프를 추천해 주셨죠. 시작한 지 일 년쯤 되었을 때, 텔레비전에서 박세리 선수가 우승하는 모습을 보게 되었어요. 그때 아버지께서 프로 골프 선수가 되면 박세리 선수처럼 미국 진출도 하고, 사회적으로 이름도 알릴 수 있다고 얘기해 주셨어요. 다른 사람들을 도울 수도 있고요. 그 순간, 제가 프로 골프 선수가 되어야 하는 이유와 목표가 뚜렷해졌습니다.

Q 골프 선수를 꿈꾸는 친구들이 골프 실력 외에 생각해 볼 점이 있다면요?

경기장에서 골프를 치는 일이 겉으로 보기에는 화려하고 간단해 보이지만 실제로는 그렇지 않아요. 세계 각지에서 열리는 경기에 참가하기 위해 오랜 시간 이동하는 경우도 많고, 나라마다 시차가 있어 몸이 적응하는 것도 만만치 않은 일이지요. 그래서 골프 선수는 체력 관리와 컨디션 조절을 게을리하면 안 되어요. 그 외에도 경기 앞뒤에 열리는 여러 행사에 참석하여 일과 관계있는 많은 사람을 만나야 하므로, 외국어와 행사 예절을 배워 두어야 한답니다.

박희영 님 약력

현 하나금융그룹 골프단 소속

2013 LPGA(미국 여자 프로 골프 협회) 투어 매뉴 라이프 파이낸셜 클래식 우승

2004 KLPGA(한국 여자 프로 골프 협회) 대회 데뷔

연세대학교 사회 체육학과 졸업

Q 선수가 되고 나서 가장 뿌듯한 순간과 힘든 순간에 대해 말씀해 주세요.

제가 좋은 성적을 냈을 때 많은 사람이 저로 인하여 꿈을 갖게 되고, 삶에 동기 부여가 되었다는 말을 들으면 뿌듯합니다. 또 골프 코스에 있는 많은 사람이 저의 피나는 노력을 보고 기립 박수로 인정과 격려를 해 줄 때에도 힘을 얻곤 합니다.

반면 힘든 순간도 많았지요. 학창 시절에는 학업과 그 시절에 경험하고 생각할 수 있는 소중한 것들을 포기하고 오로지 훈련에만 매진해야 했습니다. 혼자서 골프 훈련을 하는 것은 무척 외로운 일입니다. 지금도 다른 나라로 투어 경기를 하러 갈 때면 외롭다고 느낄 때가 있으니까요. 또 매주 좋은 경기 내용을 보여 주어야 한다는 부담감도 큽니다. 하지만 제가 우승했을 때 기뻐할 가족과 팬의 얼굴을 떠올리며 연습에 집중하지요. 언제나 '나는 할 수 있다.'라는 긍정적인 생각이 10년여의 프로 골프 선수 생활을 잘 이끌어 주었던 것 같아요.

Q 프로 골프 선수로서 다음 목표는 무엇인가요?

프로 골프 선수로서 많은 대회에서 좋은 성적을 내어 우승을 하는 것이지요. 그래서 세계 최고의 프로 골프 선수가 되고 싶습니다. 그것과 더불어 강단에 서서 미래의 골프 꿈나무나 어린 선수들에게 제가 프로 골프 선수로 활동을 하면서 겪은 실수, 힘든 시기를 극복한 방법 등 선수 생활에 도움이 될 법한 소중한 경험들을 알려 주고 싶습니다. 제가 롤 모델로 삼고 있는 프로 골프 선수 중에 서아람 선수가 있는데, 골프 실력도 뛰어나지만 학교에서 후배들을 지도하고 이끌어 주는 모습이 무척 감명 깊게 다가왔거든요.

Q 프로 골프 선수에 관심이 많은 어린이들에게 당부하고 싶은 말씀이 있나요?

꿈은 항상 크게 가져야 합니다. 그 꿈을 잊지 않고, 이룰 수 있다는 마음으로 준비하면 언젠가는 기회가 옵니다. 중요한 것은 꿈을 이루기 위해서 세밀하게 목표를 세워야 한다는 것입니다. 예를 들어 10년 후 미국 프로 골프 선수로 진출하고 싶다는 꿈을 갖고 있다면 지금부터 열심히 훈련하여 5년 뒤에는 국가 대표 선수가 되어 세계 대회의 경험을 쌓겠다는 계획을 세워야겠지요. 이렇게 하면 체계적으로 훈련할 수 있고, 큰 꿈을 이루기 위해 준비해야 할 것을 빠트리지 않게 된답니다.

프로 골프 선수에 대해 알아볼까요?

 ### 프로 골프 선수는 어떤 직업인가요?

골프는 골프채로 공을 쳐서 가장 적은 타수로 정해진 위치에 공을 넣는 스포츠 경기이고, 이 경기를 전문적으로 하는 운동선수가 골프 선수이다. 그중 프로 골프 선수는 한국 프로 골프 협회에서 주관하는 프로 선발전에 통과하여야 한다. 막대한 상금이 걸린 정규 대회에서 활동하는 투어 프로, 2부 투어에서 활동하는 플레잉 프로, 골프 교육을 실시하는 티칭 프로로 나뉜다. 평소에는 연습과 체력 단련을 하다가 경기 일정이 잡히면 전략을 세워 경기에 출전한다.

 ### 프로 골프 선수가 되는 방법을 알려 주세요.

현재 활동하고 있는 프로 골프 선수들은 어렸을 때부터 체계적으로 골프 교육을 받은 경우가 대부분이다. 골프 고등학교에 진학하거나 골프 연습장에 다니거나 개인 골프 코치로부터 교육을 받아 골프 관련 학과에 진학한다. 골프학과, 골프 경영학과, 골프 지도학과 등에서 전문적인 이론과 실습 교육을 받을 수 있지만 필수 과정은 아니다. 일정한 요건을 갖추면 프로 선발전 통과 후 프로 골프 선수로 활동한다.

무엇을 준비해야 할까요?

필수
골프 실력과 기술을 뒷받침해 줄 체력이 필수예요. 자기와 경쟁자의 경기 운영을 분석하여 전략을 세우는 능력도 필요하지요.

중요
골프는 자신과의 싸움에서 이겨 좋은 기록을 내야 하는 스포츠예요. 따라서 강한 정신력과 평정심을 유지하는 훈련이 필요해요.

도움
해외에서 벌이는 경기가 많아 외국어 실력을 갖추면 도움이 되어요. 단체 경기에 대비해 원만한 대인 관계 능력도 필요해요.

 ## 앞으로의 전망은 어떤가요?

최근 골프를 즐기는 인구가 꾸준히 늘고 있다. 예전에는 고소득층 일부가 즐기는 스포츠라고 생각했는데, 요즈음에는 누구나 즐길 수 있는 대중적인 스포츠가 되었다. 그래서 일반인, 젊은 층 중에도 골프를 배우고 싶어 하는 사람이 많다. 투어 프로로 활동하며 각종 대회에서 좋은 성적을 거두는 것도 좋지만, 티칭 프로, 어린이 골프 선수 육성 분야도 수요가 많으니 도전해 볼 만하다.

아하! 그렇구나 캐디는 어떤 일을 하나요?

캐디는 골프장에서 골프를 치는 사람을 위해 가방이나 골프 장비 등을 운반, 정리하고, 경기자가 최상의 결과를 낼 수 있도록 경기 진행을 돕는 사람이다. 골프 선수에게 거리, 골프 코스, 지형, 바람 등에 맞는 장비나 자세 등을 조언한다.
골프 경기 진행에 대한 지식이 필요하며, 장시간 야외에서 활동하고 무거운 짐을 들고 다니는 경우가 많아 강인한 체력이 필요하다.

스포츠

프로 배구 선수

여자 배구 대표 팀의 왼쪽 공격수, 한송이

Q 어렸을 적 이야기를 들려주세요.

배구를 처음 시작한 건 초등학교 4학년 때였어요. 배구를 먼저 배우기 시작한 언니를 보면서 '재미있겠다. 나도 하고 싶다.'라는 생각을 많이 했어요. 제가 어렸을 때부터 뛰는 걸 워낙 좋아했거든요. 남들보다 운동 신경도 좋았고요. 그래서 자연스럽게 배구를 하게 된 것 같아요.

배구를 시작한 후부터 늘 제 꿈은 '국가 대표 배구 선수'였어요. 텔레비전으로 보는 올림픽이나 국제 경기에 출전한 선수들의 모습이 무척 멋있어 보였거든요. 그 선수들처럼 나라를 대표하는 선수가 되고 싶었어요.

Q 꿈을 이루었으니 뿌듯하시지요?

경기에서 이겼을 때, 특히 어려운 경기를 잘 풀어내 해당 경기의 최우수 선수로 뽑혔을 때에는 정말 뿌듯하죠. 그래도 가장 보람을 느낄 때는 누군가 제가 펼친 경기를 보고 힘을 얻는다고 얘기해 줄 때예요. 그분들이 계셔서 더 열심히 운동을 해야겠다는 생각을 합니다.

Q 가장 기억에 남는 경기가 있나요?

2014년에 있었던 제17회 인천 아시안 게임이 가장 기억에 남아요. 그보다 4년 전에 있었던 제16회 광저우 아시안 게임의 결승전에서 우리나라는 중국에 2 대 3으로 역전패를 당하고 말았어요. 너무 아쉬워서 두고두고 마음의 짐이 되었답니다. 그래서 다음 대회의 승리를 기약하며 그 어느 때보다 더 열심히 준비했어요. 그 덕분에 우리나라 여자 배구 대표 팀은 인천 아시안 게임에서 중국과 맞서 멋지게 승리할 수 있었습니다. 힘들게 준비한 만큼 결과가 좋아서 기쁘고 기억에도 많이 남아요.

Q 활동하시면서 힘들 때도 많지요? 어떻게 극복하시나요?

부상 때문에 경기에 나가지 못할 때나 갑작스럽게 제 실력을 발휘하지 못할 때가 가장 힘들어요. 그럴 때를 운동선수들은 보통 슬럼프라고 하지요. 슬럼프에 빠지면 마음이 많이 약해지고 예민해지는데 기도하면서 마음을 다잡는 편이에요. 또 마음을 다스려 주는 책을 많이 읽으면서 스스로 '할 수 있다.'라고 반복해서 생각해요.
그리고 무엇보다 모든 일에 감사하는 마음으로 생활하면서 어려움을 극복해 나가고 있어요.

Q 프로 배구 선수가 되기 위해서는 어떤 준비와 자질이 필요한가요?

끈기와 성실함이 필요해요. 배구 선수를 하다 보면 늘 좋은 때만 있는 건 아니니까요. 위기가 찾아왔을 때 잘 이겨 낼 수 있는 근성, 언제든지 경기장에 들어가서 뛸 수 있는 몸과 마음가짐이 필요하죠. 그렇지만 꾸준한 훈련 없이는 이 모든 게 이루어질 수 없다는 걸 명심해야 해요. 운동선수는 건강한 몸이 생명이기 때문에 늘 자기 관리에 소홀해서는 안 됩니다.

Q 운동선수를 은퇴한 뒤에는 어떠한 인생 목표를 갖고 계신가요?

지금까지 인생의 절반 이상을 배구 선수 한송이로만 살았는데 나머지 인생은 평범한 한송이로 살고 싶습니다. 하지 못했던 공부도 하고, 배우고 싶었던 것도 배우면서요. 그동안 제가 받았던 사랑과 관심을 이제는 다른 누군가에게 돌려주고 싶어요. 가정 형편이 어려워서 꿈을 포기해야만 하는 아이들을 찾아서 꿈을 이룰 수 있도록 도와줄 수 있으면 좋겠어요. 그 외에도 지금보다 더 가치 있는 삶을 살도록 노력하며 많은 사람들에게 도움을 줄 수 있기를 바랍니다.

한송이 님 약력

현 GS칼텍스 서울 KIXX 배구단 (왼쪽 공격수)
　여자 배구 국가 대표 (왼쪽 공격수)
2014 제17회 인천 아시안 게임 여자 배구 금메달 수상
2002 한국도로공사 여자 배구단 입단

프로 배구 선수에 대해 알아볼까요?

 프로 배구 선수는 어떤 직업인가요?

배구는 네모난 코트 중앙에 네트를 두고 두 팀이 서로 공을 주고받는 스포츠 경기이다. 프로 배구 선수는 프로 배구 경기에 출전하여 시합을 벌인다. 경기가 없을 때에는 체력 관리와 기술 훈련을 하며 역량을 기르고, 자기 팀과 상대 팀 선수의 장단점을 분석하여 전략을 세운다. 경기 중에는 감독과 코칭 스태프의 지도 아래 상대 팀과 경쟁한다. 경기를 마친 뒤에는 그날의 경기 내용을 분석하고, 부족한 부분을 다시 연습하여 다음 경기에서 승리할 수 있도록 준비한다.

 **프로 배구 선수가 되는 방법을 알려 주세요.**

배구 선수가 되기 위한 학력 제한은 없지만 대부분의 프로 배구 선수들은 어렸을 때부터 배구를 시작하여 체계적으로 기술 훈련을 받는다. 중학교, 고등학교 배구부에서 선수로 활동하다가 대학은 체육 관련 학과로 진학하여 졸업한 뒤 프로 배구 선수가 되거나 고등학교 졸업 후 바로 프로 배구 구단에 입단한다. 기량이 뛰어난 선수는 국가 대표로 선발되어 올림픽 같은 국제 대회에 출전할 수 있다.

프로 배구 선수가 되려면?

흥미 유형
현실형
진취형

능력과 성격
리더십
책임감
판단력
순발력
정신력

관련 문의 기관
한국 배구 연맹
대한 배구 협회
대한 체육회

관련 직업
배구 감독
배구 코치
배구 해설가
경기 기록원
심판

관련 학과
체육학과
사회 체육학과

무엇을 준비해야 할까요?

 **필수**

어렸을 때부터 훈련을 통해 기초 체력과 근력을 기르고, 배구 기술을 배워야 해요. 큰 키와 체격 조건을 갖추어야 배구 선수가 될 수 있지요.

 **중요**

배구를 즐길 수 있어야 실력이 쌓이고, 힘든 훈련을 이겨 낼 수 있어요. 인내심과 팀워크를 위한 대인 관계 능력도 필요하고요.

 **도움**

세계적으로 유명한 배구 선수들의 경기 영상을 보고 전술을 배워 두는 것이 좋아요. 상대방의 심리를 읽는 능력도 도움이 되지요.

앞으로의 전망은 어떤가요?

2015년 우리나라의 프로 배구 팀은 남자 7개 팀, 여자 6개 팀으로 총 13개 팀이 있는데, 앞으로 프로 배구 팀의 수와 배구 선수의 직업 전망은 지금과 비슷한 수준을 유지할 것으로 예상된다. 선수로 활동하는 시기가 비교적 짧지만 실력을 인정받는 선수라면 수입이 높은 편이다. 은퇴 후에 배구 감독과 코치, 배구 해설가, 심판 등으로 활동하기도 한다.

 경기 기록원은 어떤 일을 하나요?

경기 기록원은 운동 경기의 각종 상황을 기록하여 자료를 만드는 사람이다.
이 자료를 보고 운동선수와 감독은 전술을 짜고, 심판은 애매한 상황에서 정확한 판정을 내릴 수 있다. 경기 전에 감독으로부터 선수 명단을 제공받아 경기를 지켜보며 심판의 판정, 선수 개별 기록, 점수를 얻은 시간 등을 기록한다.
경기를 지켜보는 관중이 진행 상황을 알 수 있도록 경기 내용을 아나운서에게 전달하기도 한다.

스포츠 트레이너

스포츠

운동선수의 건강 지킴이, **김병곤**

Q 어떤 계기로 스포츠 트레이너가 되셨나요?

처음부터 운동선수를 지도한 것은 아닙니다. 어렸을 때의 꿈이 체육 선생님이 되는 것이어서 꿈을 이루기 위해 관련 학과로 진학하였습니다. 졸업 후에는 운동 지도의 매력에 빠져 일반인을 상대로 운동 지도를 했습니다. 그러다가 태릉 선수촌에 들어가 운동선수들을 지도하게 되었지요. 운동선수를 지도하다 보니 일반인에 비하여 훨씬 운동량이 많고, 저의 역량을 발휘할 수 있어 보람되었습니다. 제가 유명 운동선수들을 직접 훈련시킨다는 것이 재미있기도 하고요.

Q 어떤 일들을 하시는지 자세히 소개해 주세요.

스포츠 트레이너가 일하는 분야는 크게 두 가지로 구분됩니다. 부상 관리를 하는 재활 트레이너와 경기력을 향상시키는 체력 트레이너지요. 재활 트레이너는 일반적으로 부상을 당한 선수나 수술을 한 선수가 정상적으로 운동을 할 수 있도록 훈련 프로그램을 짜고 실행하는 역할을 합니다. 체력 트레이너는 운동선수의 기능 향상과 컨디션 유지를 위한 트레이닝을 전담하고요.

김병곤 님 약력

현 SPOSA Fitness 대표,
　대한 건강 운동 관리사 협회 이사
2014 인천 아시안 게임 야구 대표 팀 스포츠 트레이너
2001-2011 LG 트윈스 프로 야구단 재활 및 컨디셔닝 트레이너
한국체육대학교 스포츠 의학과 박사

음악
춤

미술
디자인

방송
언론
출판

서비스

의료

IT

교육

법
행정

경제
금융

공학
자연과학

Q 스포츠 트레이너가 되기 위해 꼭 필요한 조건이 있을까요?

공감 능력입니다. 스포츠 트레이너는 운동선수 가까이에서 함께 훈련해야 하는데 운동선수와 좋은 관계를 유지하지 못한다면 실력이 뛰어나더라도 그 기량을 활용할 수가 없기 때문입니다. 부상을 당해 몸과 마음이 지쳐 있는 운동선수에게 스포츠 트레이너가 열린 마음으로 다가간다면 운동선수들은 더 빨리 부상을 극복할 수 있습니다.

Q 활동하시면서 가장 기억에 남는 선수가 있나요?

LG 트윈스 팀에 소속되었던 이동현 프로 야구 선수입니다. 이동현 선수는 팔꿈치 부상으로 세 차례나 수술을 하고, 4년 8개월 만에 복귀했습니다. 첫 번째 수술 실패로 1년 정도 힘든 시기를 보내고 복귀를 준비하던 중, 같은 곳을 또 다쳤어요. 재수술 후 1년이 넘는 시간을 재활 훈련에 매달렸으나 또다시 부상을 당했고, 그때 저를 만났습니다. 이동현 선수는 거의 포기 상태에 있었고, 운동선수로서의 생명이 불확실했기 때문에 심리적으로도 매우 안 좋은 상황이었습니다. 저는 이동현 선수와 2~3개월 동안 많은 이야기를 나누고 치료와 회복 훈련을 거듭했습니다. 그 결과 무사히 프로 야구 무대에 복귀할 수 있었지요. 현재는 팀에 없어서는 안 될 기둥 같은 투수입니다. 이동현 선수가 다시 야구장에서 경기를 하던 날, 게임을 마치고 제게 전화를 하였습니다. 이동현 선수가 제게 진심으로 고맙다고 얘기를 했을 때 세상의 모든 것을 다 가진 듯한 기분이었습니다.

Q 반대로 재활 훈련 결과가 좋지 않을 때는 속상하시겠어요. 직업 전망을 어떻게 보시는지도 궁금합니다.

운동선수의 재활 훈련을 할 때 제가 세운 목표에 비해 회복 속도가 더디거나 결과가 더 나빠지는 경우 마음의 부담이 매우 큽니다. 또 함께 열심히 재활 훈련을 하던 운동선수가 소속 팀에서 더 이상 운동을 할 수 없게 되었을 때 제 역량이 부족하여 운동선수를 도와주지 못한 것 같아 미안한 마음이 듭니다.
우리나라는 미국이나 유럽의 나라처럼 스포츠 트레이너가 아직 대중적인 직업으로 자리 잡지 못한 상태지만, 앞으로의 직업 전망은 무척 밝아요. 프로 운동선수들의 수입이 높아지고, 몸을 관리하는 일을 중요하게 느끼고 있기 때문입니다. 일반인들도 전문가 못지않게 스포츠를 즐기는 경우가 늘어 스포츠 트레이너의 활동 무대가 넓어질 것으로 예상됩니다.

스포츠 트레이너에 대해 알아볼까요?

스포츠 트레이너는 어떤 직업인가요?

운동선수 또는 팀의 감독이나 코치진과 협의하여 선수의 특성에 맞게 몸을 훈련시킨다. 종목에 필요한 체력을 키우거나 근육 단련, 자세 교정, 체중 조절, 마사지 등을 통해 운동선수가 최상의 몸 상태를 유지할 수 있도록 돕는다. 또한 운동선수들이 신체적 균형을 유지하고, 부상을 예방할 수 있도록 조언한다. 경기 도중 부상을 당한 선수에게는 현장에서 응급조치를 취하며, 의사와 협의하여 재활 훈련을 진행한다.

스포츠 트레이너가 되는 방법을 알려 주세요.

4년제 대학에서 체육 관련 학과나 물리 치료학과를 졸업한 후에 대한 선수 트레이너 협회에서 실시하는 자격증 시험에 합격해야 한다. 재활 센터, 여러 운동 종목의 아마추어 팀에서 경력을 쌓은 뒤 프로 구단에 스카우트되는 경우가 많다. 일부는 스포츠 의학 분야가 발달한 나라로 유학을 다녀와서 전문 스포츠 트레이너로 활동하기도 한다.

스포츠 트레이너가 되려면?

흥미 유형
진취형
사회형

능력과 성격
리더십
대인 관계능력
책임감
분석력
판단력

관련자격
선수 트레이너
건강 운동 관리사

관련 문의 기관
한국 선수 트레이너 협회
대한 선수 트레이너 협회
대한 건강 운동 관리사 협회
대한 스포츠 의학회

관련직업
물리 치료사
건강 운동 관리사
체형 관리사

관련 학과
물리 치료학과
체육학과
스포츠 의학과
건강 관리학과
운동 처방학과

무엇을 준비해야 할까요?

 **필수**
다양한 스포츠 종목에 대한 지식과 기술, 신체의 기능과 근육 특징 등을 공부해야 해요. 스포츠 관련 의학 지식이 꼭 필요하지요.

 **중요**
운동선수들과 함께 힘든 훈련을 하려면 배려심이 중요해요. 또 운동 분석 능력, 의사소통 능력을 길러야 해요.

 **도움**
많은 사람과 마음을 터놓고 이야기하는 훈련을 해 보세요. 리더십을 키울 수 있는 다양한 체험 활동도 도움이 되어요.

앞으로의 전망은 어떤가요?

우리나라의 스포츠 산업은 날로 성장하고 있다. 스포츠 경기를 관람하거나 직접 즐기는 것에 대한 관심과 투자가 많아졌기 때문이다. 따라서 스포츠 트레이너의 직업 전망은 밝을 것으로 예상된다. 특히 운동선수의 수입이 많아지고, 좋은 몸 상태를 유지하기 위해 최첨단 기술을 활용한 훈련법을 도입하는 경우가 많아 스포츠 트레이너의 근무 영역은 더 전문화되고 다양해질 것이다.

아하! 그렇구나 — 체형 관리사는 어떤 일을 하나요?

체중 조절을 위해 다이어트 프로그램을 설계하고 관리하여 의뢰인이 아름답고 건강한 삶을 유지할 수 있도록 도와주는 전문가이다. 다이어트 프로그래머라고도 한다. 의뢰인의 신체 조건, 체지방, 기타 몸의 균형 상태를 검사하여 생활 패턴에 맞는 다이어트 프로그램을 계획하고, 효과적으로 실천할 수 있도록 돕는다.

스포츠 에이전트

운동 선수를 발굴하고 관리하는 윤기영

Q 어린 시절의 꿈은 무엇이었나요?

훌륭한 정치가와 축구 선수가 되는 것이 꿈이었습니다. 많은 사람을 위해 봉사하고 더 살기 좋은 사회를 만들고 싶어서 정치가가 되고 싶었습니다. 그리고 축구가 너무 좋아서 축구 선수가 되려고도 했었고요.

Q 어떻게 이 일을 시작하게 되셨는지 궁금합니다.

대학을 다니다가 서른두 살에 다시 다른 대학교에 입학하였는데 그때 학교에 있던 아마추어 축구부에서 활동하였습니다. 축구를 즐겨 하다 보니 자연스럽게 피파(FIFA; 국제 축구 연맹)에서 주관하는 선수 에이전트(현재는 축구 중개인 제도로 변경) 자격에 관심을 갖게 되었고요. 그 덕분에 저는 동료들과 함께 지금의 스포츠 에이전트 회사인 인스포코리아를 설립하였습니다.

Q 스포츠 에이전트는 주로 어떤 일을 하나요?

스포츠 에이전트는 운동선수, 지도자, 구단, 여러 운동 종목과 관련된 협회와 두루 일을 합니다. 예를 들어 선수들의 연봉, 이적 조건, 협찬, 광고 및 방송 활동, 후원회, 스케줄 관리 등을 대신 처리하여 운동선수들이 운동에만 전념할 수 있도록 해 주는 것이지요. 전지훈련 일정 섭외, 친선 경기 및 스포츠 대회 개최 등을 기획하기도 합니다.

윤기영 님 약력

현 인스포코리아 대표이사
칼럼니스트(SOCCER BANK, 스포츠 한국, 주간 한국)
전 서울특별시 축구협회 발전위원
성균관대학교 불어불문학과, 고려대학교 지리교육과 중퇴

Q 정말 다양한 일을 하시네요. 일을 하시는 데 필요한 것들을 꼽아 주세요.

제 생각에 스포츠 에이전트에게 가장 중요한 첫 번째는 스포츠에 대한 사랑과 열정입니다. 일을 하다 보면 때로는 어렵고 힘든 일들이 생기는데 정말 좋아한다면 슬기롭게 잘 해결할 수 있거든요. 또 봉사하는 마음도 있어야 해요. 열심히 했는데도 불구하고 그것을 몰라주는 의뢰인도 꽤 있어요. 그래도 배신감을 느끼거나 실망하지 않고 해야 할 일을 꾸준히 해 나가야만 원하는 목표에 다가갈 수 있습니다.

Q 주로 마음가짐에 대해 말씀하셨는데 또 어떤 자질이 필요할까요?

신뢰성과 사교성이 꼭 필요합니다. 운동선수나 팀의 가치를 돈으로 따지는 것이 주 업무이기 때문에 혹시라도 욕심을 부리다가 신뢰가 깨진다면 더 큰 것을 잃을 수 있습니다.
외국어 능력도 있으면 좋아요. 영어를 기본으로 하고 그 외 다른 나라의 언어를 더 구사할 수 있다면 일을 하면서 기회가 많아집니다. 선수들의 기량과 숨은 재능을 찾아내는 능력도 중요합니다. 선수를 발굴할 때 해당 선수에 대해 누구보다 잘 알고 있는 지도자들의 도움을 받기는 하지만 냉철하게 판단을 하려면 어느 정도의 분석 능력은 필요하다고 생각합니다.

Q 일하시면서 정말 잘했다고 생각하는 사례를 말씀해 주세요.

스포츠 에이전트로 일하면서 여러 가지 어려운 상황에 처한 선수들에게 도움을 주었는데, 그 선수들이 어려움을 극복하고 자신의 꿈을 실현해 나갈 때 참 뿌듯했습니다. 예를 들자면 여자 배구 김연경 선수가 국제적인 이적 분쟁에 휘말렸다가 정당한 권리를 찾고 자유라는 날개를 달았을 때, 남자 축구 조용형 선수가 많은 어려움을 이겨 내고 남아프리카 공화국 월드컵에 출전했을 때, 갑작스러운 부상으로 런던 올림픽에 참가하지 못했던 남자 축구 장현수 선수가 재활 훈련을 열심히 하여 인천 아시안 게임에서 금메달을 획득했을 때, 여자 축구 지소연 선수가 영국의 첼시 레이디스 FC에 입단 후 영국 최고의 선수로 인정받고 캐나다 월드컵 16강을 이루어 냈을 때에도 큰 보람과 감동을 느꼈습니다.

스포츠 에이전트에 대해 알아볼까요?

 ### 스포츠 에이전트는 어떤 직업인가요?

스포츠 에이전트의 활동 분야는 '선수 에이전트'와 '매치 에이전트' 두 가지로 나뉜다. 선수 에이전트는 운동선수가 운동에 집중할 수 있도록 연봉 협상과 계약, 팀의 이적 협상, 광고 계약 체결 같은 업무들을 대신 해 주고, 이름이 알려지지 않은 선수를 발굴하여 프로 팀에 진출할 수 있도록 돕는다. 매치 에이전트는 경기 상대를 찾아 연결해 주는 사람이다. 우리나라의 경우 프로 축구 종목에서 가장 활발하게 활동한다.

 ### 스포츠 에이전트가 되는 방법을 알려 주세요.

대학 전공의 제한은 없지만 경영학과 경제학, 체육 관련 학과를 전공하면 유리하다. 운동선수들을 관리하고 지원하기 위해 외국어 능력과 경영, 법률에 대한 지식도 필요하기 때문이다. 국내 프로 축구에서 활동하는 중개인(에이전트)의 경우 대한 축구 협회에서 요구하는 조건을 충족시키면 중개인 등록 후 활동이 가능하며, 배구의 경우 국제 배구 연맹에서 치르는 자격 시험을 통과해야 활동할 수 있다.

무엇을 준비해야 할까요?

 **필수**

스포츠에 대한 관심과 열정이 있어야 해요. 상대방과 협상을 하는 경우가 많으므로 정확한 판단력과 설득력이 필요하지요.

 **중요**

성장 가능성이 있는 운동선수를 찾아내는 통찰력과 분석력이 뒷받침되어야 해요. 스포츠 마케팅 능력도 중요하고요.

 **도움**

스포츠 분야를 다룬 책이나 자료를 보고, 상식을 갖추어야 해요. 경기장에 방문하여 자주 경기를 보는 것도 도움이 되어요.

앞으로의 전망은 어떤가요?

정부 기관의 스포츠 산업 전문 인력 양성 계획과 국내 운동선수의 해외 진출로 스포츠 에이전트의 활동 무대가 넓어졌다. 기존에는 운동선수의 팀 이적과 연봉 조건 등 계약 관련 업무를 주로 하였다면 지금은 선수의 훈련 프로그램, 의료 혜택, 재산 관리, 마케팅 등 운동선수로서의 활동과 일상생활을 관리하는 것으로 분야가 확대되고 있다. 따라서 스포츠 에이전트의 직업 전망은 매우 밝다.

 스포츠 마케터는 어떤 일을 하나요?

스포츠 마케터는 사람들의 생각과 행동 양식 등을 분석하여 스포츠와 관련된 홍보 및 마케팅 활동을 벌이는 사람이다.
유명 운동선수를 광고 모델로 섭외하거나, 스포츠 경기장 광고판 설치, 기업의 후원, 스포츠 중계 관련 사업, 스포츠용품 판매 등을 기획하고 추진한다. 운동선수를 관리하는 것도 스포츠 마케터의 주요 업무이다.

치어리더

관객들의 응원을 지휘하는 임수연

Q 치어리더란 직업을 처음 접하신 건 언제였나요?

청소년 시절에는 성격이 조금 소심했어요. 대학에 입학한 뒤에는 이런 성격을 바꾸고 싶었죠. 그래서 학과 대표, 홍보 도우미 등 사람들 앞에 나서는 활동을 찾아서 하게 되었습니다. 그러던 중 치어리더라는 직업을 우연히 알게 되었어요. 평소 춤에 소질은 없었지만 음악을 듣는 것을 좋아해서 더 자세히 알아보게 되었습니다.

Q 치어리더로서 하시는 일을 소개해 주세요.

야구장, 농구장, 배구장, 축구장에서 관중들과 호흡하면서 운동선수를 응원하고 승리를 이끌어 내는 제2의 주인공이라고 생각합니다. 응원단장이 관중들을 향해 응원 구호를 외치면 저희 치어리더들은 화려한 춤으로 관중들의 응원을 이끌어 내지요.

Q 치어리더가 되려면 꼭 춤을 잘 추어야 하나요?

춤에 대한 소질보다 열정이 더 중요한 것 같아요. '노력은 배신하지 않는다.'라는 말이 있잖아요? 춤을 잘 못 추더라도 열정이 있으면 몇 배로 연습하여 실력을 쌓으면 되거든요. 하지만 체력적으로 힘든 일이기 때문에 남들보다 두 배, 세 배로 연습하는 것이 쉽지는 않아요. 연습은 스스로 해야 하니까요. 외적인 화려함만 보고 치어리더에 관심을 가질 수 있겠지만 엄청난 연습과 자기 관리가 필요하고, 프로 의식이 없으면 힘든 직업이라는 사실을 기억하세요. 호기심보다는 열정이 있어야 해요.

Q 치어리더로 일하시면서 보람을 느낄 때는 언제인가요?

저는 치어리더라는 직업에 자부심이 있어요. 그래서 매 경기마다 응원 단상에 서 있는 것 자체가 기뻐요. 그날의 경기 흐름에 상관없이 관중들이 저희의 치어리딩에 따라 응원해 주실 때 가장 크게 보람을 느껴요. 물론 저희의 응원을 받아 선수들이 경기를 이기면 응원석의 분위기가 더욱더 좋고, 뿌듯함이 커지는 것은 두말할 나위가 없지요. 저도 에너지를 받아 힘이 나요.

Q 가장 힘든 점은 무엇인가요?

날씨 때문에 곤혹을 치를 때가 많아요. 야구 시즌은 4월에 개막하는데 야외에서 하는 경기라 치어리더는 햇빛에 노출되는 시간이 많아요. 체력적으로 힘이 들지요. 야구 경기 시즌이 끝나고 겨울이 되면 농구와 배구 경기가 펼쳐집니다. 농구와 배구는 실내에서 이루어지는데 경기장 안은 덥고, 밖은 추우니 감기에 잘 걸리지요. 그래서 잔병치레를 하지 않으려면 체력 관리가 중요해요.
저희 치어리더들은 오랜 시간 수많은 관중을 이끌면서 응원을 해야 하기 때문에 힘들어도 항상 밝은 표정을 짓고 있어야 해요. 긍정적인 생각, 철저한 자기 관리로 최상의 컨디션을 유지해야 가능한 일이랍니다.

Q 앞으로 바라는 점이 있으신가요?

우리나라의 프로 야구 경기는 봄, 여름에 펼쳐지는 예선 경기를 통과하여 본선을 거친 다음 최종으로 한국 시리즈에서 우승 팀을 정하지요. 제가 응원하는 한화 이글스 야구팀이 좋은 성적을 거두어 한국 시리즈에 진출하면 팬들과 함께 열렬하게 응원해 보고 싶습니다. 한화 이글스 야구팀은 제가 처음 치어리더로 응원했던 구단이라 애정이 각별하거든요.

임수연 님 약력
현 한화 이글스 야구 응원단 치어리더
부산 KT 소닉 붐 농구 응원단 치어리더
현대 캐피탈 스카이워커스 배구 응원단 치어리더

치어리더에 대해 알아볼까요?

치어리더는 어떤 직업인가요?

배구, 야구, 농구 등 스포츠 경기 중에 소속 팀의 운동선수가 좋은 경기를 펼칠 수 있도록 응원단을 이끈다. 응원석에서 소속 팀의 유니폼을 입고, 음악에 맞추어 율동을 하거나 경기를 보러 온 관중들이 응원 구호나 함성을 외치도록 앞에서 이끌어 나간다. 운동선수들은 치어리더와 관중의 응원을 받아 힘든 경기를 잘 풀어내고, 관중은 열정적으로 응원을 하여 스트레스를 풀며 재미있게 경기를 관람할 수 있다.

치어리더가 되는 방법을 알려 주세요.

치어리더는 안무로 관중들의 응원을 이끌어 내야 하기 때문에 춤에 대한 재능과 끼가 필요하다. 그러므로 무용학과, 재즈 댄스학과 등에 진학하여 춤 실력을 갖추면 유리하다. 키가 168cm 이상, 고등학교 졸업자 이상이면 지원이 가능하며 기본적인 자질을 갖춘 상태에서 현장에 투입하여 일을 배우기도 한다. 스포츠 팀 구단에서 채용하거나 전문 기획사에 들어가 회사에서 계약한 팀에서 활동한다.

치어리더가 되려면?

- **흥미 유형**: 예술형
- **능력과 성격**: 협동심, 리더십, 대인 관계 능력, 체력, 춤 실력
- **관련 문의 기관**: 대한 치어리딩 협회, 프로 구단 치어리더
- **관련 직업**: 응원단원, 안무가, 레크리에이션 강사, 생활 체육 지도사
- **관련 학과**: 무용학과, 재즈 댄스학과, 생활 무용학과, 생활 체육학과, 체육학과

무엇을 준비해야 할까요?

 **필수**
운동 종목에 따라 길게는 3시간 넘게 율동을 하며 응원해야 하므로 강인한 체력이 필수예요. 춤 실력도 갖추어야 하고요.

 **중요**
경기의 흐름을 파악해야 하기 때문에 야구, 농구, 배구 등 스포츠 종목의 규칙과 경기 방법, 운동선수에 관한 정보 등을 잘 알아야 해요.

 **도움**
수많은 관중의 분위기를 빠르게 파악하고, 응원하는 관중을 좋은 분위기로 이끌어 내야 하기 때문에 리더십을 길러야 해요.

앞으로의 전망은 어떤가요?

스포츠 종목의 인기와 경기 수가 늘어나면서 관중들의 재미를 더해 주는 치어리더가 인기를 얻고 있다. 경기 시즌이 아닐 때에는 모델, 방송 업무를 하는 경우도 있어 노력 여하에 따라 발전 가능성이 크다. 하지만 새로운 프로 팀이 생겨나지 않는 한 일자리가 정해져 있기 때문에 일자리 수요에 한계가 있다. 또한 불규칙한 생활, 화려함에 비해 적은 보수, 짧은 직업 수명 등은 직업으로 선택할 때 고려할 점이다.

아하! 그렇구나 - 스턴트 치어리딩도 있다고요?

스턴트 치어리딩은 3~24명이 체조 기술을 이용하여 텀블링, 인간 피라미드, 점프 같은 역동적이고 화려한 동작을 표현하는 응원 방법이다.
1880년대에 미국에서 시작하여 점차 인기를 얻어 세계로 확산되었다. 해마다 스턴트 치어리딩 세계 대회도 열린다. 여러 가지 동작을 표현해 낼 수 있도록 다양한 체형과 특기를 가진 사람들이 모여 팀을 이룬다.

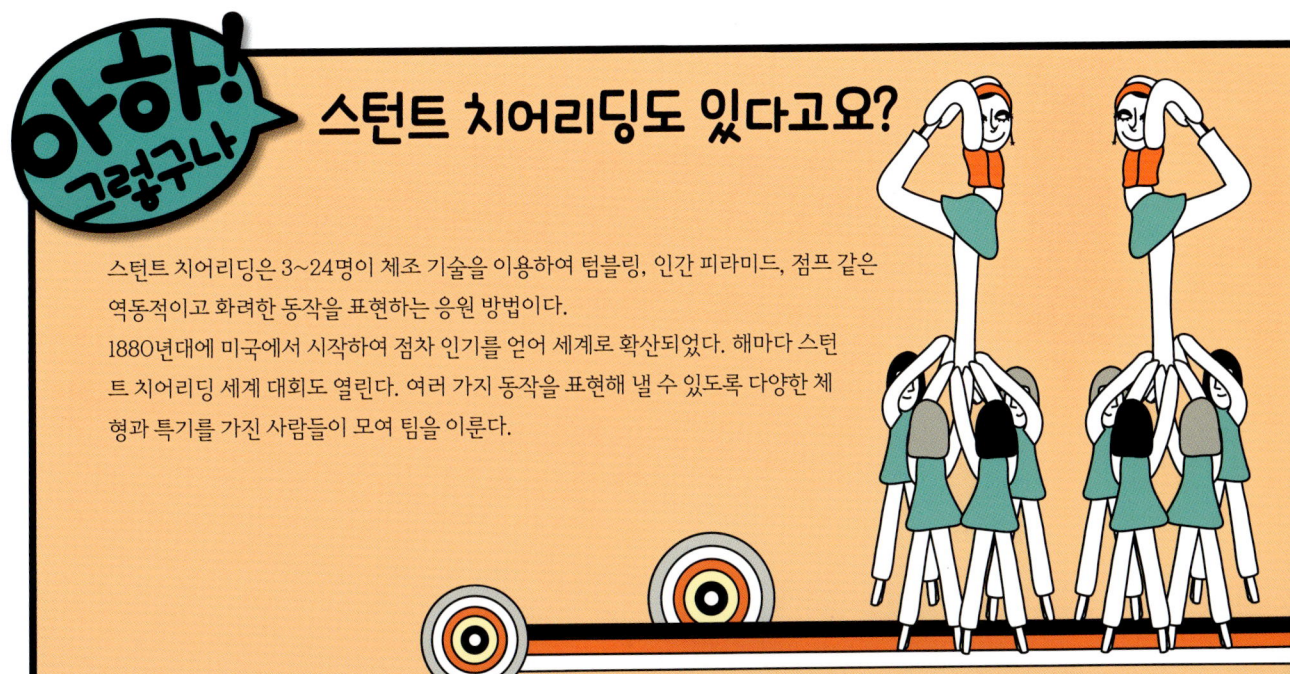

스포츠

프로 게이머

스타크래프트의 절대 강자, 김준호

Q 프로 게이머의 하루 일과가 궁금합니다.

보통 8시에 일어납니다. 아침 식사를 마친 후에 9시까지 연습실로 가서 11시 30분까지 아침 회의 및 오전 연습을 진행합니다. 11시 30분부터 1시까지 점심 식사 및 휴식을 마친 후에 1시부터 5시까지 연습을 합니다. 5시부터 7시까지 저녁 식사와 여가 시간을 보낸 후 7시부터 11시까지 연습을 하고 하루를 마감합니다. 프로 게이머들은 하루 일과의 대부분을 게임 연습으로 보낸다고 생각하시면 됩니다.

게임을 좋아하는 친구라면 다른 사람보다 잘하고 싶다고 생각할 때가 많을 텐데, 스타크래프트 게임은 처음부터 접근하기가 쉬운 게임이 아니에요. 수학 공식을 외우고 응용하듯이 스타크래프트 게임의 공식을 익혀 적용해 나가야 하지요. 그래서 저희 같은 프로 게이머도 오랜 시간 연습을 한답니다.

Q 프로 게이머가 되기 위해서는 어떤 자질이 필요한가요?

프로 게이머는 상대 게이머와 게임 승부를 펼치는 직업입니다. 프로 게이머로 진출하기는 어렵지 않지만 많은 경쟁자들을 제치고 상위권에 오르는 일은 매우 힘들어요. 남다른 전술과 게임 실행 능력, 마음을 다스리는 것도 중요하지요. 제 생각엔 다른 어떤 직업보다 연습을 많이 해야 하는 직업 같아요. 이런 연습 과정을 견딜 수 있는 인내심과 성실성, 그리고 어떤 상황에서도 침착할 수 있고 어떤 모니터링도 받아들일 수 있는 유연함이 필요합니다.

김준호 님 약력

현 CJ 엔투스 소속
2015 스베누 스타크래프트 II 스타 리그 개인전 우승
2014 SK 텔레콤 스타크래프트 II 프로 리그 정규 시즌 다승왕,
샌디스크 샤우트그래프트 인비테이셔널 우승
2013 IEM Season VIII-Singapore 우승

음악 춤 | 미술 디자인 | 방송 언론 출판 | 서비스 | 의료 | IT | 교육 | 법 행정 | 경제 금융 | 공학 자연 과학

Q 힘든 연습을 견디게 하는 원동력은 무엇인가요?

팀이 위기에 처했을 때 에이스 주자로 나가서 상대를 이기고 팀을 위기에서 구해 낼 때가 있어요. 그럴 땐 정말 말로 표현할 수 없는 기분을 느껴요. 또 경기에서 이기고 나오면서 수많은 팬들의 함성 소리를 들을 때 프로 게이머로서 큰 보람을 느낍니다.

Q 처음 프로 게이머가 되겠다고 마음먹었을 때 부모님의 반대에 부딪치지는 않으셨나요?

프로 게이머라는 직업에 대해 부정적으로 생각하는 사람들이 많습니다. 저희 부모님도 학업에 집중해야 하는 시기에 게임에 빠져 있는 아들을 보고 반대가 심했습니다. 하지만 게임에 대한 저의 열정을 보셨고, 각종 대회에서 좋은 성과를 거두자 부모님의 생각도 점차 달라지셨습니다.
중학생 때 게임 대회에서 좋은 결과를 거두어 방송에 출연한 적이 있어요. 그때 부모님께서 방송을 보시고, 제가 프로 게이머가 될 수 있도록 적극적으로 지원을 해 주셨습니다.

Q 프로 게이머로서의 목표와 은퇴 이후의 계획은 무엇인가요?

최근에 저는 프로 게이머로서 목표로 삼았던 개인 리그* 우승과 최다승을 이루었어요. 이제는 프로 게이머로서 초심을 잃지 말자는 게 저의 새로운 목표입니다. 프로 게이머의 선수 수명은 다른 직업에 비해 매우 짧은 편입니다. 그만큼 젊은 나이에 은퇴를 하여 새로운 삶을 계획해야 한다는 의미입니다. 현재까지는 좋은 성적을 내고 있어서 은퇴 후에 무엇을 할지 구체적으로 생각해 보지 않았지만 프로 게이머 지도자 외에 새로운 분야의 일에도 도전해 보고 싶습니다.

*리그(league) 우승을 가리기 위한 경기 대회

Q 프로 게이머를 꿈꾸는 어린이들에게 하고 싶은 말씀이 있나요?

아무리 재미있는 게임이라도 막상 직업으로 하게 되면 흥미만으로 연습 과정을 이겨 내기는 어렵습니다. 끝까지 해내겠다는 확실한 마음을 가지고 도전해야 후회하지 않을 수 있습니다.

프로 게이머에 대해 알아볼까요?

 프로 게이머는 어떤 직업인가요?

컴퓨터 통신망을 통한 게임 대회에 참가하여 승부를 겨루는 사람이다. 프로 게이머는 게임 감독, 팀원들과 함께 전략을 수립하고, 꾸준히 연습하여 각종 대회에 참가한다. 소속 회사에서 개발한 새로운 게임 프로그램을 공식 발표하기 전에 테스트를 하거나 홍보에 참여하기도 한다. 최근에는 프로 게이머의 활동 분야가 넓어져 게임 산업 관련 행사 및 박람회장에서 많은 사람에게 게임 전략을 소개하거나 화려한 경기 모습을 보여 주기도 한다.

 **프로 게이머가 되는 방법을 알려 주세요.**

한국 e 스포츠 협회에 등록한 만 12세 이상의 회원이 선발전에 참가하여 4위 안에 들면 준프로 게이머와 프로 게임단에 들어갈 자격이 주어진다. 공인된 게임 대회에서 우수한 성적을 낼 경우 프로 게임 감독에게 스카우트되기도 한다. 최근에는 대학의 관련 학과, 학원이 늘어나는 추세이다. 은퇴 후 감독, 게임 프로그램 사전 테스트 관계자, 게임 해설가 등으로 진출하기도 한다.

프로 게이머가 되려면?

흥미 유형
예술형
탐구형

능력과 성격
공간 지각 능력
정신력
판단력
손 재능
책임감
순발력

관련 문의 기관
한국 e 스포츠 협회

관련 직업
프로 게임 감독
게임 소프트웨어 개발자
게임 자키
게임 기획자
게임 프로듀서

관련 학과
게임 공학과
컴퓨터 게임학과
게임 컨설팅과
인터넷 게임과

무엇을 준비해야 할까요?

 **필수**

컴퓨터 게임은 매우 빠르게 진행되어요. 빠른 판단력, 적절한 전략을 실행할 수 있는 집중력과 두뇌 회전 능력을 길러야 해요.

 **중요**

의도한 대로 게임을 전개해 나갈 수 있도록 정교한 손동작, 빠른 신체 반응이 중요해요. 자기 통제력과 인내심도 필요하지요.

 **도움**

좋아하는 게임, 인기 있는 게임을 많이 해 보고, 철저하게 전략을 세워 연습해야 해요. 컴퓨터 관련 지식을 공부해 두는 것도 필요해요.

앞으로의 전망은 어떤가요?

예전에는 컴퓨터 게임에 대한 부정적인 시선이 많았지만 요즈음에는 일종의 스포츠로 생각한다. 케이블 채널의 컴퓨터 게임 전문 프로그램, 유명한 프로 게이머들의 경기를 중계하는 인터넷 텔레비전, 각종 e 스포츠 잡지 등이 사람들의 관심이 높아졌음을 보여 준다. 아마추어 게이머로 시작해 프로 게이머가 되려면 엄청난 경쟁을 이겨 내야 하지만 인기를 얻으면 높은 수준의 대우를 받을 수 있다.

 게임 자키는 어떤 일을 하나요?

프로 게이머의 경기를 중계하는 방송에서 재치 있는 말솜씨로 보는 사람의 즐거움을 더해 준다. 직접 게임을 하지는 않지만 게임 방법과 프로 게이머에 대해 잘 알고 있어야 하며, 전문가들의 조언을 듣기도 한다. 빠른 경기 흐름을 중계해야 하므로 정확한 발음과 전달력도 필요하다.
실시간으로 시청자들의 반응을 확인하거나 방송이 끝난 후 관계자들과 중계 내용에 대해 모니터링을 하기도 한다.

방송 연출가

시청자들과 소통하는 이원형

음악/춤
미술/디자인
스포츠
서비스
의료
IT
교육
법/행정
경제/금융
공학/자연과학

Q 방송 연출가는 어떤 일을 하나요?

프로듀서라고도 하고 프로그램 디렉터(PD)라고도 합니다. 말은 다르지만 본질은 둘 다 '이야기꾼'이에요. 드라마든, 교양이든, 예능이든 사람들에게 공감이 가는 이야기를 들려주고, 그 반응을 살피는 일을 하지요. 어느 한 장르에 갇히기보다는 사람들이 관심을 가질 여러 아이템을 찾아야 해서 색다른 시각과 기획력이 필요한 일입니다. 프로그램 방향에 대한 기획안을 만들고 회사의 상사와 마케팅 부서 등 내부 관계자를 설득하는 것부터 일을 시작합니다. 제작이 결정되면 제작비, 출연자, 제작에 참여할 스태프 등을 포함한 세부 내용을 결정하고, 녹음이나 촬영에 들어갑니다. 이후 편집 및 후반 작업을 거쳐 라디오나 텔레비전으로 방송을 내보내지요.

Q 무척 창의적인 일을 하시네요. 연출가님은 어렸을 때 어떤 학생이셨나요?

고등학교에 진학한 뒤 사춘기를 겪으면서 많이 방황을 하였습니다. 군대에 가기 전까지는 친구들과 여행 가는 것을 좋아했습니다. 그러면서 여러 분야에서 일하시는 분들을 만나게 되었어요. 사회 곳곳에서 일어나는 다양한 일들을 보고 나니 방송 프로그램을 만드는 일이 무척 흥미진진해 보였습니다. 그 후 'MBC아카데미'에서 교육을 받고 방송 연출가의 길을 걷게 되었습니다. 돌이켜 보면 제가 맡았던 프로그램의 기획은 절반 이상이 그 시절의 경험에서 나온 것 같아요.

이원형 님 약력

현 CJ E&M tvN 기획제작 3국 프로듀서
대표작 〈세상에서 가장 아름다운 여행〉, 〈이승연과 100인의 여자〉, 〈Let美人〉, 〈신동엽 성시경은 오늘 뭐 먹지?〉, 〈고교 10대 천왕〉 등

Q 방송 연출가가 되기 위해 어떤 준비를 해 두면 좋을까요?

평소 인문학에 대한 지식을 갖추고 있으면 좋습니다. 미술, 음악까지 공부하면 더 좋고요. '사람 사는 세상'에 관한 이야기를 만들어야 하기 때문에 '사람'과 '세상'에 관한 호기심과 애정이 가장 중요합니다. 심지어 '동물의 왕국'처럼 사람과 관계없을 것 같은 프로그램도 의인화해서 내레이션을 하고 편집할 때가 있으니까요.

Q 방송 연출가로서 가장 보람을 느낄 때는 언제인가요?

제가 작업한 프로그램의 시청률이 높고, 공식 홈페이지에 관심 글이 많이 올라오거나 사람들 입에 오르내릴 때 뿌듯하지요. 좀 더 나은 세상을 위해 뭔가 그럴듯한 일을 한 것 같은 생각도 들고요. 무엇보다 보람을 느낄 때는 제가 방송한 프로그램으로 인해 누군가의 삶이 긍정적으로 바뀌었다는 말을 들을 때입니다. SBS <세상에서 가장 아름다운 여행>, Story On의 <이승연과 100인의 여자>는 방송에 출연한 분들이 새로운 삶을 살 수 있게 해 준 프로그램 같아 기억에 남습니다.

Q 방송 연출가의 직업 전망은 어떤가요?

방송 연출가의 전망은 아주 좋다고 생각합니다. 하지만 단순히 프로그램을 연출하는 일은 저희가 하는 일의 일부분이 될 것입니다. 기획 단계에서부터 제작, 마케팅, 영화나 연극 같은 다른 매체 용도로 재생산할 수 있는 콘텐츠 개발자로서 일련의 일을 총괄하는 큰 프로젝트의 '프로듀서'가 되어야 한다고 생각합니다. 예를 들어 건담, 파워 레인저, 닌자고, 스타워즈, 반지의 제왕 등은 영화나 방송 콘텐츠가 완구, 팬시, 문화 상품 등으로 확장한 예이지요. 한 번 방송하고 사라져 버리는 영상물이 아닌 지속 가능한 콘텐츠를 만들겠다는 자세로 일하는 것이 바람직할 것 같습니다. 방송 프로그램의 채널이 다양해진 것도 직업 전망을 밝게 하는 큰 요인입니다. 이전에는 텔레비전 방송 채널이 MBC, KBS, SBS, EBS 정도였는데 종합 방송 채널, 인터넷 방송, 유튜브 영상물 등 프로듀서가 활동할 수 있는 분야가 매우 넓어졌어요.

방송 연출가에 대해 알아볼까요?

 **방송 연출가는 어떤 직업인가요?**

방송 연출가는 텔레비전이나 라디오 방송 프로그램을 만들기 위해 기획부터 최종 제작까지의 전체 과정을 책임지는 사람이다. PD(프로듀서)라고도 부른다. 방송 연출가는 어떤 프로그램을 만들 것인지에 대한 아이디어 기획 단계에서부터 작가가 쓴 대본을 검토하고, 출연진을 결정하고, 프로그램의 무대가 될 배경이나 음악, 출연자들의 의상, 촬영 시간까지 전반적인 부분에 대해 의사 결정을 한다. 또 촬영이나 녹음, 프로그램 제작에 필요한 비용을 계획하고 정리한다.

 **방송 연출가가 되는 방법을 알려 주세요.**

대학에서 신문 방송학, 언론 정보학, 방송 영상학 등을 전공하면 프로그램 제작에 필요한 이론과 실기를 배울 수 있다. 하지만 최근에는 다른 분야를 전공한 사람의 진출이 느는 추세이다. 방송국에 들어가려면 경쟁률이 치열한 입사 시험을 봐야 하는데, 뛰어난 한국어 실력과 외국어 실력을 갖추면 유리하다. 방송국, 외주 프로그램 제작사, 일반 회사의 방송 관련 부서에서 활동한다.

무엇을 준비해야 할까요?

필수

다양한 분야의 정보를 이해하는 능력이 필요해요. 또 참신한 아이디어로 새로운 콘텐츠를 만드는 창의력도 필요해요.

중요

사람들을 이끄는 리더십, 원만한 대인 관계 능력, 설득력 등이 중요해요. 한국어 실력은 물론 외국어 공부도 해야 하지요.

도움

창의력을 키울 수 있는 체험 활동에 참여해 보세요. 방송반 동아리 활동을 통해 연출가가 하는 일을 경험하는 것도 도움이 되어요.

앞으로의 전망은 어떤가요?

새로운 방송 매체가 늘고, 활동 분야도 다양해지면서 방송 연출가의 일자리 수요가 늘어나고 있다. 하지만 규모가 큰 방송국이나 인지도가 높은 회사는 선발 조건이 까다롭고 경쟁이 치열하기 때문에 자격 요건을 확인하여 차근차근 준비해야 한다. 방송 연출가가 되면 사회적 대우와 보수가 높지만 시청자들에게 감동을 줄 수 있는 방송 프로그램을 제작해야 한다는 부담감이 크고 시청률 경쟁이 심해 스트레스가 많다.

조연출가는 어떤 일을 하나요?

조연출가는 프로그램을 만드는 과정에서 대본 검토, 제작, 편집 등의 전반적인 사항을 방송 연출가와 협의한다. 방송 촬영과 제작 과정이 원활하게 진행되도록 출연자나 각 분야의 제작진들을 관리한다. 또 리허설이나 촬영 중에 일어난 각종 변수에 대응하고 제작진에게 방송 연출가의 지시 내용을 전달하는 일도 한다.

방송/언론/출판

아나운서

시대의 소리를 전하는 윤희정

Q 어렸을 때 방송 프로그램에 출연하셨다고요?

네. 인기 라디오 프로그램인 〈별이 빛나는 밤에〉에 사연을 보내어 진행자와 인터뷰를 하게 되었습니다. 제 목소리가 라디오를 통해 전국으로 퍼져 나간다는 게 설레고 떨렸지만 진행자의 질문에 차분히 대답을 하였습니다. 그때 프로그램 진행자였던 이문세 씨가 "또박또박 말을 잘하니 이다음에 아나운서를 해도 되겠어요."라고 칭찬해 주시더라고요. 결국 그 인터뷰를 계기로 제가 아나운서가 된 게 아닌가 싶어요.

Q 아나운서가 되기 전 다양한 활동을 하셨던데요?

대학교 때 학교 홍보 모델을 했는데 그 일을 계기로 광고나 가수의 뮤직비디오에 출연할 기회가 생겼어요. 또 MBC 아침 방송의 리포터도 했어요. 리포터는 시사·교양 프로그램에서 현장에 방문하여 체험기를 소개하거나 정보를 설명하는 사람이에요. 처음 해 보는 생방송이라 너무 떨려 심장 소리가 마이크를 타고 시청자에게 전달되지 않을까 걱정했답니다. 하지만 큰 실수 없이 잘 마무리한 뒤의 쾌감이란 이루 말할 수가 없었지요. 그 일을 계기로 저의 재능과 흥미 분야를 발견하게 되었어요. 무엇보다 여러 리포터를 이끌면서 프로그램을 진행하는 아나운서에 대해 관심을 가지게 되었답니다.

윤희정 님 약력

현 yunanna 커뮤니케이션 대표, 스피치 맵 평생 교육원 대표
MBN, 한국 경제 TV, 매일 경제 TV 앵커
성균관대학교 언론 정보 대학원 언론 매체 석사

음악 춤 | 미술 디자인 | 스포츠 | 서비스 | 의료 | IT | 교육 | 법 행정 | 경제 금융 | 공학 자연 과학

Q 아나운서가 되려면 어떤 준비와 자질이 필요한가요?

요즘 아나운서의 외적인 부분만 보고 방송 일을 하려는 사람이 많아요. 하지만 아나운서는 시청자와 세상을 연결해 주는 끈 역할을 하기에 많은 경험을 하고 독서를 통해 내면을 채우는 것이 중요합니다. 다양한 분야의 책을 많이 읽고, 봉사 활동 참여와 여행을 통해 많은 사람을 만나 볼 것을 권하고 싶어요. 틈틈이 신문이랑 뉴스를 보며 세상이 어떻게 돌아가는지 관심을 갖고 살펴보세요. 사람들과 이어 줄 튼튼한 끈이 되기 위해 나는 어떻게 해야 할까를 생각한다면 여러분도 충분히 아나운서가 될 수 있는 자질을 갖추게 될 거예요.

Q 아나운서 직업의 전망을 어떻게 보시나요?

요즘엔 모든 직업이 세분화, 전문화되는 추세인데, 아나운서 또한 그렇습니다. 예전에는 아나운서가 되면 뉴스 진행도 하고 스포츠 중계도 하고 오락 프로그램 진행(MC)도 하고 라디오 진행자(DJ)도 했지만 점차 각 분야의 전문 진행자들이 나오고 있습니다. 스포츠 아나운서나 게임 자키가 나오는 것처럼요. 아나운서의 활동 폭이 넓어진 만큼, 그에 맞는 전문성을 갖추어야 한다고 생각합니다.

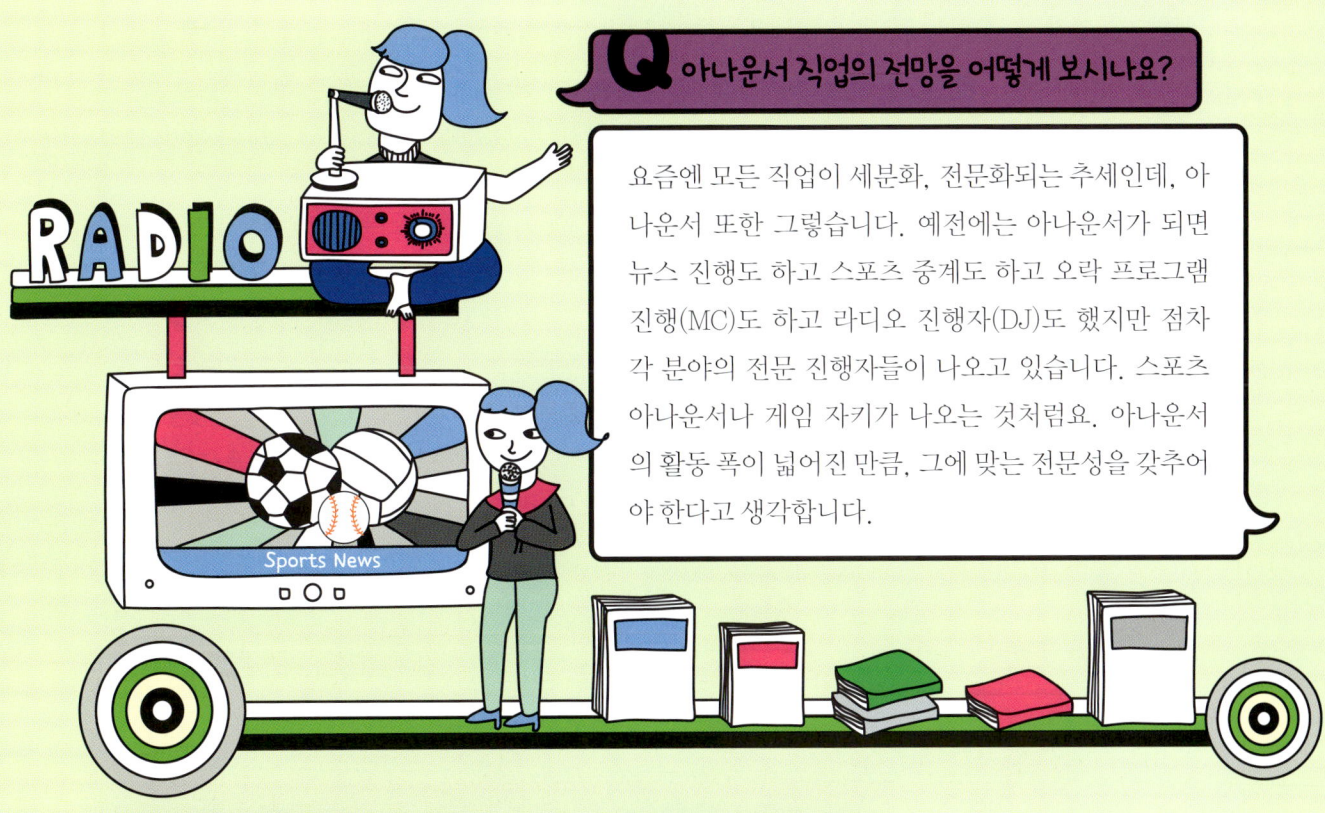

Q 진로에 대해 고민하는 어린이들에게 한 말씀 해 주세요.

진로에 대해 고민하는 많은 학생이 제게 묻습니다. "나처럼 평범한 사람도 아나운서를 할 수 있나요?"라고요. 예쁘고 잘생겨야 아나운서가 될 수 있다고 생각하는 친구가 많은 것 같아요. 신뢰를 주는 이미지가 도움이 될 수는 있지만 아나운서의 자질은 타고나는 것이 아니에요.

아나운서들이 진행하는 모습을 유심히 살펴보면 말투가 대개 비슷하지요? 사람들이 잘 알아들을 수 있도록 말하는 방법을 배우고 훈련해서 그런 거예요. 아나운서가 되고 싶다는 의지만 있다면 누구나 할 수 있답니다. 아나운서가 되고 싶다면 그 꿈을 향해 열심히 도전해 보시기 바랍니다.

아나운서에 대해 알아볼까요?

 **아나운서는 어떤 직업인가요?**

라디오, 텔레비전 등에서 각종 프로그램을 진행하고 정보를 전달한다. 방송 전에 대본을 읽어 진행할 프로그램의 성격과 내용을 파악하고, 시청자들이 쉽게 이해할 수 있도록 전달한다. 야구, 농구 등 각종 스포츠 경기에서 경기를 중계하는 스포츠 캐스터(Sports Caster), 뉴스 프로그램을 진행하는 앵커와 캐스터, 시사·교양·연예·오락 프로그램 사회자(MC), 라디오 진행자(DJ), 내레이션 녹음 등 다양한 분야에서 활동한다.

 **아나운서가 되는 방법을 알려 주세요.**

예전에는 아나운서가 되려면 신문 방송학과 등 방송 관련 학과로 진학하는 것이 유리하였으나 요즈음에는 전공에 제한이 없다. 그러나 대학에서 신문 방송학, 국어 국문학 등 인문·사회 계열을 전공하면 도움이 된다. 방송국에서 운영하는 부설 기관, 방송 아카데미, 아나운서 양성 학원 등을 통해서도 이론과 실기를 배울 수 있다. 방송사의 공개 채용과 특별 채용을 통해 아나운서가 될 수 있다.

아나운서가 되려면?

흥미 유형
예술형
사회형

능력과 성격
언어 능력
분석력
사회성
공정성
대인 관계능력

관련 문의 기관
한국 언론 진흥 재단
방송 통신 위원회
한국 아나운서 연합회
방송 아카데미

관련 직업
뉴스 앵커
MC
리포터
스포츠 캐스터
기상 캐스터
라디오 진행자

관련 학과
국어 국문학과
문예 창작학과
신문 방송학과
언론 홍보학과
방송 영상학과

무엇을 준비해야 할까요?

필수

간결하고 분명하게 전달하는 능력이 필요해요. 명확한 발음과 적절한 발성을 연습하여 듣는 사람에게 신뢰감을 줄 수 있어야 하지요.

중요

많은 사람 앞에서 말할 수 있도록 자신감과 재치, 순발력이 필요해요. 평소 책을 많이 읽어 상식과 교양을 갖추는 것도 중요해요.

도움

외국어 공부를 해 두는 것도 도움이 되어요. 학교 방송국의 아나운서 활동, 직업 체험 프로그램 참여 등 다양한 경험을 쌓으면 좋아요.

 ## 앞으로의 전망은 어떤가요?

방송 채널 증가, 인터넷 방송 등 아나운서의 활동 영역이 넓어지면서 직업의 수요도 지금보다 늘어날 것으로 예상된다. 하지만 연기자, 성우, 개그맨 등 다른 분야의 방송인들이 아나운서가 하는 일을 겸하는 경우도 있어 아나운서만의 전문성을 갖추기 위한 노력이 필요하다. 신뢰감을 주는 이미지와 전문성 때문에 직업에 대한 선호도가 비교적 높다.

아하! 그렇구나 앵커와 MC는 아나운서와 다른가요?

앵커

뉴스 프로그램에서 뉴스를 보도하는 사람이다. 기자들이 취재한 영상물을 보고, 원고를 작성하여 보도한다. 각종 뉴스에 대한 자신의 의견을 제시하기도 한다.

MC

MC(Master of Ceremonies)는 행사나 방송 프로그램의 진행자이다. 주로 교양·오락·퀴즈·토론 프로그램 등에서 출연자와 호흡을 맞춘다.

방송/언론/출판

방송 작가

텔레비전 프로그램의 대본을 작성하는 **명승희**

Q 방송 작가가 된 특별한 이유가 있나요?

대학을 졸업한 후 글 쓰는 법을 배우고 싶은 마음에 무작정 언론사 구성 작가 과정을 6개월 동안 공부했습니다. 프로그램의 기획, 구성, 대본 집필 등의 일을 배우면서 방송 작가에 대한 꿈을 키우게 되었지요. 저의 아이디어와 글이 텔레비전을 통해 방송된다는 것이 신기하기도 하거니와 뿌듯한 일이라고 느꼈습니다. 어렸을 때부터 막연하게 꿈꾸었던 '많은 사람에게 영향력 있는 사람이 되는 것', '세상을 긍정적으로 바꾸는 일'이란 바람과도 맞아떨어졌고요.

Q 방송 작가 업무의 특징에는 어떤 것이 있나요?

방송 작가는 어느 방송국에도 속하지 않는 '프리랜서'로 활동하기 때문에 방송국을 옮겨 다니거나, 동시에 여러 프로그램에 참여하기도 합니다. 활동하는 방송 작가의 90% 정도가 여자라는 점도 다른 직업군과 다른 점이지요. 방송 작가는 경력에 따라 '막내 작가-서브 작가-메인 작가' 순으로 성장합니다. 막내 작가 단계에는 프로그램 제작에 필요한 자료 조사 같은 일을 하다가 어느 정도 경력을 쌓으면 원고를 쓸 수 있지요. 첫 대본을 쓰기까지는 대개 2~3년 정도 걸려요. 막내 작가와 서브 작가 때에는 메인 작가의 총괄 지휘를 받습니다.

명승희 님 약력

대표작 〈비타민〉, 〈일요일은 101%〉, 〈야심만만〉, 〈야심만만2〉, 〈신동엽의 300〉, 〈스타 주니어 쇼 붕어빵〉

2010 〈스타 주니어 쇼 붕어빵〉 휴스턴 국제 필름 페스티벌 엔터테인먼트 부문 금상

무엇을 준비해야 할까요?

필수

간결하고 분명하게 전달하는 능력이 필요해요. 명확한 발음과 적절한 발성을 연습하여 듣는 사람에게 신뢰감을 줄 수 있어야 하지요.

중요

많은 사람 앞에서 말할 수 있도록 자신감과 재치, 순발력이 필요해요. 평소 책을 많이 읽어 상식과 교양을 갖추는 것도 중요해요.

도움

외국어 공부를 해 두는 것도 도움이 되어요. 학교 방송국의 아나운서 활동, 직업 체험 프로그램 참여 등 다양한 경험을 쌓으면 좋아요.

 ## 앞으로의 전망은 어떤가요?

방송 채널 증가, 인터넷 방송 등 아나운서의 활동 영역이 넓어지면서 직업의 수요도 지금보다 늘어날 것으로 예상된다. 하지만 연기자, 성우, 개그맨 등 다른 분야의 방송인들이 아나운서가 하는 일을 겸하는 경우도 있어 아나운서만의 전문성을 갖추기 위한 노력이 필요하다. 신뢰감을 주는 이미지와 전문성 때문에 직업에 대한 선호도가 비교적 높다.

앵커와 MC는 아나운서와 다른가요?

앵커

뉴스 프로그램에서 뉴스를 보도하는 사람이다. 기자들이 취재한 영상물을 보고, 원고를 작성하여 보도한다. 각종 뉴스에 대한 자신의 의견을 제시하기도 한다.

MC

MC(Master of Ceremonies)는 행사나 방송 프로그램의 진행자이다. 주로 교양·오락·퀴즈·토론 프로그램 등에서 출연자와 호흡을 맞춘다.

방송/언론/출판

방송 작가

텔레비전 프로그램의 대본을 작성하는 **명승희**

Q 방송 작가가 된 특별한 이유가 있나요?

대학을 졸업한 후 글 쓰는 법을 배우고 싶은 마음에 무작정 언론사 구성 작가 과정을 6개월 동안 공부했습니다. 프로그램의 기획, 구성, 대본 집필 등의 일을 배우면서 방송 작가에 대한 꿈을 키우게 되었지요. 저의 아이디어와 글이 텔레비전을 통해 방송된다는 것이 신기하기도 하거니와 뿌듯한 일이라고 느꼈습니다. 어렸을 때부터 막연하게 꿈꾸었던 '많은 사람에게 영향력 있는 사람이 되는 것', '세상을 긍정적으로 바꾸는 일'이란 바람과도 맞아떨어졌고요.

Q 방송 작가 업무의 특징에는 어떤 것이 있나요?

방송 작가는 어느 방송국에도 속하지 않는 '프리랜서'로 활동하기 때문에 방송국을 옮겨 다니거나, 동시에 여러 프로그램에 참여하기도 합니다. 활동하는 방송 작가의 90% 정도가 여자라는 점도 다른 직업군과 다른 점이지요. 방송 작가는 경력에 따라 '막내 작가–서브 작가–메인 작가' 순으로 성장합니다. 막내 작가 단계에는 프로그램 제작에 필요한 자료 조사 같은 일을 하다가 어느 정도 경력을 쌓으면 원고를 쓸 수 있지요. 첫 대본을 쓰기까지는 대개 2~3년 정도 걸려요. 막내 작가와 서브 작가 때에는 메인 작가의 총괄 지휘를 받습니다.

명승희 님 약력

대표작 〈비타민〉, 〈일요일은 101%〉, 〈야심만만〉, 〈야심만만2〉, 〈신동엽의 300〉, 〈스타 주니어 쇼 붕어빵〉

2010 〈스타 주니어 쇼 붕어빵〉 휴스턴 국제 필름 페스티벌 엔터테인먼트 부문 금상

Q 일하시면서 행복을 느낄 때는 언제인가요?

누구도 생각하지 못했던 아이템을 찾아냈을 때, 모두 다 불가능하다고 포기했던 섭외를 극적으로 이뤄 냈을 때, 새벽을 하얗게 밝히며 쓴 원고를 마무리할 때, 녹화장에서 출연자들이나 방청객들이 박장대소할 때, 제가 쓴 원고에 사람들이 고개를 끄덕일 때, 방송 후 시청률이 높을 때 등 많지요. 이뿐만이 아니에요. 우연히 만난 사람들이 제가 맡은 프로그램을 정말 재미있게 보고 있다고, 진심으로 감동받았다고 얘기해 줄 때 행복합니다.

Q 작가님이 참여하신 프로그램 중에서 가장 인상에 남는 작품은 무엇인가요?

작가 인생의 절반을 보내고, 최고의 시청률을 냈던 SBS 오락 프로그램, 〈야심만만 만 명에게 물었습니다〉입니다. 10~40대 남녀 만 명의 설문 조사 결과를 토대로 출연자들이 유쾌하게 이야기를 나누는 프로그램이었는데 당시 스타들의 솔직한 이야기가 화제를 불러일으켰어요. 그 덕분에 '가장 재미있는 토크 쇼 1위'로 뽑혔습니다. 주제를 선정하고, 많은 사람이 참여한 설문 조사 결과를 보면서 우리 국민의 마음을 읽고 공감할 수 있어 제게 의미가 큰 시간이었습니다. 그때 알게 된 사람들의 생각과 아이디어가 방송 작가 일을 하는 데 큰 자양분이 되었고요.

Q 좋은 방송 작가가 되는 비결을 알려 주세요.

무엇보다 방송 작가가 되고 싶은 이유가 뚜렷해야 합니다. 방송 작가가 단지 화려한 방송계에서 연예인들을 만날 수 있는 직업이라고 생각한다면 아주 큰 오산이거든요.
방송 작가는 항상 새롭고 참신한 생각을 해야 하고, 그것을 명확한 논리와 모든 사람이 공감할 수 있는 감성을 담아 글로 표현해야 합니다. 하나의 프로그램이 만들어지기까지 많은 사람이 함께 일하기 때문에 원만한 인간 관계를 위해 부단히 노력해야 하고요. 여러분 중 방송 작가를 꿈꾸는 친구가 있다면 '아이디어 노트'라고 쓴 수첩을 하나 마련하세요. 좋은 글, 어떤 일을 계기로 느낀 점, 여러 가지 궁금증 등 기억해 둘 만한 모든 것을 메모하는 습관을 들이세요. 나중에 여러 가지 생각이 뻗어 나갈 때 좋은 밑거름이 될 것입니다.

방송 작가에 대해 알아볼까요?

 **방송 작가는 어떤 직업인가요?**

방송 작가는 크게 드라마 작가, 구성 작가, 영상 번역 작가로 나뉜다. 드라마 작가는 내용에 맞는 사실과 배경, 작품 주제에 따라 등장인물의 성격, 촬영 장소 등을 결정한 다음 대본을 쓴다. 대본에는 출연자의 대사뿐만 아니라 자세한 동작까지 묘사되어 있다. 구성 작가는 방송 연출자와 협의하여 방송 프로그램을 기획하고, 그 기획을 구체화하는 일을 담당하며 최종적으로 자막, 내레이션, 방송 대본을 쓴다. 또 제작에 필요한 자료 수집, 출연진 섭외 및 관리도 담당한다.

 **방송 작가가 되는 방법을 알려 주세요.**

학력 제한은 없지만 글을 쓰는 일을 하기 때문에 문예 창작학과, 국문학과 등에 진학하면 유리하다. 방송 극작과, 방송 시나리오 극작과에서는 다양한 방송 작품을 분석하고, 문장력, 표현력 같은 글쓰기 능력을 체계적으로 배울 수 있다. 방송 아카데미, 문화 센터, 대학의 평생 교육원 같은 작가 양성 과정에서 교육을 받아 방송 작가가 되기도 한다. 극본 공모에 당선되어 방송 작가로 입문하는 경우도 있다.

무엇을 준비해야 할까요?

필수

사소한 것에도 관심을 가지는 호기심, 깊은 곳까지 살펴볼 수 있는 관찰력과 그것을 글로 표현해 내는 언어 감각이 꼭 필요해요.

중요

독서와 영화 감상으로 상식을 쌓으면 방송 대본을 쓸 때 밑바탕이 되어요. 창작의 스트레스를 이겨 낼 수 있는 끈기와 마음 자세도 중요해요.

도움

정신과 몸을 건강하게 관리해야 해요. 짧은 시간 동안 여러 가지 일을 해야 하고, 바쁜 방송 일정을 견딜 수 있어야 하니까요.

 ## 앞으로의 전망은 어떤가요?

시청자들의 관심 분야가 다양해지고 취미 활동이 전문화되면서 방송 프로그램의 수준도 향상되었다. 그에 따라 방송 작가의 활동 분야도 세분화되고 전문화될 것으로 예상된다. 방송 채널이 늘어나 일자리 수요도 늘어날 것이다. 하지만 방송 작가를 꿈꾸는 사람이 많아 경쟁이 매우 치열하므로 자신만의 영역에서 전문성을 갖출 수 있도록 준비를 철저히 해야 한다.

 ## 영상 번역 작가는 어떤 일을 하나요?

영상 번역 작가는 외국어로 제작된 각종 영상물을 우리말로 번역하여 대본을 쓰는 일을 한다. 영화, 드라마, 애니메이션, 다큐멘터리 등 분야에 따라서 작품의 성격을 파악하고, 배경과 인물의 특징이 드러나도록 글을 써야 한다. 크게 자막 번역과 더빙 번역이 있는데 두 가지 모두 영상물의 속도와 대본의 양이 균형을 이루는 것이 중요하다.

쇼핑 호스트

소비자의 마음을 사로잡는 정선혜

Q 쇼핑 호스트는 어떤 일을 하는지 설명해 주세요.

쇼핑 호스트는 홈 쇼핑 방송을 본 소비자가 쉽고 편리하게 상품을 구입할 수 있도록 도움을 주는 사람이에요. 상품에 대한 전문적인 지식으로 소비자에게 쉽게 설명하는 '상품 컨설턴트'라고 할 수 있지요. 쇼핑 호스트는 소비자가 원하는 것을 파악하여 홈 쇼핑 방송에서 제품의 특징, 다른 상품에 비해 좋은 점, 활용법 등을 쉽고 적절한 예시를 들어 보여 줍니다. 그러면 소비자가 쉽게 이해하고, 자기에게 맞는 제품을 선택하여 구입할 수 있지요.

Q 어떻게 하면 쇼핑 호스트가 될 수 있나요?

쇼핑 호스트는 홈 쇼핑 방송사에서 매년 공개적으로 입사 시험을 치러 선발합니다. 시험에서 가장 중점적으로 보는 자질은 순발력이에요. 홈 쇼핑 방송은 정확하게 짜인 대본이 없고, 쇼핑 호스트의 재량에 따라 1시간 이상을 생방송으로 진행하기 때문입니다. 그래서 리포터, 아나운서, MC 등 다른 분야의 방송 경력자들도 많이 지원합니다. 전공 분야보다는 상품 판매 능력과 방송 진행 능력을 우선적으로 따져요. 최근에는 인터넷을 통해 인지도를 쌓고, 쇼핑 호스트가 되는 경우도 많습니다.

정선혜 님 약력

현 현대홈쇼핑 1기 쇼핑 호스트,
KBS〈무엇이든 물어보세요〉등 패션 전문 패널, 방송인
《시간의 마법》,《스토리의 마법》집필
중앙대학교 대학원, 의류학 박사

Q 가장 보람을 느낄 때는 언제인가요?

중소기업의 우수한 상품들이 홈 쇼핑을 통해 많은 사람에게 알려지고, 소비자들이 만족할 때입니다. 시중의 제품 중에는 품질이 좋지만 홍보가 부족하여 선택받지 못하는 것이 많아요. 인지도가 부족해서 대형 마트나 백화점에서는 성공하기 힘든 제품들이 홈 쇼핑에서 쇼핑 호스트의 자세한 설명에 힘입어 많이 판매되는 경우가 종종 있습니다. 그래서 방송을 할 때에도 사용자의 입장이 되어 제품의 강점이 잘 드러나도록 설명하려고 애쓴답니다. 방송 후 제품을 구입한 소비자들이 "상품 설명을 믿고 구입했더니 역시 생활에 큰 도움이 되었다.", "잘 구입했다."라는 후기를 주시면 정말 큰 보람을 느낍니다. 앞으로도 제가 소개한 제품이 많이 팔려 세상에 알려지고, 다른 나라에도 수출할 수 있다면 더할 나위 없이 기쁠 것 같습니다.

Q 쇼핑 호스트로 활동하시면서 힘든 순간은 언제인가요?

분명 좋은 상품인데 판매가 잘 안될 때예요. 저는 좋다고 생각하는 점이 소비자에게 충분히 전달되지 않은 게 서운하기도 하고, 기운도 빠지죠.
무엇보다 그 상품을 개발한 생산 업체 관계자를 볼 때 죄송한 마음이 듭니다. 홈 쇼핑 방송을 하면 홍보가 되고 많은 판매로 이어질 것이라 기대하고 최선을 다하셨을 텐데, 결과가 좋지 않게 나오면 방송을 담당한 쇼핑 호스트로서 무척 힘들고 안타깝지요.

Q 쇼핑 호스트를 꿈꾸는 어린이들이 어떤 준비를 하면 좋을까요?

쇼핑 호스트가 되고 싶다면 다양한 분야의 책을 많이 읽으세요. 그리고 책을 쓴 사람이 책을 통해 하고 싶은 말이 무엇일지 딱 세 가지만 정해 친구들에게 설명해 보세요. 쇼핑 호스트에게는 상품의 특징을 짧고 쉽게 설명할 수 있는 능력이 필요합니다.
그리고 마케팅에 관심을 갖고 공부하는 것도 도움이 되어요. 만들어진 제품이 소비자에게 잘 팔리게 하기 위한 여러 가지 노력을 마케팅이라고 해요. 마케팅을 알아야 어떤 상품을 언제 팔고 어떤 장점을 부각할 것인지 계획을 세울 수 있기 때문이에요. 심리학에 대한 관심도 필요해요. 심리학은 사람이 생각하는 것이나 행동을 연구하는 학문이에요. 상대방의 말을 잘 듣는 연습도 해 보고요. 상대방의 마음을 이해하고, 어떤 말을 듣고 싶어 하는지 알아야 하니까요. 가장 잘 듣는 사람이 가장 좋은 말을 하는 사람이라는 점을 항상 명심하세요.

쇼핑 호스트에 대해 알아볼까요?

 **쇼핑 호스트는 어떤 직업인가요?**

홈 쇼핑 방송에서 상품을 안내하고 소비자가 사고 싶은 마음이 들도록 설명한다. 방송 전 방송 연출가와 작가가 작성한 대본을 바탕으로 판매하려는 상품의 특징을 파악하고, 소비자들에게 적절한 예시를 들어 설명함으로써 관심을 이끌어 낸다. 쇼핑 호스트의 설명이 구매에 결정적인 영향을 주기 때문에 방송 전에 소비자가 궁금해하는 사항을 분석하는 과정이 필요하다. 따라서 쇼핑 호스트는 상품을 직접 써 보고, 제작자의 의견을 듣거나 경쟁 상품과 비교해 보는 작업을 한다.

 쇼핑 호스트가 되는 방법을 알려 주세요.

홈 쇼핑 방송국에서는 공개 채용과 특별 채용을 통해 쇼핑 호스트를 선발한다. 전공을 따지지는 않지만 신문 방송학과나 방송 연예학과 등을 졸업하면 유리하다. 그 외 사설 교육 기관, 방송 아카데미 등에서 쇼핑 호스트 교육을 받은 후 진출하기도 한다. 성우, 아나운서, 리포터, 연기 경력자를 우대하거나 외국어 실력이 우수한 지원자를 우대하는 경우도 있다.

무엇을 준비해야 할까요?

 **필수**

사소한 표현이 판매와 연결되므로 적절한 언어 사용, 마음을 움직이는 말솜씨가 필수예요. 소비자에게 신뢰감을 주는 인상을 만드는 것도요.

 **중요**

다양한 분야의 지식과 폭넓은 상식을 쌓아야 해요. 어떤 제품을 설명하더라도 소비자들을 설득할 수 있어야 하니까요.

 **도움**

평소에 올바른 언어 습관을 들여야 해요. 그래야 위기 상황에서 실수하지 않지요. 학교 방송 동아리에서 활동하는 것도 도움이 되어요.

 ## 앞으로의 전망은 어떤가요?

홈 쇼핑 판매는 짧은 시간에 많은 양의 제품이 팔리고, 소비자가 집에서 편리하게 제품을 받을 수 있기 때문에 꾸준히 성장하는 산업이다. 게다가 홈 쇼핑 전문 채널이 여러 개 생겨 쇼핑 호스트의 일자리 수요는 계속 늘어날 것으로 예상된다. 이러한 흐름은 최근 홈 쇼핑 회사의 해외 진출 추진과 판매 상품 개발에 힘입어 계속 이어질 것이다.

 ## 상품 기획자(MD)는 어떤 일을 하나요?

상품 기획자는 소비자의 구매 패턴과 수요, 소비 유형을 파악하여 많이 팔릴 수 있는 상품을 기획하는 사람이다. 사람들이 원하는 상품이 무엇인지를 알아내어 상품을 기획하고, 개발, 생산, 판매 전략까지 세운다. 홈 쇼핑, 인터넷 쇼핑몰 등에서 활동하며, 의류, 유아용품 등 분야별 전문 영역을 맡는 경우가 많다.

방송/언론/출판

기상 캐스터

날씨를 예보하는 이진희

Q 기상 캐스터가 된 특별한 이유는 무엇인가요?

날씨에 관심이 많아 어릴 적부터 기상 정보를 늘 챙겨 봤어요. 대학생 때 방송국 입사를 결정한 후에도 기상 캐스터를 염두에 두었어요. 실제로 방송이 되는 시간은 짧지만, 날씨 예보나 기상 특보 등 누구에게나 필요한 정보를 전달한다는 것이 의미 있다고 생각했기 때문이지요. 기상 재해가 일어난 상황이 아니라면 늘 밝은 모습으로 정보를 전달한다는 점에도 매력을 느꼈습니다. 한때 방송 작가를 꿈꾸었는데 직접 원고를 쓸 수 있다는 점도 좋았고요. 기상 캐스터가 되기 전에도 제 오랜 취미가 하늘 보기였는데, 기상 캐스터가 되고 나니 하늘의 정보가 더 친근하게 느껴지네요.

Q 방송 준비 과정을 소개해 주세요.

우선 기상청에서 제공하는 자료를 정리하여 방송 보도용 기사를 작성해요. 1분 동안 정보를 전하는 업무이니만큼 기상청의 자료를 꼼꼼하게 살펴보아야 합니다. 진행하는 동안 나올 이미지의 내용과 순서를 정하기도 하지요. 준비가 끝나면 뉴스 스튜디오에서 기상 정보를 진행합니다. 스튜디오 안에 있는 파란색 '크로마키' 판을 가리키며 설명을 하면 시청자들은 판에 일기도나 기온, 강수량 등이 표시된 이미지가 합쳐진 상태를 보게 되지요.

평소에는 발성, 발음 같은 방송 능력을 기르고, 깔끔한 이미지를 연출하기 위해 메이크업과 의상 선택에도 노력을 기울입니다.

이진희 님 약력
현 TV조선 기상 캐스터
TBC 대구 방송 기상 캐스터
한국 이미지 전략 연구소 이미지 컨설턴트 과정 수료
한양대학교 일본어 문화학과 졸업

음악 춤 / 미술 디자인 / 스포츠 / 서비스 / 의료 / IT / 교육 / 법 행정 / 경제 금융 / 공학 자연 과학

Q 기상 캐스터가 되려면 어떤 자질이 필요한가요?

주된 업무가 방송이기 때문에 발성, 발음, 자연스러운 표정 등 방송 능력이 중요해요. 대체로 밝은 이미지로 방송하므로, 밝고 신뢰감을 주는 이미지를 잘 표현할 수 있다면 더 좋고요.
원고를 직접 쓰는 만큼 글 쓰는 것을 좋아해야 하고 창의력이 있으면 더 좋습니다. 기본적으로는 기상청 자료를 받아 정보를 전달해야 하지만, 자신만의 아이디어로 날씨 관련 이야기나 생활 지수* 등을 덧붙인다면 더욱 알찬 기상 정보를 만들 수 있기 때문이죠.

＊**생활 지수** 날씨가 생활에 영향을 미치는 정도를 수치로 표현한 것

Q 가장 보람을 느낄 때는 언제인가요?

요즘은 인터넷으로 날씨 정보를 쉽게 접할 수 있기 때문에 어떻게 하면 좀 더 경쟁력이 있는 기상 예보가 될까 고민을 많이 해요. 그래서 날씨 관련 속담, 의학 정보 등을 함께 전하기도 하는데 시청자들이 많은 도움이 됐다고 전화나 메시지를 주실 때 참 뿌듯해요. 기상 악화로 인한 대피 방송을 보시고 사고를 피할 수 있었다는 인사를 받을 때에도 보람을 느끼지요.
그래도 폭염, 한파 같은 날씨를 전달해야 할 때에는 마음이 무척 힘들어요. 날씨와 싸우며 일을 해야 하는 분들은 얼마나 힘이 드실까 하는 생각이 들기 때문이지요.

Q 기상 캐스터가 되고 싶어 하는 어린이를 위해 방법을 구체적으로 말씀해 주세요.

우선 대학에서 대기 과학을 전공한 사람이라면 방송국 기상 캐스터 채용 시험에서 유리합니다. 대기 과학이란 자연환경과 대기의 관계, 또는 그 영향을 연구하는 학문이에요. 대기 과학을 전공하면 기상청에서 발표한 자료를 잘 이해할 수 있지요. 하지만 전공자가 아니어도 시험 응시 자격이 있으며 채용 시험에 통과하여 방송국에 들어가면 필요한 기본 교육을 받게 됩니다. 기상 캐스터는 기상청에서 발표한 날씨 정보를 일반인에게 쉽고 정확하게 전달해야 하므로 유연한 진행 능력도 필요합니다. 평소에 하늘을 보며 날씨에 관심을 가지고, 뉴스의 기상 정보를 자주 보세요. 그리고 본인이 기상 캐스터가 되었다고 상상하고 주변 사람들에게 날씨에 대해 설명하는 연습을 해 두면 도움이 될 거예요.

기상 캐스터에 대해 알아볼까요?

기상 캐스터는 어떤 직업인가요?

기상 캐스터는 일상생활에 영향을 미치는 날씨 정보를 사람들에게 전한다. 기상청 예측 자료를 참고하여 보도 원고를 작성하는데, 대략 1분 30초 안에 설명하고자 하는 정보를 쉽게 정리해야 한다. 시청자들에게 보여 줄 기상도나 방송 화면 순서를 정하여 영상 그래픽 디자이너에게 이미지 제작을 요청하고, 최종적으로 방송 연출가와 협의하여 기상 정보 촬영을 한다. 방송이 끝나면 날씨의 변동 사항을 살피고, 다음 방송을 준비한다.

기상 캐스터가 되는 방법을 알려 주세요.

기상 캐스터가 되려면 방송에 대한 기본적인 이해와 지식이 필요하다. 기상 캐스터가 되기 위한 전공 제한은 없지만 대학에서 신문 방송학, 대기 과학 등을 전공하면 업무에 도움이 된다. 요즈음에는 방송 아카데미 등에 기상 캐스터 양성 과정이 개설되어 관련 업무를 배울 수 있는 길이 많아졌다. 방송국, 인터넷 기상 예보 부서, 날씨 보도 영상물 제작 회사 등에서 일할 수 있다.

기상 캐스터가 되려면?

- **흥미 유형**: 예술형, 관습형
- **능력과 성격**: 언어 능력, 순발력, 신뢰감, 꼼꼼함, 의사소통 능력
- **관련 문의 기관**: 한국 언론 진흥 재단, 방송 통신 위원회, 방송국, 기상청
- **관련 직업**: 뉴스 앵커, 리포터, MC, 아나운서, 기상 예보관
- **관련 학과**: 대기 과학과, 방송 영상학과, 신문 방송학과, 언론 홍보학과

무엇을 준비해야 할까요?

 **필수**

시청자에게 날씨 정보를 정확하게 전달해야 하므로 표준어 구사 능력, 명확한 발음과 깨끗한 목소리를 갖추어야 해요.

 **중요**

기상청이 발표한 자료를 분석할 수 있어야 해요. 또 날씨가 사람들에게 미치는 영향을 알아야 공감이 가는 날씨 예보를 할 수 있어요.

 **도움**

카메라 앞에서도 떨지 않고 설 수 있는 자신감을 기르세요. 학교에서 방송반 동아리 활동을 하는 것도 도움이 되지요.

 ## 앞으로의 전망은 어떤가요?

최근 몇 년 사이 기상 이변과 자연재해로 인해 날씨에 대한 관심이 높아졌다. 또 민간 기상 사업자의 기상 예보가 가능해져 다양한 형태의 맞춤 기상 예보가 제작되고 있다. 이에 따라 기상 예보 프로그램이 늘어 기상 캐스터의 채용도 늘어나는 추세이다. 많은 기상 캐스터 중에서 경쟁력을 갖추려면 정확한 예보뿐만 아니라 날씨에 영향을 받는 사람들을 고려한 예보를 해야 한다.

아하! 그렇구나 - 리포터와 캐스터에 대해 알아볼까요?

리포터
뉴스·시사·교양·연예·오락 프로그램에 출연하여 취재해 온 소식을 전달한다.

캐스터
프로그램 진행자 또는 해설자를 뜻하며 스포츠 중계 방송, 기상 정보, 교통 정보 등을 전달한다.

방송/언론/출판

성우

마법의 목소리를 지닌 정미숙

Q 성우가 된 계기에 대해 말씀해 주세요.

"이 학생이 바로 우리나라 방송가에서 찾고 있는 목소리입니다."
고등학교 때 참가한 웅변 대회 심사 위원이 이렇게 칭찬해 주셨어요. 정말 기뻤지요. 그때부터 막연하게 방송계에서 일하고 싶다는 생각을 갖게 되었습니다. 처음에는 연기 경험 없이 공개 채용 시험을 보았다가 떨어지고 말았어요. 그 뒤 본격적으로 연기를 배워 3년 만에 성우가 되었습니다.

Q 평소에 목소리 관리는 어떻게 하시나요?

목소리로만 대중과 만나는 성우는 일반인들의 궁금증을 불러일으키는 직업이기도 합니다. 그래서 가끔 텔레비전 프로그램에 출연하여 여러 가지 캐릭터의 목소리로 연기하면 신기해하거나 호기심을 보이지요. 방송에 출연하여 가장 많이 받는 질문 중 하나가 "목소리 관리는 어떻게 해요?"인데 사실 무리하지 않도록 주의할 뿐 크게 신경을 쓰는 편은 아닙니다. 흔히 생각하는 것처럼 좋은 목소리를 갖추었다고 해서 좋은 성우가 되는 것은 아니기 때문이지요. 오히려 자신의 소리에 갇혀 있을수록 감성이 경직되고, 직업적 한계가 빨리 찾아올 수 있지요. 성우 일을 하는 데에 목소리가 중요한 자산이기는 하지만 훈련에 의해 얼마든지 좋게 변할 수 있기에 감각과 연기력을 갖추는 것이 성우로서 성공 여부를 결정하는 요인이라고 할 수 있습니다.

정미숙 님 약력

대표작 〈스피드〉, 〈로마의 휴일〉, 〈뽀로로 극장판 눈요정 마을 대모험〉 외 다수
KBS 성우 극회 부회장
2013 제25회 한국 PD대상 성우 부문 출연자상 수상
1984 KBS 성우 입사

- 음악 / 춤
- 미술 / 디자인
- 스포츠
- 서비스
- 의료
- IT
- 교육
- 법 / 행정
- 경제 / 금융
- 공학 / 자연 과학

Q 성우가 되기 위한 자질을 몇 가지 말씀해 주세요.

첫째, 개성 있는 목소리를 가져야 합니다. 반드시 목소리가 맑고 좋아야 하는 것은 아니에요. 개성이 있고, 듣기에 부담 없이 편안한 목소리가 환영받는 추세입니다.

둘째, 올바른 구강 구조를 가져야 해요. 혀가 짧거나 치열이 고르지 않으면 정확한 발음과 소리를 내기가 힘들어 성우로서 단점이 되지요.

셋째, 순발력입니다. 일단 녹음에 들어가면 빠른 시간 안에 여러 역할과 다양한 감정을 연기해야 하기에 성우에게 순발력은 아주 중요합니다.

넷째, 표현력과 감정 통제력이 필요해요. 생활하면서 느끼는 모든 감정이 듣는 이에게 잘 전해지도록 적절하게 표현할 수 있어야 합니다.

마지막으로 올바른 언어 습관입니다. 방송은 불특정 다수가 접하는 매체이므로 올바른 표준어 구사와 정확한 발음을 반드시 지켜야 합니다.

Q 일을 하시면서 가장 보람을 느낄 때는 언제인가요?

성우는 목소리 연기로 듣는 사람으로 하여금 완벽하게 상황을 상상하도록 해야 합니다. 화면에 비치는 것은 목소리뿐이므로, 단번에 이름을 알리기는 어려운 일이지요.

그런데 제가 처음 성우로 활동하던 때에는 어렸던 분들이 자라 유명 게임 회사, 애니메이션 제작사, 방송국 등에서 일하게 되어 제게 "팬이었다."며 캐스팅 의뢰를 하는 경우가 있습니다. 과거의 팬이 어엿한 성인이 되어 함께 작업하는 파트너가 된 것이지요. 그분들께 제 목소리를 듣고 꿈을 꾸게 되었다는 말을 들었을 때 느끼는 반가움과 보람은 이루 말로 표현할 수가 없습니다. 또 열심히 가르친 성우 지망생 제자들이 성우 채용 시험에 합격하였을 때에도 큰 보람을 느낍니다.

Q 좋은 성우가 되기 위한 연기 멘토가 있으신가요?

연기 멘토는 정통 성우 연기에 능하며 끊임없이 자신을 개발하는 배한성 선배님, 인생의 멘토는 제 삶에서 만나는 모든 사람들과 삶의 철학을 물려준 과거의 위인들, 그리고 책 속의 글입니다.

성우에 대해 알아볼까요?

 **성우는 어떤 직업인가요?**

성우는 목소리 연기자다. 외국 영화, 애니메이션, 온라인 게임, 광고, 내레이션, 라디오 등 다양한 매체와 프로그램에서 목소리 연기를 한다. 성우는 각 프로그램의 배역과 분위기에 맞게 목소리로 감정을 표현하여 작품의 완성도를 높이는 역할을 한다. 캐릭터에 생명력을 불어넣거나 재미를 극대화해 주는 것이다. 이 밖에도 어린이를 위한 인형극, 동화 제작, 교육용 교재 녹음, 각종 안내 방송, 시각 장애인을 위한 해설 방송 녹음 등에도 참여한다.

 **성우가 되는 방법을 알려 주세요.**

성우가 되기 위해서는 특색 있는 목소리와 연기력을 갖추는 것이 중요하다. 해마다 방송국에서 성우 채용 시험을 치러 선발하는데 채용하는 곳마다 학력 및 연령 조건이 다르므로 미리 확인해야 한다. 성우 양성 학원, 방송 아카데미에서 성우 과정을 이수하거나 연기 관련 학과를 전공하면 도움이 된다. 성우로 활동하면서 연기 활동을 하거나 전문 MC, 라디오 DJ로 진출하여 활동하는 경우도 많다.

성우가 되려면?

흥미 유형
예술형

능력과 성격
언어 능력
순발력
사회성
책임감
의사소통 능력

관련 문의 기관
한국 성우 협회
KBS 성우 극회
MBC 성우 극회

관련 직업
내레이터
MC
아나운서

관련 학과
방송 연예학과
연극 영화학과

무엇을 준비해야 할까요?

 **필수**

대본과 영상물을 보고 느낀 감정에 상상력을 더하여 목소리로 표현해야 해요. 표준어를 정확하게 구사하는 능력이 필수랍니다.

 **중요**

상황에 따라 즉흥적으로 연기할 수 있는 순발력과 센스가 중요해요. 애드리브라고 하는 즉흥적인 대사를 하게 되는 경우도 있으니까요.

 **도움**

녹음이 오랜 시간 이어질 경우가 많으므로, 평소 체력 관리가 필요해요. 목소리로 연기하는 방법을 배워 두는 것도 도움이 되고요.

 ## 앞으로의 전망은 어떤가요?

종합 방송 채널의 증가, 인터넷을 기반으로 한 방송 채널 신설 등 미디어의 확장으로 성우가 활동할 수 있는 분야가 넓어져 일자리가 많아졌다. 반면 성우를 희망하는 지원자도 늘어 그만큼 취업 경쟁이 치열하다. 성우는 일반인들에게 목소리를 통해서만 노출되기 때문에 인지도를 쌓기까지 시간이 많이 걸리므로 자기만의 개성을 지녀야 경쟁력을 높일 수 있다.

아하! 그렇구나 내레이터는 어떤 일을 하나요?

영화, 연극, 텔레비전, 라디오 프로그램 등에서 목소리로 작품을 해설하거나, 내용의 전개 방향을 설명해 주는 사람이다. 주로 다큐멘터리 프로그램에 많이 등장한다. 녹음실에서 영상물을 보며 대본을 녹음하는데 말의 빠르기와 쉬는 시간, 효과음 등을 조절하여 영상물과 대본의 내용이 어긋나지 않도록 맞춘다.

광고 기획자

광고로 시선을 끌어당기는 **이성열**

Q 광고 기획자는 어떤 일을 하는 직업인가요?

광고란 쉽게 말하면 상품을 많이 판매하기 위해 동원하는 모든 전략으로 생각하면 될 것 같아요. 따라서 광고 기획자는 광고하려는 상품의 장점과 경쟁 상품, 시장 동향, 소비자의 성향 등을 철저하게 분석하여 해당 상품이 가장 잘 팔리도록 노력하는 사람입니다.

Q 광고는 어떻게 만드나요?

광고를 만드는 과정에는 많은 사람이 함께 일해요. 예를 들어 휴대 전화의 광고를 만들려면 시장을 분석하는 전문가, 광고의 콘셉트를 정하는 전문가, 소비자와 소통할 광고 문구를 정하는 전문가 등 다양한 분야의 전문가와 협의해야 합니다. 그렇게 만든 광고가 좋은 결과를 낼 때면 정말 뿌듯하지요. 2012년에 김현명 프로와 함께 만들어 칸 국제 광고제에서 황금사자상, 은사자상, 동사자상을 받은 〈이마트 써니 세일〉 광고는 광고 기획자로 일하면서 기억에 아주 깊게 남는 작품입니다. 세계 최초로 입체 QR 코드*를 활용한 광고였는데 획기적인 아이디어로 호평을 받았습니다.

* **QR 코드** 많은 양의 정보를 담을 수 있는 격자무늬의 기호 체계

Q 광고 기획자가 되기 위해 어떤 준비를 해야 할까요?

유연한 사고가 필요합니다. 만약 칠판에 점 하나를 찍고 이것이 무엇이냐고 묻는다면 많은 사람은 당황하거나 '점'이라고 답하겠지요. 하지만 일부는 전혀 생각하지 못한 새로운 답을 말할 수도 있습니다. 때로는 교육이 사람의 생각을 경직하게 만들 수도 있기 때문에 사고의 장벽을 뛰어넘어, 넓고 새롭게 생각해 보려는 시도가 중요해요.

음악 춤 · 미술 디자인 · 스포츠 · 서비스 · 의료 · IT · 교육 · 법 행정 · 경제 금융 · 공학 자연 과학

Q 광고 기획자의 직업 전망을 어떻게 보시나요?

지금 우리가 살고 있는 사회를 '자본주의 사회'라고 합니다. 자본주의는 개인이 자유롭게 경제 활동을 하고, 재산을 가질 수 있는 경제 제도입니다. 자본주의가 유지되는 한 광고 산업은 계속 성장할 것입니다. 사람들은 늘 새로운 제품을 갖고 싶어 하고, 물건을 사거나 서비스를 누리면서 행복을 느끼기 때문이지요. 사회는 복잡해졌고, 빠른 속도로 신제품이 쏟아져 나오고 있습니다. 모두 비슷한 생활을 하던 사람들이 싫증을 느끼며 나만을 위한, 독특한 것을 원합니다. 여러분이 광고 기획자를 꿈꾼다면 유연한 사고를 유지하기 위해 끊임없이 노력하세요. 밝은 미래가 열릴 것입니다.

Q 광고 기획자에 관심이 많은 어린이들에게 좋은 말씀을 해 주세요.

사회 곳곳의 구조를 들여다보면 소수의 리더에게 다수가 끌려가는 경우가 많습니다. 여러분은 사회에서 리더가 되세요. 여기에서 말하는 리더란 사회 지도층을 말하는 것이 아닙니다. 다수의 결정이나 행동을 무조건 쫓기보다 스스로 유행을 만들어 가는 사람을 의미해요. 남들과 다른 것이 조금은 불편하고 어색할 수도 있지만 남들과 다른 무언가가 새로움을 창조할 기회를 가져올 수도 있습니다.

꿈을 포기하지 말고 늘 전진하세요. 그리고 꿈을 이룰 수 있는 더 좋은 방법을 고민하세요. 어떤 일이든 많은 사람이 간절히 원하는 것일수록 쉽게 얻을 수 있는 것은 없습니다. 하지만 열심히 생각하면 목표하는 바를 효율적으로 달성할 수 있을 거예요.

이성열 님 약력

현 이룸커뮤니케이션 대표

2012 프랑스 칸 국제 광고제 〈이마트 써니 세일〉
황금사자상, 은사자상, 동사자상 수상

〈비나폴로〉, 〈아디다스〉 등으로 광고 대상 수상

중앙대학교 시각 디자인학부 졸업

광고 기획자에 대해 알아볼까요?

광고 기획자는 어떤 직업인가요?

광고 기획자는 광고주의 의뢰를 받아 광고의 기획, 제작 등 전반적인 과정에 관여한다. 주로 광고를 어떻게 만들 것인지에 대한 전략을 짜지만 기획한 의도에 맞는 광고를 만들어 내기 위하여 광고 문구, 마케팅, 연출 등 관계되어 있는 사람들을 지휘하기도 한다. 광고 제작에 쓰이는 예산 관리, 경쟁 업체의 활동을 체크하고 각종 기획서와 보고서를 제작하여 광고주 앞에서 발표한다. 광고 후에는 그 효과를 조사하고 분석하는 일도 담당한다.

광고 기획자가 되는 방법을 알려 주세요.

소비자를 설득하는 데 필요한 이론과 기술, 커뮤니케이션, 마케팅 등에 대한 지식이 필요하기 때문에 신문 방송학, 언론 정보학, 광고학, 매스컴학 등을 전공하는 것이 유리하다. 한국 방송 광고 진흥 공사의 광고 교육원이나 사설 학원에서 광고 기획에 관해 전문 교육을 하기도 한다. 광고 공모전에 입상하거나 광고 기획사에서 인턴 사원으로 일한 경력이 있으면 광고 관련 회사 취업에 도움이 된다.

광고 기획자가 되려면?

흥미 유형
예술형
탐구형

능력과 성격
공간 지각 능력
창의력
글쓰기 능력
협상력
예술적 감각
대인 관계 능력

관련 학과
광고 기획과
광고 홍보학과
미술학과
시각 디자인학과
신문 방송학과
심리학과
경영학(마케팅)과

관련 직업
광고 전문가
홍보 전문가
공연 기획자
마케팅 전문가

관련 문의 기관
한국 방송 광고 진흥 공사
광고 정보 센터
한국 광고 산업 협회
한국 광고 영상 제작사 협회

무엇을 준비해야 할까요?

 **필수**
소비자의 성향과 광고업계의 흐름을 파악하는 능력이 중요해요. 마케팅 관련 책을 많이 읽고, 광고에서 전달하고자 하는 주제를 찾아보세요.

 **중요**
광고 의뢰인을 설득하고, 광고 제작에 관여한 사람을 지휘할 수 있는 의사소통 능력이 필요해요. 친화력을 갖추는 것도 중요하고요.

 **도움**
사회 문화 현상을 폭넓게 보는 안목과 리더십을 길러 두세요. 외국어 능력을 갖추면 도움이 되어요.

 ## 앞으로의 전망은 어떤가요?

다양한 대중 매체의 발달로 광고 분야는 무한히 성장할 것으로 예상된다. 특히 광고는 상품의 판매와 제품 및 브랜드 이미지 형성에 중요한 영향을 미치기 때문에 그 영향력이 점점 커지고 있다. 광고 기획자는 능력에 따라 승진이 빠르고, 많은 보수를 받을 수 있다. 그만큼 광고 기획자가 되고 싶어 하는 사람이 많으므로 창의적으로 사고하는 훈련을 통해 경쟁력을 갖추어야 한다.

 ## 카피라이터는 어떤 일을 하나요?

카피라이터(copywriter)는 새로운 상품이나 서비스를 많은 사람이 기억할 수 있도록 광고 문구 등을 작성하는 사람이다. 텔레비전, 신문에서 특정 상품 등을 광고하는 멋진 문구를 볼 수 있는데 이러한 광고 속 글을 '카피'라고 한다. 카피라이터는 광고 제작진과 협의하거나 광고 전략을 검토하여 아이디어를 짜고, 광고물의 의도를 소비자에게 가장 잘 인식시킬 수 있는 문구를 창작한다. 〈열심히 일한 당신, 떠나라!〉, 〈골라 먹는 재미가 있다〉 등은 인상적인 카피로 광고물의 성공을 거둔 예이다.

신문 기자

방송/언론/출판

사회 곳곳의 소식을 신문으로 알리는 성연광

Q 신문 기자에 대해 자세히 알려 주세요.

쉽게 말해 사실을 기록하는 사람이에요. 우리 사회, 지구촌 곳곳에서 벌어지는 사건과 사고, 현상들을 기록하고, 이를 분석하는 일을 하지요. 하루에도 수만 가지의 일이 벌어져요. 그중에서 우리 사회에 미칠 파장이 큰 사건부터 소소하지만 많은 사람에게 감동을 전해 줄 수 있는 이야기를 골라 신문 독자들에게 빠르고 정확하게 전달하는 일을 합니다.

Q 신문 기자가 되려면 어떤 준비와 자질이 필요할까요?

세상과 사물, 사람에 대한 호기심이 많아야 합니다. 아울러 폭넓게 사람을 사귀고 소통할 수 있는 사교력 또한 요구되지요. 신문 기자는 일반인에게 소식을 글로 전하는 일을 하므로, 글 작성 능력과 어휘력이 꼭 필요합니다. 누구나 이해할 수 있는 쉬운 어휘로 쓰며, 경우에 따라 감동을 줄 수도 있어야 해요. 신문 기자가 되고 싶다면 국어 공부를 열심히 하고 일기 쓰는 습관을 들이면 도움이 될 거예요. 또 요즈음에는 해외 취재를 나가는 경우가 많아졌습니다. 영어를 비롯해 외국어를 구사할 수 있다면 남보다 빠르고 정확하게 기사를 작성할 수 있을 겁니다.

- 음악/춤
- 미술/디자인
- 스포츠
- 서비스
- 의료
- IT
- 교육
- 법/행정
- 경제/금융
- 공학/자연과학

성연광 님 약력

현 머니투데이 정보 미디어 과학부 선임 기자
IT 전문 일간지 디지털 타임스 기자
월간 경영과 컴퓨터 IT 전문 기자
충남대학교 신문 방송학과 졸업

Q 신문 기자로서 가장 보람을 느낄 때는 언제인가요?

제가 쓴 기사로 인해 세상이 보다 올바른 방향으로 한 발짝 움직일 수 있을 때 기자로서 가장 크게 보람을 느낍니다. 과거에 '건전한 디지털 문화'에 관한 기사를 9년 동안 연재했습니다. 인터넷과 휴대 전화 등 디지털 기기는 잘 쓰면 '편리한 도구'지만, 잘못 쓰면 '중독' 같은 부작용이 따릅니다. 그래서 부산 지역 어린이들과 서울 지역 어르신을 연결하여 고민을 해결해 주는 멘토 문화를 소개했지요. 당시 제 기사를 본 사람들이 "좋은 시도다. 따라 하고 싶다."는 호응을 보였어요. 디지털 기기의 장점을 이용한 뜻깊은 일이라 보람을 느꼈습니다.

Q 신문 기자로서 어떤 목표가 있으신가요?

전문 분야를 갖춘 기자가 되고 싶습니다. 과거에는 많은 신문사에서 정치, 사회, 문화 등 두루두루 아는 기자를 요구하였다면, 요즘에는 특정 주제에 대하여 전문적인 지식을 갖추어 독자가 이해하기 쉽도록 사건을 분석하고 새로운 정보를 제공하는 전문 기자가 인기를 얻는 추세입니다. IT(정보 통신 기술) 전문 기자로서 보다 폭넓은 식견을 갖출 수 있도록 매진할 생각입니다.

Q 신문 기자를 꿈꾸는 어린이들에게 조언해 주세요.

오랜 역사를 두고 볼 때 기자라는 직업은 그날의 주요 사건을 기록하여 남기는 '역사가'이기도 합니다. 언제나 역사의 현장에 서 있다는 사실만으로도 충분히 보람이 있는 직업이라고 생각합니다. 신문 기자가 되고 싶어 하는 친구가 있다면 어렸을 때부터 차근차근 준비해 나가십시오. 특히 여러 분야의 신문을 읽으며 세상에 대한 상식과 지식을 미리 쌓고, 보도하는 글의 특성, 글의 주제 등을 파악해 본다면 더욱 단단하게 준비된 기자가 되지 않을까 싶네요.

또 한 가지 당부하고 싶은 것은 직업을 생각할 때 얼마나 버는 직업인지, 얼마나 멋진 직업인지 같은, 겉으로 보이는 화려함만을 따지지 않았으면 합니다. 정말 하고 싶은 일인지, 적성에 맞는지 진지하게 생각해 봤으면 좋겠어요. 그게 살면서 정말 중요한 가치니까요. 아울러 어렸을 때부터 운동을 열심히 하는 것도 중요해요. 기자는 사건 현장을 누비며 취재를 해야 하므로 강한 체력이 필요하거든요.

신문 기자에 대해 알아볼까요?

신문 기자는 어떤 직업인가요?

신문 기자는 정치, 경제, 생활 정보, 사고 등을 신문이나 잡지와 같은 인쇄 매체를 통해 일반인들에게 정확하고 빠르게 알려 주는 일을 한다. 담당하는 업무에 따라 취재 기자, 편집 기자, 사진 기자 등으로 구분하며 스포츠, 연예, 의학 전문 기자 등 취재 분야에 따라 구분하기도 한다. 취재 기자는 사건 현장에서 기사를 작성하고, 편집 기자는 취재 기자가 보낸 원고를 정리하여 신문에 게재할 기사를 선정하고 순서를 정하며, 사진 기자는 전문적으로 사진을 찍는 일을 한다.

신문 기자가 되는 방법을 알려 주세요.

예전에는 신문 기자가 되기 위해 신문 방송학과, 국어 국문학과 등에 진학해야 한다고 생각했지만 요즘에는 신문 기사의 전문성이 강조되면서 법학, 의학, 공학을 전공하여 진출하는 경우가 많다. 어렸을 때부터 학교의 교지 편집부, 신문사 활동 등을 통해 많은 경험을 쌓아 두면 도움이 된다. 신문 기자, 방송국 보도 기자가 되려면 엄청난 경쟁률을 뚫어야 하기 때문에 일찍부터 요건을 준비하는 것이 좋다.

무엇을 준비해야 할까요?

필수
사회 현상, 사건 등을 객관적으로 바라보는 눈이 가장 필요해요. 정확한 내용을 쉽게 정리할 수 있는 글쓰기 능력도 갖추어야 하지요.

중요
여러 사람을 만나고, 긴박한 상황에서 사건 현장을 취재해야 하므로 적극적인 태도가 중요해요. 정의감과 공정성도 필요하지요.

도움
평소 신문을 많이 읽고, 줄거리를 요약해 보는 훈련을 해 보세요. 학교 교지 편집부나 신문사 인턴 활동에 참여하면 도움이 되어요.

앞으로의 전망은 어떤가요?

무료 신문, 인터넷과 모바일 신문이 널리 퍼져 종이로 인쇄하는 신문을 보는 사람이 갈수록 줄어들고 있어 전망은 비교적 어둡다. 또 사건 사고가 일어나는 것은 때를 가리지 않기 때문에 근무 시간이 불규칙한 점도 어려움으로 꼽힌다. 하지만 신문 기자에 대한 사회적 인지도가 높고, 고용이 안정되어 신문 기자들의 직업 만족도는 높은 편이다.

아하! 그렇구나 — 종군 기자는 어떤 일을 하나요?

종군 기자(war corresponder)는 전쟁터로 취재를 나가 전쟁 상황을 보도하는 신문·잡지 기자이다. 이들은 위험한 환경에서도 목숨을 걸고 취재를 해야 하기 때문에 생명이 위험한 상황을 종종 겪는다. 세계 최초의 종군 기자는 〈런던 타임스〉의 W.H. 러셀로, 크림 전쟁 현장의 참혹함을 보도하여 많은 사람의 마음을 울렸다.

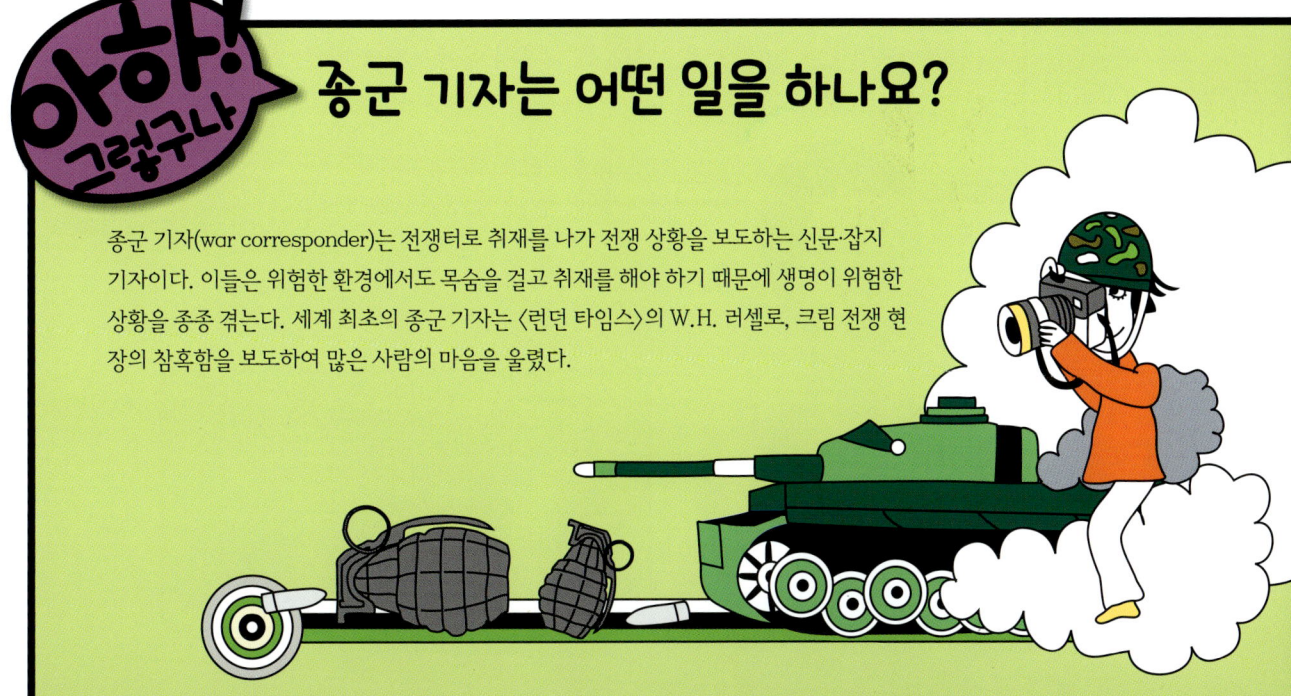

동시 통역사

방송/언론/출판

국제회의의 소통 전문가, 전희경

Q 어린 시절 꿈도 동시 통역사였나요?

어렸을 때는 교사가 되고 싶었어요. 다른 친구들이 어려워하는 내용을 제가 알고 있을 때 그걸 저만의 방식으로 설명해 주는 일이 좋았거든요. 동시 통역사라는 직업은 대학에서 처음 알게 되었고, 실제로 동시 통역사가 되기로 결심한 건 대학을 졸업한 이후였습니다. 가르치는 일과 통역을 하는 일은 결국 제가 다른 사람에게 무엇인가를 설명하고 이해를 돕는다는 점에서 비슷하더라고요.

Q 동시 통역사로 일하시면서 가장 뿌듯했던 때는 언제인가요?

통역을 하다 보면 협상이 어려운 상황을 종종 맞게 됩니다. 그런 상황에서 제 통역이 도움이 될 때 뿌듯하지요. 'UN 사막화 방지 협약'에 참여하여 동시 통역을 한 적이 있습니다. 각 국가의 대표가 모여 사막화 현상의 심각성을 논의하고 해결책을 찾는 회의였습니다. 이렇게 세계적으로 의미 있는 일에 제가 작게나마 기여한 것 같아 보람을 느꼈습니다. 한번은 외국계 기업에서 일하는 한국인 직원이 억울한 상황에 처해 곤혹을 겪는 일이 있었는데 제가 통역자로 나서서 사건의 진상을 밝혀 오해를 푼 일이 있었습니다. 국제적인 일에서부터 개인의 일생에 영향을 미치는 일까지, 일의 규모와는 상관없이 누군가에게 도움을 줄 수 있을 때 가장 기쁩니다.

전희경 님 약력

현 국제회의 동시 통역사 및 영어 MC
G20 국회 의장 회의 동시 통역
한·미 정상 회담 공동 기자 회견 오바마 대통령 동시 통역
한국외국어대학교 통·번역 대학원 졸업

사이드 탭: 음악 춤 | 미술 디자인 | 스포츠 | 서비스 | 의료 | IT | 교육 | 법 행정 | 경제 금융 | 공학 자연 과학

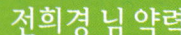

Q 통역을 할 때 무척 긴장되시겠어요. 어떤 어려움이 있나요?

동시 통역을 할 때에는 항상 예상하지 못한 돌발 상황이 발생하기 마련입니다. 갑자기 마이크가 꺼질 때도 있고, 반대로 주변 환경이 굉장히 시끄러운 상황에서 말하는 사람의 말을 놓치지 않고 통역해 내야 할 때도 있습니다. 더운 여름에 비좁은 공간에서 땀을 흘리며 통역을 해야 하는 경우도 있고, 수천 명의 청중 앞에서 일해야 할 때도 있지요. 이렇게 예측할 수 없는 상황과 여건이 가장 힘들면서 한편 매력적인 부분이라고 생각합니다.

Q 동시 통역사가 되기 위해서는 어떤 준비가 필요할까요?

탄탄한 언어 실력은 기본입니다. 또한 어떤 주제에 대해 통역을 맡을 줄 모르기 때문에 경제, 역사, 과학, 예술 등 다양한 분야에 관심을 갖고 지식을 쌓도록 노력해야 합니다. 그뿐만 아니라 여러 상황에 대처할 수 있는 순발력, 짧은 시간에 말하는 사람의 의도와 말의 내용을 이해하는 능력도 필요해요. 이를 위해서는 꾸준한 독서가 도움이 됩니다.

앞으로는 우리나라가 전 세계 많은 나라와 긴밀한 관계를 맺고, 한국 기업이 세계 시장에 진출하는 경우가 늘어 외국어의 쓰임이 활발해질 것 같아요. 물론 외국어를 잘하는 사람들도 늘어나겠지만, 모든 사람이 외국어를 전문적으로 구사할 수는 없기 때문에 동시 통역사가 필요한 경우가 많아질 것입니다. 자동 통역기, 번역기가 발명될 거라고 하지만 말하는 사람의 미묘한 감정을 표현하기는 어렵기 때문에 동시 통역사의 강점인 외국어 실력과 센스를 두루 갖추면 좋을 것 같습니다.

Q 동시 통역사를 꿈꾸는 어린이들에게 좋은 말씀을 해 주세요.

이 세상 모든 것에 대해 호기심을 가지세요. 다양한 경험은 통역의 밑거름이 될 수 있으니 많이 보고, 읽고, 들으세요. 또 가능하면 외국어로 많이 말해 보세요. 외국어를 잘하는 것 못지않게 중요한 것은 우리말 실력이니, 국어 공부도 소홀히 하지 않길 바랍니다.

또 동시 통역사는 보기에 매우 화려하지만 많은 노력과 준비가 필요한 직업이기도 합니다. 앞서 얘기한 자질과 준비할 사항들을 되새기고, 지금부터 차근차근 준비해 나가기를 바랍니다. 평상시에 조리 있게 설명을 잘하는 편이고, 남을 돕는 것을 좋아하는 성격이라면 도전해 보세요. 언어를 통해 서로 다른 문화를 연결하고, 우리나라와 전 세계 국가들 간의 거리를 좁혀 줄 수 있는 매력적인 직업입니다.

동시 통역사에 대해 알아볼까요?

동시 통역사는 어떤 직업인가요?

현재 국제회의나 나라 간 교섭의 자리에서는 영어를 사용한다. 요즈음에는 영어 실력이 뛰어난 사람이 많지만 정확하게 의사소통을 하기 위해서는 전문 동시 통역사의 도움을 받기도 한다. 동시 통역사는 말하는 사람의 의도와 내용을 파악하여 듣는 이가 이해할 수 있도록 전달하는 사람이다. 동시 통역사의 역량이 회담의 결과를 판가름하기도 하여 그 역할이 매우 중요하다. 영어 외에 일본어, 중국어 등 다양한 언어권의 동시 통역사가 활동하고 있다.

동시 통역사가 되는 방법을 알려 주세요.

특별한 자격 요건은 없다. 통·번역 대학원에서 외국어의 통역 방법과 정치, 경제 등 주제별 전문 지식을 배우거나 관련 학과 졸업 후 해당 국가에 2~3년 정도 유학을 다녀와 동시 통역사가 되는 경우가 많다. 통·번역 대학원은 입학 절차가 까다롭고, 학습량이 많기 때문에 꾸준한 노력이 필요하다. 자격 요건을 갖추면 통역 회사, 대기업, 정부, 언론 기관, 교육 기관 등 다양한 분야에서 활동할 수 있다.

흥미 유형
진취형

능력과 성격
언어 능력
외국어 능력
집중력
순발력
정확한 발음
인내력
책임감

관련 문의 기관
한국 통·번역사 협회
한국외국어대학교 통·번역 센터
한국 국제회의통역 학회

관련 직업
통역사
국제회의 통역사
수화 통역사
관광 통역 안내원

관련 학과
각종 외국어 관련 학과
한국외국어대학교 통·번역 대학원
이화여자대학교 통·번역 대학원

무엇을 준비해야 할까요?

 **필수**

뛰어난 어학 능력과 언어 표현력은 꼭 필요해요. 정확한 발음으로 말하는 훈련을 하고, 순발력과 집중력을 길러 두어야 해요.

 **중요**

다양한 나라의 정치, 경제, 사회, 문화, 예술 등 다방면에 지식을 쌓아야 해요. 논리적으로 생각하고 조리 있게 말하는 훈련을 반복해 보세요.

 **도움**

사람을 만날 기회가 많으므로 사교성, 긍정적인 인상과 목소리 등이 도움이 되어요. 외국을 다닐 일이 많아서 체력도 뒷받침되어야 하고요.

 ## 앞으로의 전망은 어떤가요?

세계화의 영향으로 국가 간에 정치적·경제적·문화적 교류가 활발해지고, 국제회의나 학술회의 등 교류가 늘어 동시 통역사의 수요는 계속 증가할 것으로 예상된다. 그러나 요즈음에는 정치, IT, 금융, 의학 같은 전문적인 지식을 갖춘 동시 통역사를 원하는 경우가 많고, 사회의 변화를 파악하고 있어야 하기 때문에 지속적인 자기 개발을 통해 경쟁력을 갖추어야 한다.

아하! 그렇구나 동시 통역사의 다양한 통역 방법을 알아볼까요?

동시 통역

발표자가 말하는 동시에 통역한다. 대부분의 국제회의에서 사용된다.

위스퍼링 통역

통역을 의뢰한 사람 가까이에서 속삭이듯 통역한다.

순차 통역

발표자가 연설을 하면 발표자의 말을 다 듣고 곧바로 통역한다.

캐스팅 디렉터

사람들의 꿈을 연결하는 홍미영

Q 캐스팅 디렉터는 생소한 직업인데, 소개해 주세요.

캐스팅 디렉터는 방송 연출가나 영화감독이 배역에 맞는 인물을 캐스팅해 줄 것을 의뢰하면, 출연할 인물을 정하고 섭외하는 일을 총괄합니다. 배역에 맞는 적절한 배우가 캐스팅되어야 영화가 흥행에 성공하고 관객에게 감동을 줄 수 있습니다. 꼭 영화뿐만이 아니라 다른 여러 상황에서도 취지에 맞는 사람을 캐스팅해야 결과물이 좋은 법이지요.

캐스팅 디렉터의 활동 분야는 매우 다양합니다. 저는 강연 주제에 맞는 강연자를 캐스팅하는 일을 합니다. 또 여러 강연자를 관리하는 일도 하는데, 대중에게 의미 있는 메시지를 효과적으로 전달할 수 있도록 강연 자료 정리 및 자료에 대한 조언을 합니다. 또 기업에서 직원 교육 및 인력 개발 업무를 맡는 담당자와 긴밀하게 교류하며 기업에 필요한 교육을 제안하거나 강연자를 추천하고 있습니다.

Q 어떻게 이 일을 시작하게 되셨나요?

여러 기업의 대표 이사를 위한 교육 프로그램을 설계하는 회사에서 일했습니다. 그러다가 우리나라의 젊은 대표 이사에 대한 기사를 쓸 기회가 있었는데 그때 지금 일하는 회사의 대표님을 만났습니다. 대표님의 꿈과 비전에 대해 이야기를 나누다가 그 꿈에 대하여 공감하고, 지지하게 되었지요. 이후 저는 많은 사람에게 지식과 경험을 전달할 수 있는 무대의 강연자를 캐스팅하고, 관리·협조하는 일을 맡아 달라는 제안을 받게 되었습니다.

홍미영 님 약력

현 강연 전문 기업 〈마이크 임팩트〉 이사
이데일리 TV 〈CEO인터뷰〉 진행자
CEO 교육 컨설턴트
서강대학교 국제 대학원 석사

Q 갖추어야 할 자질에는 무엇이 있을까요?

프로 캐스팅 디렉터가 되기 위해서는 사람에 대한 관심과 존중, 다양한 분야에 대한 호기심과 열정이 중요합니다. 여러 분야의 유명 인사를 만나서 생각을 나눌 수 있는 기본적인 소양과 자질, 자신만의 매력을 갖추는 것도 중요하지요. 여러 방면에 교양과 지식을 쌓고, 유려한 대화 기술을 개발하며 대중의 관심과 유행을 남보다 빨리 파악할 수 있다면 캐스팅 디렉터 일을 하는 데 도움이 됩니다. 그렇지만 무엇보다 중요한 자질은 사람을 사랑하고, 사람들의 꿈을 이루기 위해 도움을 주고 싶다는 사명감이에요.

Q 캐스팅 디렉터로서 보람을 느낄 때는 언제인가요?

강연 주제의 적임자라고 생각한 강연자를 오랜 기간 설득하여 캐스팅에 성공했던 일이 기억에 남습니다. 로봇 공학자 데니스 홍 박사님은 섭외 설득 기간만 총 1년 6개월이 걸렸습니다.
섭외한 강연자와 강연 주제에 대해 충분히 상의하여 강연 방법과 자료를 준비하고, 강연장을 찾아온 사람들에게 준비한 메시지를 효과적으로 전달했을 때, 그리고 청중이 그 메시지에 감동했을 때 보람을 느껴요. 강연자의 인생과 꿈 이야기를 듣고, 다시 한 번 삶의 의지를 다지고 꿈과 희망을 찾게 되었다는 후기를 들었을 때 강연을 기획한 사람으로서 뿌듯함을 느낍니다.

Q 미래에 대하여 고민하는 어린이들에게 조언을 해 주세요.

인생에서 중요한 것이 많지만 저는 결국 사람에 대한 이해와 사랑, 관심이 제일 중요한 것이 아닐까 생각합니다. 요즘의 인문학 열풍도 그런 중요성을 반영한 것이라고 볼 수 있을 것입니다. 어떤 직업을 선택하는지에 관계없이 사람들이 모여 사는 세상에서 인정받고 필요한 사람이 되려면 나 역시 사람에 대한 존중과 사랑을 베풀어야 함을 잊지 말아야 할 것입니다.

캐스팅 디렉터에 대해 알아볼까요?

 **캐스팅 디렉터는 어떤 직업인가요?**

캐스팅 디렉터는 감독이나 제작자의 생각을 파악하여 영화나 드라마 등에서 작품의 배역에 알맞은 배우를 섭외하고 출연시키는 일을 한다. 제작진과 배우 사이에서 연결 고리 역할을 하고, 작품의 줄거리나 대본을 보고 어울리는 배우, 장소, 스케줄 관리 등 배우 관련 매니지먼트를 함께 맡는 경우도 있다. 방송과 영화계뿐만 아니라 최근에는 강연 분야에서도 캐스팅 디렉터의 역할이 커지는 추세인데, 대중이 원하는 명사를 섭외해 성공적인 강연회를 마무리하기까지 업무를 총괄한다.

 **캐스팅 디렉터가 되는 방법을 알려 주세요.**

특별히 요구하는 학력이나 전공은 없다. 연예 기획 및 매니지먼트 분야를 전공하면 방송, 영화, 공연 같은 연예 산업의 특징과 흐름 등을 전문적으로 배울 수 있어 유리하다. 연예 기획사 및 캐스팅 대행 회사의 공개 채용과 특별 채용을 통해 취업할 수 있으며, 이름을 알려 프리랜서로 활동하는 경우가 많다.

무엇을 준비해야 할까요?

 **필수**

예술과 방송 산업에 대해 알아야 해요. 많은 사람을 만나고, 재능을 발굴해야 하므로 사교성과 폭넓은 인간 관계가 필요하지요.

 **중요**

작품 이해 능력을 길러야 해요. 많은 책을 읽고, 공연, 강연회 등을 경험하여 문화를 이해하는 안목과 감각을 길러 두세요.

 **도움**

분야를 가리지 않고 다양한 책을 봐 두는 것이 좋아요. 신문과 잡지, 뉴스 등을 많이 보아 사람들이 관심을 갖는 주제를 알아 두세요.

앞으로의 전망은 어떤가요?

우리나라의 연예 산업은 엄청난 속도로 발달하였다. 게다가 한류 열풍으로 국내의 방송 프로그램이나 영화가 해외에서 성공하는 사례가 늘어 이 분야의 산업은 꾸준히 성장할 것으로 예상된다. 캐스팅 디렉터의 활동 분야도 기존 연예 산업에서 강연 및 문화 산업, 이벤트 기획 등 다양한 분야로 세분화되고 있다. 캐스팅 디렉터의 역량에 작품 및 행사의 성패가 달려 있는 경우가 많아서 사회적 대우도 좋아지는 추세이다.

아하! 그렇구나 - 로케이션 매니저는 어떤 일을 하나요?

영화나 영상물의 촬영 장소를 정하는 사람이다. 촬영할 작품에 대해 충분히 이해하고, 여러 곳을 다니며 적합한 장소를 선정한다. 로케이션 매니저는 카메라로 직접 찍어 보고 실제 촬영된 결과물을 예측할 수 있어야 한다. 촬영 일정 전반을 파악하여 효율적인 동선 계획을 세우고, 현장에서 발생하는 돌발 상황을 수습하기도 한다.

방송/언론/출판

번역가

외국 책을 우리말로 옮기는 이상원

Q 번역가가 된 특별한 동기가 있으신가요?

저는 외국어 공부를 좋아해요. 중학생 때는 영어를, 고등학생 때는 제2외국어로 프랑스 어를 배웠는데 우리말과는 다른 어휘, 문법, 발음으로 소통한다는 점이 흥미로웠습니다. 그 외에도 일본어, 중국어, 독일어, 스페인 어, 아랍 어도 조금씩 공부했습니다. 그러다가 통·번역 대학원에서 러시아 어를 더 깊이 공부하게 되었지요. 졸업 이후 여기저기에서 번역 의뢰를 받아 조금씩 경력을 쌓았는데 그 일이 지금까지 이어지고 있습니다. 저는 책 읽기도 무척 좋아해서 책 번역 작업을 주로 하고 있어요. 어렸을 때부터 좋아하던 외국어와 책 읽기가 자연스럽게 직업으로 이어진 셈이지요.

Q 번역가로 활동하시면서 가장 힘든 점은 무엇인가요?

정해진 시간에 끝내야 하는 숙제를 안고 산다는 점이 힘들죠. 책을 번역하는 내내 깊이 고민하다 보면 늘 시간에 쫓겨요. 저자의 의도가 잘 이해되지 않아 한참을 고민하는 경우도 있고, 제가 잘 모르는 분야를 다루는 책이라면 공부도 해야 하거든요. 그래도 외국에서 발간한 좋은 책을 제가 번역하여 한국 독자들에게 좋은 평을 받을 때는 보람을 느낍니다. 누군가가 "아, 참 좋은 책을 읽었다."라고 평을 써 둔 것을 보았을 때에는 정말 뿌듯했어요.

이상원 님 약력

현 서울대학교 기초 교육원 교수

대표작《서울대 인문학 글쓰기 강의》,《적을 만들지 않는 대화법》,《레베카》등 80여 권 집필 및 번역

한국외국어대학교 통·번역 대학원 석사 및 박사

서울대학교 대학원 소비자 아동학과, 노어 노문학과 졸업

음악 춤 | 미술 디자인 | 스포츠 | 서비스 | 의료 | IT | 교육 | 법 행정 | 경제 금융 | 공학 자연 과학

Q 번역가가 되려면 어떤 준비가 필요할까요?

언어 능력과 부지런함, 두 가지를 꼽고 싶습니다. 번역가는 외국어와 우리말 모두에 관심을 갖고, 공부해야 해요. 각 나라의 무수히 많은 표현 중에는 미묘하게 의미가 다른 것이 많은데 그 차이를 알아차릴 수 있어야 하고, 새로워지는 언어의 변화에도 주목해야 하지요. 그러려면 기본적으로 언어에 관심이 많고, 좋아해야 합니다. 한 권의 책을 번역하는 전체 과정에서 성실함은 꼭 필요한 태도입니다. 원문을 충분히 이해하고 좋은 번역문을 만들려면 부지런히 자료를 검토하고 생각을 거듭해야 하거든요. 번역은 단순히 언어의 종류를 바꾸어 쓰는 일이 아니라 글을 쓴 사람의 생각을 옮기는 일이기 때문에 부지런한 분석과 고민이 반드시 필요하지요.

Q 작업하신 책 중 가장 기억에 남은 것은 무엇인가요?

제가 제일 싫어하고 어려워하는 과목이 수학이었는데, 번역을 시작한 지 얼마 되지 않아 영어로 된 《문명과 수학》(2002년 경문사)이라는 책을 옮기게 되었습니다. 외나무다리에서 원수를 만난 격이라고 할까요? 그런데 재미있게도 그 책을 번역하면서 수학에 대한 생각이 조금 바뀌었습니다. 그 책은 인류가 이루어 낸 문명을 수학적인 관점으로 설명했거든요. 항해술과 수학, 미술과 수학 등을 연결해 보는 식이었지요. 제가 진즉 그런 책을 만났더라면 수학과 조금은 친해지지 않았을까 하는 생각이 들더라고요.

Q 번역가로서 최종 목표는 무엇인가요?

지금보다 번역을 조금이라도 더 잘하는 사람이 되는 것입니다. 계속 부지런히 노력해야 가능한 일이겠지요. 그리고 한문으로 쓰인 우리나라의 옛 문헌을 공부하여 번역하고 싶다는 꿈이 있습니다. 다른 나라의 책을 번역하면서 정작 '우리 고유의 것은 잘 모르고 있구나.'라는 생각을 자주 하거든요. 우리 선조들이 남긴 좋은 글을 읽고 교감하며 번역해 보고 싶습니다. 같은 땅에서 다른 시대를 살았던 선조들의 글에서 외국의 우수한 작품 못지않게 많은 것을 배울 수 있으리라 생각합니다.

번역가에 대해 알아볼까요?

 번역가는 어떤 직업인가요?

세계 각 나라의 언어로 된 책이나 문서, 보고서 등을 우리말로 옮기는 일을 하는 사람이다. 번역가는 글쓴이가 쓴 원래 작품을 파악하고, 작품의 사상과 감정을 최대한 살리기 위하여 사전이나 참고 자료 등을 수집한다. 번역이 완료되면 출판 담당자와 협의해 수정, 보완, 교정 작업을 거치고, 전문 서적의 경우 해당 분야의 전문가에게 전문 용어 감수를 받는다. 마지막으로 우리말로 번역된 원고와 원래 작품을 대조하여 잘못된 부분을 수정하여 최종 번역물을 완성한다.

 번역가가 되는 방법을 알려 주세요.

필수 자격은 없지만 최근에는 통·번역 전문 대학원에서 교육 과정을 이수하고 번역가로 진출하는 경우가 많다. 정확하게 번역하려면 외국어뿐만 아니라 한국어에 대한 이해력과 표현력, 문장 구성력을 갖추어야 하기 때문에 한국어 교육도 외국어 교육 못지않게 집중적으로 받는다. 국가에서 인정하는 자격증은 별도로 없고, 한국 번역가 협회에서 시행하는 외국어 번역 능력 인정 시험 3·2·1급 자격이 있다.

번역가가 되려면?

- **흥미 유형**: 예술형, 탐구형
- **능력과 성격**: 외국어 능력, 언어 능력, 창의력, 글쓰기 능력, 독립성, 책임감
- **관련 자격**: 번역 능력 인정 시험 (3·2·1급)
- **관련 문의 기관**: 한국 번역가 협회, 한국 통·번역 진흥원, 한국외국어대학교 통·번역 센터
- **관련 직업**: 동시 통역사, 관광 통역 안내원
- **관련 학과**: 외국어 고등학교, 각종 외국어 관련 학과, 한국외국어대학교 통·번역 대학원, 이화여자대학교 통·번역 대학원

무엇을 준비해야 할까요?

 **필수**
외국어와 한국어 실력을 기르고, 책을 많이 읽어 문장력과 표현 능력을 키워야 해요. 평소에 글짓기 연습을 많이 해 보세요.

 **중요**
다른 나라의 작가가 쓴 글을 정확하게 이해하려면 그 나라의 문화나 가치관을 공부해야 해요. 독서와 여행을 통해 상식을 길러 두세요.

 **도움**
요즈음에는 번역가의 활동 분야가 전문화되고 있어요. 정보 통신, 제조업, 공학, 경영학 등 한 분야를 깊이 공부해 두면 도움이 되어요.

 ## 앞으로의 전망은 어떤가요?

최근 해외의 우수한 책들이 한국어로 번역되거나 우리나라의 책이 해외로 수출되는 일이 늘고 있다. 또 국가 간 교섭이 활발해지면서 외국계 기업과 정부 기관에서 해외 문건 번역을 의뢰하는 일이 늘어 번역가의 수요가 꾸준히 증가할 것으로 예상된다. 하지만 프리랜서로 활동하는 경우가 많아 고정적인 수입을 보장받기 어려우므로, 전문 분야를 만들어 인지도를 높여야 안정적으로 일할 수 있다.

 ## 번역가의 활동 분야에는 어떤 것들이 있나요?

 **문학 번역**
소설, 시, 희곡, 수필 등 문학 작품을 번역하여 출판한다.

 **영상 번역**
영화, 드라마, 다큐멘터리, 애니메이션 등을 자막이나 더빙 원고로 번역한다.

 **전문 서류 번역**
정치, 경제, 사회, 기술 등 다양한 분야의 논문, 학술 서적, 계약서 등을 번역한다.

서비스
스튜어디스
밝은 미소를 가진 항공기 객실 승무원, 조정인

Q 스튜어디스가 되기로 마음먹은 계기가 있었나요?

어렸을 때부터 공항에 가는 것을 좋아했습니다. 사람들이 저마다의 이유로 여행 가방을 들고 바삐 움직이는 생동감 있는 현장이 좋았고, 외국에 대한 동경심도 있었습니다. 대학생 때는 가족들과 함께 해외여행을 갔는데 비행기에서 예쁜 모습으로 저희에게 서비스를 해 준 스튜어디스들이 인상적이었어요. 비행 중 한 승객이 갑자기 쓰러지는 사고가 있었는데 하늘하늘 코스모스 같던 스튜어디스 언니들이 일사불란하고 적극적으로 응급 처치를 해서 그 손님이 회복되었어요. 그때 스튜어디스라는 직업이 멋있어 보였고 스튜어디스가 되고 싶은 꿈이 생겼습니다.

Q 예쁘고 상냥한 모습 뒤에 강인함이 숨어 있군요.

흔히 '승무원' 하면 예쁜 미소로 서비스하는 모습만을 생각하지만, 승무원의 가장 중요한 업무는 승객의 안전을 위한 비상 탈출 및 탈출 상황 대비입니다. 즉, 승객을 목적지까지 안전하게 모시는 것이지요. 거기에 덧붙여 지성, 교양, 국제 매너와 외국어 능력을 갖춘 전문 지식인으로서 비행기 안에서 손님을 위한 서비스와 그에 필요한 모든 사항을 제공하는 것이 저희가 하는 일입니다.

Q 스튜어디스가 되기 위해서 필요한 자질이나 능력이 있을까요?

승무원은 서비스의 중심이 승객이기 때문에 타인에 대한 배려심을 갖추고, 긍정적이고 밝은 성격의 소유자가 유리합니다. 그러한 성향을 가진 사람이라면 성향이 표정으로 드러나고 그 표정이 곧 승무원의 아름다운 미소가 됩니다. 승무원 공개 채용 시 가장 많은 비중을 차지하는 것이 면접인데, 면접에서 자연스럽고 편안한 미소를 가진 사람이 높은 점수를 받는 이유가 여기에 있습니다. 또 영어는 기본 자격일 뿐만 아니라 실제 기내 서비스를 할 때 많이 사용하므로 꾸준히 연마하는 것이 좋습니다.

무엇을 준비해야 할까요?

필수

외국어와 한국어 실력을 기르고, 책을 많이 읽어 문장력과 표현 능력을 키워야 해요. 평소에 글짓기 연습을 많이 해 보세요.

중요

다른 나라의 작가가 쓴 글을 정확하게 이해하려면 그 나라의 문화나 가치관을 공부해야 해요. 독서와 여행을 통해 상식을 길러 두세요.

도움

요즈음에는 번역가의 활동 분야가 전문화되고 있어요. 정보 통신, 제조업, 공학, 경영학 등 한 분야를 깊이 공부해 두면 도움이 되어요.

앞으로의 전망은 어떤가요?

최근 해외의 우수한 책들이 한국어로 번역되거나 우리나라의 책이 해외로 수출되는 일이 늘고 있다. 또 국가 간 교섭이 활발해지면서 외국계 기업과 정부 기관에서 해외 문건 번역을 의뢰하는 일이 늘어 번역가의 수요가 꾸준히 증가할 것으로 예상된다. 하지만 프리랜서로 활동하는 경우가 많아 고정적인 수입을 보장받기 어려우므로, 전문 분야를 만들어 인지도를 높여야 안정적으로 일할 수 있다.

번역가의 활동 분야에는 어떤 것들이 있나요?

문학 번역

소설, 시, 희곡, 수필 등 문학 작품을 번역하여 출판한다.

영상 번역

영화, 드라마, 다큐멘터리, 애니메이션 등을 자막이나 더빙 원고로 번역한다.

전문 서류 번역

정치, 경제, 사회, 기술 등 다양한 분야의 논문, 학술 서적, 계약서 등을 번역한다.

스튜어디스

> 서비스

밝은 미소를 가진 항공기 객실 승무원, 조정인

Q 스튜어디스가 되기로 마음먹은 계기가 있었나요?

어렸을 때부터 공항에 가는 것을 좋아했습니다. 사람들이 저마다의 이유로 여행 가방을 들고 바삐 움직이는 생동감 있는 현장이 좋았고, 외국에 대한 동경심도 있었습니다. 대학생 때는 가족들과 함께 해외여행을 갔는데 비행기에서 예쁜 모습으로 저희에게 서비스를 해 준 스튜어디스들이 인상적이었어요. 비행 중 한 승객이 갑자기 쓰러지는 사고가 있었는데 하늘하늘 코스모스 같던 스튜어디스 언니들이 일사불란하고 적극적으로 응급 처치를 해서 그 손님이 회복되었어요. 그때 스튜어디스라는 직업이 멋있어 보였고 스튜어디스가 되고 싶은 꿈이 생겼습니다.

Q 예쁘고 상냥한 모습 뒤에 강인함이 숨어 있군요.

흔히 '승무원' 하면 예쁜 미소로 서비스하는 모습만을 생각하지만, 승무원의 가장 중요한 업무는 승객의 안전을 위한 비상 탈출 및 탈출 상황 대비입니다. 즉, 승객을 목적지까지 안전하게 모시는 것이지요. 거기에 덧붙여 지성, 교양, 국제 매너와 외국어 능력을 갖춘 전문 지식인으로서 비행기 안에서 손님을 위한 서비스와 그에 필요한 모든 사항을 제공하는 것이 저희가 하는 일입니다.

Q 스튜어디스가 되기 위해서 필요한 자질이나 능력이 있을까요?

승무원은 서비스의 중심이 승객이기 때문에 타인에 대한 배려심을 갖추고, 긍정적이고 밝은 성격의 소유자가 유리합니다. 그러한 성향을 가진 사람이라면 성향이 표정으로 드러나고 그 표정이 곧 승무원의 아름다운 미소가 됩니다. 승무원 공개 채용 시 가장 많은 비중을 차지하는 것이 면접인데, 면접에서 자연스럽고 편안한 미소를 가진 사람이 높은 점수를 받는 이유가 여기에 있습니다. 또 영어는 기본 자격일 뿐만 아니라 실제 기내 서비스를 할 때 많이 사용하므로 꾸준히 연마하는 것이 좋습니다.

- 음악 / 춤
- 미술 / 디자인
- 스포츠
- 방송 / 언론 / 출판
- 의료
- IT
- 교육
- 법 / 행정
- 경제 / 금융
- 공학 / 자연 과학

Q 스튜어디스의 마음가짐을 승객들이 알아주시면 더욱 뿌듯하겠군요.

아무래도 그렇죠. 긴 시간이든 짧은 시간이든 정성을 다한 승객들과는 정이 들게 마련입니다. 제 부모님 같은 승객, 제 친구 같은 승객, 제 조카 같은 승객이 비행을 마치고 내리실 때 손을 잡으며 "승무원들이 너무 수고했다.", "덕분에 편하게 잘 왔다. 고맙다." 이런 말씀을 해 주시면 비행으로 생긴 피로가 싹 가시며 보람을 느낍니다.

Q 힘들 때도 있으셨나요?

때로는 몸의 상태가 안 좋을 때도 있고, 개인적인 일로 마음이 힘들 때도 있습니다. 그렇지만 서비스를 하는 입장이다 보니 제 감정과 다르게 밝은 모습을 보여야 할 때 가장 힘들지요. 예전에 저에게도 그런 경우가 있었어요. 그때 화장실에서 울고 나와서 객실에서는 아무 일이 없는 듯이 웃으며 서비스했던 기억이 납니다. 저의 개인적인 감정 때문에 기분 좋게 여행하시는 승객의 기분을 망칠 수는 없으니까요.

Q 스튜어디스를 꿈꾸는 어린이들에게 해 주고 싶은 말씀이 있으신가요?

승무원을 단순히 예쁘게 화장하고 외국에 여행 다니는 직업이라고 생각하면 큰 오산입니다. 강한 체력과 정신력, 현장 적응력은 승무원으로서 가장 중요한 요소입니다.
몸이 약해서 장거리 비행과 시차 등을 견디지 못하거나 외국의 낯선 음식, 덥거나 추운 다른 나라의 환경에 쉽게 적응하지 못한다면 승무원이 되더라도 힘들 수 있습니다. 또 승객뿐만 아니라 함께 일하는 동료, 선후배와의 관계도 중요합니다. 모르는 사람과도 쉽게 친해지고 잘 어울리며 붙임성 있는 성향이 되도록 노력한다면 좋은 승무원이 될 자격이 충분합니다.

조정인 님 약력
현 아시아나항공 선임 사무장
아시아나항공 서비스 컨설팅 사외 강사
국무총리 및 대통령 전용기 승무원
한양대학교 대학원 상담 심리학 석사

스튜어디스에 대해 알아볼까요?

스튜어디스는 어떤 직업인가요?

비행기 탑승객이 목적지까지 안전하고 편안하게 여행할 수 있도록 각종 기내 서비스를 제공한다. 출발 전에는 비행 관련 회의를 하고, 유의 사항 등을 확인한 다음, 비행 전 탑승하여 객실 내의 환경, 구급약품 등 기내를 점검한다. 승객이 비행기에 타면 좌석을 안내하고, 비행 안전 수칙을 설명한다. 비행 중에는 승객에게 식사와 음료, 기타 요구하는 물품들을 제공하여 편안한 여행이 될 수 있도록 서비스를 제공한다.

스튜어디스가 되는 방법을 알려 주세요.

전문대 졸업 이상의 학력이 필요하다. 전공 제한은 없지만 항공 비서학과, 항공 운항과 등을 졸업하거나 학원에서 항공 업무론, 항공 서비스 매너, 항공 영어 회화 등 관련 분야를 체계적으로 배울 수 있다. 스튜어디스 선발 시험에서는 단정한 외모, 외국어 실력, 체력, 위기 대처 능력 등을 검증하기 때문에 이를 입증할 수 있는 자격증을 취득하면 유리하다. 비상사태에 대비해 수영 실력을 요구하는 항공사도 있다.

스튜어디스가 되려면?

흥미 유형
사회형

능력과 성격
언어 능력
대인 관계능력
판단력
체력
봉사 정신
서비스 정신
침착함

관련 문의 기관
한국 항공 진흥 협회
한국 산업 인력 공단

관련 직업
선박 객실 승무원
열차 객실 승무원

관련 학과
항공 운항과
항공 비서학과
항공 서비스학과
스튜어디스학과

 ## 무엇을 준비해야 할까요?

필수

승객의 안전을 위해 최선을 다하는 사명감과 책임 의식이 필요해요. 지원 자격에 키와 교정 시력이 포함된 곳도 있으니 미리 확인하세요.

중요

승객을 위한 봉사 정신과 서비스 정신이 매우 중요해요. 위기 상황이 발생하면 빠르게 대처하는 순발력과 정확한 판단력도 필요해요.

도움

여러 나라의 문화를 이해하고, 외국어 실력을 갖추면 도움이 되어요. 체력적으로 힘든 일인 만큼 강인한 체력을 길러 두는 것도 좋아요.

 ## 앞으로의 전망은 어떤가요?

전 세계의 여행 관련 산업은 해마다 성장하고 있으며 우리나라 국민의 비행기 이용객, 세계 여러 나라의 민간 항공사와 비행기 보유 대수 등이 꾸준히 증가하여 스튜어디스 인력 채용에 긍정적인 요소로 작용한다. 급여 수준이 다른 직업에 비해 높고, 사회적인 인지도와 복지 혜택 수준도 높아 지원자가 몰릴 것으로 예상되므로 각 항공사에서 요구하는 지원 자격을 확인하여 준비해야 한다.

아하! 그렇구나 스튜어드는 어떤 일을 하나요?

스튜어드는 비행기 탑승객에게 서비스를 제공하는 남자 승무원을 일컫는다. 우리나라에서는 여자 항공 승무원을 스튜어디스, 남자 항공 승무원을 스튜어드로 나누어 부르는데, 외국에서는 성별에 관계없이 '캐빈 크루'라고 부른다. 하는 일은 여자 항공 승무원과 동일하다. 최근 비행 중에 승객이 소란을 피우는 경우가 많아지는 등 기내 보안의 중요성이 커지면서 스튜어드 채용이 증가하고 있다.

서비스

호텔 컨시어지

호텔 안의 만능 해결사, 박선영

Q 컨시어지라는 직업이 조금 낯선데 소개를 해 주세요.

말이 조금 어렵지요? 컨시어지는 중세 프랑스에서 성에 찾아온 손님을 위해 촛불을 들고 안내하던 사람에서 유래하였습니다. 호텔에는 이용하는 손님들이 편안하게 머물 수 있도록 객실, 웨딩, 조리, 피트니스 등 여러 분야에서 일하는 호텔리어가 많습니다. 그중 호텔 컨시어지는 적극적으로 고객의 요구 사항을 듣고, 표현하지 않은 부분까지도 만족시켜 드릴 수 있도록 전반적인 서비스 업무를 합니다.

Q 어떤 계기로 호텔 컨시어지가 되셨나요?

성격이 밝고 여러 사람과 어울리기를 좋아해서 서비스업에 관심이 많았습니다. 한때는 하늘의 마스코트인 스튜어디스가 되고 싶었지요. 2001년 선풍적인 인기를 끌었던 〈호텔리어〉라는 드라마를 보고 송윤아 씨에게 반해 호텔리어라는 직업에 매력을 느꼈습니다. 마침 친척 언니가 호텔리어였는데, 항상 친절하고 밝은 미소, 그리고 바른 자세를 유지하는 모습에 반해 호텔 서비스 업무를 해야겠다고 결심했습니다.

Q 근무하시면서 가장 보람을 느낄 때는 언제인가요?

저는 리츠칼튼호텔 객실 부문에 지원하여 서류 전형, 인·적성 검사, 총지배인 면접시험을 통해 입사하였어요. 그 후 약 8년째 근무하면서 다른 서비스업과 마찬가지로 고객의 작은 인사말 하나하나가 큰 힘이 됩니다. 오랜 고객 중에 호텔리어 박선영을 보고 저희 호텔을 다시 방문하신 분이 있는데 아직도 꾸준하게 저희 호텔을 찾고 계십니다. 그런 고객들의 얼굴과 취향을 기억하여 다음번에 방문하셨을 때 만족시켜 드린 경우 일에 대한 보람을 느껴요. 그럴 때마다 호텔 컨시어지라는 직업을 선택하기를 잘했다고 생각하지요.

음악 춤

미술 디자인

스포츠

방송 언론 출판

의료

IT

교육

법 행정

경제 금융

공학 자연 과학

Q 좋은 호텔리어, 그리고 호텔 컨시어지가 되기 위해 어떤 점이 꼭 필요한가요?

호텔은 일하는 장소에 따라 필요한 능력이 다르기 때문에 호텔 경영학, 관광 경영학, 식품 경영학, 공연 기획 등 다양한 전공자들이 모입니다. 대체로 어느 분야든 외국어 능력자를 선호하는 편이고요. 분야별 기술과 어학 능력도 중요하지만 긍정적으로 생각하는 태도와 친절함, 원만한 대인 관계 능력은 호텔 컨시어지로서 반드시 필요한 자질입니다. 관광객들이 흥미로워할 문화 콘텐츠에도 늘 관심을 가져야 하지요. 저도 호텔 컨시어지로 일하면서 관광객들에게 우리나라에 대해 좋은 인상을 줄 수 있는 전통문화 체험을 하는데, 쉬는 날에 삼삼오오 모여 경복궁 같은 옛 궁궐에 가거나, 전통차를 마시기도 합니다. 새로운 식당이 문을 열면 방문하여 음식을 먹어 보기도 하고요. 외국인들에게 우리의 역사를 소개하기 위해 틈틈이 역사 공부도 합니다.

Q 호텔 컨시어지에 관심이 많은 어린이들에게 한 말씀 부탁드립니다.

교양과 서비스 철학을 기르고, 대인 관계를 원만히 하는 요령을 터득하며, 어학 능력을 키운다면 꼭 좋은 호텔 컨시어지가 될 수 있을 것입니다. 요즈음에는 호텔리어나 호텔 컨시어지였다가 스튜어디스, 서비스 매너 강사 혹은 해외 기업 마케팅 전문가 등으로 업종을 바꾸기도 합니다. 그만큼 호텔 컨시어지가 가지고 있는 서비스 기술과 매너 등이 필요한 곳이 많다는 의미지요. 본인이 가지고 있는 장점을 살리고 필요한 사항을 꾸준히 준비해 나간다면, 선택의 폭은 굉장히 넓어질 것이라 생각합니다.

박선영 님 약력

현 리츠칼튼호텔 컨시어지

서울 G20 정상 회의, G50 핵 안보 정상 회의
독일 대통령, 스페인 국왕 의전

레이디 가가, 〈레미제라블〉 뮤지컬 감독 캐머런 매킨토시
전담 응대 서비스

호텔 컨시어지에 대해 알아볼까요?

호텔 컨시어지는 어떤 직업인가요?

컨시어지(Concierge)는 프랑스의 '촛불 관리자(le comte des cierges)'에서 유래된 말로 오늘날에는 호텔에서 객실 서비스 전반을 책임지는 사람이라는 의미로 사용한다. 호텔에 도착한 고객의 짐을 들어 주는 것에서부터 호텔 이용 안내, 주변 지역의 교통과 관광 정보 제공, 고객 요청 사항을 신속하게 처리하는 등의 일을 한다. 호텔에 유명 인사나 주요 손님이 방문하거나 큰 행사 일정이 있을 때 특별 서비스를 제공하기도 한다.

호텔 컨시어지가 되는 방법을 알려 주세요.

호텔 컨시어지가 되려면 호텔 경영학, 호텔 관광학, 외국어 관련 전공이 도움이 된다. 그러나 필수 요건은 아니므로 직업 전문 학교 등에 개설된 호텔리어, 호텔 컨시어지 전문 교육 과정을 수료하면 지원할 수 있다. 호텔 입구에서 손님을 응대하며 고객을 위한 서비스 정신 교육을 받고, 일정 기간 이상 일하여 경력이 쌓이면 호텔 컨시어지로 근무한다.

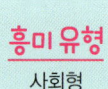

흥미 유형
사회형

능력과 성격
언어 능력
대인 관계 능력
의사소통 능력
서비스 정신
리더십
외국어 능력

관련 문의 기관
한국 관광 협회 중앙회
한국 관광 호텔업 협회
한국 관광 공사
한국 컨시어지 협회

관련 직업
호텔 지배인
호텔 고객 지원 사무원
호텔 레비뉴 매니저
호텔 도어맨

관련 학과
호텔 경영학과
관광 경영학과
문화 관광학과

무엇을 준비해야 할까요?

필수
남을 위해 일하는 직업이라 성실함을 꼭 갖추어야 해요. 고객이 원하는 사항을 빠르게 파악하여 대응하는 능력도 필요하지요.

중요
친절한 말솜씨, 영어, 중국어, 일본어 등 외국어 실력이 필요해요. 오랜 시간 서서 일해야 하므로 강한 체력을 길러야 해요.

도움
여러 부서와 긴밀하게 협력해야 하므로 대인 관계 능력을 기르면 도움이 되어요. 외국의 다양한 문화 상식도 공부해 두세요.

앞으로의 전망은 어떤가요?

요즘은 대형 호텔뿐만 아니라 작은 호텔에서도 호텔 컨시어지를 두는 경우가 많다. 그만큼 고객을 위한 서비스가 호텔의 경쟁력을 판가름하기 때문이다. 따라서 호텔 컨시어지의 직업 수요는 늘어날 것으로 전망된다. 게다가 여행 산업이 성장하여 호텔의 수도 빠르게 늘고 있다. 최근 고객의 편의를 위해 백화점, 쇼핑센터 등에서도 컨시어지를 채용하여 활동 분야가 확산되고 있다.

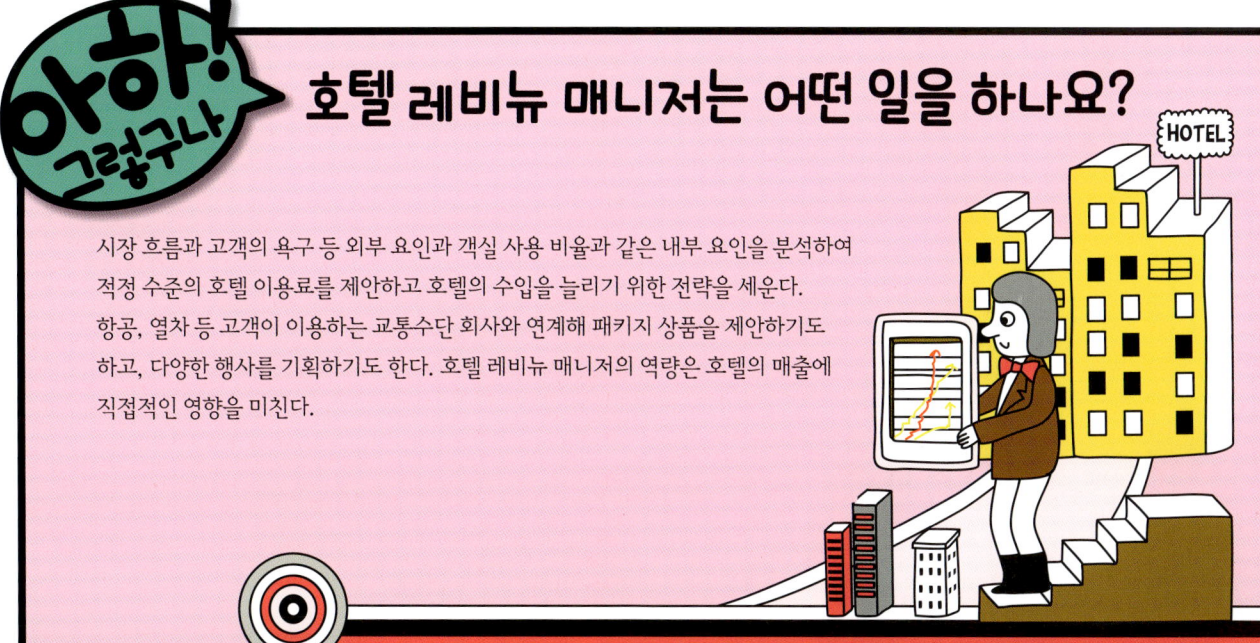

아하! 그렇구나 — 호텔 레비뉴 매니저는 어떤 일을 하나요?

시장 흐름과 고객의 욕구 등 외부 요인과 객실 사용 비율과 같은 내부 요인을 분석하여 적정 수준의 호텔 이용료를 제안하고 호텔의 수입을 늘리기 위한 전략을 세운다. 항공, 열차 등 고객이 이용하는 교통수단 회사와 연계해 패키지 상품을 제안하기도 하고, 다양한 행사를 기획하기도 한다. 호텔 레비뉴 매니저의 역량은 호텔의 매출에 직접적인 영향을 미친다.

서비스

소믈리에

와인의 대중화에 인생을 바친 **김준철**

Q 소믈리에는 어떤 일을 하는 직업인가요?

레스토랑이나 와인 바에서 손님에게 음식에 잘 어울리는 와인을 추천하고 서빙하는 사람입니다. 와인을 잘 모르는 고객이 요리를 주문하고 음식에 어울리는 와인을 잘 고르지 못할 때, 적합한 와인을 추천해서 고객이 음식과 와인을 즐기면서 좋은 시간을 보내면 가장 뿌듯하지요.

Q 소믈리에가 된 특별한 이유가 있나요?

와인업계에서 오래 일하면서 와인을 만드는 일, 수입하는 일, 판매하는 일 등 여러 가지 일을 했습니다. 일을 하면서 보니 맛보는 법을 잘 모르고 와인을 마시는 분이 많았습니다. 이런 소비자들에게 도움을 주기 위해 소믈리에가 되기로 마음먹었습니다. 좋은 와인, 고객이 원하는 적당한 와인을 추천하기 위해 이론적인 공부와 와인 맛보는 훈련을 열심히 했지요.

Q 와인 산업과 소믈리에라는 직업 전망을 어떻게 보시나요?

직업적인 측면에서 보면 전망이 아주 밝습니다. 우리나라의 와인 소비량은 아직 적은 편인데 앞으로 생활 양식이 점점 더 서구화, 세계화될 테고, 와인의 소비량도 지금보다 적어도 4~5배는 많아질 것입니다. 이렇게 되면 와인의 생산과 수입, 유통, 와인을 취급하는 레스토랑, 와인 바 등 많은 일자리가 생겨날 것으로 예상됩니다.

음악 춤 | 미술 디자인 | 스포츠 | 방송 언론 출판 | 의료 | IT | 교육 | 법 행정 | 경제 금융 | 공학 자연과학

Q 소믈리에가 되기 위해 갖추어야 할 자질이 있을까요?

소믈리에는 고객의 기호와 상황을 파악하여 적당한 와인을 추천해야 합니다. 또 즐겁게 와인을 마실 수 있도록 친절한 태도로 서빙해야 합니다. 그래서 와인에 대해 이론적인 지식을 갖추고, 많은 종류의 와인을 시음하여 각각의 맛을 잘 알고 있어야 하지요. 고객이 와인을 즐기면서 만족할 수 있도록 정성껏 모시는 서비스 정신도 매우 중요합니다.

Q 와인 소믈리에로서 최종 목표는 무엇인가요?

사람들이 접근하기 어려운 술로 생각하는 와인을 잘 이해하도록 도와 와인이 대중화되고 와인의 소비가 많이 늘어나도록 하는 것이에요. 국내 와인 산업이 성장하여 많은 일자리가 생겨났으면 합니다. 그래서 젊은이들이 일자리를 찾아 희망을 가지고 인생을 즐겁게 살아갔으면 좋겠습니다.

Q 소믈리에에 관심이 많은 어린이들에게 하고 싶은 말씀은 무엇인가요?

소믈리에는 많은 분이 생각하는 것처럼 멋있고 화려하기만 한 직업은 아닙니다. 고객이 즐겁게 음식과 와인을 맛보고 또다시 찾아오도록 서빙하는 것이 가장 중요해요. 보통 밤늦게까지 서빙하고, 청소 같은 궂은일도 해야 하는 힘든 직업이지요. 하지만 전망이 아주 좋고 매력적인 일이기도 합니다. 꾸준히 노력해야 하는 일이지만 필요한 공부를 마치면 어렵지 않게 소믈리에가 될 수 있습니다. 어린이 친구들 중에는 소믈리에로 열심히 일하다가 나중에 근사한 레스토랑을 가지는 것이 꿈인 친구가 많더군요. 그런데 레스토랑을 운영해서 성공하려면 와인뿐만 아니라 음식의 조리에 대해서도 잘 알아야 합니다. 먼저 여러 음식의 특징과 조리 방법을 배운 뒤에 소믈리에 과정을 준비하시면 여러분의 꿈을 이루는 데 많은 도움이 될 것입니다.

김준철 님 약력

현 제이시 와인스쿨 운영
와인 수입 회사, 와인 도매 회사, 와인 숍, 와인 바 경영
우리나라 최초의 와인 〈마주앙〉 공장장

소믈리에에 대해 알아볼까요?

소믈리에는 어떤 직업인가요?

소믈리에는 프랑스 어로 '맛을 보는 사람'이라는 뜻이다. 소믈리에는 와인을 파는 호텔이나 레스토랑 등에서 고객의 취향을 파악하여 주문한 음식에 어울리는 와인을 추천한다. 그렇기 때문에 와인의 생산 과정에 얽힌 이야기, 원산지, 역사와 전통, 맛의 특징 등을 잘 알고 있어야 한다. 와인의 감정과 구입, 취급 방법에 맞는 보관, 최상의 맛을 즐길 수 있도록 잔을 고르는 것도 소믈리에의 일이다. 자신이 발굴한 와인을 홍보하고, 상품화하는 일도 맡는다.

소믈리에가 되는 방법을 알려 주세요.

대학의 국제 소믈리에학, 외식 산업학, 조리학을 전공하거나 직업 전문 학교나 사회 교육원에 개설되어 있는 교육 과정을 이수하여 소믈리에 자격을 취득해야 한다. 우리나라보다 와인 산업이 발달한 외국에 유학을 다녀와서 소믈리에로 진출하는 경우도 많다. 한국 소믈리에 협회에서 한국 와인 자격 검정 시험을 실시하며, 각종 대회를 열어 해외 연수 제공, 국제 와인 소믈리에 대회 출전 자격 등을 부여한다.

 ## 무엇을 준비해야 할까요?

 **필수**
와인의 종류와 맛, 여러 음식과 와인의 조화, 와인의 역사와 보관 방법 등 와인에 관한 여러 가지 전문 지식을 꼭 알아야 해요.

 **중요**
정확하게 냄새를 맡고, 맛을 보는 섬세함이 중요해요. 손님과 와인에 대해 이야기를 나눌 수 있게 의사소통 능력을 길러 두세요.

 **도움**
외국의 와인 관련 자료를 볼 기회가 많으므로 외국어 실력을 길러 두면 도움이 되어요. 특히 영어와 프랑스 어를 배워 두세요.

 ## 앞으로의 전망은 어떤가요?

우리나라에서도 일상생활에서 와인을 즐기는 문화가 점차 확산되고 있다. 일반 음식점에서 와인을 찾는 고객이 늘고, 백화점이나 대형 마트 등에 대부분 와인 전문 코너가 들어서 있다. 이와 같은 와인 시장의 성장은 소믈리에의 수요를 증가하게 만들어 소믈리에의 직업 전망은 밝은 편이다. 단, 비정규직의 비율이 높아 고용 안정 수준이 낮기 때문에 자신만의 경쟁력을 갖출 필요가 있다.

아하! 그렇구나 - 채소 소믈리에는 어떤 일을 하나요?

최근에 등장한 직업으로, 고객에게 좋은 채소를 선택하는 방법, 맛과 영양을 살릴 수 있는 조리법을 소개한다. 현재 우리나라에서 활동하는 채소 소믈리에는 350여 명 정도이다. 대형 마트, 음식점 등에서 식자재를 관리하거나 요리사를 겸하여 채소의 장점을 극대화한 음식을 고객에게 제공함으로써 영양과 즐거움을 동시에 선사한다.

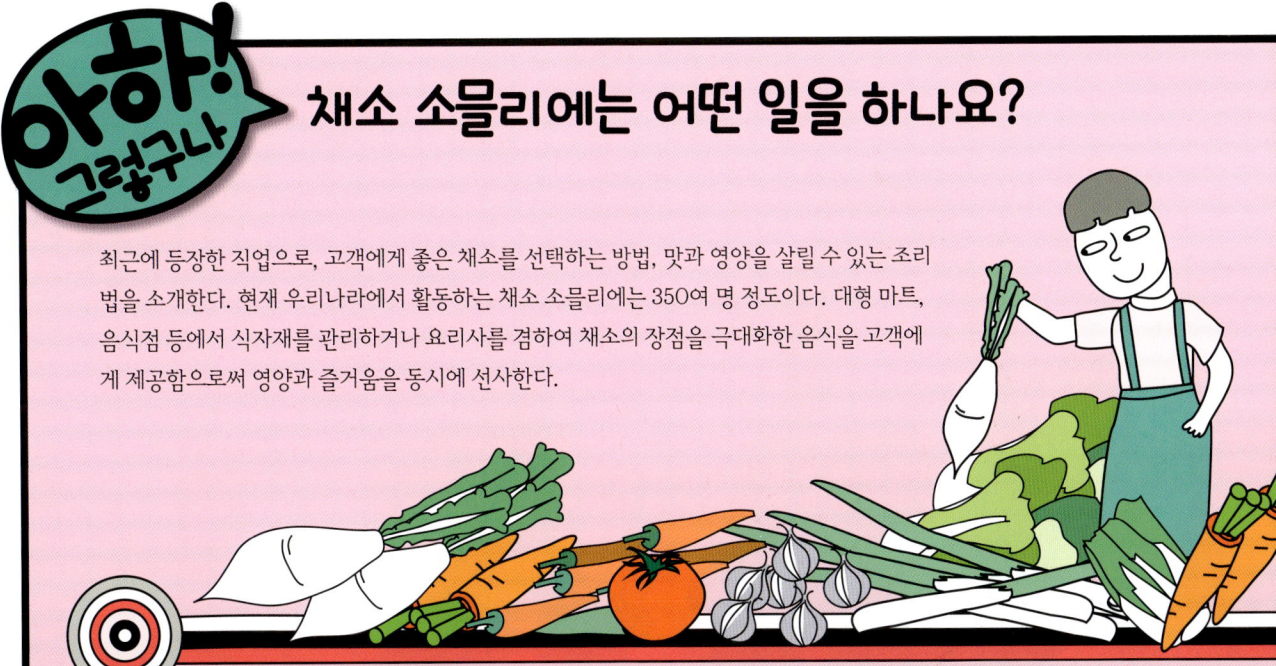

서비스

플로리스트

꽃으로 세상을 디자인하는 **임경자**

음악 춤 | 미술 디자인 | 스포츠 | 방송 언론 출판 | 의료 | IT | 교육 | 법 행정 | 경제 금융 | 공학 자연 과학

Q 직업을 선택하신 계기와 하는 일을 소개해 주세요.

저는 선배의 소개로 꽃꽂이 시간제 근무를 2년 정도 하는 걸로 시작했습니다. 몸은 힘들었지만 꽃과 식물들을 보면서 '아, 이 직업도 전망이 밝겠구나!' 하는 판단이 섰어요.

플로리스트의 사전적 의미는 꽃을 매개로 해서 부가 가치를 창출하는 모든 사람입니다. 일반적으로는 꽃 가게에서 상품을 제작하고 판매하는 일부터 방송국, 백화점, 대형 매장의 식물 및 꽃 장식 담당 또는 프리랜서로 일하면서 각종 파티나 웨딩 장식, 실내 조경 등을 할 수 있습니다. 플로리스트가 되고자 하는 학생들을 가르치는 교육 분야에서도 일할 수 있지요.

Q 늘 예쁜 꽃과 함께 작업하시니 매일매일 즐거울 것 같습니다.

꽃은 공산품이 아닌 살아 있는 생물이기 때문에 꽃을 사랑하는 마음으로 대할 때 좋은 디자인, 의미 있는 디자인이 탄생합니다. 제가 만든 디자인으로 누군가 행복함을 느끼고 그 행복이 또 다른 사람에게 전달될 수도 있지요. 꽃을 통해 서운했던 마음이 풀어지거나 축하하는 마음을 더 크게 전할 수도 있고요. 또 꽃을 통해 프러포즈에 성공하기도 하거든요. 이렇게 꽃을 통해 누군가 행복을 느끼고 기쁨을 나눌 때 보람을 느껴요.

임경자 님 약력

현 오면 꽃 예술 학원 운영
한국 꽃 예술 협회 부이사장
제13회 IHK컵 플라워 디자인 경기 대회 심사 위원

Q 훌륭한 플로리스트가 되기 위해서는 어떤 노력이 필요할까요?

가장 중요한 자질은 소비자들의 요구에 맞는 디자인 능력이라고 생각합니다. 플로리스트 본인의 기호도 중요하지만 고객의 입장에서 꽃을 디자인할 수 있는 감각이 필요합니다. 그러기 위해서는 기본적인 디자인에서부터 전문가 과정까지 교육을 받고, 다양한 디자인을 눈으로 보고, 직접 만들어 보는 훈련을 해야 해요.

Q 일반인은 잘 모르는 어려운 점이 있을까요?

플로리스트의 직업 세계를 잘 모르는 분들은 플로리스트를 단순하게 꽃으로 디자인만 하는 사람이라고 생각합니다. 하지만 좋은 디자인이 나오기까지 노력과 수고가 상당합니다. 좋은 소재를 구하기 위해 새벽부터 꽃 시장에 다녀와야 하고, 무거운 꽃이나 화분들도 척척 들어야 하며, 장시간 서서 일하는 경우가 많기에 체력이 강인해야 합니다. 항상 고객의 요구에 맞는 새로운 디자인을 만들기 위해 부단히 노력해야 한다는 점에서 어려움을 느낄 때가 있습니다.

Q 어린이들에게 플로리스트는 추천할 만한 직업인가요?

물론 힘든 점도 있지만, 플로리스트의 전망은 매우 긍정적입니다. 예전에는 가정의 경조사나 큰 행사가 있을 때 꽃을 구입하는 경우가 많았지만 삶의 질이 높아지면서 일상생활에서 개인의 즐거움이나 인테리어를 목적으로 꽃을 소비하는 비율이 높아지고 있거든요. 그 외에 다양한 산업 분야에도 꽃을 활용한 꾸밈이 많아졌습니다. 플로리스트의 손을 거쳐야 완성되는 디자인이 많아져 플로리스트의 활동 분야가 넓어진 셈이지요. 하지만 단순히 꽃을 디자인하는 것만 생각하고 플로리스트가 되어야겠다고 결정하면 오래가지 않아 포기할 수 있습니다. 무엇보다 꽃을 사랑하는지, 잘할 수 있는지, 어떤 일을 해야 하는지를 구체적으로 따져 준비해야 하지요. 요즘은 방과 후 학교, 구청이나 동 주민센터 등에 플로리스트 관련 강좌가 많이 생기고 있습니다. 이런 강좌들을 접해 먼저 플로리스트가 하는 일을 경험하여 나에게 맞는지 판단해 보는 것도 좋을 것 같습니다.

플로리스트에 대해 알아볼까요?

 ### 플로리스트는 어떤 직업인가요?

플로리스트는 꽃을 뜻하는 라틴 어 플로스(flos)와 전문가를 의미하는 접미사 이스트(ist)의 합성어이다. 꽃의 연출 전문가인 플로리스트는 꽃이나 식물, 화초 등을 다양한 목적과 분위기에 맞게 디자인하여 새로운 가치를 만들어 내는 사람이다. 대규모로 판매하는 꽃 도매점에서 꽃을 구입하여 온도와 습도를 조절하여 보관한 다음, 의뢰인의 요구 사항에 맞는 디자인으로 특정 장소를 꾸미거나 직접 판매한다.

 ### 플로리스트가 되는 방법을 알려 주세요.

농업 고등학교, 대학의 원예학과, 화훼 장식학과 등을 졸업하거나 학원, 직업 전문 학교 등에서 플로리스트가 되기 위해 필요한 이론과 실기 교육을 받을 수 있다. 한국 산업 인력 공단에서 시행하는 화훼 장식 기능사, 화훼 장식 기사 자격증을 취득하면 취업하는 데 유리하다. 호텔, 백화점, 행사 및 전시 전문 회사, 조경 회사 등에서 일하거나 꽃 가게 운영 등을 할 수 있다.

플로리스트가 되려면?

- **흥미 유형**: 예술형
- **능력과 성격**: 손 재능, 공간 지각 능력, 창의력, 체력, 색채 감각, 미적 감각
- **관련 자격**: 화훼 장식 기능사, 화훼 장식 기사
- **관련 문의 기관**: 한국 플로리스트 협회, 한국 꽃 예술 작가 협회, 한국 산업 인력 공단
- **관련 직업**: 화훼 작물 재배자, 화훼 연구원, 시설 작물 재배원
- **관련 학과**: 화훼 장식학과, 플라워 디자인학과, 원예학과

 ## 무엇을 준비해야 할까요?

필수

자연과 식물을 좋아하는 마음이 바탕이 되어야 해요. 꽃과 나무, 토양 등에 대한 전문적인 지식을 갖추어야 하므로 미리 공부해 두세요.

중요

미적 감각과 창의력, 정교한 손재주가 필요해요. 장소와 목적에 맞게 잘 꾸미기 위해 이해력과 빠른 판단력도 훈련해야 해요.

도움

세계 유명 플로리스트의 작품 사진을 보고 감각을 기르세요. 꽃으로 직접 장식하는 연습도 해 보세요.

 ## 앞으로의 전망은 어떤가요?

꽃을 축하나 특별한 행사용이 아닌 일상생활에서 즐기는 문화로 여기는 경향이 커지면서 꽃 소비량이 늘어나고 있다. 또한 이벤트, 파티 문화의 확산으로 플로리스트의 직업 전망은 밝을 것으로 예상된다. 하지만 다른 직업에 비하여 경제 상황에 민감하게 반응한다는 점은 위험 요인으로 작용한다. 창의력이 필요한 직업이므로, 꾸준히 자기 개발을 하여 경쟁력을 갖추면 발전 가능성이 높다.

아하! 그렇구나 파티 플래너는 어떤 일을 하나요?

즐겁고 흥겨운 파티를 위하여 기획·연출·운영·홍보까지 파티의 모든 과정을 감독하는 사람이다. 파티의 목적과 예산에 맞게 테마를 정하고, 장소·일정·참가자 등 세부 계획을 세운다. 직접 파티 장소를 꾸미기도 한다. 따라서 기획력과 예술적 감각, 많은 사람을 이끄는 리더십, 마케팅 전략까지 다양한 분야의 기술이 필요하다.

요리사

최고의 맛을 요리하는 고석봉

Q 언제부터 요리사를 꿈꾸셨나요?

대학 입시를 앞두고 정말 내가 하고 싶은 일이 뭘까를 부모님, 주변 사람들과 함께 고민하던 때였어요. 가족의 기념일을 맞아 식사를 하러 호텔에 갔는데 거기서 천장을 찌를 것 같은 하얀색 모자를 쓴 요리사가 음식을 만들고 요리에 대해 설명하는 모습에 감동을 받았어요. 제가 평소에 욕심이 과하다는 말을 들을 정도로 먹는 것을 좋아하는데, 바로 그 좋아하는 것을 할 수 있는 일이 요리사더라고요.

Q 사람들이 먹는 음식을 다룬다는 점에서 가장 기본적이면서도 중요한 일인 것 같습니다.

저는 요리사를 설명할 때 항상 의사와 비교하곤 해요. 요리사와 의사는 같은 흰색 가운을 입고 일하지요. 의사가 사람이 아프거나 병에 걸렸을 때 고치는 사람이라면, 요리사는 건강을 잃거나 아프지 않게 예방할 수 있는 음식을 만들어 사람들의 건강을 지키고 즐겁게 해 주는 직업입니다. 의식주 중에서도 식(食)을 다루면서 오감을 자극해서 먹는 즐거움을 만족시켜 주는 직업이라고 할 수 있어요. 좋은 요리사가 되기 위해서는 남을 먼저 생각하고 배려하는 마음과 열정이 꼭 필요해요. 재료를 고르고, 정성을 담은 음식을 접시 위에 표현해 내기 위해서는 그만큼의 열정이 기본이 되어야 하거든요. 물론 현실적으로 기본적인 조리 기술이나 과정을 배울 수 있는 자격증도 필요하지만, 주방에도 규율이 있기 때문에 적극적인 성격, 어려운 일도 즐기려는 마음가짐, 섬세함 등이 꼭 필요합니다.

고석봉 님 약력

현 리츠칼튼호텔 한식 요리사
2012-2013 국가 대표 서울 국제 요리 경연 대회 레스토랑 부문 금상
2012 대한민국 국제 요리 경연 대회 개인 부문 금상

 ## 무엇을 준비해야 할까요?

 **필수**

자연과 식물을 좋아하는 마음이 바탕이 되어야 해요. 꽃과 나무, 토양 등에 대한 전문적인 지식을 갖추어야 하므로 미리 공부해 두세요.

 **중요**

미적 감각과 창의력, 정교한 손재주가 필요해요. 장소와 목적에 맞게 잘 꾸미기 위해 이해력과 빠른 판단력도 훈련해야 해요.

 **도움**

세계 유명 플로리스트의 작품 사진을 보고 감각을 기르세요. 꽃으로 직접 장식하는 연습도 해 보세요.

 ## 앞으로의 전망은 어떤가요?

꽃을 축하나 특별한 행사용이 아닌 일상생활에서 즐기는 문화로 여기는 경향이 커지면서 꽃 소비량이 늘어나고 있다. 또한 이벤트, 파티 문화의 확산으로 플로리스트의 직업 전망은 밝을 것으로 예상된다. 하지만 다른 직업에 비하여 경제 상황에 민감하게 반응한다는 점은 위험 요인으로 작용한다. 창의력이 필요한 직업이므로, 꾸준히 자기 개발을 하여 경쟁력을 갖추면 발전 가능성이 높다.

아하! 그렇구나 파티 플래너는 어떤 일을 하나요?

즐겁고 흥겨운 파티를 위하여 기획·연출·운영·홍보까지 파티의 모든 과정을 감독하는 사람이다. 파티의 목적과 예산에 맞게 테마를 정하고, 장소·일정·참가자 등 세부 계획을 세운다. 직접 파티 장소를 꾸미기도 한다. 따라서 기획력과 예술적 감각, 많은 사람을 이끄는 리더십, 마케팅 전략까지 다양한 분야의 기술이 필요하다.

서비스

요리사

최고의 맛을 요리하는 고석봉

 언제부터 요리사를 꿈꾸셨나요?

대학 입시를 앞두고 정말 내가 하고 싶은 일이 뭘까를 부모님, 주변 사람들과 함께 고민하던 때였어요. 가족의 기념일을 맞아 식사를 하러 호텔에 갔는데 거기서 천장을 찌를 것 같은 하얀색 모자를 쓴 요리사가 음식을 만들고 요리에 대해 설명하는 모습에 감동을 받았어요. 제가 평소에 욕심이 과하다는 말을 들을 정도로 먹는 것을 좋아하는데, 바로 그 좋아하는 것을 할 수 있는 일이 요리사더라고요.

 사람들이 먹는 음식을 다룬다는 점에서 가장 기본적이면서도 중요한 일인 것 같습니다.

저는 요리사를 설명할 때 항상 의사와 비교하곤 해요. 요리사와 의사는 같은 흰색 가운을 입고 일하지요. 의사가 사람이 아프거나 병에 걸렸을 때 고치는 사람이라면, 요리사는 건강을 잃거나 아프지 않게 예방할 수 있는 음식을 만들어 사람들의 건강을 지키고 즐겁게 해 주는 직업입니다. 의식주 중에서도 식(食)을 다루면서 오감을 자극해서 먹는 즐거움을 만족시켜 주는 직업이라고 할 수 있어요. 좋은 요리사가 되기 위해서는 남을 먼저 생각하고 배려하는 마음과 열정이 꼭 필요해요. 재료를 고르고, 정성을 담은 음식을 접시 위에 표현해 내기 위해서는 그만큼의 열정이 기본이 되어야 하거든요. 물론 현실적으로 기본적인 조리 기술이나 과정을 배울 수 있는 자격증도 필요하지만, 주방에도 규율이 있기 때문에 적극적인 성격, 어려운 일도 즐기려는 마음가짐, 섬세함 등이 꼭 필요합니다.

고석봉 님 약력

현 리츠칼튼호텔 한식 요리사
2012-2013 국가 대표 서울 국제 요리 경연 대회 레스토랑 부문 금상
2012 대한민국 국제 요리 경연 대회 개인 부문 금상

Q 일하시면서 가장 보람을 느낄 때는 언제인가요?

요리는 손님에게 음식을 내놓자마자 바로 결과를 확인할 수 있는 분야예요. 제가 준비한 요리를 드시고 만족한 고객이 다시 방문해서 같은 음식을 드시면 무척 기쁘죠. 그래서 항상 요리의 기본인 위생과 청결, 조리 과정, 마음가짐 등에 신경 쓰며 제 음식을 드시고 감동하실 분들을 생각하면서 요리를 합니다. 함께 일하는 주방의 요리사들과 하나의 목표를 위해 팀워크를 이루어 요리를 완성하고, 완벽하게 서비스를 하지요. 그러한 과정은 저에게 희열을 느끼게 할 뿐만 아니라 큰 보람입니다.

Q 힘들고 어려운 점에는 어떤 게 있을까요?

아무래도 고객들의 기호가 모두 다 똑같을 수는 없어서 힘들지요. 한 접시의 음식을 준비하기 위해서는 구매, 유통, 검수, 저장, 조리, 서빙 등 여러 과정을 거칩니다. 각 단계마다 노력한 시간과 정성은 고객이 저보다 먼저 알아차리게 마련이에요. 하지만 그렇게 정성 들여 준비한 음식으로도 큰 만족을 드리지 못했을 때 가장 힘들고 자책도 하지요.

Q 밥을 밖에서 사 먹는 사람들이 늘어 더욱 바빠지시겠어요.

요즘은 사람들이 점점 더 바쁘게 살기도 하고, 먹기 위해 산다고 표현할 만큼 식생활을 즐기는 수준도 높아졌어요. 요리사들도 요리와 과학을 잘 접목하는 실력자가 많아졌고요. 사실 요리사의 길은 끝이 없어요. 식자재 하나하나의 성질이 다 다르고, 고유의 맛, 향, 식감 등을 어떤 재료로 배합하는가에 따라 전과 다른 완전히 새로운 맛이 탄생하기 때문이죠. 그래서 요리사들은 조리의 모든 과정에서 항상 기본에 충실해야 합니다.

요리사에 대해 알아볼까요?

요리사는 어떤 직업인가요?

음식점에서 전문적으로 요리를 하는 사람이다. 메뉴를 개발하는 것에서부터 재료 선정, 음식을 맛있게 조리하는 것 외에도 청결과 위생 상태 점검, 주방 정리까지 모두 맡는다. 요리사가 활동하는 분야는 음식의 종류에 따라 한식, 양식, 중식, 일식 등 다양하다. 음식점 주방을 벗어나 고객이 원하는 장소에서 요리를 하는 출장 요리사, 새로운 조리법과 메뉴를 개발하는 요리 연구가, 요리 프로그램을 진행하는 쿠킹 호스트 등 요리사가 활동하는 분야도 점점 세분화되고 있다.

요리사가 되는 방법을 알려 주세요.

요리사가 되려면 요리 특성화 고등학교를 졸업하거나 대학의 조리 관련 학과에 들어가 전문 교육을 받아야 한다. 사설 학원에서 교육을 받거나 외국의 요리 학교에서 필요한 교육 과정을 이수하고 진출하는 경우도 많다. 조리 기능장, 조리 산업 기사, 조리 기능사 자격증을 취득하면 유리하고, 자격증은 요리 분야에 따라 한식, 양식, 중식, 일식 등으로 구분된다.

무엇을 준비해야 할까요?

 **필수**
손재주와 뛰어난 미각을 타고나야 해요. 새로운 음식 메뉴를 개발할 수 있도록 도전 정신과 창의력도 꼭 갖추어야 해요.

 **중요**
여러 요리사와 호흡을 맞춰야 하므로 협동심과 대인 관계 능력이 중요해요. 육체 노동이 많아 강한 체력도 중요하지요.

 **도움**
음식을 다룬 책이나 잡지, 텔레비전 프로그램을 자주 봐 두세요. 또 조리 도구 사용에 주의하며 직접 음식을 만들어 보는 것도 좋아요.

앞으로의 전망은 어떤가요?

소득 수준이 오르고, 외식 문화가 퍼지면서 음식점과 요리사의 수요가 늘어났다. 특히 국적을 넘나드는 새로운 메뉴 등장, 한식에 대한 외국인의 관심 증가, 요리를 주로 다루는 케이블 채널 신설 등 앞으로도 요리사의 성장 가능성이 높다. 그러나 일하던 음식점이 갑자기 문을 닫는 경우 고용이 불안정하고, 갈수록 경쟁이 치열해지는 점, 불과 칼 등 위험한 환경에서 일해야 하는 점 등은 부정적 요소이다.

영양사는 어떤 일을 하나요?

음식을 통해 건강을 지키고 질병에 걸리지 않도록 영양가가 높은 식단을 짜는 등 전문적인 영양 서비스를 제공한다. 학교, 병원, 회사, 호텔 등 단체 급식이 이루어지는 곳에서 일하는 경우가 많다. 음식을 먹는 사람의 특성에 맞게 식단을 짜고, 전체 요리 과정을 관리한다. 일반인을 대상으로 올바른 식생활에 대한 교육을 하는 영양사도 있다.

서비스

이미지 컨설턴트

사람의 이미지를 가치 있게 만드는 이수경

Q 이미지 컨설턴트는 어떤 일을 하는지 설명해 주세요.

개인마다 갖고 있는 매력을 찾아 남들에게 호감 가는 이미지를 가질 수 있도록 옆에서 도와주는 사람이에요. 외모부터 성격, 생각까지 사람들은 모두 가지각색입니다. 그러므로 이미지 컨설턴트는 직업에 따라 표정이나 말투, 매너, 행동 등 내적인 측면까지 지원할 수 있어야 합니다. 각 개인의 특성을 잘 파악하고 내적인 장점까지 끌어낼 줄 알아야 진정한 이미지 컨설턴트라고 할 수 있어요.

Q 어떤 계기로 이 일을 시작하게 되셨나요?

어릴 때부터 다른 사람을 꾸며 주는 일을 하고 싶었죠. 그러다 우연히, 방학 때 아르바이트를 하던 매장에서 코디네이터로 일하는 분을 만났어요. 그분처럼 되고 싶다는 마음에 방법을 알아보다가 이미지 컨설턴트라는 직업을 선택하게 되었습니다.

Q 이미지 컨설턴트에게 필요한 자질에는 어떤 것이 있나요?

타고난 감각과 끼가 필요해요. 하지만 사람을 연구하는 직업이기 때문에 사람을 사랑하고 이해하는 능력이 가장 중요해요. 그러기 위해서는 먼저 자신을 아끼고 가꾸고 사랑하는 마음을 가져야 하고요. 메이크업이나 패션, 색채학, 헤어스타일, 관상학, 심리학, 심지어는 사주까지, 공부해야 할 것이 아주 많죠.

이수경 님 약력

현 충청대학교 패션 디자인과 교수
국제이미지전략연구소 대표
국제 인적 자원 개발 센터장
충북대학교 패션 디자인 박사

- 음악 춤
- 미술 디자인
- 스포츠
- 방송 언론 출판
- 의료
- IT
- 교육
- 법 행정
- 경제 금융
- 공학 자연 과학

Q '이 일을 선택하길 정말 잘했다.'라고 생각하실 때는 언제인가요?

이미지 컨설턴트는 책임감이 정말 큰 직업이죠. 좋지 않은 이미지 때문에 취업에 실패하거나, 보여주고 싶은 이미지를 만드는 데 어려움을 겪어 좌절하고 자괴감에 빠져 포기하던 사람이 자신의 변화되는 모습에 자신감이 충만해져서 원하는 것들을 이루어 내는 것을 보면 저도 덩달아 신이 나고 행복해진답니다. 그 책임감과 뿌듯함 때문에 제가 즐겁게 이 직업에 종사하고 있는 것 같아요.

Q 앞으로 목표가 있다면 무엇인가요?

사람들이 문을 열고 들어가면 머리끝부터 발끝까지 완벽하게 원하는 모습으로 꾸밀 수 있는 공간을 만들고 싶어요. 외모뿐만 아니라 내면적인 것까지도 치유와 회복이 되어 행복해지는 공간 말이에요. 그곳에서 달라진 사람들이 또 다른 사람들을 만나 긍정적으로 소통을 하고, 결국 모두가 건강한 아름다움으로 행복해지는 세상을 만들고 싶어요. 또 이 일을 꿈꾸는 사람들을 위해 전문인 양성 기관을 만드는 것도 앞으로 꼭 이루고 싶은 목표입니다.

Q 진로에 대해 고민하는 어린이들에게 조언을 해 주세요.

이미지 컨설턴트는 보이는 것만큼 화려한 직업은 아니에요. 많은 사람을 상대해야 하고, 컨설팅하는 대상이 시도하려는 변화를 받아들여야만 성과가 나는 일이기 때문에 더 힘들 수도 있지요. 하지만 열정과 끈기를 잃지 않고 일하다 보면 다른 어떠한 직업보다 책임감이 큰 직업입니다.

직업을 선택할 때에는 주위의 권유보다 내가 정말 좋아하는 일인가 따져 보는 것이 중요해요. 성격과 적성에 맞는지 수없이 묻고 결론을 내려야 어려움에도 흔들림 없이 일을 해 나갈 수 있답니다. 신중히 생각한 뒤 '정말 이 길이 내 길이다.'라는 확신이 든다면 체계적으로 계획을 세워 준비하세요. 일하고 싶은 분야의 롤 모델을 정해서 닮기 위해 열심히 노력한다면 지금 여러분이 안고 있는 고민은 현명한 진로 선택의 밑거름이 되어 줄 것입니다.

이미지 컨설턴트에 대해 알아볼까요?

이미지 컨설턴트는 어떤 직업인가요?

누구나 깔끔한 외모, 단정한 옷차림, 상대방에게 호감을 갖게 하는 세련된 말솜씨와 매너를 갖고 싶어 하지만 따로 배울 기회가 흔치 않다. 이미지 컨설턴트는 개인마다 지니고 있는 이미지를 분석하여 상황에 알맞은 표정, 의상, 화장, 대화 기술 등을 조언하는 일을 한다. 과거에는 정치인이나 사업가 등 사회 지도층 일부가 자신의 이미지 연출에 관심을 가졌지만, 요즈음에는 일반인도 다른 사람들에게 호감을 얻을 수 있도록 이미지 컨설턴트의 도움을 받는 경우가 많다.

이미지 컨설턴트가 되는 방법을 알려 주세요.

전공 제한은 없지만 대학에서 패션, 미술, 심리학 등을 전공하면 유리하다. 사설 학원 등에서도 이미지 컨설턴트 교육을 받을 수 있다. 공개 채용이나 특별 채용을 통해 광고 대행사, 전문 이미지 관리 회사에 들어가고, 프리랜서로 활동하는 사람도 많다. 일부는 항공기 승무원, 의상 디자이너, 고객 매너 강사 등으로 일하다가 이미지 컨설턴트로 진출하기도 한다.

이미지 컨설턴트가 되려면?

흥미 유형
사회형
탐구형

능력과 성격
리더십
언어 능력
대인 관계 능력
창의력
의사소통 능력

관련 문의 기관
국제 이미지 컨설턴트 협회

관련 직업
패션 코디네이터
헤드헌터
퍼스널 쇼퍼

관련 학과
심리학과
미술학과
패션 디자인학과

 **무엇을 준비해야 할까요?**

필수
의상, 메이크업 등 다방면에 걸쳐 감각이 필요해요. 고객에게 믿음을 줄 수 있는 이미지와 대인 관계 능력도 필수랍니다.

중요
개개인의 특징을 파악하여 시대가 원하는 이미지를 이끌어 내는 능력이 중요해요. 새로움을 만드는 창의력도 필요하지요.

도움
다양한 분야의 사람들을 만나게 되므로 독서를 폭넓게 하여 상식을 쌓아 두면 도움이 되어요.

 앞으로의 전망은 어떤가요?

이미지 컨설턴트의 활동 영역이 일반인에게까지 확대되면서 장래가 밝은 직업으로 떠오르고 있다. 하지만 근무 시간이 불규칙하고, 의뢰인의 요구 사항을 빠르게 처리해야 하기 때문에 스트레스의 정도가 심한 편이다. 패션, 피부 관리, 헤어스타일 등에 전문 지식을 갖추어야 하고 다양한 분야의 사람과 의사소통을 할 수 있도록 꾸준한 자기 개발이 필요한 직업이다.

 **퍼스널 쇼퍼는 어떤 일을 하나요?**

고객이 보다 편리하게 쇼핑할 수 있도록 개인별 맞춤형 쇼핑을 도와주는 도우미이다. 퍼스널 쇼퍼는 고객의 직업, 나이, 체형, 구매 성향, 경제 수준 등을 종합적으로 분석한 후 고객에게 가장 적합한 물품을 구매하도록 추천한다. 미국은 1980년대부터 백화점을 중심으로 일대일 패션 상담 서비스를 시작하였으며 우리나라에서는 2000년대 들어 우수 고객을 대상으로 한 퍼스널 쇼퍼 직업이 생겼다.

서비스 | 경호원

인명 보호의 사령탑, 박세관

Q 경호원의 업무를 구체적으로 설명해 주세요.

경호원의 최종 목적은 경호를 의뢰한 사람의 생명과 재산을 보호하는 것입니다. 구분하자면 시설 보안 및 요인 경호, 여성 경호, 아동 경호, 행사 경호 등 다양한 분야가 있지요. 다른 관점에서 보면 청와대 경호와 사설 경호 두 가지로 나눌 수도 있습니다. 청와대 경호는 대통령 경호실에 소속되어 대통령과 가족, 국무총리 등 국가 주요 인사를 보호하는 일을 합니다. 사설 경호는 국가 조직에 속하지 않은 사람이나 재산을 보호합니다. 대통령 후보자, 연예인, 일반인 누구든지 경호원에게 경호를 의뢰할 수 있습니다.

Q 늘 위험에 맞서야 하는 직업인데 스트레스를 받거나 불안할 때는 없으신지요?

경호 업무를 하다 보면 언제 어떻게 위험한 상황이 발생할지 알 수 없습니다. 예를 들어 회사와 노동자들이 다툼을 벌이는 노사 분쟁 현장에서는 매우 긴장하게 됩니다. 노동조합원들이 과격하게 행동할 수도 있기 때문이지요. 과격하게 부딪치다 보면 사망 사고까지 발생할 수 있습니다. 이라크, 아프가니스탄같이 전쟁을 하는 나라로 파견 업무를 나갈 때에는 목숨을 위협받을 때도 있고요. 경호원 지원자 중에서 간혹 회사에 전화하여 "위험한 일도 하나요?"라고 묻는 경우가 있습니다. 경호는 의뢰인의 생명과 재산을 지키기 위하여 경호원 자신을 희생하는 일입니다. 따라서 어떠한 위험한 상황에 맞닥뜨리게 되더라도 의뢰인의 안전을 위하여 최선을 다하려는 마음가짐이 필요합니다.

박세관 님 약력

현 파란경호 대표

엑소, 소녀시대, 부르노마스 등 국내외 유명 연예인 수행 경호

음악 춤 | 미술 디자인 | 스포츠 | 방송 언론 출판 | 의료 | IT | 교육 | 법 행정 | 경제 금융 | 공학 자연과학

Q 경호 업무를 하시면서 기억에 남는 아찔한 순간이 있나요?

경호 업무를 해야 하는 곳은 대부분 매우 혼잡한 경우가 많습니다. 그러므로 순식간에 돌발 상황이 일어날 수 있지요. 연예인들이 차량을 타고 이동하는 경우, 자칫하면 열성 팬들에게 둘러싸여 차에 부딪치는 사고가 발생할 수 있습니다. 몇 년 전 경상북도 상주에서 있었던 노사 분쟁 현장에서는 수백 명이 한꺼번에 밀고 들어와 10여 명 정도가 압사당하는 사고가 있었지요. 2014년에 발생한 판교의 환풍기 추락 사고 현장에서도 알 수 있듯이 경호 현장에는 사람이 많이 몰리기 때문에 위험에 대비해야 합니다.

Q 경호원으로 일하시면서 좋은 점과 힘든 점에는 무엇이 있을까요?

무사히 경호 업무를 마치고, 의뢰인이 만족하는 모습을 볼 때 큰 보람을 느낍니다. 경호의 정의가 경호를 부탁하는 사람의 생명과 재산을 지켜 주는 일이니까요. 반면, 하는 일과 위험에 노출되는 정도에 비해 적은 보상, 다른 직업에 비해 상대적으로 부족한 복지 혜택 등은 일을 하면서 가장 어려운 부분이라고 생각합니다. 위험한 상황에 처할 수도 있지요. 하지만 제가 좋아서 경호원이라는 직업을 선택한 것이므로 매우 만족하면서 생활하고 있습니다.

Q 경호원에 관심이 많은 어린이들에게 더 해 주고 싶은 말씀은 무엇인가요?

경호원을 하고자 한다면 공부도 운동도 열심히 해야 합니다. 경호원이 되기 위해 기본적으로 필요한 자질을 갖추고, 자신을 잘 관찰하여 본인의 특성에 맞는 분야를 선택해야 합니다. 예를 들어 청와대 경호원과 사설 경호원이 되기 위한 요구 조건과 일터의 성격은 분명 다릅니다. 어느 쪽이 더 좋다고 잘라 말하기도 어렵습니다. 분명 양쪽 다 장단점이 있어서 자기의 성향과 더 잘 맞는 곳이 있을 겁니다. 진로는 본인의 인생을 결정하는 아주 중요한 요인입니다. 자신의 적성과 능력을 최대한 객관적인 시선으로 보고, 목표를 설정하는 것이 좋습니다. 그에 맞게 대학 전공을 선택해야겠지요. 처음 정한 직업이 평생 이어지는 것은 아니지만 청소년 시기를 잘 보내면 시행착오를 줄일 수 있습니다. 부디 최선을 다해 현재를 살고, 미래를 준비하십시오. 그렇게 잘 준비해도 만만치 않은 세상이니까요.

경호원에 대해 알아볼까요?

 경호원은 어떤 직업인가요?

경호원은 외부 위험 요인으로부터 의뢰인을 보호하고, 안전을 책임지는 사람이다. 의뢰인의 신상과 경호 내용을 확인하고, 발생할 수 있는 위험 요인을 파악하여 경호 계획을 세운다. 필요한 경우 경찰과 협력하기도 하며, 박람회장이나 콘서트, 유명인 기자 회견장 등 많은 인파가 몰리는 행사장을 경호할 때에는 질서 유지, 사람들의 출입 통제, 돌출 행동을 막기도 한다. 경호 위치에 따라 대상자 가까이에서 경호하는 측근 경호원, 멀리 떨어진 곳에서 경호하는 외곽 경호원으로 나뉜다.

 경호원이 되는 방법을 알려 주세요.

경호 업무와 관계된 산업이 커지면서 경호 관련 업체에서 경호 분야 전공자를 원하는 편이다. 대부분 경호학과, 경찰학과, 스포츠 관련 학과를 졸업한 사람을 선호하고, 사설 학원에서 교육을 받아 경호원으로 진출하는 경우도 있다. 한국 산업 인력 공단에서 시행하는 경비 지도사 자격증을 취득하면 도움이 된다. 보안 경비 회사, 대기업의 경호 전문가, 경호 회사에서 활동하거나 대통령 경호실에서 일할 수 있다.

경호원이 되려면?

- **흥미 유형**: 진취형
- **능력과 성격**: 신체 운동 능력, 자기 성찰 능력, 대인 관계 능력, 순발력, 서비스 정신, 책임감, 리더십, 희생 정신
- **관련 자격**: 경비 지도사
- **관련 문의 기관**: 대통령 경호실, 한국 경비 협회
- **관련 직업**: 청원 경찰, 경비원, 건물 시설 관리원
- **관련 학과**: 사회 체육학과, 경호 스포츠학과, 경호 무도학과, 경호 태권도과, 경찰 경호 무도과

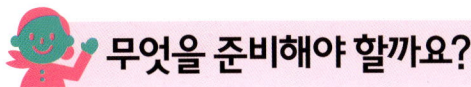 무엇을 준비해야 할까요?

 **필수**
경호 무술, 태권도, 유도 등 위험한 상황에 대처할 수 있는 무술 실력이 필요해요. 빠른 판단력, 책임감도 꼭 필요하지요.

 **중요**
나보다 다른 사람의 안전을 책임지는 일을 하므로 희생 정신과 배려심이 중요해요. 다른 사람과 협동하려는 자세도 중요해요.

 **도움**
여러 가지 운동을 배우고 훈련하여 체력을 길러 두세요. 각종 봉사 활동에 참가하는 것도 도움이 되지요.

 앞으로의 전망은 어떤가요?

사회가 복잡해짐에 따라 강력 범죄, 테러 등 사회 불안 요소가 증가하여 개인의 안전을 위한 경호 요청 사례가 늘어나고 있다. 또 국제회의나 세계적인 행사, 다른 나라의 유명 스타들이 우리나라를 방문하는 일이 늘어 경호원의 일자리 수요가 점점 늘고 있다. 그러나 활동할 수 있는 분야가 한정되어 있고, 직업의 특성상 위험에 노출되는 점은 부정적인 요인으로 작용한다.

아하! 그렇구나 — 대통령 경호원은 어떻게 뽑나요?

대통령 경호원은 매년 공개 채용을 하는데 경쟁률이 높을 뿐만 아니라 선발 과정이 매우 까다롭다. 강한 체력, 높은 지적 수준을 갖추어야 한다. 남자는 175cm, 여자는 165cm 이상이 되어야 지원할 수 있고, 필기 시험과 체력 검정, 인성 검사, 신체 검사, 논술 시험 등을 치러 최종 선발한다.

서비스

웨딩 플래너

부부의 출발을 기획하는 김혜순

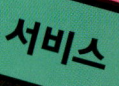

- 음악 춤
- 미술 디자인
- 스포츠
- 방송 언론 출판
- 의료
- IT
- 교육
- 법 행정
- 경제 금융
- 공학 자연 과학

Q 웨딩 플래너는 어떤 일을 하는지 자세히 설명해 주세요.

웨딩 플래너는 결혼을 계획한 신랑 신부의 결혼식 전반에 대한 준비를 도와요. 결혼 날짜를 정하면 양쪽 집안의 풍습에 맞추어 계획을 짜고, 예산에 따라 결혼식 장소를 정할 수 있도록 돕죠. 신부의 드레스와 신혼여행지에 대해 조언하며, 결혼식 당일이나 사진 촬영을 하는 날에는 신부가 가장 아름다울 수 있도록 메이크업에 대해 의견을 나누기도 합니다. 평생 기억에 남을 아름다운 결혼식을 위해 여러 조언을 하고 업체 선정을 계획하는 일을 해요.

Q 웨딩 플래너가 되기 위해서는 어떤 준비가 필요한가요?

결혼은 누구보다 신랑 신부가 만족해야 하지만 우리나라에서는 가족 간의 만남이라는 큰 의미를 가지기도 합니다. 따라서 웨딩 플래너는 최근에 유행하는 결혼식의 방식뿐만 아니라, 우리나라에서 오래 이어져 온 결혼식 풍습도 잘 알고 있어야 해요. 그래야 처음 겪는 일에 혼란스러워하는 예비 부부에게 기준을 제시할 수 있습니다. 또 신부와 긴밀하게 교류하며 일해야 하는 직업이므로 결혼을 앞둔 여성의 마음을 잘 이해하는 공감 능력을 갖추었다면 멋진 웨딩 플래너가 될 수 있습니다.

김혜순 님 약력
현 하나투어 H웨딩 컨설팅 실장
듀오웨딩 웨딩 플래너
듀오아카데미 웨딩 플래너 과정 강사

 ## 무엇을 준비해야 할까요?

필수
경호 무술, 태권도, 유도 등 위험한 상황에 대처할 수 있는 무술 실력이 필요해요. 빠른 판단력, 책임감도 꼭 필요하지요.

중요
나보다 다른 사람의 안전을 책임지는 일을 하므로 희생 정신과 배려심이 중요해요. 다른 사람과 협동하려는 자세도 중요해요.

도움
여러 가지 운동을 배우고 훈련하여 체력을 길러 두세요. 각종 봉사 활동에 참가하는 것도 도움이 되지요.

앞으로의 전망은 어떤가요?

사회가 복잡해짐에 따라 강력 범죄, 테러 등 사회 불안 요소가 증가하여 개인의 안전을 위한 경호 요청 사례가 늘어나고 있다. 또 국제회의나 세계적인 행사, 다른 나라의 유명 스타들이 우리나라를 방문하는 일이 늘어 경호원의 일자리 수요가 점점 늘고 있다. 그러나 활동할 수 있는 분야가 한정되어 있고, 직업의 특성상 위험에 노출되는 점은 부정적인 요인으로 작용한다.

아하! 그렇구나 — 대통령 경호원은 어떻게 뽑나요?

대통령 경호원은 매년 공개 채용을 하는데 경쟁률이 높을 뿐만 아니라 선발 과정이 매우 까다롭다. 강한 체력, 높은 지적 수준을 갖추어야 한다. 남자는 175cm, 여자는 165cm 이상이 되어야 지원할 수 있고, 필기 시험과 체력 검정, 인성 검사, 신체 검사, 논술 시험 등을 치러 최종 선발한다.

서비스

웨딩 플래너
부부의 출발을 기획하는 김혜순

Q 웨딩 플래너는 어떤 일을 하는지 자세히 설명해 주세요.

웨딩 플래너는 결혼을 계획한 신랑 신부의 결혼식 전반에 대한 준비를 도와요. 결혼 날짜를 정하면 양쪽 집안의 풍습에 맞추어 계획을 짜고, 예산에 따라 결혼식 장소를 정할 수 있도록 돕죠. 신부의 드레스와 신혼여행지에 대해 조언하며, 결혼식 당일이나 사진 촬영을 하는 날에는 신부가 가장 아름다울 수 있도록 메이크업에 대해 의견을 나누기도 합니다. 평생 기억에 남을 아름다운 결혼식을 위해 여러 조언을 하고 업체 선정을 계획하는 일을 해요.

Q 웨딩 플래너가 되기 위해서는 어떤 준비가 필요한가요?

결혼은 누구보다 신랑 신부가 만족해야 하지만 우리나라에서는 가족 간의 만남이라는 큰 의미를 가지기도 합니다. 따라서 웨딩 플래너는 최근에 유행하는 결혼식의 방식뿐만 아니라, 우리나라에서 오래 이어져 온 결혼식 풍습도 잘 알고 있어야 해요. 그래야 처음 겪는 일에 혼란스러워하는 예비 부부에게 기준을 제시할 수 있습니다. 또 신부와 긴밀하게 교류하며 일해야 하는 직업이므로 결혼을 앞둔 여성의 마음을 잘 이해하는 공감 능력을 갖추었다면 멋진 웨딩 플래너가 될 수 있습니다.

김혜순 님 약력
현 하나투어 H웨딩 컨설팅 실장
듀오웨딩 웨딩 플래너
듀오아카데미 웨딩 플래너 과정 강사

음악 춤
미술 디자인
스포츠
방송 언론 출판
의료
IT
교육
법 행정
경제 금융
공학 자연 과학

Q 일을 하시면서 가장 기쁠 때는 언제인가요?

기쁨을 함께하는 직업이라 즐거운 일이 많아요. 그중에서도 결혼식을 마친 신랑 신부가 "플래너님의 도움으로 마음 편히 잘 준비했다.", "결혼식 날이 태어나서 가장 예뻤던 것 같다.", "너무 고맙다." 등의 감사 인사를 보내 주시면 그간의 긴장과 피로가 한 번에 가시지요. 특히 함께 결혼식을 준비한 고객의 자매나 친척이 저를 믿고 다시 의뢰하는 경우에는 집안의 큰 경사를 제가 고스란히 지켜보고 도움을 드릴 수 있다는 사실에 아주 뿌듯하답니다.

Q 웨딩 플래너라는 직업의 어려운 점은 무엇인가요?

예식 준비 과정을 살펴야 하기 때문에 새벽에 출근하는 일이 종종 있어요. 주말과 공휴일에 결혼식을 올리는 경우가 많아서 대부분 주말에는 일을 해야 하지요. 그래서 가족과 주변 사람들의 이해가 필요합니다. 또 예비부부에게 일생에 한 번뿐인 결혼식을 준비하는 만큼 부족한 점이 생기지 않도록 늘 두 번, 세 번 확인해야 하므로 결혼 당사자보다 더 긴장할 때가 많습니다.

Q 직업 전망을 어떻게 보시나요?

결혼은 언제, 어느 시대든 절대 사라지지 않을 일생의 주요 행사죠. 그만큼 웨딩 플래너의 수요와 활동은 오래 지속될 거라고 생각해요. 다만, 결혼 풍속도가 많이 바뀌기 때문에 요즘에는 예전처럼 판에 박힌 결혼식보다는 합리적이고 당사자에게 의미가 있게 준비하시는 분이 많아요. 따라서 웨딩 플래너도 고객을 위한 맞춤 결혼식과 그 준비 과정에 대해 항상 연구하고 고민해야 할 시점이라고 생각합니다. 웨딩 플래너는 남들 앞에 서서 본인의 일을 내세우는 직업이 아니에요. 하지만 인생의 중요한 갈림길에 선 분들 가까이에서 능력을 발휘하여 그분들을 도울 수 있죠. 하나의 가정을 꾸리고, 결혼식을 준비하는 데는 생각보다 할 일이 많아요. 그 과정에서 웨딩 플래너의 도움이 신랑 신부에게 오랫동안 좋은 기억으로 남을 수 있답니다. 웨딩 플래너는 누군가의 인생에서 빛나는 한 순간을 만들어 주는 사람이라는 사실을 잊지 마세요. 웨딩 플래너가 되고 싶다면 사람에 대한 애정과 아름다운 것을 추구하는 열정을 놓지 말고, 성실하게 준비해 나가길 바랍니다.

웨딩 플래너에 대해 알아볼까요?

웨딩 플래너는 어떤 직업인가요?

신랑 신부와 함께 결혼식 준비에서부터 신혼여행에 이르기까지 두 남녀가 하나의 가정을 이루는 과정에 대해 조언하고 계획하는 사람이다. 먼저 결혼식 일정과 예산을 확인하고 신랑 신부와 상의하여 준비할 것들에 대해 조언을 한다. 예식장 예약, 웨딩드레스, 사진 촬영, 한복, 예물 등에 대한 정보를 제공하고, 신랑 신부가 편리하게 선택할 수 있도록 관련 업체들의 협조를 구한다. 모든 진행 사항을 수시로 확인하여 신랑 신부가 만족하는 결혼식이 될 수 있도록 최선을 다한다.

웨딩 플래너가 되는 방법을 알려 주세요.

특별한 자격 요건이 있는 것은 아니지만, 전문 대학 졸업 이상의 학력을 요구하는 회사도 있다. 웨딩 이벤트학과, 심리학과 등을 졸업하면 유리하고, 관련 학과를 전공하지 않았다면 웨딩 플래너 양성 학원, 여성 인력 개발 센터 등에서 실시하는 교육을 통해 필요한 사항을 배울 수 있다. 결혼 준비 대행 회사, 웨딩 컨설팅 회사 등에서 일하거나 경력이 쌓이면 프리랜서로 활동하기도 한다.

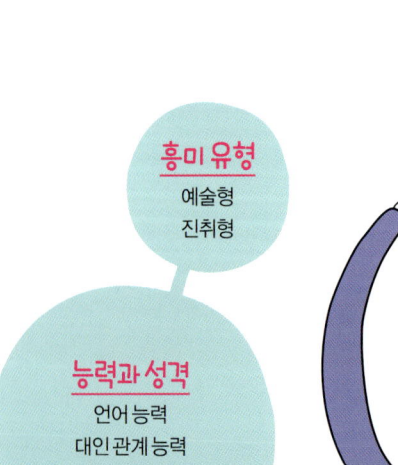

웨딩 플래너가 되려면?

흥미 유형
예술형
진취형

능력과 성격
언어 능력
대인 관계 능력
의사소통 능력
책임감

관련 문의 기관
한국 웨딩 플래너 협회
여성 인력 개발 센터
한국 서비스 산업 코디네이터 협회

관련 직업
커플 매니저
혼례 종사원

관련 학과
웨딩 이벤트학과
심리학과

 ## 무엇을 준비해야 할까요?

 **필수**

신랑 신부에게 믿음을 주고 대화를 많이 해야 하므로 친화력이 꼭 필요해요. 꼼꼼함을 갖추어야 진행 과정 중 실수가 없지요.

 **중요**

예산을 짜고, 효율적으로 운용하는 능력이 중요해요. 결혼 상품을 선택하는 안목과 약속을 지키는 책임감도 중요해요.

 **도움**

신뢰감을 줄 수 있는 이미지를 만들고, 세계의 다양한 결혼식 문화를 알아 두세요. 최신 유행 흐름을 공부해 두면 도움이 되어요.

 ## 앞으로의 전망은 어떤가요?

요즘 사람들은 바쁜 직장 생활과 결혼 준비를 동시에 진행하기가 어려워 웨딩 플래너의 도움을 받는 경우가 많다. 직업의 전문성이 높아 사회적 인식도 좋아지는 추세이며 실력을 인정받으면 직장의 이동이 자유롭다. 꼼꼼하고, 친화력이 좋은 여성들이 많이 진출하고 있어 최근 경쟁률이 높아졌다. 주말이나 공휴일에 일을 해야 하는 경우가 많다는 어려움이 있다.

  ## 커플 매니저는 어떤 일을 하나요?

결혼할 상대를 찾는 성인 남녀에게 각자가 바라는 배우자를 찾아 그들의 만남을 주선하는 일을 한다.

커플 매니저는 결혼 정보 회사에 가입하여 만남을 신청한 사람들의 조건과 요구 사항을 파악하여 가장 이상적인 상대 회원을 찾는다. 그다음 만남을 주선하며, 결혼까지 성공할 수 있도록 지속적인 관리와 조언을 한다.

의료

안과 의사

밝은 세상을 찾아 주는 김진국

Q 언제부터 안과 의사에 관심이 있으셨나요?

솔직히 처음에는 선배를 따라서 안과를 선택했습니다. 안과가 멋있어 보였죠. 그렇다고 막연하게 멋있다는 이유만으로 선택한 것은 아닙니다. 눈은 우리 몸을 대변하는 기관이라고 볼 수 있습니다. 몸의 상태가 좋지 않으면 가장 먼저 눈동자의 색깔, 시력 등으로 나타나요. 그러므로 눈 건강은 몸 전체의 건강과도 직접적인 연관이 있습니다. 눈은 물론 몸 전체의 건강을 지키는 사람이 되고 싶어 안과에 대해 관심을 가졌습니다.

Q 안과 의사가 되려면 어떤 자질이 필요하다고 생각하시나요?

안과 의사가 되기 위해서는 아주 오랜 시간 동안 공부해야 합니다. 알아야 할 게 많지요. 사람의 생명과 건강을 책임지는 직업이기 때문에 전문의가 되기까지 여러 관문을 통과해야 합니다. 그래서 꾸준한 노력과 끈기가 매우 중요한 직업입니다. 의사가 되기 전은 물론이고 된 후에도 연구와 공부를 계속해야 합니다. 급성 녹내장 같은 긴급한 안과 치료나 수술을 할 때에는 정확한 판단력도 필요합니다. 매일 환자를 봐야 하기 때문에 투철한 책임감과 사명감은 기본이며 남에게 베푸는 마음도 갖추어야 가능한 직업이지요.

김진국 님 약력

현 비앤빛 강남 밝은 세상 안과 대표 원장
국내 최초 라섹 수술, 노안 교정 수술 도입
2011 대통령 표창
대표작 《라식을 알면 세상이 밝아진다》 외 다수
연세대학교 의과 대학 졸업

음악 춤 | 미술 디자인 | 스포츠 | 방송 언론 출판 | 서비스 | IT | 교육 | 법 행정 | 경제 금융 | 공학 자연 과학

Q 보람을 느낄 때가 많을 것 같습니다.

시력 교정술을 하다 보면 수술 후 행복해하는 사람을 많이 보게 됩니다. 시력 교정술이 삶의 질을 높이는 수술이기 때문이죠. 특히 노안 수술을 할 때의 뿌듯함은 더 큽니다. 노안을 치료하기 위해 병원을 방문하신 많은 분이 눈의 변화와 함께 이제 나이가 들었다는 생각에 괴로움을 느끼시는 경우가 많습니다. 특히 요즈음에는 노안이 찾아오는 연령대가 점점 낮아지고 있어 한창 사회 활동을 하는 분이 노안으로 우울증에 시달리기도 합니다. 하지만 최근에는 노안 수술이 많이 발달했고 시력을 되찾아 삶의 활력을 느끼시는 분들이 늘고 있습니다. 저를 통해 밝은 세상을 보고, 삶의 질이 높아졌다는 분을 만나면 무척 기쁘죠.

Q 가장 힘드셨을 때는 언제이고, 어떻게 극복하셨는지 말씀해 주세요.

의사를 믿지 못하는 환자분을 종종 만납니다. 처음에는 속이 상하기도 하고 왜 의사를 잘 믿지 못할까라는 생각이 들기도 했습니다. 하지만 그분의 입장에서 생각을 해 보려고 노력하고 있습니다. 아마 눈이 우리 몸에서 매우 중요한 기관이라 많이 불안하기 때문일 거라고 생각하니 이해가 되더라고요. 이제는 제가 먼저 환자의 불안감을 해소시키는 방법에 대해 고민하고 있습니다.

Q 안과 의사의 전망을 어떻게 보시나요?

현대인들은 특히 눈을 혹사하기 때문에 안과 관련 질환은 더욱 심해질 것으로 보입니다. 안과를 찾는 사람이 점점 많아지고, 노안이 오는 시기도 빨라져 젊은 층도 매우 조심해야 합니다. 그에 따른 치료 기술도 발달하고 있습니다.
하지만, 의사라는 직업은 전망만 보고 선택할 수 있는 분야는 아닌 것 같습니다. 무엇보다 연구하는 자세가 필요하며 봉사 정신도 있어야 할 수 있는 직업이기 때문입니다. 전망과는 상관없이 본인이 스스로 노력하며 연구하는 자세로 임해야 하는 직업이죠.

안과 의사에 대해 알아볼까요?

안과 의사는 어떤 직업인가요?

눈이 아픈 환자의 증상을 확인하고, 각종 안과 검사를 통해 병을 진단하여 그에 따른 치료나 약물 처방을 하는 사람이다. 치료 후에는 건강한 눈 상태를 유지하기 위해 주의할 점, 시력이 나빠지지 않도록 예방하는 방법 등을 환자에게 설명하고, 지속적으로 관리한다. 사람의 눈 건강과 관계된 새로운 치료법, 연구 결과 등을 공부하고, 안과 질환과 관계있는 의약품 개발, 치료 도구 개발에 참여하기도 한다.

안과 의사가 되는 방법을 알려 주세요.

의과 대학을 졸업하거나 4년 과정의 의학 전문 대학원에서 의무 석사 학위를 취득한 후에 의사 국가 면허 시험을 통과하면 의사가 될 수 있다. 의사 면허를 취득하면 병원에서 인턴·레지던트 과정을 거쳐야 안과 전문의 시험 자격이 생긴다. 전문의 자격 시험에 합격하면 안과 전문 의사가 될 수 있다. 안과 전문 의사는 개인 병원을 열거나 대형 병원 및 시력 교정 센터에서 일한다.

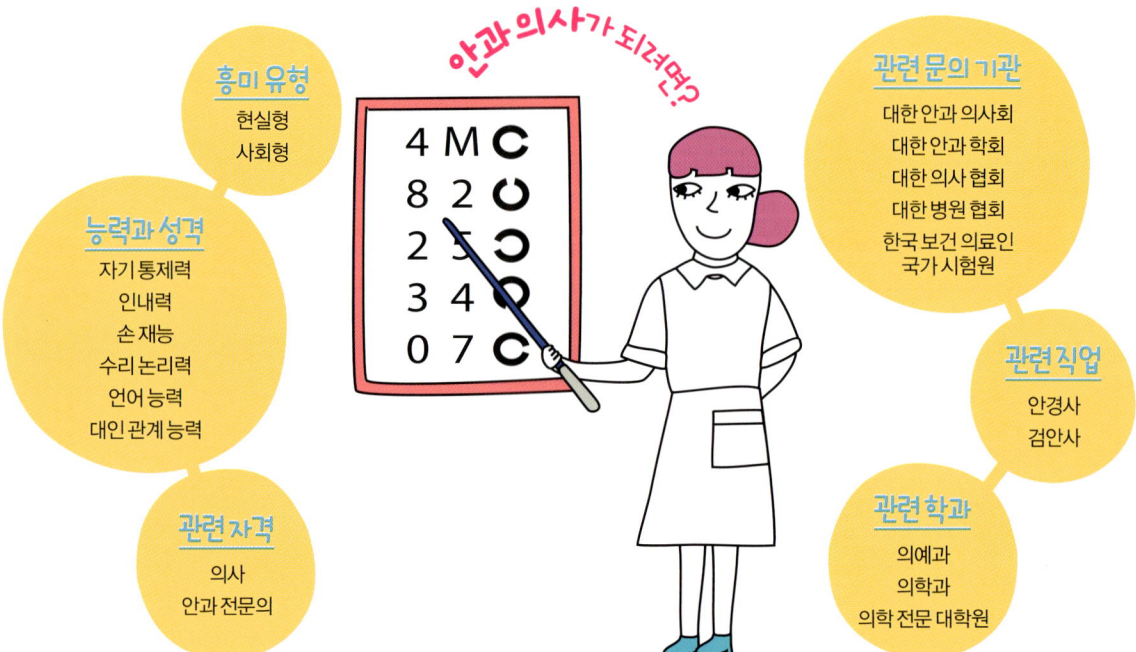

안과 의사가 되려면?

흥미 유형
현실형
사회형

능력과 성격
자기 통제력
인내력
손 재능
수리 논리력
언어 능력
대인 관계 능력

관련 자격
의사
안과 전문의

관련 문의 기관
대한 안과 의사회
대한 안과 학회
대한 의사 협회
대한 병원 협회
한국 보건 의료인 국가 시험원

관련 직업
안경사
검안사

관련 학과
의예과
의학과
의학 전문 대학원

무엇을 준비해야 할까요?

 **필수**
정교한 손재주와 논리적인 분석 능력이 모두 필요해요. 사람의 생명을 지킨다는 사명감과 책임감도 갖고 있어야 하지요.

 **중요**
의예과는 공부를 매우 잘해야 들어갈 수 있으므로 성적 관리를 잘 해야 해요. 훌륭한 의사에 관련된 책을 봐 두는 것도 좋아요.

 **도움**
병원에서 주최하는 진로 체험이나 직업 체험 프로그램에 참여하여 하는 일과 보람, 어려운 점을 먼저 경험해 보면 도움이 되어요.

앞으로의 전망은 어떤가요?

평균 수명이 길어지면서 의료 산업은 전반적으로 성장할 것으로 예상된다. 특히 대기 오염이 심화되고 스마트폰이나 전자 제품 사용으로 인한 안과 질환을 호소하는 사람이 많아짐에 따라 안과 질환 치료 기술과 산업이 꾸준히 성장하였다. 또 시력 교정 수술이 발달하여 젊은 층에서도 치료를 받는 사람이 늘어 이 분야의 직업 전망은 매우 밝다.

 **전문의가 되는 과정을 알아볼까요?**

 **❶ 인턴**
수련의 과정, 1년
모든 진료과를 체험하며 자신의 과를 정함.

 **❷ 레지던트**
전공의 과정, 4년
전공을 정해 전문적인 교육을 받음.

 **❸ 전문의 자격 시험**
자격 인증 시험에 통과해야 전문 의사가 될 수 있음.

 **❹ 펠로우**
전임의 과정, 1~3년
전문성을 갖기 위해 연구 진료를 함.
의과 대학교수가 되기 위한 필수 과정.

 **❺ 스페셜 리스트**
전문의 과정
여러 의료 분야 중 한 과목으로 전문의 자격 시험에 통과하여 전문성을 갖춤.

의료

치과 의사

구강 건강을 책임지는 한수진

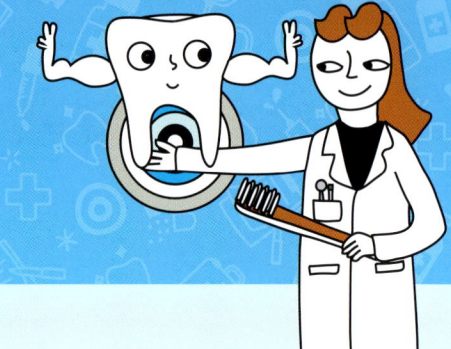

Q 치과 의사에 대해 소개해 주세요.

일반적으로 알고 있듯이 입안을 다루는 사람입니다. 즉 구강 내의 치아와 그 주변 조직의 질병을 진단하고 치료하는 사람이지요. 예전에는 치과 치료의 대부분이 치아의 치료에 치우쳐 있었습니다. 하지만 최근에는 구강 구조를 아래턱과 위턱 및 그 주변에 있는 근육과 관절 같은 연조직을 포함하여 보기 때문에 치과 의사가 알아야 하고, 치료하는 영역이 확장되고 있습니다.

Q 치과 의사가 되려면 어떤 준비를 해야 하나요?

상당히 긴 시간이 걸립니다. 치과 대학의 정규 교육 과정만 6년, 정규 과정을 마치고 치의학 대학원에 진학하게 되면 더 긴 시간이 필요합니다. 대학이나 대학원 졸업 후 시험을 보고 면허를 취득하면 치과 의사로서 환자를 볼 수 있지만 전문의가 되려면 최소 4년이 더 걸려요. 이렇게 긴 시간을 공부하고 수련하려면 성실함을 갖추어야 할 것입니다. 치과 의사가 되려면 작은 치아와 복잡한 신경 조직을 다룰 수 있는 매우 세심한 손길이 필요한데, 반복 훈련으로 어느 정도 수준에 이를 수 있습니다. 치과 의사는 알고 있는 것을 손으로 표현하는 직업이라고도 할 수 있습니다. 따라서 손재주가 좋은 사람이 유리합니다. 환자와 소통을 통해 정보를 파악해야 하므로 원활한 의사소통 능력이 있으면 더욱 좋고요.

한수진 님 약력
현 단국대학교 치과 대학 죽전 치과 병원 통합 진료과 과장
연세대학교 대학원 치의학 석사
연세대학교 치과 대학 졸업

Q 가장 보람을 느낄 때는 언제인가요?

아픈 원인을 찾아내서 말끔하게 해결하는 순간이에요. 병의 진단과 치료는 의사로서 기본적인 것이지만 사람의 몸이 굉장히 복잡하고, 정교한 체계를 이루기 때문에 그리 만만한 일이 아닙니다. 경력을 오래 쌓았더라도 항상 도전해야 하는 과제이며, 어려운 문제입니다.
또 환자가 앓고 있는 질병을 치료하여 환자의 사회생활이 원활해지는 것을 보았을 때에 큰 보람을 느낍니다. 우리 몸에서 구강은 언어생활, 음식을 씹고 소화하는 일, 얼굴의 아름다움을 나타내는 데 큰 부분을 차지하지요. 단순히 치료를 통한 만족감에서 나아가 제가 환자의 인생에 도움을 준 것 같아 뿌듯합니다.

Q 치과 의사는 경제적으로 안정적인 직업이라고 생각하는데, 실제로 그런가요?

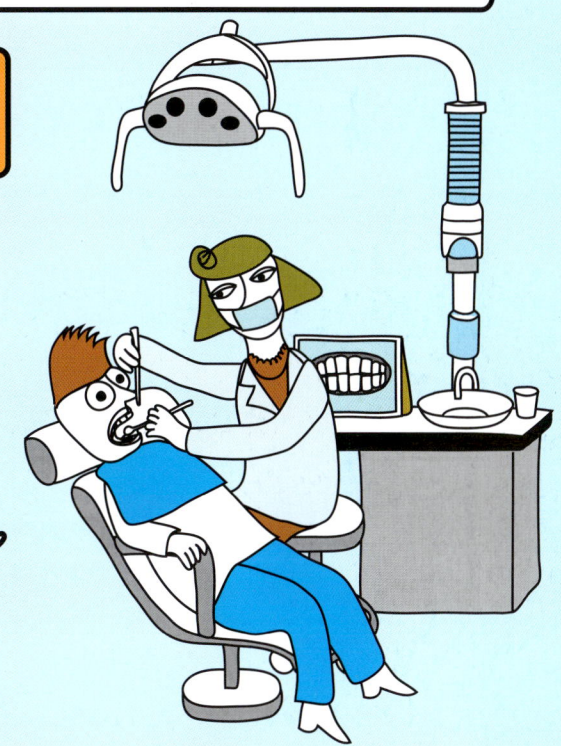

과거에도 그랬고 지금도 치과 의사가 수입이 많은 직업이라고 생각하는 사람이 많습니다. 그러나 이러한 경향은 우리나라의 치과 의사 수 증가와 여러 가지 의료 환경의 변화로 인하여 점점 사라지고 있어요. 단순히 많은 수입을 얻기 위해 치과 의사라는 직업을 선택하는 것은 바람직하지 않다고 생각합니다.

Q 치과 의사가 되고 싶어 하는 어린이들에게 하고 싶은 말씀은 무엇인가요?

치과 의사가 되기 위한 치의학 교육이 딱히 다른 분야에 비해 난이도가 높지는 않다고 생각합니다. 다만 사람의 건강을 책임지는 일이니만큼 가능하면 실수가 없도록 반복 훈련을 해야 합니다. 치료 방법상 치밀함을 요구하기 때문에 학창 시절부터 성실함과 꼼꼼함을 기를 수 있다면 더욱 좋을 것 같습니다. 환자를 치료하는 임상 분야가 아니라도 치의학 분야에는 여러 연관된 직업이 많습니다. 예전에 외국 소설을 아주 흥미롭게 읽은 기억이 있습니다. 지구의 치과 의사인 주인공이 외계의 치과 대학에 입학하기 위해 혼자 아주 애를 써요. 그런데 어떤 이가 주인공에게 다른 재능이 있음을 발견하고 주인공을 외계 치과 대학 학장으로 스카우트하는 내용이었지요. 직업의 세계는 넓고 각각 요구되는 재능은 다양합니다. 여러분도 사람은 누구나 각각의 재능이 있다는 것을 기억하고 자신의 적성을 찾아 꾸준히 도전하면 어떨까 합니다.

치과 의사 에 대해 알아볼까요?

 치과 의사는 어떤 직업인가요?

사람들의 입안 질환을 치료하고, 교정하는 일을 한다. 충치나 손상된 치아, 부정 교합 증세가 있는 환자를 각종 의료 기기로 검사하여 시술과 약물로 적절하게 치료한다. 치료가 어려운 치아는 뽑아내고 인공 치아를 만들어 넣기도 한다. 그 밖에도 잇몸 염증 치료, 치석 제거, 치아 교정 치료를 하기도 하고, 올바른 칫솔질과 치실 사용법, 건강한 치아 관리 방법 등에 대해 일반인을 상대로 교육을 실시하기도 한다.

 **치과 의사가 되는 방법을 알려 주세요.**

치과 대학이나 치의학 전문 대학원을 졸업한 뒤 국가에서 실시하는 자격 시험에 합격해야 한다. 치과 의사 면허를 취득하면 일반의 자격으로 개인 치과 병원을 개업할 수 있다. 큰 병원에 들어가는 경우 인턴 1년, 레지던트 3년 과정 동안 구강악 안면 외과, 구강 내과, 치과 교정과, 소아 치과 등 10개의 과에서 세분화된 전문 기술을 배울 수 있다. 2008년부터는 치과 의사 전문의도 배출되고 있다.

치과 의사가 되려면?

흥미 유형
현실형
사회형

능력과 성격
언어 능력
판단력
수리 논리력
대인 관계 능력
분석력
세심함

관련 자격
치과 의사

관련 학과
치의예과
치의학과
치의학 전문 대학원

관련 직업
치과 기공사
치과 위생사

관련 문의 기관
대한 치과 의사 협회
대한 구강 보건 협회
건강 사회를 위한 치과 의사회
한국 보건 의료인 국가 시험원

 무엇을 준비해야 할까요?

 **필수**

환자의 입안 상태를 확인하고 적절한 치료 방법을 판단하는 능력이 필요해요. 입안은 매우 예민한 기관이라 정교한 손재주가 필수예요.

 **중요**

의학 관련 논문이나 자료는 영어로 되어 있는 경우가 많아요. 외국어 공부를 하고, 치과 치료에 관한 책을 많이 읽어 두세요.

 **도움**

환자가 편안하게 치료를 받을 수 있도록 친절하게 말하는 훈련을 해 보세요. 원만한 대인 관계 능력을 기르는 것도 도움이 돼요.

 앞으로의 전망은 어떤가요?

평균 수명이 늘어나 건강한 치아 상태를 오래 유지하는 것에 대한 사람들의 관심이 높아졌다. 치과 치료의 의료 보험 혜택이 늘어나 치과 병원을 방문하는 사람도 점점 늘어날 것으로 예상된다. 따라서 치과 의사의 활동 영역과 일자리 수요가 늘어날 것으로 보인다. 하지만 막연히 높은 소득만 보고 치과 병원을 연다면 막대한 비용으로 어려움을 겪을 수 있으므로 구체적으로 계획을 세워야 한다.

아하! 그렇구나 — 치과 기공사는 어떤 일을 하나요?

치과 기공사는 치과 의사의 진단에 따라 치료에 필요한 각종 교정 장치, 모형 치아를 전문적으로 만들거나 수리한다. 치과 병원에서 받은 환자의 치아 모형을 분석하여 치료할 모형 치아를 설계하고, 금·은·합성수지 등으로 보철물*을 제작한다. 치과 의료 팀의 일원으로 치과 치료 계획을 상의하기도 한다. 전문 기술을 요구하는 직업이라 발전 가능성이 높다.

*보철물 치아를 치료하기 위해 채워 넣는 인공 물질

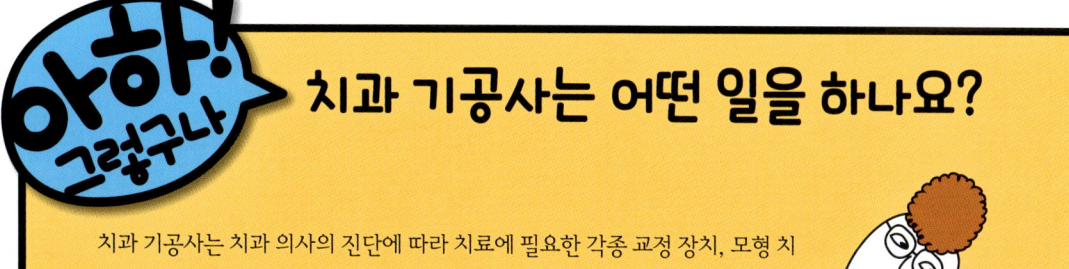

의료

한의사

환자의 체질에 맞추어 진료하는 조남경

Q 한의사가 된 특별한 동기가 있으셨나요?

어릴 때 알레르기 비염으로 고생을 많이 했습니다. 3년 정도 병원을 다니면서 약, 주사 치료를 받았던 기억이 아직도 생생합니다. 여섯 살 때는 주사에 익숙해져 울지 않고 덤덤하게 치료를 받을 정도였지요. 그렇게 낫지 않던 비염 증상이 한약을 먹은 지 6개월 만에 많이 호전되었습니다. 그 이후부터는 병원보다는 한의원을 다녀 한의학 치료에 익숙해졌습니다. 수지침을 공부하시던 아버지의 영향도 받았고, 어릴 때 한문과 붓글씨를 배웠던 것도 한의사가 된 데에 영향을 주었다고 생각합니다.

Q 어떤 일을 하시나요?

한의원에서 환자와 상담하고 아픈 곳을 치료하는 일을 합니다. 학회 및 스터디 그룹에서 주제를 정하여 공부를 하고, 논문을 작성하거나 잡지에 칼럼을 쓰기도 하고요.

Q 일하시면서 가장 기쁠 때는 언제인가요?

여기저기 병원을 다녀도 잘 낫지 않던 환자의 고질병이나 난치병이 제 치료를 통해 나을 때 보람을 많이 느낍니다. 환자의 체질을 개선하여 몸과 마음의 건강이 모두 좋아져 가는 것을 볼 때도 뿌듯합니다. 그리고 새롭게 공부한 한의학 이론이 좋은 치료로 연결될 때 더욱 자신 있는 진료를 할 수 있게 되어 좋습니다.

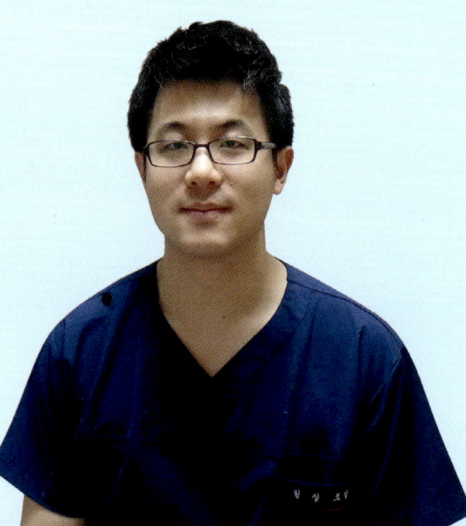

조남경 님 약력

현 경희사랑나무한의원 원장
사상 체질 의학회 이사, 2014 학회 인정의
한국 한의학 연구원 이제마 프로젝트 비상임 연구원
경희대학교 한의과 대학, 대학원 졸업

- 음악 춤
- 미술 디자인
- 스포츠
- 방송 언론 출판
- 서비스
- IT
- 교육
- 법 행정
- 경제 금융
- 공학 자연 과학

Q 한의사로서 꼭 필요한 자질은 무엇일까요?

가장 중요한 것은 환자를 깊게 이해하려는 마음입니다. 환자의 사소한 말이라도 잘 들으면 병의 원인을 찾을 수 있습니다. 사상 체질을 판단하는 것도 환자에 대한 올바른 이해에서 출발합니다. 이해는 자세히 관찰하는 것에서 시작되고요. 관심을 가지고 주의 깊게 관찰하는 것이 한의사의 기본적인 자질이라고 생각합니다.

Q 한의사로서 어떤 꿈을 갖고 계시나요?

한의학을 발전시키는 것이 가장 큰 목표입니다. 그리고 사상 체질에 따라 학생들을 분류하여 체질에 맞게 교육을 하는 학교를 만들어 보고 싶습니다. 어떤 아이는 산만하지만 머리가 좋고, 어떤 아이는 느리지만 진득하게 파고들고, 어떤 아이는 독특하고, 어떤 아이는 소심하지만 꼼꼼합니다. 이런 특성들을 살펴 단점을 보완하고, 장점을 키우는 교육이 어렸을 때부터 이루어진다면 어떠한 결과가 나올지 참으로 궁금합니다.

Q 한의사를 꿈꾸는 어린이들에게 좋은 말씀 들려주세요.

모든 전문직이 예전보다 어려워진 것은 사실입니다. 전문가들은 가장 큰 이유를 지원자가 수요에 비하여 빨리 늘어나기 때문이라고 보고 있습니다. 그러나 한의사의 경우 인구 고령화로 한의원을 찾는 노인 인구가 늘어나면서 점차 안정화될 것으로 예상됩니다.

한의사가 되고 싶다면 동서양의 의학을 골고루 잘 알아야 합니다. 동양과 서양은 인체를 보는 관점이 다르기 때문에 서로 보완할 수 있는 요소가 많거든요. 또한 한의학은 의학과 철학을 모두 포함하는 학문이기 때문에 공부해야 할 내용이 많습니다. 평생 공부한다고 생각하고 시작하면 좋은 결과를 얻을 수 있을 것입니다. 정말 실력 좋은 한의사는 산속에 있어도 환자가 찾아옵니다. 그만큼 환자가 믿고 의지할 만한 의료인이 되기 위해 꾸준히 노력하길 바랍니다.

목표를 이루기 위하여 열중하다 보면 자신에 대해 돌아볼 기회를 놓칠 수도 있습니다. 다양한 경험을 해 보고 주위 어른께 조언을 듣는 것도 도움이 될 것입니다.

한의사에 대해 알아볼까요?

 한의사는 어떤 직업인가요?

한의사는 한약과 침술 등 한의 의료 기술을 동원하여 환자의 상태를 확인하고 치료하는 사람이다. 환자의 얼굴색, 눈동자 등을 관찰하거나 호흡과 맥박 등을 체크하여 적절한 치료 방법을 선택한다. 침, 뜸, 한약, 부항 등을 이용해 환자의 증상과 체질에 적합한 치료를 하고, 신체 중 기운이 순환하는 경락과 경혈, 근막 등을 자극하여 몸의 기운을 돋운다. 건강을 위한 예방 차원에서 한약재를 처방하여 면역력을 증진시키고, 몸을 건강하게 유지할 수 있도록 돕기도 한다.

 **한의사가 되는 방법을 알려 주세요.**

한의학과를 졸업하여 한의사 자격 시험을 치르거나 일반 대학 졸업 후 한의학 전문 대학원에 입학하여 시험에 합격해야 한다. 한의학 전문 대학원은 국가 공인 한자 능력 자격증과 기준 이상의 대학 성적, 면접, 필수 과목 이수 등 요건이 엄격하므로 미리 준비해야 한다. 한의사 면허증을 발급받으면 한의원을 개원하거나 한방 병원, 국립 의료원, 한의학 관련 연구소, 제약 회사 연구소, 보건소 등에서 일할 수 있다.

한의사가 되려면?

흥미 유형
사회형
탐구형

능력과 성격
분석력
언어 능력
대인 관계 능력
수리 논리력
봉사 정신

관련 자격
한의사

관련 문의 기관
대한 한의사 협회
대한 한방 병원 협회
한국 한의학 연구원

관련 직업
한의학 연구원
공중 보건 의사

관련 학과
한의예과
한의학과
한의학 전문 대학원

무엇을 준비해야 할까요?

 필수

책임감과 봉사 정신이 필요해요. 한의학 공부를 할 때 한자로 쓰인 책을 볼 기회가 많으므로 한자 공부를 열심히 해야 해요.

 중요

인체의 특징, 동양 사상에 대한 이해와 한의원을 운영할 수 있는 경영 관리 능력도 필요해요. 관련 분야의 책을 보고 차근차근 준비해 보세요.

 도움

남을 배려하는 마음을 기르고 리더십 훈련을 해 보세요. 봉사 활동에 참여하여 많은 사람을 만나 보는 것도 도움이 되어요.

앞으로의 전망은 어떤가요?

요즈음, 건강한 삶에 대한 관심이 한의학으로 이어졌다. 자연주의 치료법의 우수성이 알려지고 서양 의료 기술의 대체 의학으로 한의학이 주목받기 때문이다. 세계적으로 동양 의학에 관심이 커져 국내의 한의사들이 다른 나라로 진출하는 경우도 늘었다. 따라서 한의사의 직업 전망은 매우 밝은 편이지만 일반인들이 아플 때 한의원에 비하여 일반 병원을 찾는 경우가 많아 경영에 어려움을 겪기도 한다.

아하! 그렇구나 사상 의학에 대해 알아볼까요?

사상 의학은 조선 시대의 학자인 이제마가 지은 《동의수세보원》에 근거한 우리나라 고유의 의학이다. 몇 가지 기준에 따라 사람의 몸을 태양인, 태음인, 소양인, 소음인, 이렇게 네 가지 체질로 구분하며 이에 따른 체질 특징을 사상 체질이라고 하고, 사상 체질에 맞게 질병을 진단하고 치료하는 것을 사상 의학이라고 한다.

간호사

긴급한 환자를 보살피는 **신현철**

Q 아직까지 간호사 중에 여성의 비율이 높은데, 어떻게 간호사가 되셨나요?

주변의 권유로 간호과에 입학했어요. 그런데 당시에는 남자 간호사와 간호과의 남학생의 수가 여성에 비해 현저히 적어 편견이 있었습니다. 결국 저는 여학생이 많은 학교 분위기에 적응하지 못하고 1학년을 마친 뒤 바로 군대에 갔지요. 육군 훈련소에서 의료 관련 업무를 처리하는 의무병으로 군 복무를 하게 되었습니다. 군 복무 중에 훈련병 사망 사고가 발생하였는데 제가 할 수 있는 것이 없었어요. 그 일로 응급 상황에서 의료인이 하는 일에 대한 관심이 생겼습니다. 학교에 돌아온 뒤에는 응급실 간호사를 목표로 열심히 공부하여 현재 중앙대학교 병원 응급실에서 근무하고 있습니다.

Q 응급실의 특수성에 대해서 설명해 주세요.

응급실 의료진은 어떤 환자가 어떠한 응급 질환으로 병원을 찾을지 예상할 수 없습니다. 환자에 대한 정보 없이 긴박하게 의료 행위를 수행해야 하기 때문에 감염 등의 위험이 높지요. 당황한 환자와 보호자를 안정시켜야 하는 어려움도 있고요. 비단 응급실이 아니더라도 1년 365일, 하루 24시간 쉬지 않는 병원에서 일하려면 다른 직업에 비하여 개인의 시간 관리가 어렵습니다. 생명과 직결되는 일이다 보니 실수가 용납되지 않고, 한 일에 책임이 따르므로 일을 하면서도 공부와 훈련을 계속해야 하죠. 그래서 힘든 점도 있지만, 생각을 바꾸면 전문 지식과 책임을 갖춰 전문성을 높일 수 있는 직업이라고 생각해요.

신현철 님 약력
현 중앙대학교 병원 응급실 간호사
을지대학교(구 서울 보건대) 간호학과 졸업

무엇을 준비해야 할까요?

 **필수**
책임감과 봉사 정신이 필요해요. 한의학 공부를 할 때 한자로 쓰인 책을 볼 기회가 많으므로 한자 공부를 열심히 해야 해요.

 **중요**
인체의 특징, 동양 사상에 대한 이해와 한의원을 운영할 수 있는 경영 관리 능력도 필요해요. 관련 분야의 책을 보고 차근차근 준비해 보세요.

 **도움**
남을 배려하는 마음을 기르고 리더십 훈련을 해 보세요. 봉사 활동에 참여하여 많은 사람을 만나 보는 것도 도움이 되어요.

앞으로의 전망은 어떤가요?

요즈음, 건강한 삶에 대한 관심이 한의학으로 이어졌다. 자연주의 치료법의 우수성이 알려지고 서양 의료 기술의 대체 의학으로 한의학이 주목받기 때문이다. 세계적으로 동양 의학에 관심이 커져 국내의 한의사들이 다른 나라로 진출하는 경우도 늘었다. 따라서 한의사의 직업 전망은 매우 밝은 편이지만 일반인들이 아플 때 한의원에 비하여 일반 병원을 찾는 경우가 많아 경영에 어려움을 겪기도 한다.

사상 의학에 대해 알아볼까요?

사상 의학은 조선 시대의 학자인 이제마가 지은 《동의수세보원》에 근거한 우리나라 고유의 의학이다. 몇 가지 기준에 따라 사람의 몸을 태양인, 태음인, 소양인, 소음인, 이렇게 네 가지 체질로 구분하며 이에 따른 체질 특징을 사상 체질이라고 하고, 사상 체질에 맞게 질병을 진단하고 치료하는 것을 사상 의학이라고 한다.

간호사

긴급한 환자를 보살피는 신현철

Q 아직까지 간호사 중에 여성의 비율이 높은데, 어떻게 간호사가 되셨나요?

주변의 권유로 간호과에 입학했어요. 그런데 당시에는 남자 간호사와 간호과의 남학생의 수가 여성에 비해 현저히 적어 편견이 있었습니다. 결국 저는 여학생이 많은 학교 분위기에 적응하지 못하고 1학년을 마친 뒤 바로 군대에 갔지요. 육군 훈련소에서 의료 관련 업무를 처리하는 의무병으로 군 복무를 하게 되었습니다. 군 복무 중에 훈련병 사망 사고가 발생하였는데 제가 할 수 있는 것이 없었어요. 그 일로 응급 상황에서 의료인이 하는 일에 대한 관심이 생겼습니다. 학교에 돌아온 뒤에는 응급실 간호사를 목표로 열심히 공부하여 현재 중앙대학교 병원 응급실에서 근무하고 있습니다.

Q 응급실의 특수성에 대해서 설명해 주세요.

응급실 의료진은 어떤 환자가 어떠한 응급 질환으로 병원을 찾을지 예상할 수 없습니다. 환자에 대한 정보 없이 긴박하게 의료 행위를 수행해야 하기 때문에 감염 등의 위험이 높지요. 당황한 환자와 보호자를 안정시켜야 하는 어려움도 있고요. 비단 응급실이 아니더라도 1년 365일, 하루 24시간 쉬지 않는 병원에서 일하려면 다른 직업에 비하여 개인의 시간 관리가 어렵습니다. 생명과 직결되는 일이다 보니 실수가 용납되지 않고, 한 일에 책임이 따르므로 일을 하면서도 공부와 훈련을 계속해야 하죠. 그래서 힘든 점도 있지만, 생각을 바꾸면 전문 지식과 책임을 갖춰 전문성을 높일 수 있는 직업이라고 생각해요.

신현철 님 약력
현 중앙대학교 병원 응급실 간호사
을지대학교(구 서울 보건대) 간호학과 졸업

- 음악 춤
- 미술 디자인
- 스포츠
- 방송 언론 출판
- 서비스
- IT
- 교육
- 법 행정
- 경제 금융
- 공학 자연 과학

의료

Q 필요하다고 생각하시는 자질에는 어떤 것이 있나요?

흔히 봉사 정신이 있는 사람이 간호사를 한다고 생각하는데, 실제로 간호사에게 꼭 필요한 자질은 참을성과 책임감, 유연함이라고 생각합니다. 어렵고 힘든 상황도 많고, 아픈 사람을 치료하다 보면 정작 본인이 지쳐 일을 그만두는 선배와 후배들을 보게 됩니다. 그래서 참을성이 필요하고 어떠한 상황에서도 유연하게 대처할 수 있는 자질이 있다면 많은 도움이 됩니다. 책임감도 필요해요. 책임감 없는 의료진에게 치료를 받는 상황을 상상해 본다면 금방 공감할 수 있을 겁니다.

Q 간호사의 활동 분야가 꽤 다양하다고 들었습니다.

간호사 하면 가장 쉽게 떠오르는 모습이 환자에게 주사를 놓는 상황일 거예요. 하지만 간호사가 하는 일은 그보다 훨씬 많습니다. 질병이나 치료에 대한 연구를 수행하는 연구 간호사도 있고, 제약 회사나 의료 기기 회사에서 제품 개발에 필요한 실험을 하는 실험 연구 간호사도 있습니다. 또 최근에는 병원 근무 경력이 있는 간호사를 대상으로 119 응급 구조사를 뽑아 사고 현장에서 사람을 구조하고 응급 처치를 하는 경우가 늘어나고 있습니다. 병원에서도 응급실이나 중환자실, 수술실 등 특수 파트에서 보다 전문적인 경험을 쌓고, 그와 관련된 공부를 하여 전문 간호사가 되는 경우도 있고요. 그 외에도 규모가 작은 병원의 설립과 홍보를 돕는 병원 코디네이터로 진출하는 경우도 있습니다.

Q 간호사가 되고 싶어 하는 어린이들에게 조언해 주세요.

많은 친구가 진로에 대해 고민하면서 돈, 사회적 위치, 명예 등을 생각할 것입니다. 저 역시 이런 부분이 고민이었어요. 간호사는 화려하거나 돈을 많이 버는 직업이 아닐 수도 있습니다. 그렇다고 일이 편한 것도 아니고요. 간호사에 대한 막연한 이미지만 생각하고, 간호사가 된 사람들 중 육체적·정신적인 어려움으로 포기하는 경우도 많이 보았습니다. 하지만 간호사를 통해 도움을 받는 누군가를 생각하면 엄청난 보람을 느낄 수 있지요. 꾸준히 공부하고, 보람 있는 일을 만들어 간다는 측면에서 매우 의미 있고, 좋은 직업이라고 생각합니다.

간호사에 대해 알아볼까요?

간호사는 어떤 직업인가요?

병원에서 의사와 함께 환자가 건강을 회복하고, 유지하도록 돕는 일을 한다. 혈압, 체온 등 환자의 몸 상태와 치료에 따른 변화를 수시로 확인하여 그 결과를 의사에게 알리고, 의사의 처방에 따라 환자에게 주사를 놓거나 치료를 한다. 의사와 수술에 참여하거나 환자와 가족에게 환자의 상태와 치료 과정을 설명하여 마음의 안정을 찾을 수 있도록 돕는다. 연구 간호사의 경우 의료 관련 연구, 의약품 개발 등에 참여하여 임상 실험과 그 결과를 정리하는 일도 한다.

 간호사가 되는 방법을 알려 주세요.

일반 대학의 간호학과, 3년제 간호 전문 대학을 졸업하고 간호사 자격 시험에 통과하여 면허증을 취득해야 한다. 간호사 자격증을 가진 사람은 대형 병원과 개인 병원, 보건소 등에서 일할 수 있고, 교사가 되기 위한 과정을 이수하면 교원 임용 시험을 치러 보건 교사로 일할 수 있다. 국군 간호 사관 학교를 졸업하고 간호사 면허증을 취득하면 간호 장교로 전국 국군 병원에서 일한다.

간호사가 되려면?

- **흥미 유형**: 현실형, 사회형
- **능력과 성격**: 꼼꼼함, 봉사 정신, 대인 관계 능력, 의사소통 능력, 책임감, 외국어 능력
- **관련 자격**: 간호사
- **관련 문의 기관**: 대한 간호 협회, 한국 간호 교육 평가원, 한국 보건 의료인 국가 시험원
- **관련 직업**: 보건 교사, 간호 장교, 간호 지원사, 조산사, 보건직 공무원
- **관련 학과**: 간호학과, 간호 과학과, 물리 치료학과, 재활학과

 ## 무엇을 준비해야 할까요?

필수
환자의 위급한 상황에 대처할 수 있는 순발력과 판단력이 반드시 필요해요. 의학 분야의 전문 지식도 공부해야 하고요.

중요
정확하고 꼼꼼한 성격이 유리해요. 사소한 것이어도 확인하는 습관을 들이세요. 강한 체력을 기르는 것도 중요하지요.

도움
환자와 환자 가족들에게 환자의 상태와 치료 과정을 쉽게 설명해야 하므로 의사소통 능력을 길러 두면 도움이 되어요.

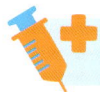 ## 앞으로의 전망은 어떤가요?

우리나라는 빠른 속도로 인구 고령화가 진행되고 있어 의료 산업과 노인 의료 서비스에 관한 국민들의 관심과 정부의 지원이 늘어날 것이다. 특히 우리나라는 OECD 가입 국가 중 인구 대비 간호사 비율이 낮은 수준으로, 의료 서비스의 질 향상을 위한 정책을 마련할 것으로 예상된다. 따라서 간호사의 수요는 증가할 것이다. 노인 요양 시설, 주간 보호 시설 등 노인 관련 복지 서비스가 이러한 흐름을 뒷받침하고 있다.

 ## 조산사는 어떤 일을 하나요?

조산소나 산부인과 등에서 의료진을 도와 산모의 임신, 아기의 출산 및 신생아 보호, 출산한 산모의 회복을 돕는 일을 한다. 간호사 면허를 가지고, 1년간 교육 과정을 이수한 뒤 조산사 국가 시험에 합격하여 면허를 취득해야 한다. 의사의 감독 아래 산모의 분만과 관련된 치료, 태어난 아기의 건강 상태를 관리한다. 아기를 낳은 산모에게 여러 가지 조언을 해 주고, 건강 관리를 돕는다.

의료

약사

약에 관한 전문 지식을 전하는 김애리

Q 약사가 된 특별한 계기가 있었나요?

우리나라는 진료는 의사와, 약은 약사와 상담하도록 하는 의약 분업을 실시하는데 제가 어렸을 때는 그렇지 않았답니다. 예전에는 병원에 찾아가 진료를 받기 어려운 상황에는 손쉽게 동네 약국에 찾아가 약을 지을 수 있었지요. 그래서 약사 선생님은 친근하면서도 건강에 대해 척척 말씀해 주시는 전문가라는 생각이 들었습니다. 결국 저는 고등학교 2학년 때 진로에 대해 여러 가지 고민을 하다가 약사가 되어야겠다고 마음먹었습니다.

Q 약사가 하는 일에 대해 자세히 설명해 주세요.

약사는 약에 대한 전반적인 업무를 수행하는 사람입니다. 약의 생산, 유통, 조제, 판매, 보관, 복용 지도 등을 하지요. 약사가 진출하는 분야는 생각보다 다양합니다. 보건 복지부, 식품 의약품 안전처 같은 정부 부처와 보건소에서 공무원으로 일하기도 하고, 제약 회사, 연구소 등에서 신약 개발 업무, 약품의 연구 및 품질 관리 일을 하기도 합니다. 병원에서 약물 관리 담당자로 일하거나 의사의 처방전에 따라 약을 조제하고 환자에게 복용법을 지도하기도 합니다. 의료진과 함께 약물 치료에 참여하는 약사도 있고, 약국을 열어 처방전에 맞게 약을 조제하거나 판매하는 약사도 있습니다.

Q 일하는 분야가 다양하네요. 성장 가능성을 어떻게 보시나요?

지역 주민 가까이에서 건강 상담을 책임지는 약사는 많지만 병원이나 제약 회사 등에서는 아직도 약사가 부족합니다. 우리나라는 그동안 열악했던 신약 개발 산업의 중요성을 깨닫고 정부와 여러 기업에서 신약 개발에 대한 투자를 검토하고 있습니다. 따라서 앞으로 약사들이 진출할 분야는 많을 것이라고 생각해요. 진취적이고 도전적인 성격이라면 약사로서 새로운 활동 분야를 개척하는 것도 가능할 것이고요.

- 음악 춤
- 미술 디자인
- 스포츠
- 방송 언론 출판
- 서비스
- IT
- 교육
- 법 행정
- 경제 금융
- 공학 자연 과학

Q 약사로서 가장 보람을 느낄 때는 언제인가요?

환자가 올바르게 약을 복용할 수 있도록 도와주어 치료가 잘되었을 경우 가장 기쁘죠. 약품은 우리 몸에 들어가 여러 가지 작용을 하므로 반드시 복용 방법을 따라야 합니다. 그래서 약을 드릴 때마다 복용 시간이나 주기 등을 자세히 설명해 드려요. 초·중·고등학생 및 노인을 대상으로 식품 의약품 안전처에서 권장하는 약물 안전 사용 교육을 실시하여 약에 대한 오해와 편견을 바로잡을 때에도 큰 보람을 느낍니다.

Q 하지만 힘들 때도 많지요?

물론이죠. 요즈음에는 인터넷 등에 있는 부정확한 정보를 보고 약을 잘못 복용하거나 함부로 복용하는 사람이 많아요. 저희가 자세히 설명해 드려도 믿지 않으시면 안타깝습니다.

Q 약사를 희망하는 어린이들에게 조언해 주세요.

약사가 되려면 약학과의 6년 교육 과정을 이수하거나 대학 2년 동안 생물·화학 등 관련 과목의 학점을 이수한 뒤 약학 대학 입문 자격 시험을 치러 약학 대학에 입학해야 합니다. 입학 후에는 약학에 대한 기본 이론을 배우고, 1년 동안 지역 약국이나 병원, 제약 회사 등에서 실습을 하지요. 모든 과정이 끝난 뒤에 보건 복지부에서 시행하는 약사 자격 시험에 합격해야 합니다.

약사가 되기 위한 특별한 자질이라고 할 것은 없으나 사람을 대하는 따뜻한 마음과 끈기 있게 공부하는 자세는 반드시 필요합니다. 제가 강조하는 공부는 학문뿐 아니라 사람, 새로운 것에 대한 호기심과 연구를 의미합니다. 여러분은 아직 어리기 때문에 좋아하는 일과 적성에 맞는 일을 정확하게 알 수 없을 수도 있습니다. 그러나 각각의 분야에서 오랫동안 최선을 다한다면 좋아하는 일을 찾을 수 있습니다.

김애리 님 약력
현 건국대학교병원 약제부 약무 정보 팀장
서울특별시 약사회 보험 이사
성균관대학교 임상 약학 석사

약사에 대해 알아볼까요?

 ## 약사는 어떤 직업인가요?

약으로 질병을 치료하고 회복하는 데 도움을 주는 전문가이다. 의사가 환자의 병을 치료할 약을 처방하면 그에 맞게 약을 조제하고, 먹는 방법, 부작용, 보관 방법 등을 환자에게 설명한다. 제약 회사에서 일하는 약사는 신약 개발에 참여하고, 임상 시험 전문 기관에서 근무하는 약사는 약품의 안전성을 확인한다. 보건 복지부, 보건소 같은 국가 기관에서 일하는 약사는 약품의 안전성, 유해성 등을 평가하여 안전 기준을 정한다. 또 약과 관련된 정책을 세우는 일에도 참여한다.

 ## 약사가 되는 방법을 알려 주세요.

2009년부터 약학 대학의 교과 과정이 6년제로 바뀌어 다른 학교나 학과에서 2년 동안 기초 교육을 마친 뒤 약학 대학 입문 자격 시험(PEET)을 통과하면 약학 대학 3학년에 입학할 수 있다. 약사 자격 시험에 합격하여 자격증을 취득하면 약국을 열거나 병원, 제약 회사, 화장품 회사, 연구소 등에서 일하거나 보건직 공무원으로 일한다. 의약품 특허 분야의 전문 변리사로 활동하기도 한다.

약사가 되려면?

흥미 유형
사회형
관습형

능력과 성격
사회성
책임감
꼼꼼함
언어 능력
수리 논리력
대인 관계 능력

관련 자격
약사

관련 문의 기관
대한 약사회
한국 보건 의료인 국가 시험원
한국 병원 약사회

관련 직업
한약사
보건직 공무원
약학 연구원
신약 개발 연구원

관련 학과
약학과
제약 공학과
한약학과

무엇을 준비해야 할까요?

 **필수**

의약품은 사람의 건강과 직결된 것이므로, 책임감이 강해야 해요. 약물에 대한 정확한 지식과 이해, 꼼꼼함이 필수예요.

 **중요**

의약 공부를 위해 외국어 실력을 갖추어야 해요. 일반인에게 약에 대해 쉽게 설명할 수 있도록 의사소통 능력을 길러 두세요.

 **도움**

과학과 인체, 의학 분야에서 업적을 남긴 위인에 관한 책을 많이 읽고, 봉사 활동 등을 통해 남을 배려하는 자세에 대해 생각해 보세요.

 앞으로의 전망은 어떤가요?

평균 수명이 늘어남에 따라 '건강하게 오래 살기'에 대한 사람들의 관심이 높아졌다. 특히 신약 개발에 성공하면 전 세계로 수출하여 많은 외화를 벌어들일 수 있기 때문에 성장성이 매우 높을 것으로 전망된다. 따라서 약사의 직업 전망은 매우 밝다. 식품 회사의 연구직, 공공 기관 등 다방면으로 진출할 수 있으며, 직업에 대한 사회적인 인식 수준도 높다.

 신약 개발 연구원은 어떤 일을 하나요?

신약 개발 연구원은 사람의 몸에 좋은 영향을 미치는 성분과 화합물을 찾아 기존에 없던 새로운 의약품을 개발하는 일을 한다.

서양 의학과 한의학, 아주 미세한 단위인 나노 기술, 생물 연구를 통한 바이오 기술, 정보 통신 등 여러 분야를 융합하여 효과적으로 몸이 회복될 수 있는 약을 개발한다.

생명 과학이 21세기의 경제 성장을 이끌 주요 산업으로 떠오르면서 신약 개발 연구원, 생명 과학 연구원 같은 분야의 일자리 수요가 크게 늘어날 것으로 예상된다.

최근에는 몇몇 대학에서 신약 개발학과를 개설했다.

의료 > 임상 병리사

정확한 검사로 질병의 진단과 치료를 돕는 전영민

Q 어떤 일을 하는 직업인가요?

임상 병리사는 의사의 요청에 따라 질병의 원인을 연구해요. 질병의 예방과 진단, 치료를 돕기 위해 환자의 혈액, 체액, 세포, 조직, 뇌파, 심전도, 폐 기능 같은 의학적 검사를 수행하고, 분석하는 일도 하지요.

임상 병리사는 신속하고 정확한 검사 결과를 의사에게 제공하여 환자의 상태 및 질병의 유무와 증상을 파악하는 데 활용하도록 합니다. 따라서 임상 병리는 질병의 진단 및 치료에 없어서는 안 될 중요한 분야입니다. 현대 의학의 발전과 함께 검사 기술도 첨단화, 다양화, 세분화되어 임상 병리사의 역할 및 중요성이 커지고 있지요.

Q 임상 병리사가 된 특별한 계기가 있으신가요?

어렸을 때 병원에서 의사 선생님이 병의 원인을 찾으려면 검사를 해 봐야 될 것 같다고 해서 검사실로 가 피를 뽑고 소변을 받았습니다. 검사 결과를 기다리는데 검사실에서 흰 가운을 입고 검사 장비를 다루며 일을 하는 선생님의 모습이 멋있어 보이더라고요. 관심을 가지고 찾아보니 그 선생님이 임상 병리사라는 것을 알게 되었습니다. 그 뒤로 병원에서 일하고 싶어졌어요. 여러 방법으로 검사를 하여 의심되는 질병을 찾아내고 치료를 도울 수 있다는 사실에 흥미를 가지게 되었고요. 평소에 수학과 화학 과목을 좋아해서 적성에도 맞을 것 같아 진로를 정했습니다.

전영민 님 약력

현 중앙대학교 병원 진단 검사 의학과 임상 병리사
고려대학교 병설 보건 대학,
한국방송통신대학교 정보 통계학과 졸업

Q 어떤 성격을 가진 어린이들에게 추천하고 싶으세요?

차분하여 작은 것 하나라도 놓치지 않는 꼼꼼한 성격의 친구들에게 추천합니다. 생물체 안에서 일어나는 여러 가지 화학 반응과 미생물에 호기심을 갖고 있다면 이 일을 하는 데 큰 도움이 됩니다. 평소 기계를 다루는 데 어려움이 없고 조작하는 것을 재미있어하는 친구라면 더욱 좋습니다.

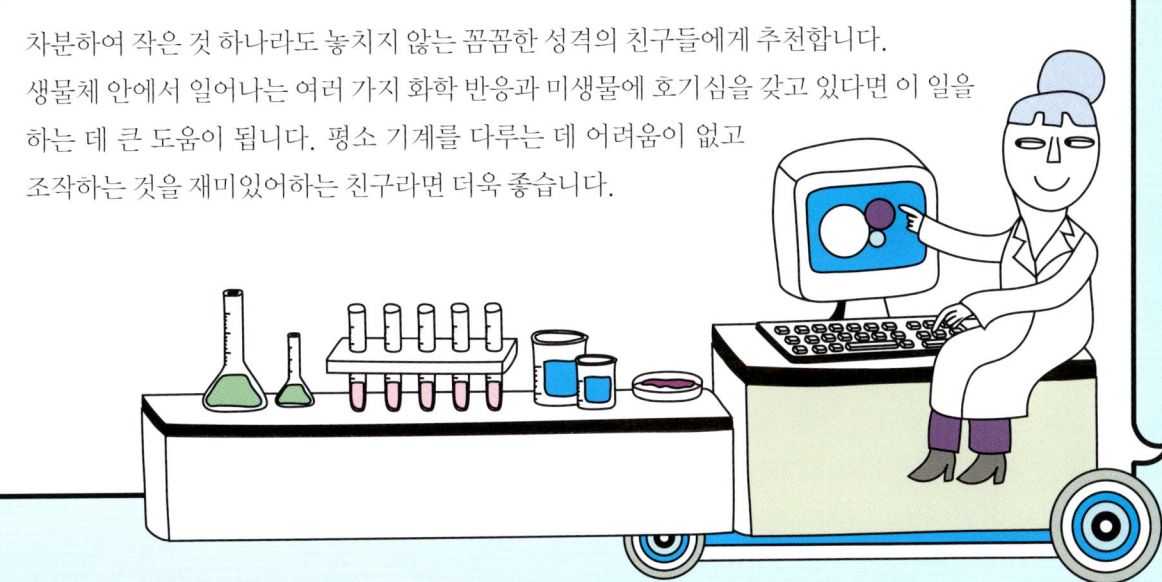

Q 힘든 점에 대해서 말씀해 주세요.

업무 도중에 일어난 실수에 대해 스트레스를 받거나 반복적인 검사 업무에 무료함을 느낄 수 있습니다. 채혈 업무, 심전도, 뇌파, 폐 기능 검사 등 환자들과 직접 대면해야 하는 부서에서 일하게 되면 예민한 환자를 대할 때에도 어려움을 겪습니다. 하지만 이러한 업무적인 스트레스와 어려움은 경험을 통해 자기만의 극복 방법을 찾을 수 있어요. 여행 등 삶에 에너지를 얻을 수 있는 취미 생활을 통해 해결할 수 있는 부분이고요.

Q 앞으로 어떻게 변화할 것이라 보시나요?

환경 요인으로 새로운 질병이 생기거나 증상이 복잡해져 검사 방법도 다양해지고 있습니다. 질병 치료에 있어서 임상 병리 검사는 더욱 중요해졌고 앞으로도 활동 영역이 넓어질 것이라고 생각합니다. 임상 병리사는 병원뿐만 아니라 기업이나 공공 기관, 제대혈* 관련 실험실, 생명 보험 회사의 심사 업무 부서, 유전자를 통한 검사 및 법의학 관련 검사 분야, 연구소, 제약 회사, 보건소 등에서 일할 수 있습니다. 실험실에서 근무하는 경우 약물에 대한 표본을 추출하거나 치료 효과를 검증하기 위하여 동물 실험과 관련된 업무를 하기도 합니다.
세포 병리 학회에서 인정하는 한국 세포 병리사 자격증을 취득하면 국제 세포 병리사 시험 자격을 얻습니다. 이 외에도 국제 임상 병리사 자격증(ASCP)을 취득하면 외국에서도 활동할 수 있어요.

*제대혈 아기가 태어날 때 산모와 태아를 잇는 탯줄에서 얻은 혈액으로, 암, 백혈병 따위의 난치병 치료에 활용됨.

임상 병리사에 대해 알아볼까요?

 임상 병리사는 어떤 직업인가요?

질병의 예방, 진단, 치료를 돕기 위하여 혈액, 소변, 피부 조직 등을 검사하고 분석하는 일을 한다. 임상 병리사의 검사 자료는 의사가 환자의 정확한 질병을 진단하고 치료 방향을 결정하는 데 매우 중요한 역할을 한다. 신약을 개발할 때 실험을 통하여 약물의 치료 효과 등을 검증하는 일도 한다. 임상 병리사는 병원에서 일하는 경우가 가장 많고, 제약 회사 연구소, 정부 기관의 보건직 공무원, 각종 검사 대행 기관 등에서도 일한다.

 **임상 병리사가 되는 방법을 알려 주세요.**

임상 병리사가 되려면 임상 병리학과가 있는 전문 대학이나 대학에서 관련 학과를 졸업한 뒤, 한국 보건 의료인 국가 시험원에서 연 1회 시행하는 임상 병리사 국가 시험에 합격해야 한다. 임상 병리사가 된 뒤에도 대한 임상 병리사 협회에서 진행하는 임상 병리 검사학 전문 교육 과정을 이수하고 자격 시험에 합격하면 혈액, 조직 세포, 임상 화학 등 분야별로 전문 임상 병리사로 활동할 수 있다.

무엇을 준비해야 할까요?

 **필수**

세포나 미생물 등을 정확하게 봐야 하므로 색맹은 지원할 수 없어요. 정확한 실험을 위해 분석적으로 사고하는 훈련이 필요해요.

 **중요**

첨단 의료 장비를 사용해야 하므로, 기계를 잘 다루는 것이 중요해요. 꼼꼼해야 하며, 인내심도 갖추어야 해요.

 **도움**

실험 결과를 정확하게 분석·전달할 수 있도록 자료를 정리하고, 남에게 명료하게 설명하는 연습을 해 두면 도움이 되어요.

앞으로의 전망은 어떤가요?

정확한 검사 결과가 병의 진단과 치료의 시작이라고 할 수 있기 때문에 임상 병리사의 역할은 갈수록 중요해지고 있다. 게다가 질병이 복잡해지고, 새로운 질병이 발생하는 것도 이러한 흐름에 영향을 주었다. 그러나 의료 기기와 자동화 장비가 임상 병리사의 업무를 대신하여 채용이 줄고, 대형 병원으로 지원자가 몰려 경쟁이 치열하므로 전문 분야를 깊이 공부하여 경쟁력을 갖추어야 한다.

아하! 그렇구나 — 세포 병리사는 임상 병리사와 무엇이 다른가요?

인체의 조직 및 세포 병리 검사 분야에 종사하는 임상 병리사 중 2년 이상의 경력을 쌓으면 대한 세포 병리학회에서 주관하는 선발 시험에 응시할 수 있다.
시험에 합격하면 약 10개월간 세포 병리 기술학 교육인 KAC(Korean Association of Cytotechnologist)를 수료하고, 세포 병리사 자격 인증을 받게 된다.
세포 병리는 여성의 자궁 경부암 검사에 활용되는 경우가 대표적이고, 조직 검사에 비하여 간편하고 부작용이 적다.

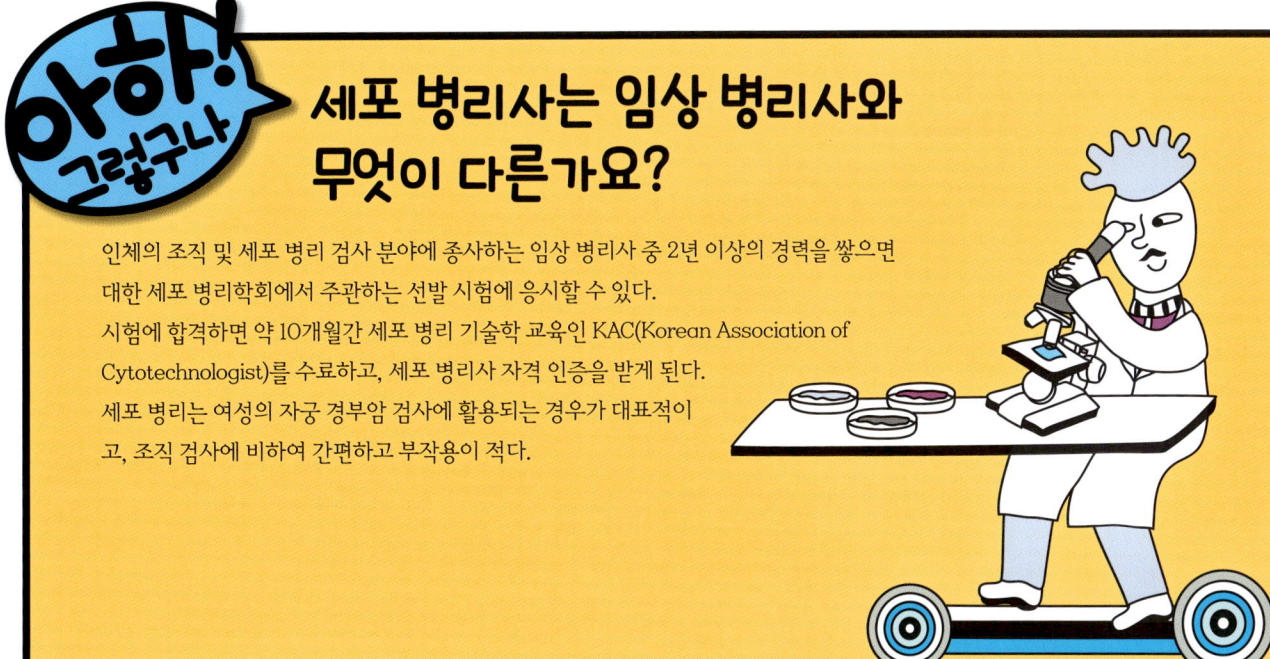

의료

방사선사

방사선 검사로 환자의 치료를 돕는 강민호

Q 방사선사가 된 계기를 말씀해 주세요.

초등학교 때 이모의 병문안을 간 적이 있었습니다. 이모께서는 수술 후 방사선 치료를 받으시고 많이 호전됐다고 말씀하셨습니다. 당시에 방사선이 좋은 일에 사용되는구나 하는 생각을 막연히 했었습니다. 이후 학교에서 방사선이 의료, 식품, 공업, 조선 등 우리 사회 전반에 두루 이롭게 이용되고 있다는 사실을 알게 되었고 흥미를 갖게 되었습니다.

Q 방사선이 뭔가요?

우리가 모르는 사이에도 우리 주변의 물체를 이루는 아주 작은 입자들은 화학 반응을 일으켜 에너지를 뿜어냅니다. 이때 나오는 에너지를 방사선이라고 해요. 짧은 시간에 많은 양의 방사선에 노출되면 매우 위험하지만 잘 사용하면 우리 생활에 쓸모가 아주 많지요. X선을 우리 몸에 통과시켜 몸에 이상이 있는 곳을 찾아내는 X선 촬영 기술이나 방사선 치료가 대표적인 예입니다.

Q 방사선사는 어떤 일을 하나요?

가장 대표적인 일은 의사의 요청에 따라 환자의 질병을 찾을 수 있도록 방사선 촬영을 하는 것입니다. 요즘은 촬영 기법과 정밀한 정도에 따라 앞서 말한 X선 촬영 외에도 CT 촬영, MRI 촬영 등을 통하여 우리 몸에 이상이 있는 곳을 발견할 수 있습니다. 방사선은 질병을 치료하는 데에도 활용되지요. 일부러 방사선을 쬐어 질병의 원인 물질을 파괴시키는 방사선 동위 원소 치료나 방사선 종양 치료도 저희 방사선사가 하는 주요 업무입니다.

음악 춤 | 미술 디자인 | 스포츠 | 방송 언론 출판 | 서비스 | IT | 교육 | 법 행정 | 경제 금융 | 공학 자연 과학

Q 과학을 좋아하는 친구들에게 적합한 직업이겠네요.

방사선학은 방사선 기기학, 방사선 물리학, 생물학, 해부학, 핵의학 등이 합쳐진 복합적인 학문입니다. 여러분이 배우는 기초 과학과 연관이 있지요. 여러분은 아직 어리므로 학교에서 배우는 교육 과정을 충실히 이행한다면 무리 없을 거예요. 방사선 전공과목은 대학에 들어와 공부해도 늦지 않아요. 특히 물리, 생물 과목에 관심이 많다면 도전해 보세요.

Q 특별히 기억에 남는 일이 있나요?

환자들이 무사히 치료를 마치고 퇴원하는 것을 보면 늘 뿌듯합니다. 그래도 가장 기억에 남는 일을 꼽자면, 엄마 배 속에서 열 달을 채우지 못하고 태어난 아기나 태어날 때부터 질병을 가지고 있어 오랜 기간 병원에서 검사를 받던 아기가 건강하게 자라는 모습을 볼 때 큰 보람을 느꼈습니다. 또 퇴원하는 환자가 "그동안 감사했습니다."라고 인사하시면 큰 힘을 얻지요.

Q 일을 하시면서 힘들 때도 있겠지요?

치료 기간이 길어서 지친 환자나 처음 발생한 질병에 새로운 병이 더해져 몸이 뻣뻣하게 굳어 버린 환자가 검사 과정 중 고통스러워하시는 모습을 보면 가슴이 아픕니다.
간혹 방사선 노출 위험을 다루는 뉴스나 신문 기사를 보시고, 막무가내로 방사선 촬영을 거부하시는 환자들이 있습니다. 질병의 원인을 찾기 위해 꼭 필요한 과정을 거부하시니까 좀 난감하지요. 이럴 때마다 방사선 촬영과 치료에 대한 의식 개선을 위해 노력해야겠다고 다짐하게 됩니다. 의료용 방사선은 정부와 식품 의약품 안전처에서 의료 기기의 방사선량을 측정·감독하고 있으므로 안심하셔도 된답니다.

강민호 님 약력
현 원광대학교 병원 방사선사
2015 전라북도 지사 표창
전라북도 방사선사 협회 재무 부장, 복지 부장
원광대학교 병원 환자 보호자 대상 웃음 치료사

방사선사에 대해 알아볼까요?

방사선사는 어떤 직업인가요?

방사선 장비를 다루어 질병이나 몸의 이상 증상의 원인을 찾고 환자의 상태를 기록 관리한다. 방사선 촬영 장비는 자칫 잘못 다루면 몸에 해를 줄 수 있으므로 전문 지식과 기술을 갖추어야 한다. 하는 일에 따라 엑스선 촬영 검사(X-ray), 컴퓨터 단층 촬영 검사(CT), 자기 공명 영상 촬영 검사(MRI) 등으로 환자의 상태를 정밀하게 진단하는 진단 방사선사, 방사선을 이용하여 암을 치료하는 치료 방사선사, 방사성 동위 원소를 이용하여 환자를 검사·치료하는 핵의학 방사선사로 나뉜다.

 방사선사가 되는 방법을 알려 주세요.

방사선학과를 졸업하고 한국 보건 의료인 국가 시험원에서 시행하는 방사선사 자격 시험에 합격해야 한다. 방사선학과에서는 기초 의학을 비롯하여 방사선사가 되기 위해 필요한 이론 교육을 받는다. 방사선사 면허를 취득하면 대학 병원, 치과 병원, 보건소 등의 진단 방사선과, 치료 방사선과, 핵의학과 등에 취업하거나 대학원, 보건 공무원 및 연구직, 방사선 관련 기기 생산업체로 진출할 수 있다.

 ## 무엇을 준비해야 할까요?

첨단 장비를 조작해야 하므로 기계를 잘 다루는 능력이 필요해요. 의학 용어를 이해할 수 있는 전문 지식도 공부해야 하고요.

의료진과 의료 정보 및 환자의 상태를 논의할 수 있도록 의사소통 능력과 대인 관계 능력이 중요해요. 환자를 위한 배려심도 중요하지요.

의료 관련 기관에서 시행하는 진로 체험 활동에 참가하여 방사선사의 일을 미리 경험해 보세요.

 ## 앞으로의 전망은 어떤가요?

몇 년 사이 신규 방사선사 면허 취득자 수가 늘어 방사선사 취업 경쟁이 전보다 심해졌다. 하지만 그만큼 사람들의 건강에 대한 관심과 국가 건강 검진 혜택도 늘어 전문 병원이나 건강 검진 센터의 방사선사 채용이 늘어난 상황이다. 방사선사는 사소한 실수에도 위험한 상황을 불러올 수 있지만 근무 시간이 규칙적이고, 스트레스 수준이 높지 않아 앞으로 경쟁과 수요가 동시에 늘 것으로 예상된다.

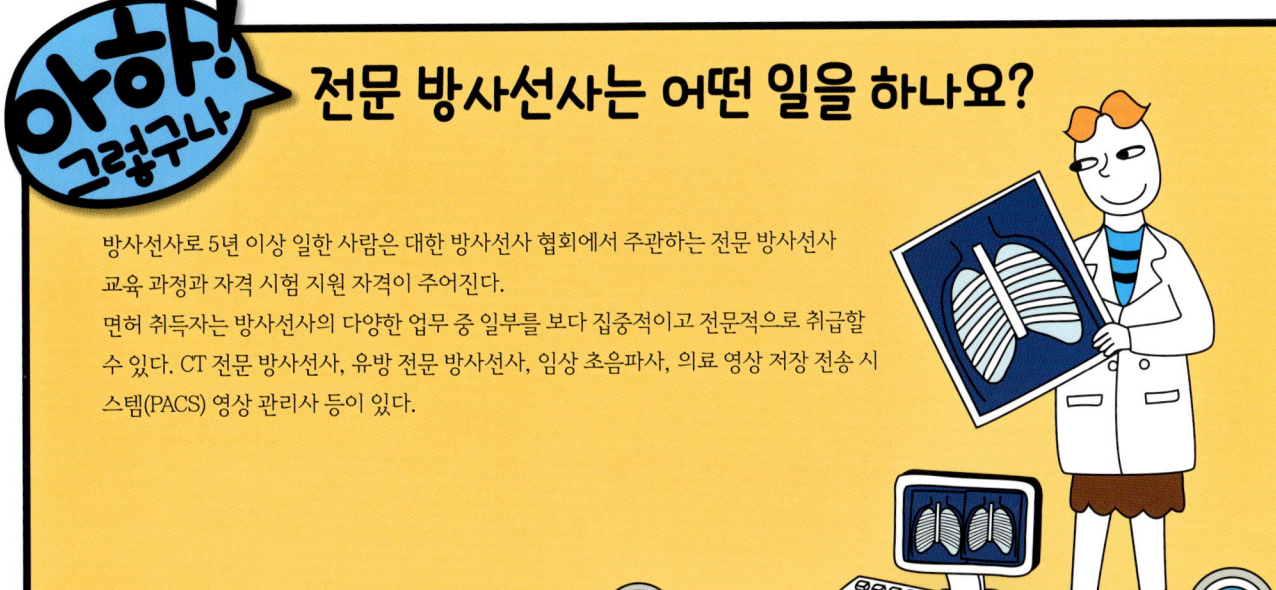

아하! 그렇구나 전문 방사선사는 어떤 일을 하나요?

방사선사로 5년 이상 일한 사람은 대한 방사선사 협회에서 주관하는 전문 방사선사 교육 과정과 자격 시험 지원 자격이 주어진다.

면허 취득자는 방사선사의 다양한 업무 중 일부를 보다 집중적이고 전문적으로 취급할 수 있다. CT 전문 방사선사, 유방 전문 방사선사, 임상 초음파사, 의료 영상 저장 전송 시스템(PACS) 영상 관리사 등이 있다.

의료

물리 치료사

아픈 사람의 재활을 돕는 김인식

Q 아내와 두 자녀 모두 물리 치료사로 활동하신다고 들었습니다.

아내와는 대학교에서 만나 결혼했습니다. 아내와 저는 물리 치료사로 일했고 두 자녀를 가졌죠. 자식들에게 물리 치료사를 강요한 적은 없습니다. 아마 자라면서 저희를 보고 많이 느낀 게 있겠죠. 저희가 일을 통해 느끼는 보람을 아이들도 어깨너머로 느꼈기 때문이 아닐까 생각됩니다. 그만큼 물리 치료사는 매력 있는 직업이라고 생각합니다.

Q 구체적으로 어떤 일을 하시나요?

의료 기사에 관한 법률에서 물리 치료사는 온열 치료, 전기 치료, 광선 치료, 물을 이용한 치료, 기계 및 기구 치료와 마사지, 기능 훈련, 신체 교정 운동 및 재활 훈련을 하는 사람으로 명시되어 있습니다. 이에 필요한 기기, 약품의 사용 및 관리, 그 밖의 물리 요법적 치료 업무를 한다고 되어 있지요. 법률에서 규정한 것처럼 물리 치료사는 도구와 신체를 이용한 여러 가지 물리 요법적 치료를 하는 사람입니다. 환자에 따라서 어린이와 성인으로 분류하고, 환자의 상태에 따라 신경계 손상 환자와 정형계 손상 환자로 구분하여 치료하지요. 각 환자마다 접근법과 치료법이 다르기 때문에 물리 치료사는 매일 공부하고 노력해야 하는 고난이도 전문직입니다.

김인식 님 약력
현 충청북도 괴산군 보건소 물리 치료실장
한라의원, 충일의원, 연풍면 보건 지소 물리 치료실장

음악 춤 | 미술 디자인 | 스포츠 | 방송 언론 출판 | 서비스 | IT | 교육 | 법 행정 | 경제 금융 | 공학 자연 과학

물리 치료사가 되기 위해서는 어떤 자질이 필요한가요?

물리 치료사에게는 환자를 잘 관찰하여 환자가 느끼는 불편함을 알아채는 통찰력이 필요합니다. 환자가 말하는 고통과 어려운 점을 들어 줄 수 있는 상담 능력도 있어야 하고요. 그리고 무엇보다 치료를 하기 위해 항상 밝고 긍정적인 성격이 필요하지요. 부정적이고 어두운 사람이 환자를 치료한다면 환자의 기분도 우울하게 될 것이 분명하니까요.

물리 치료사의 치료 과정은 환자의 성격과 상태에 따라 달라지므로, 꾸준히 노력하는 성격이 일을 하기에 유리합니다. 강압적이고 사무적인 태도보다는 남을 배려하는 자세도 중요하지요. 환자가 물리 치료사를 신뢰해야 치료가 원활하게 이루어지고, 더 좋은 결과를 낼 수 있습니다. 그러려면 물리 치료사의 말과 태도도 사람들에게 믿음을 줄 수 있어야 할 것입니다.

 요새 환자가 많이 늘었다고요?

오늘날은 컴퓨터나 스마트폰을 이용하여 많은 일을 앉아서 처리하는 시대입니다. 그에 따라 목이나 어깨 결림 등으로 고생하는 컴퓨터 단말기(VDT) 증후군, 척추 질환 환자가 늘어났습니다. 또 노인 인구가 증가하여 노인 물리 치료가 중요해졌습니다. 위급한 신생아를 살리거나 조산아, 유전적 희귀 질환을 앓는 어린이를 위한 치료도 늘어났고요. 수술적인 치료는 최후의 수단이므로 비수술적인 물리 치료에 대한 수요가 증가하는 추세입니다.

Q 물리 치료사로서의 꿈은 무엇인가요?

물리 치료사로 일하면서 최종 목표는 어렸을 적 꿈꿨던 것처럼 일할 수 있을 때까지 아픈 사람을 치료하는 것입니다. 물리 치료사는 치료 기술이나 관련 지식이 큰 재산인 전문직이므로 끊임없이 노력하면 충분히 가능하다고 생각합니다. 만약 물리 치료사가 되고 싶은 어린이가 있다면 두려워 말고 도전하여 제가 느끼는 보람과 기쁨을 느껴 보면 좋겠습니다. 누군가에게 신뢰받고 아픔을 치유해 줄 수 있다는 것은 큰 축복이고 무척 보람된 일이기 때문이지요. 물리 치료사가 되는 데는 재능보다는 노력이 큰 비중을 차지하므로 열정이 있다면 도전해 보기를 바랍니다.

물리 치료사에 대해 알아볼까요?

물리 치료사는 어떤 직업인가요?

의사의 진단과 처방에 따라 통증이나 신체의 기능 장애를 겪는 환자의 치료를 맡는다. 운동 요법이나 각종 기구를 활용한 물리 치료로 환자의 몸 상태를 정상적으로 회복시키는 것이다. 치료에 들어가기 전 관절 운동 검사, 근력 검사, 보행 검사 등으로 환자의 상태, 신체 기능을 평가하고, 결과를 의료진과 상의하여 치료 방향을 논의한다. 물리 치료 방법에는 전기 광선 치료, 열 치료, 약품 치료 등 다양한 방법이 있다.

물리 치료사가 되는 방법을 알려 주세요.

3년제 전문 대학, 4년제 대학에 개설되어 있는 물리 치료학과에 진학하면 업무에 필요한 전반적인 교육을 받을 수 있다. 졸업 후에는 물리 치료사 국가 자격 시험을 통과하여 면허를 취득해야 한다. 다양한 의료 기관의 물리 치료실에서 근무하는 경우가 많다. 그 외에도 보건소, 재활 병원, 종합 복지관, 노인 요양 시설, 체육 관련 시설 등에서 일한다.

무엇을 준비해야 할까요?

 **필수**

몸이 불편하여 어려움을 겪는 환자를 상대하기 때문에 이해심과 인내심, 원만한 대인 관계 능력이 반드시 필요하지요.

 **중요**

환자의 말을 잘 듣고, 수시로 상태를 점검하는 꼼꼼함이 필요해요. 아픈 사람을 대하므로 남을 배려하는 마음과 봉사 정신도 중요하고요.

 **도움**

다양한 체험 프로그램, 리더십 캠프에 참여하여 많은 사람의 말을 듣고 자신의 의견을 말하는 훈련을 해 보세요.

앞으로의 전망은 어떤가요?

노인 인구 증가, 산업 재해 및 교통사고 환자가 늘어남에 따라 일자리 전망은 비교적 밝은 편이다. 특히 노인 물리 치료 서비스에 대한 정부의 복지 정책, 활동적인 스포츠와 레저 문화 확산에 따른 부상자 증가 등으로 인하여 앞으로 수요가 계속 늘어날 것으로 보인다. 의료 복지가 잘되어 있는 선진국의 경우 물리 치료사의 사회적 지위가 좋은 편인데 앞으로 우리나라에서도 이러한 방향으로 변화할 것으로 예상된다.

아하! 그렇구나 작업 치료사는 어떤 일을 하나요?

정신적으로 문제가 있거나 발달 과정에서 장애를 입은 환자가 정상적인 생활을 할 수 있도록 돕는 일을 한다. 상담자의 상태를 확인하고 필요한 활동 과정을 선택하여, 독립적이고 만족스러운 삶을 살아갈 수 있도록 돕는다. 일상생활 동작 훈련, 신체 기능 증진 훈련, 지각 기술 훈련, 정신 사회적 지각 훈련 등을 통해 건강을 증진시킨다.

의료 > 응급 구조사

위급한 환자의 생명을 구하는 황재준

Q 응급 구조사가 된 계기가 있으신가요?

중학교 때까지 유도를 했는데 고등학교 진학을 앞두고 훈련 중 부상을 당하였습니다. 당시에는 작은 부상이라도 운동을 쉬어야 하는 상황이면 운동 특기생 진학이 어려웠습니다. 결국 운동을 접고, 일반 고등학교로 진학하게 되었습니다.
고등학교 시절에 우연히 응급 구조사에 대해 알게 되었습니다. 환자에게 가장 도움이 필요한 위급 상황에서 초기 응급 처치를 담당하는 응급 구조사의 일이 매우 매력적이라고 생각했지요. 그래서 응급 구조사에 대해 관심을 가지기 시작했습니다.

Q 구체적으로 어떤 일을 하시나요?

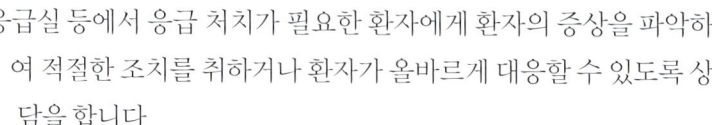

저는 공무원 시험에 합격하여 소방서 구급대원으로 근무하고 있습니다. 심정지 같은 위급한 상태의 환자가 발생하면 출동하여 응급 처치를 하거나 병원까지 안전하게 호송합니다. 교통사고, 산업 재해 현장에서 구조된 사람의 상태를 확인하고 응급 처치를 하기도 합니다. 많은 사람이 응급 구조사 하면 저처럼 구급차를 타고 위급한 환자를 병원으로 호송하는 사람이라고 생각할 텐데 그 밖에도 사회 곳곳에서 많은 일을 수행하고 있습니다. 산업체에 속한 의무실, 체육 시설, 규모가 큰 행사장, 병원 응급실 등에서 응급 처치가 필요한 환자에게 환자의 증상을 파악하여 적절한 조치를 취하거나 환자가 올바르게 대응할 수 있도록 상담을 합니다.

황재준 님 약력

현 통영소방서 119 안전 신고 센터 구조·구급 담당
포항 선린 병원 진료부 응급 구조사
선린대학교 응급 구조과 졸업

- 음악 춤
- 미술 디자인
- 스포츠
- 방송 언론 출판
- 서비스
- IT
- 교육
- 법 행정
- 경제 금융
- 공학 자연 과학

Q 보람을 느낄 때가 자주 있을 것 같습니다.

응급 구조사는 의학적 지식을 바탕으로 현장에서 빠르게 판단해 환자에게 적절한 응급 처치를 제공합니다. 현장에서 환자의 상태를 확인하고 적절한 처치를 하여 환자가 좋아지는 모습을 보았을 때 또는 환자가 심정지 상황에서 처치로 인해 깨어났을 때 큰 보람을 느낍니다. 또 제가 도움을 드렸던 분께서 안전 센터에 찾아와 고맙다고 인사해 주실 때에는 정말 기쁩니다.

Q 어떤 상황이 가장 힘든가요?

고독사, 자살 등 자신의 삶의 무게를 버티지 못하거나 가족이나 돌봐 줄 사람이 없이 혼자 생을 마감한 분들을 보면 마음이 많이 안 좋습니다. 우리 사회의 어두운 면을 종종 접하는데 개인주의 및 집단 이기주의 같은 사회의 문제 현장에 다녀온 경우에는 힘이 들 때가 있습니다.

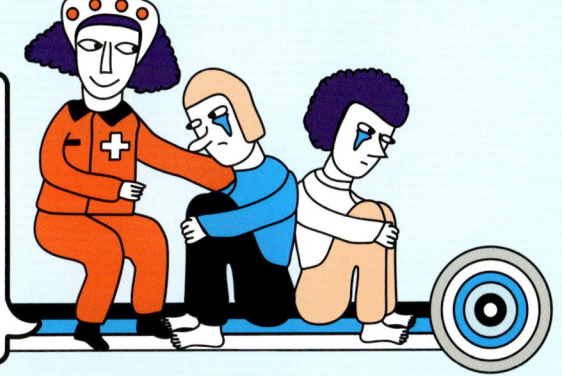

Q 인생 멘토가 있으신가요?

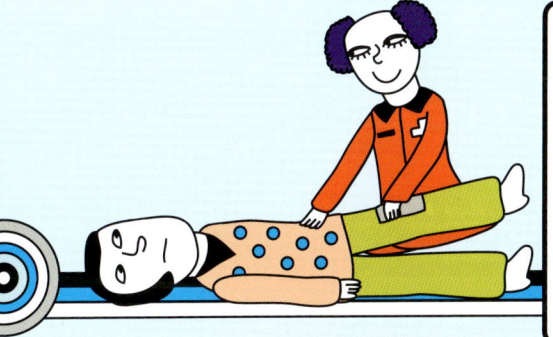

어머니입니다. 저희 어머니께서는 제가 어렸을 때부터 시장에서 작은 식당을 운영하셨습니다. 어머니의 검소하고 부지런하며 겸손한 모습을 보고 자라 많이 배울 수 있었습니다. 응급 구조사로 살아가는 제게 어머니의 모습은 많은 도움이 됩니다. 환자를 대할 때 겸손한 마음을 갖고 말 한마디도 조심하게 되지요.

Q 응급 구조사를 꿈꾸는 어린이들에게 조언해 주세요.

응급 구조사의 가장 큰 장점과 단점은 바로 '내 손으로 위급한 환자를 살릴 수 있다!'입니다. 장점으로 보면 '살릴 수 있다!'지만 적절한 조치를 취하지 못했을 때에는 그 반대의 상황이 되지요. 자신의 손으로 소중한 생명을 구하는 직업, 절박한 상황에서 나의 도움이 필요한 누군가에게 도움을 줄 수 있는 직업은 사회에 꼭 필요하며 무척 아름다운 직업이라고 생각합니다.
힘든 일을 하더라도 긍정적인 생각으로 자신의 직업을 사랑하고 일을 즐긴다면 그 어떤 사람보다 행복할 것입니다. 행복은 자신의 마음가짐에 달려 있습니다.

응급 구조사에 대해 알아볼까요?

응급 구조사는 어떤 직업인가요?

사고나 재해 현장 등에서 응급 환자가 발생하면 출동하여 적절하게 응급 처치를 하고, 환자를 병원으로 데려가는 일을 한다. 이동하는 중에는 의사의 지시를 받아 조치를 취한다. 응급 구조사가 취한 처치는 반드시 의사에게 전달해야 한다. 평소에는 차량과 장비의 안전 점검을 실시하고, 의료용품 점검 및 교체, 통신 장비 점검 같은 관리 업무를 본다. 응급 구조사는 등급에 따라 할 수 있는 일이 법적으로 제한되어 있다.

응급 구조사가 되는 방법을 알려 주세요.

응급 구조사가 되려면 반드시 국가에서 인정하는 자격증을 취득해야 한다. 대학에서 응급 구조학과를 졸업하면 1급 응급 구조사 시험 응시 자격을 얻는다. 소방 학교, 국군 의무 학교, 평생 교육원 등에서 응급 구조사 양성 과정을 수료하면 응급 구조사 2급 시험을 볼 수 있고, 실무 현장에서 경력을 3년 이상 쌓으면 1급 시험을 치를 수 있다. 119 구급대, 큰 병원의 응급실, 응급 의료 정보 센터 등에서 일할 수 있다.

무엇을 준비해야 할까요?

 **필수**

위급한 상황에서 긴급하게 일해야 하는 경우가 많아 순발력, 정확한 판단력, 침착하게 대처할 수 있는 문제 해결 능력이 꼭 필요해요.

 **중요**

남을 배려하는 마음, 봉사 정신을 가져야 해요. 또 긴장감과 스트레스를 이겨 낼 수 있는 인내심과 자기 통제 능력도 중요해요.

 **도움**

간단한 의학 지식과 응급 처치 요령 등을 공부해 두면 도움이 되어요. 체험 프로그램에서 미리 응급 구조사의 일을 체험해 보는 것도 좋아요.

앞으로의 전망은 어떤가요?

사회가 복잡해지고, 일반인들의 여가 시간이 늘어 과거에 비하여 각종 안전사고가 많아졌다. 이러한 변화를 반영하듯 과거에 비해 응급 구조사 수요가 많이 늘어난 추세이다. 현재 전 사회적으로 응급 처치의 중요성과 응급 구조사를 늘리는 것에 대한 요구가 늘어 앞으로의 직업 전망이 밝을 것으로 예상된다. 하지만 응급 환자를 상대하고 긴박하게 일을 처리해야 하므로 업무 난이도는 비교적 높다.

119 구급대에 대해 알아볼까요?

119 구급대는 위급한 상황에서 사람의 생명과 재산을 구하기 위하여 필요한 장비를 갖추고, 소방 공무원으로 편성된 조직이다. 국민 안전처에 소속되어 24시간 교대로 근무하며 우리나라 국민의 안전과 생명을 지키기 위하여 노력한다.

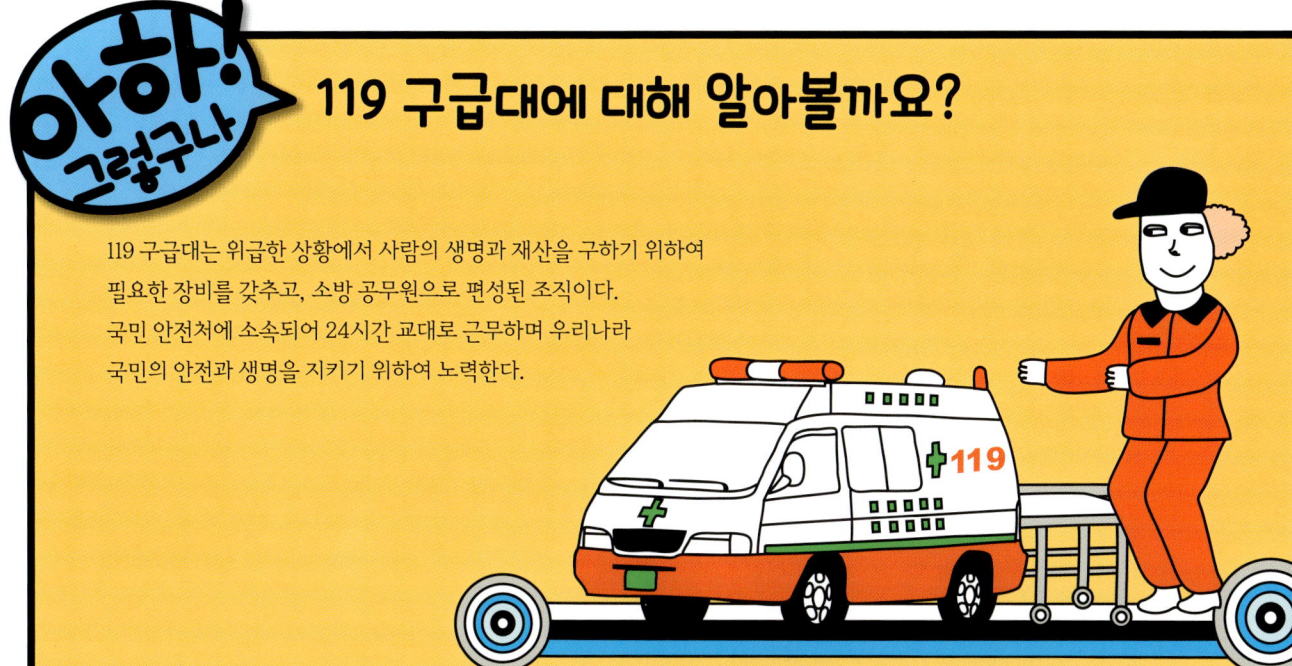

수의사

동물들의 건강을 책임지는 김준회

Q 어린 시절의 꿈에 대해서 말씀해 주세요.

어린 시절을 시골의 산과 들, 냇가에서 하루 종일 뛰어놀면서 보냈습니다. 매일같이 새로운 놀잇거리를 찾아 친구들과 지내는 게 너무나 즐겁고 행복했습니다. 그래서 어른이 되어도 시골에 살면서 여유 있게 시골의 정취를 느끼며 사는 목가적인 삶을 살고 싶다는 꿈을 가지게 되었습니다. 지금은 비록 도시에 살고 있지만 아직도 그 꿈을 잃지 않고 있지요.

Q 수의사가 된 특별한 이유는 무엇인가요?

평소 책 읽는 것을 좋아하는데, 중학교 때 영국의 제임스 헤리어트라는 수의사가 쓴 《아름다운 이야기》라는 책을 읽은 적이 있습니다. 시골에서 양과 소를 돌보며 진료한 동물들과 주변 사람들의 일상을 담은 내용이지요. 그 수의사의 삶이 제가 평소 꿈꾸던 모습과 비슷해서 그때부터 수의사라는 직업을 막연히 동경하게 되었습니다. 그러다가 대학 진학을 앞두고 전공과목을 선택할 시기에 아버지께서 친구인 수의사 선생님을 한 분 소개해 주셨습니다. 그분께 직업에 대한 자세한 설명과 전망을 듣고, 주저 없이 수의학과에 진학하여 수의사가 되었습니다.

김준회 님 약력

현 우리동물병원 대표 원장
2011 세계 소동물 수의사 총회(WSAVA) 참관
소동물 임상 수의학회, 소동물 병원 협회 회원
충북대학교 수의과 대학 졸업

Q 수의사에 대해 자세히 소개해 주세요.

수의사는 동물에 관한 질병의 증상과 예방, 공중 보건, 사람과 동물 모두에게 감염될 수 있는 전염병 등에 관한 의학 기술을 배운 전문인입니다. 흔히 동물 병원에서 애완동물, 특수 동물, 산업 동물 등을 진료하는 임상 수의사를 생각하지만 그 외에 축산업 관리, 검역, 식품 의약품 안전처 등에서 일하는 공무원, 제약 회사, 의학 관련 연구원, 교수 등으로 일하는 사람도 많습니다.

Q 어떤 준비를 해야 하나요?

일반 의사와 같이 의학을 공부해야 합니다. 생명을 책임지는 일을 해야 하기 때문에 무거운 책임감과 오랜 시간 어려운 공부를 해야 하는 인내심이 필요합니다. 물론 공부도 잘해야 되고요. 단순히 동물을 좋아해서 수의학을 선택했다가 후회하고 힘들어하는 분을 많이 보았습니다. 또한 최신 의학과 진단 기술 등을 끊임없이 익혀야 하기 때문에 늘 열린 마음으로 노력하는 자세도 필요합니다.

Q 동물을 대할 때 어려움은 없으신가요?

동물은 말을 못하지만 그들만의 방법으로 감정 표현을 합니다. 아픈 동물이 병원에서 치료를 받은 뒤 밝은 표정을 지을 때, 그 모습을 보고 기뻐하는 보호자를 보면 저도 덩달아 기분이 좋아집니다. 특히 외롭게 지내시는 분들 중에 함께 사는 동물에 의지하시는 분이 많은데 이런 분들의 동물을 치료해 주면서 그분들이 행복해하는 모습을 볼 때면 큰 보람을 느낍니다.

Q 앞으로의 전망은 어떻게 보시나요?

노령화, 핵가족화가 큰 사회적 문제로 떠오르면서 외롭게 살아가는 사람 가운데 반려동물을 통해 외로움을 달래려는 사람이 늘어나고 있습니다. 그에 따라 수의사에 대한 관심과 수요도 점점 늘고 있습니다. 다른 선진국에서는 수의사가 유망한 직종이지요.
만약 미래에 수의사가 되겠다고 생각하는 어린이가 있다면 좀 더 구체적이고 현실적으로 생각해 보기를 바랍니다. 단순히 동물을 좋아해서 수의사가 되겠다고 생각하기보다는 필요한 조건이나 전망, 힘든 점 등에 대해 구체적으로 살펴본 뒤 접근하고 노력하면 목표를 이루는 데 도움이 될 것입니다. 또 임상 수의사가 아닌 다른 직종의 수의사에 대해서도 같이 알아보면 진로 선택에 도움이 될 거예요.

수의사에 대해 알아볼까요?

수의사는 어떤 직업인가요?

수의사는 애완동물에서 희귀 동물까지 동물의 병을 예방·진단·치료하고 연구하는 일을 한다. 사람을 치료하는 의사와 같이 수의사도 야생 동물을 돌보는 수의사, 돌고래 같은 수생 동물을 돌보는 수의사 등 분야가 나뉜다. 동물을 치료하는 일 외에도 동물의 건강을 지켜 줄 신약을 개발하고, 영양 상태를 관리하고, 가축이 전염병에 걸리지 않도록 예방 접종과 방역 활동도 한다. 동물로부터 발생한 전염병의 발생 원인과 전염 경로를 조사하기도 한다.

수의사가 되는 방법을 알려 주세요.

수의사가 되려면 대학에서 6년 과정의 수의학을 전공해야 한다. 수의학과에서는 해부학, 약리학 등 동물 의료 관련 기초 과목을 비롯하여 진단과 치료를 위한 전문 실습 교육을 한다. 수의사 면허를 취득하면 동물 병원을 열거나 축산물 유통 회사, 사료 회사 등에 취업할 수 있고 농림 축산 검역 본부, 수의직 공무원, 유전 및 생명 공학 관련 연구소 등으로 진출할 수도 있다.

수의사가 되려면?

- **흥미 유형**: 사회형
- **능력과 성격**: 수리 논리력, 관찰력, 문제 해결력, 침착성, 인내력
- **관련 자격**: 수의사, 가축 인공 수정사
- **관련 문의 기관**: 대한 수의사회, 농림 축산 검역 본부, 한국 동물 병원 협회
- **관련 직업**: 공중 방역 수의사, 임상 수의사, 동물 간호사
- **관련 학과**: 수의학과

무엇을 준비해야 할까요?

 **필수**

동물을 이해하는 마음가짐, 동물을 세심하게 관찰하는 능력, 정확한 판단과 문제 해결 능력을 반드시 갖추어야 해요.

 **중요**

정밀한 수술을 할 수 있도록 정교하고 꼼꼼한 손재주가 있어야 하지요. 동물의 특성과 치료에 대한 풍부한 의학적 지식도 갖추어야 해요.

 **도움**

동물원 체험 프로그램에 참여해 보거나 다양한 동물의 특성을 다룬 과학 도감, 희귀한 생물 분야의 책을 읽어 두면 도움이 되어요.

앞으로의 전망은 어떤가요?

요즈음 반려동물과 함께 살면서 삶의 위안을 얻으려는 사람이 많아짐에 따라 애완동물의 건강을 관리할 수 있는 수의사의 일자리가 늘어날 것으로 예상된다. 또 가축의 전염병이 국민 건강에 직결되는 만큼 검역과 방역 관련 정책이 늘어나고 있어 직업 전망은 밝은 편이다. 한편, 말을 할 수 없는 동물을 대하는 것은 일을 하면서 어려움으로 작용할 수 있어 신중히 고려하여 직업을 선택해야 한다.

아하! 그렇구나 - 동물과 관계있는 직업에는 어떤 것이 있나요?

애완동물 미용사

애완동물의 털을 깎거나 염색하여 예쁘게 단장하거나 목욕, 귀 청소, 발톱 손질 같은 청결 관리를 한다.

공중 방역 수의사

국가와 지방 자치 단체에 속한 소, 돼지, 닭 같은 가축의 전염병 발생을 막고, 축산업 발전 등과 관련된 일을 한다. 수의사 면허가 필요하다.

정보 보안 전문가

사이버 공간의 지킴이, 정태명

Q 정보 보안 전문가가 된 특별한 계기가 있나요?

미국 BBN 연구소에서 네트워크 관리 연구를 할 때 인터넷 보안이 취약하다는 사실을 알게 되었습니다. 그리고 1995년에 한국에 돌아와 정보 보호에 관한 연구를 할 기회가 생겼습니다. 당시는 우리나라가 컴퓨터 및 인터넷 정보 보호 산업의 태동기라고 할 수 있는 시기였습니다. 그래서 침입 탐지 시스템에서 시작해 전용 통신 체계를 사용하는 VPN 등 보안 시스템을 개발하면서 흥미와 필요성을 실감하기 시작했습니다.

Q 정보 보안 전문가는 어떤 일을 하는지 소개해 주세요.

기업의 보안 관리 및 상담, 보안 프로그램 연구 및 개발 등 다양하지만 이러한 작업들은 모두 같은 뿌리로 이어져 있습니다. 안전한 정보 사회를 만들기 위한 일이라는 것이지요. 다른 사람의 컴퓨터 시스템에 몰래 접속하여 자료, 개인 정보 등을 파괴하고, 훔치는 불법 행위를 해킹이라고 하는데, 요즈음에는 해킹으로 인한 피해가 늘고, 수법도 정교해지고 있습니다. 저 같은 정보 보안 전문가는 컴퓨터와 인터넷을 해커로부터 보호하고, 전산 작업을 안전하게 처리할 수 있도록 합니다. 앞으로는 컴퓨터뿐만 아니라 자동차, 의료 기기, 로봇 등 모든 기기를 보호하는 업무로 확대될 것이라 예상합니다.

정태명 님 약력

현 성균관대학교 소프트웨어학과 학과장 겸 교수
현 정보 통신 전략 위원회 위원 겸 융합 분과 위원장
현 OECD 정보 보호 작업반 부의장
현 한국 개인 정보 관리 책임자(CPO) 포럼 회장

음악 춤 / 미술 디자인 / 스포츠 / 방송 언론 출판 / 서비스 / 의료 / 교육 / 법 행정 / 경제 금융 / 공학 자연 과학

무엇을 준비해야 할까요?

 **필수**

동물을 이해하는 마음가짐, 동물을 세심하게 관찰하는 능력, 정확한 판단과 문제 해결 능력을 반드시 갖추어야 해요.

 **중요**

정밀한 수술을 할 수 있도록 정교하고 꼼꼼한 손재주가 있어야 하지요. 동물의 특성과 치료에 대한 풍부한 의학적 지식도 갖추어야 해요.

 **도움**

동물원 체험 프로그램에 참여해 보거나 다양한 동물의 특성을 다룬 과학 도감, 희귀한 생물 분야의 책을 읽어 두면 도움이 되어요.

앞으로의 전망은 어떤가요?

요즈음 반려동물과 함께 살면서 삶의 위안을 얻으려는 사람이 많아짐에 따라 애완동물의 건강을 관리할 수 있는 수의사의 일자리가 늘어날 것으로 예상된다. 또 가축의 전염병이 국민 건강에 직결되는 만큼 검역과 방역 관련 정책이 늘어나고 있어 직업 전망은 밝은 편이다. 한편, 말을 할 수 없는 동물을 대하는 것은 일을 하면서 어려움으로 작용할 수 있어 신중히 고려하여 직업을 선택해야 한다.

아하! 그렇구나 - 동물과 관계있는 직업에는 어떤 것이 있나요?

애완동물 미용사

애완동물의 털을 깎거나 염색하여 예쁘게 단장하거나 목욕, 귀 청소, 발톱 손질 같은 청결 관리를 한다.

공중 방역 수의사

국가와 지방 자치 단체에 속한 소, 돼지, 닭 같은 가축의 전염병 발생을 막고, 축산업 발전 등과 관련된 일을 한다. 수의사 면허가 필요하다.

정보 보안 전문가

사이버 공간의 지킴이, 정태명

Q 정보 보안 전문가가 된 특별한 계기가 있나요?

미국 BBN 연구소에서 네트워크 관리 연구를 할 때 인터넷 보안이 취약하다는 사실을 알게 되었습니다. 그리고 1995년에 한국에 돌아와 정보 보호에 관한 연구를 할 기회가 생겼습니다. 당시는 우리나라가 컴퓨터 및 인터넷 정보 보호 산업의 태동기라고 할 수 있는 시기였습니다. 그래서 침입 탐지 시스템에서 시작해 전용 통신 체계를 사용하는 VPN 등 보안 시스템을 개발하면서 흥미와 필요성을 실감하기 시작했습니다.

Q 정보 보안 전문가는 어떤 일을 하는지 소개해 주세요.

기업의 보안 관리 및 상담, 보안 프로그램 연구 및 개발 등 다양하지만 이러한 작업들은 모두 같은 뿌리로 이어져 있습니다. 안전한 정보 사회를 만들기 위한 일이라는 것이지요. 다른 사람의 컴퓨터 시스템에 몰래 접속하여 자료, 개인 정보 등을 파괴하고, 훔치는 불법 행위를 해킹이라고 하는데, 요즈음에는 해킹으로 인한 피해가 늘고, 수법도 정교해지고 있습니다. 저 같은 정보 보안 전문가는 컴퓨터와 인터넷을 해커로부터 보호하고, 전산 작업을 안전하게 처리할 수 있도록 합니다. 앞으로는 컴퓨터뿐만 아니라 자동차, 의료 기기, 로봇 등 모든 기기를 보호하는 업무로 확대될 것이라 예상합니다.

정태명 님 약력

현 성균관대학교 소프트웨어학과 학과장 겸 교수
현 정보 통신 전략 위원회 위원 겸 융합 분과 위원장
현 OECD 정보 보호 작업반 부의장
현 한국 개인 정보 관리 책임자(CPO) 포럼 회장

Q 가장 보람을 느낄 때는 언제인가요?

저는 지금 대학교에서 제자들을 가르치면서 함께 연구를 하고 있어요. 제자들과 함께 '침입 탐지 시스템'이나 '정보 보안 취약점 분석 시스템' 등을 개발해 내고, 현장에서 활용하는 것을 볼 때 가장 뿌듯합니다. 졸업한 제자들이 사회에서 정보 보안 전문가로 활약하는 모습을 보는 것도 큰 기쁨이고요. 건전한 사이버 사회를 만드는 데 도움이 될 수 있도록 건강과 기술을 가진 것에 감사합니다. 지금도 같은 일을 하는 전문가들과 함께 문제점과 개선 방향에 대해 논의하는 시간이 무척 즐겁답니다.

Q 반대로 가장 어려운 부분은 무엇인가요?

해킹 사건이 발생해서 정보 보안 전문가들이 전전긍긍하고, 때로 징계를 받는 경우 마음이 아픕니다. 또 인터넷 사용자들이 정보 보안의 중요성을 간과해 사고가 나거나 앞으로 일어날 우려가 있는데도 방치하는 경우를 보면 안타깝습니다. 사실상 정보 보안은 참여자 모두가 관심을 갖고 동참해야 해요. 남의 일처럼 생각하는 사람들 때문에 사고가 발생할 때 보안 전문가들은 힘들어지죠. 무엇보다도 힘든 것은 연구하고 개발하는 기술이 여러 이유로 결과를 만들어 내지 못하고 제자리걸음을 할 때입니다.

Q 정보 보안 전문가가 되고자 하는 어린이들에게 조언 부탁드려요.

정보 보안 전문가가 되려면 컴퓨터와 인터넷에 대한 지식이 해박해야 합니다. 특별한 자질을 요구하지는 않지만 투철한 윤리 의식과 성실함, 인내심은 꼭 필요합니다. 사이버 범죄가 창이라면, 정보 보안 전문가의 일은 방패라고 볼 수 있습니다. 최근 사이버 범죄의 수법이 하루가 다르게 바뀌어서 이를 막아야 하는 정보 보안 전문가들도 바빠 대비책을 마련합니다. 사이버 범죄는 작은 틈이 발생했을 때 엄청난 피해를 불러올 수 있기 때문이지요.
만약 여러분이 IT(정보 통신 기술)에 관심을 갖고 있다면 정보 보안 분야는 도전해 볼 만합니다. 기술이 계속 발전하고 있어서 업무가 지루하지 않고, 다양한 기기와 환경에 따라 정보 보안의 방법과 형태가 달라 앞으로도 발전 기회가 많은 분야입니다. 정보 보안 전문가에 도전하고 싶다면 지금부터라도 차근차근 필요한 준비를 해 나가기를 바랍니다.

정보 보안 전문가에 대해 알아볼까요?

 ### 정보 보안 전문가는 어떤 직업인가요?

정보 보안 전문가는 개인이나 기업, 국가 기관 등에서 사용하는 컴퓨터의 정보 시스템을 안전하게 보호한다. 해킹이나 바이러스 등 발생할 수 있는 문제를 사전에 파악하여 대비책을 세우고, 모의 실험을 하여 사용자를 훈련시킨다. 바이러스 백신 프로그램을 개발하여 일반인들에게 나누어 주고, 이미 바이러스에 감염된 컴퓨터에 들어 있는 데이터를 안전하게 복구하는 일도 한다. 또한 정보 보안의 중요성을 많은 사람에게 알리기 위한 교육을 실시하기도 한다.

 ### 정보 보안 전문가가 되는 방법을 알려 주세요.

컴퓨터 공학과, 정보 보호학과, 정보 통신 공학과 등을 졸업하면 정보 보안에 관한 전문적이고 체계적인 내용을 배울 수 있어 유리하다. 한국 정보 보호 교육 센터와 정보 통신 교육원 등에서도 정보 보안 전문가 직업 훈련을 받을 수 있다. 정보 보안 전문가가 되면 정보 보안 전문 기업, 컴퓨터 바이러스 백신 제조 회사, 일반 기업의 정보 보안 부서 등에 취업할 수 있다.

정보 보안 전문가가 되려면?

흥미 유형
진취형
탐구형

능력과 성격
창의력
수리 논리력
도덕성
책임감
분석력
판단력

관련 자격
정보 보안 기사
정보 관리 기술사
정보 시스템 보안 전문가(CISSP)
정보 시스템 감사사(CISA)

관련 문의 기관
지식 정보 보안 산업 협회
한국 정보화 진흥원
한국 인터넷 진흥원

관련 직업
네트워크 관리자
컴퓨터 시스템 설계 분석가
정보 보호 컨설턴트

관련 학과
정보 통신 공학과
인터넷 정보학과
디지털 정보학과
정보 보호학과
컴퓨터 공학과

무엇을 준비해야 할까요?

필수
해커의 범죄 기법과 컴퓨터 바이러스를 분석하려면 컴퓨터와 인터넷 네트워크 운영 체제 등에 대한 해박한 지식이 필요해요.

중요
피해 발생 시 빠르고 정확하게 원인을 분석하여 대처해야 해요. 많은 사람의 정보를 보호한다는 책임 의식도 중요해요.

도움
경제와 산업 등 다양한 분야에 관심을 가지고 공부하는 것이 좋아요. 상대방의 심리를 읽는 능력, 외국어 공부도 도움이 되지요.

앞으로의 전망은 어떤가요?

요즈음은 개인이나 기업, 정부의 업무 대부분이 전산화되어 정보 보안이 갈수록 중요해지고 있다. 특히 사이버 범죄는 장소와 거리에 영향을 받지 않고, 동시 다발적으로 벌어지므로 그 심각성이 크다. 국가 기관이나 기업에서는 정보 유출로 인한 피해를 막고, 안정적인 네트워크 환경을 유지하기 위해 정보 보안 전문가의 자문과 채용을 늘려 나갈 것으로 예상된다.

해커와 크래커에 대해 알아볼까요?

해커(Hacker)
컴퓨터 시스템을 전문적으로 연구하는 사람이다.
다른 사람의 컴퓨터 시스템에 침입하여 데이터를 불법 열람, 복사, 파괴하는 '블랙 해커'와 블랙 해커의 활동을 막는 '화이트 해커'가 있다.

크래커(Cracker)
'침입자' 또는 '공격자'라고도 하며 악의적인 목적을 가지고 시스템의 안정성을 해치거나 정보를 불법적으로 복사하여 배포하는 사람을 가리킨다. 보안 시스템을 파괴하기 위하여 활동하는 경우가 많다.

게임 기획자

재미있는 게임을 설계하는 김인권

Q 어떻게 게임 기획자가 되셨나요?

어렸을 때부터 더 많은 게임을 해 보고 싶어 컴퓨터에 대해 공부하겠다고 생각할 정도로 게임을 좋아했어요. 특히 오락실 게임인 '철권'을 좋아했습니다. 그러던 중 저같이 철권 게임을 좋아하는 동호회 게시판에 게임 기획자를 구하는 글이 올라왔습니다. 격투 게임을 즐겨 하고, 컴퓨터 시스템에 대한 이해가 높으며, 글쓰기와 컴퓨터 프로그램인 마이크로 오피스를 잘 다루는 사람이 필요하다고 하더군요. 흥미로울 것 같아 지원을 했고 면접에서 아는 게임 내용을 이야기했는데 다음 날 바로 연락이 와서 게임 회사에 출근하게 되었어요.

Q 게임 기획자는 어떤 일을 하는 직업인가요?

게임 기획자는 가장 먼저 게이머에게 어떻게 즐거운 경험을 제공할까 고민합니다. 그 다음, 게임 프로그램을 만들기 위해 필요한 것과 어떻게 만들어야 하는지에 대해 자세하게 설계하죠. 게임 기획자는 건축으로 치면 건물의 설계도를 그리는 사람입니다. 이러한 게임 기획자가 하는 일은 함께 개발하는 팀원들과 토의를 하며 일을 진행해요. 그래픽 디자이너, 프로그래머, 사운드 디자이너 등 많은 전문가가 모여 게임이라는 종합 예술을 만들어 내는 것이지요. 게임 기획자는 그중 가장 많은 역할을 하며 팀을 이끌어 나갑니다.

김인권 님 약력
현 게임 기획자 전문 교육 기관 YK아이디어스쿨 대표 이사
서울게임아카데미 게임 기획 강사
대표작 〈거인의 성〉, 〈디아블로 T〉, 〈C9〉, 〈페이퍼 크래프트〉 등

Q 게임 기획자가 되기 위해서는 어떤 준비가 필요한가요?

폭넓은 지식이 필요하기 때문에 백과사전같이 여러 분야에 대해 지식을 갖고 있는 친구가 유리합니다. 게임 기획자가 되려면 무엇보다 국어 실력이 중요합니다. 명확한 의사소통과 작문을 해야 하기 때문이에요. 또 게임 개발에 관한 새로운 정보가 대부분 미국이나 일본 등 다른 나라에서 나오기 때문에 대부분의 게임 기획자는 영어와 일본어를 자유롭게 구사하는 사람이 많습니다. 수학도 잘해야 해요. 게임은 공식과 데이터, 확률로 이루어진 거대한 프로그램입니다. 게임을 할 때 어떤 아이템은 정말 구하기 어려운 것이 있습니다. 게임 기획자가 철저하게 계산한 확률과 규칙을 심어 두었기 때문입니다. 수만 명이 즐기는 게임 세상의 정책을 만들고, 원활하게 서비스를 유지해야 하기 때문에 석사나 박사 과정 이상의 학력을 요구하는 곳도 있습니다.

Q 게임 기획자가 되기 전에 꼭 생각해야 할 점에는 어떤 것이 있을까요?

단순히 게임을 좋아해서 게임을 기획하는 사람이 되겠다는 친구는 다시 한 번 신중히 고민해야 합니다. 물론 게임을 좋아하면 그것을 만드는 일에도 소질이 있을 가능성이 매우 높지만, 막상 좋아하는 마음만으로 일을 하려다가 바로 어려움에 부딪치는 경우가 많습니다.
또 게임 만드는 일에 참여하고 싶다고 해서 가볍게 시작하는 것도 경계해야 합니다. 1년에 수백 개가 넘는 게임이 쏟아져 나오는데 그 틈바구니에서 살아남으려면 무한한 노력과 실패를 경험해야 하니까요. 반드시 흥미와 자기의 적성 등을 구분하여 생각해 보아야 합니다.

Q 게임 기획자로서 어떤 목표를 가지고 계신가요?

우리나라에서 전문 게임 기획자 100명을 양성해 내는 것이 최근의 목표입니다. 게임 기획자가 되고 싶어 하는 친구들에게 제가 가진 경험과 비법을 전해 주고 싶습니다. 저는 많은 사람이 살면서 즐거운 경험을 했으면 좋겠습니다. 그런 의미에서 게임을 만든다는 것은 누군가에게 즐거움을 줄 수 있는 정말 기쁜 일입니다. 미래에는 전 세계인이 즐길 수 있는 보드게임이나 테이블 롤플레잉 게임, 신선한 인디 게임을 개발하겠다는 목표도 가지고 있습니다.

게임 기획자에 대해 알아볼까요?

 게임 기획자는 어떤 직업인가요?

사람들이 좋아할 만한 게임 아이디어를 생각하여 실제로 제작 가능한지, 사업적으로 성공할 수 있는지를 종합적으로 판단하여 기획하는 사람이다. 게임 시장의 상황, 게임의 내용, 난이도와 대상 연령, 필요한 시스템과 그래픽 수준 등을 포함한 기획안을 작성하여 제작 전문가와 함께 설계를 한다. 이 과정에서 함께 일하는 시나리오 작가, 그래픽 디자이너, 프로그래머 등과 의견을 조율하고, 사용자에게 어떻게 게임을 보급할지에 대한 사항까지 계획을 수립하고 실행한다.

 게임 기획자가 되는 방법을 알려 주세요.

특별한 전공 제한은 없지만 특성화 고등학교나 대학의 게임 관련 학과에서 게임 기획, 연출, 프로듀싱, 아이디어 발굴, 게임 시나리오 작성 등 게임 프로그램 개발에 필요한 다양한 분야의 교육을 받을 수 있다. 한국 콘텐츠 진흥원에서 실시하는 게임 기획 전문가 자격증을 취득하는 것도 도움이 된다. 회사의 채용 과정을 통과하여 온라인 게임 전문 회사나 모바일 게임 회사에서 일할 수 있다.

게임 기획자가 되려면?

흥미 유형
탐구형
예술형

능력과 성격
공간 지각 능력
창의력
분석력
대인 관계 능력
책임감

관련 자격
게임 기획 전문가

관련 문의 기관
한국 콘텐츠 진흥원
한국 컴퓨터 게임 산업 중앙회
한국 인터넷 디지털 엔터테인먼트 협회
한국 게임 개발자 협회

관련 직업
게임 프로그래머
게임 그래픽 디자이너
게임 시나리오 작가
게임 개발 프로듀서
게임 마케터

관련 학과
게임 디자인학과
게임 애니메이션학과
디지털 미디어 디자인과
컴퓨터 그래픽과

 **무엇을 준비해야 할까요?**

필수	중요	도움
여러 소재를 발굴하여 게임으로 만들려면 게임을 즐길 수 있어야 해요. 영화, 만화 같은 다양한 문화 장르에 관한 지식도 필요하지요.	사용자의 마음을 읽는 호기심과 통찰력이 중요해요. 아이디어는 아주 사소한 것에서 출발하므로, 작은 것도 메모하는 습관을 기르세요.	여러 분야의 전문가가 팀을 이뤄 일하므로 원만한 대인관계 능력이 필요해요. 자기 의견을 전달할 수 있는 의사소통 능력도 길러야 해요.

 **앞으로의 전망은 어떤가요?**

우리나라 인구의 인터넷 사용은 세계 최고 수준이다. 요즘에는 컴퓨터를 활용한 게임에서 모바일 게임으로 시장이 이동하여 새로운 개발 인력이 많이 필요하며 앞으로도 스마트폰을 통한 모바일 게임의 인기는 갈수록 높아질 것으로 예상되어 전망이 밝다. 업무 특성상 창의적으로 사고하고, 새로운 기술을 습득해야 하기 때문에 꾸준히 자기 개발을 해야 하고, 빠르게 변하는 환경에 적응해야 한다는 어려움이 있다.

 **게임 마케터는 어떤 일을 하나요?**

게임 마케터는 게임 시장의 변화를 살피고, 사용자들이 원하는 사항에 대한 자료를 분석하여 마케팅 전략을 세우고, 홍보하는 일을 한다. 새로 출시되는 게임을 정확하게 분석하여 홍보 대상과 방법 등 전략을 수립하고, 신문, 온라인 사이트, 이벤트 등 다양한 매체를 이용해 게임을 알린다. 지속적으로 인기를 유지할 수 있도록 관리하는 일도 한다.

입체 영상 콘텐츠 개발자

3D 입체 영상으로 현실감을 더하는 최정민

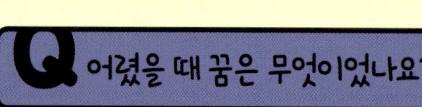

Q 어렸을 때 꿈은 무엇이었나요?

초등학교에 들어가기 전부터 만화 가게에 들락거렸던 저는 만화가가 되는 게 꿈이었답니다. 성장하면서 사람들에게 즐거움과 감동을 주는 애니메이션을 만드는 애니메이션 감독이 되는 것으로 꿈이 바뀌었어요.

Q 언제 처음 입체 만화 영화를 보셨나요?

어린 시절 부모님을 따라 극장에서 입체 만화 영화를 보았는데 내 눈앞까지 튀어나올 것 같은 주인공들이 무척 신기하고 재미있었어요. 입체 영상을 내 손으로 꼭 한번 만들어 보고 싶다는 생각을 하게 되었지요. 그 생각은 어른이 된 후까지도 이어졌습니다. 2D에서는 표현하기 힘든 진짜 같은 가상 세계를 표현하고 싶어서 3D 입체 영상 콘텐츠 시장에 뛰어들었고 지금도 생생한 영상을 만들기 위해 도전하고 있답니다.

Q 구체적으로 어떤 일을 하시나요? 또 어떻게 준비해야 할까요?

3D 입체 영상물 제작 과정의 전반에 참여합니다. 기획자, 영상 연출가, 촬영 기사, 편집 기사 등에게 기술적인 조언을 하지요. 입체 영상 촬영에 사용되는 편광 렌즈 사용법, 효율적으로 입체 영상을 만들기 위한 방법과 시간 분배 등을 말이에요. 완성된 영상을 컴퓨터 그래픽스 기술을 활용한 입체 영상물로 만드는 것도 저희 같은 입체 영상 콘텐츠 개발자의 몫입니다. 오래전에 제작된 영상물이나 3D 입체 영상 카메라로 촬영하지 않은 영상물을 3D 입체 영상물로 재가공하기도 하지요.
여러 사람이 공감할 수 있는 영상 콘텐츠를 만들려면 남들과 다른 독특한 사고가 필요해요. 그림 실력을 갖추면 아이디어를 표현해 내기에 유리하지요. 독서와 영화, 그림 등 질 좋고 다양한 콘텐츠를 많이 접해 두면 도움이 됩니다.

Q 무척 재미있을 것 같은데, 좋은 점과 힘든 점에 대해 말씀해 주세요.

많은 동료와 함께 고민 끝에 만든 콘텐츠를 보고 관객들이 좋아할 때 뿌듯함과 보람을 느낍니다. 저의 땀과 노력으로 많은 사람이 즐거움을 느낄 수 있도록 작은 역할을 한다는 점에서 직업에 대한 만족감을 느끼고요. 물론 힘이 드는 순간도 있습니다. 영상 콘텐츠는 시대 상황을 반영하여 작은 부분에도 그 시대의 감각을 잘 담아내야 합니다. 전문적인 연출 공부나 수준 높은 영상물을 만들기 위한 고민도 필요합니다. 관객들에게 즐거움을 주는 점이 제일 보람되지요. 그렇지만 식상하지 않고 신선한 이미지를 제공해야 한다는 점이 부담스럽습니다.

Q 입체 영상 콘텐츠 개발자에 관심이 많은 어린이들에게 조언해 주세요.

입체 영상 콘텐츠 개발자는 그림만 잘 그린다고 되는 건 아니에요. 무엇보다 사물에 깊이 관심을 가지고 관찰할 수 있는 능력을 개발하세요. 거창하지 않아도 좋으니 사진도 많이 찍어 보고 영상도 많이 만들어 보세요. 어느 분야나 마찬가지지만 도전과 실수를 반복하다 보면 좋은 결과를 얻을 수 있습니다. 그러면 어느 순간 자신만의 개성과 표현 방법을 갖추게 되고 소비자를 납득시킬 수 있는 훌륭한 콘텐츠 개발자가 될 수 있을 거예요.

최정민 님 약력

현 블루마스 대표 및 제작 실장
텔레비전 애니메이션 〈미래 전사 런딤〉, 〈사이킥스〉, 〈태극 천자문〉 제작 참여
〈디보와 함께 노래해요〉, 〈시크릿 쥬쥬〉 뮤직 비디오 제작 협력, 그 외 다수

입체 영상 콘텐츠 개발자에 대해 알아볼까요?

입체 영상 콘텐츠 개발자는 어떤 직업인가요?

입체 영상물 개발 과정에서 기획자, 연출가, 촬영 기사, 편집 기사 등과 협의하여 다양한 콘텐츠를 만들고 활용할 수 있도록 기술적인 조언을 한다. 기획자와 상의하여 만들려고 하는 콘텐츠를 정하면 제작에 들어간다. 각 분야의 전문가들을 지휘하여 3D 입체 카메라로 촬영한 영상물을 처음 기획한 의도에 맞게 편집하거나 일반 동영상에 컴퓨터 그래픽스 기술을 동원하여 3D 입체 영상으로 재구성하기도 한다.

입체 영상 콘텐츠 개발자가 되는 방법을 알려 주세요.

대학에서 방송, 영상, 예술, 전자 공학 등을 전공하는 것이 유리하다. 최근에는 입체 영상 제작학과같이 첨단 영상물 제작 기술을 전문적으로 가르치는 학과도 등장했다. 대학에서 전공을 하지 않았더라도 학원에서 컴퓨터 프로그램과 장비 다루는 기술을 배워 진출하는 경우도 많다. 요건을 갖추면 3D 입체 영상 콘텐츠 제작 회사, 영화 제작사, 방송국 등에서 일할 수 있다.

흥미 유형
관습형

능력과 성격
공간 지각 능력
창의력
분석력
꼼꼼함
미적 감각
인내력

관련 자격
컴퓨터 그래픽스
운용 기능사

관련 문의 기관
한국 콘텐츠 진흥원
방송 통신 위원회
3D 산업 응용
인력 양성 교육 센터

관련 직업
입체 음향 전문가
멀티미디어 전문가
입체 영상 기획자
입체 영상 테크니컬 디렉터
애니메이터

관련 학과
3D 입체 영상과
입체 영상 제작학과
게임 애니메이션과
디지털 미디어 디자인과
컴퓨터 그래픽과

무엇을 준비해야 할까요?

 **필수**
입체 영상에 관한 촬영 및 제작 기술을 파악해야 해요. 영상물을 다루는 컴퓨터 프로그램 사용 능력도 갖추어야 해요.

 **중요**
여러 분야의 전문가와 의사소통하는 능력이 중요해요. 업무를 논리적이고 체계적으로 계획하여 추진하는 훈련도 중요하지요.

 **도움**
입체 영상으로 상영하는 영화를 자주 보고, 소식지나 잡지를 정기적으로 읽으며 새로 등장하는 기술들을 알아 두면 좋아요.

앞으로의 전망은 어떤가요?

우리나라에서 처음 3D 입체 영상물이 상영된 지 10년도 채 안 되었지만 지금은 많은 가정, 극장, 각종 체험 프로그램에서 입체 영상물을 만날 수 있게 되었다. 그만큼 빠른 속도로 관련 산업이 성장한다는 의미이다. 입체 영상 콘텐츠 개발자의 수요는 앞으로도 계속 늘어날 것으로 예상되며, 다른 새로운 기술과 결합하여 응용·발전할 수 있는 가능성이 매우 높다.

 ## 스테레오 그래퍼는 어떤 일을 하나요?

'테크니컬 디렉터'라고도 한다. 3D 입체 영상 제작의 총괄 감독 역할을 한다. 3D 영상 촬영 카메라인 리그(Rig)를 조작해 촬영을 한 뒤, 영상물의 편집과 상영 등 제작 과정 전체를 책임진다. 최근 입체 영상 콘텐츠 제작이 활발해지면서 인기를 모으는 직업군으로, 앞으로 발전 가능성이 매우 높다. 영상물 제작과 관련한 지식 및 장비 다루는 기술이 필요하다.

모바일 앱 개발자

스마트폰의 새로운 분야를 개척하는 이동준

Q 모바일 앱 개발자는 어떤 일을 하나요?

스마트폰에 설치해 사용하는 애플리케이션(Applications; 응용 프로그램)을 만드는 사람이 가장 정확한 설명이에요. 모바일 앱*을 만들려면 기본적으로 컴퓨터 언어를 다루고 구현할 수 있는 프로그래밍 능력이 필요해요. 이게 가능한 사람은 '1인 개발자'로 혼자서 앱을 만들 수도 있죠. 하지만 보통은 기획자, 디자이너 등 많은 사람이 제작 과정에 함께 참여합니다. 모두 중요한 역할을 하기 때문에 이들 모두를 모바일 앱 개발자로 볼 수도 있어요.

*앱(APP) 애플리케이션의 준말

Q 모바일 앱 개발자가 된 계기는 무엇인가요?

제가 모바일 앱 개발자로 활동하기 전에는 회사에서 전자 우편 서비스의 불편한 점을 개선하고, 새로운 기능을 개발하는 일을 했어요. 스마트폰이 등장하기 전에 사용하였던 휴대 전화의 제품 기획자로도 오래 일했고요. 그러다가 아이폰이 한국에 출시된 것을 계기로 스마트폰의 엄청난 가능성이 흥미로워 모바일 앱 개발에 관심을 가지게 되었죠. 결국 제가 가진 아이디어로 모바일 앱을 만들어 서비스를 해 보았는데 그 일이 제가 모바일 앱 개발자가 되는 첫걸음이 되었어요.

이동준 님 약력

현 얌(YAM) 스튜디오 대표
'오늘의 해외 축구' 등 모바일 앱 개발
다음, 엔씨소프트 등 근무
아주대학교 컴퓨터 공학과·미디어학과 졸업

- 음악 춤
- 미술 디자인
- 스포츠
- 방송 언론 출판
- 서비스
- 의료
- 교육
- 법 행정
- 경제 금융
- 공학 자연 과학

Q 모바일 앱 개발자가 되기 위해서는 어떤 준비를 해야 할까요?

혼자서 모바일 앱을 만들고 싶다면 컴퓨터의 언어를 이해하고 다루는 능력, 즉 프로그래밍 실력을 갖추는 게 가장 중요해요. 이미 프로그래밍과 관련된 서적과 학습 프로그램이 많이 나와 있어서 공부에 필요한 자료를 쉽게 구할 수 있지요. 예술 분야에 자질이 있다면 디자이너로서, 새로운 아이디어를 떠올리고 다른 동료들과 함께 결과물을 만들어 내는 능력이 있다면 기획자로서 모바일 앱 개발에 참여할 수도 있습니다. 어떤 일을 하는가에 따라 준비해야 할 것이 다르겠지만 기초를 충실히 배우고, 그 분야에서 다양한 경험을 쌓는 것이 중요합니다. 여러 연습 작품을 만들어 다른 사람의 평가를 받으며 훈련한다면 조금씩 발전할 수 있을 것입니다.

Q 가장 보람을 느낄 때는 언제인가요?

지하철이나 버스를 탔을 때, 사람들이 스마트폰으로 제가 만든 앱을 쓰는 모습을 보면 그렇게 반가울 수가 없답니다. 축구 경기가 끝난 경기장 근처 치킨집에서 모든 테이블의 손님들이 저마다 제가 만든 앱을 켜고 다른 경기장 소식을 확인하는 장면을 본 적이 있어요. 지금도 선명하게 기억날 정도로 뿌듯했던 날이지요.

Q 모바일 앱 개발자를 꿈꾸는 아이들에게 조언을 해 주세요.

모바일 앱은 상상하던 것을 실제로 만들어 낸다는 점에서 무궁무진한 가능성을 갖고 있어요. 그 결과물을 간단한 다운로드를 통해 일반인들이 사용할 수 있기 때문에 무척 편리하지요. 만약 전 세계인이 활용할 수 있는 앱을 개발한다면 그 가능성과 경제적인 보상은 엄청날 거예요.

하지만 이미 사람들이 흔히 쓰는 모바일 앱은 너무 많이 나와 있고, 경쟁이 치열하다는 점을 가볍게 여기면 안 돼요. 사용자들의 눈높이도 갈수록 높아지므로 그에 맞는 결과물을 출시해야 한다는 부담감도 있지요. 그러므로 다양한 앱을 분석하고 장단점을 평가해 보면서 보다 편리하고, 세상에 필요한 앱을 만드는 방법을 연구해 보세요.

모바일 앱 개발자는 자신이 어떤 세부 직군에서 일하든지 기초를 쌓는 일이 중요해요. 그 기초를 바탕으로 경쟁력을 갖추고, 다른 분야에 관한 공부도 해 둘 것을 권합니다. 흔히 'T자형 지식'이라고 하는데 전반을 이해하고, 자기가 속한 분야의 전문 지식을 갖추고 있을 때 경쟁에서 살아남을 수 있을 거예요.

모바일 앱 개발자에 대해 알아볼까요?

 모바일 앱 개발자는 어떤 직업인가요?

애플리케이션은 스마트폰이나 태블릿 컴퓨터에서 사용하는 다양한 응용 프로그램을 의미하고, 이것을 스마트폰 환경에서 사용할 수 있도록 만드는 사람이 모바일 앱 개발자이다. 어떤 앱을 개발할지 결정하고 설계하는 기획자와 기획된 방향에 맞추어 프로그래밍을 하는 개발자로 활동 분야가 나뉜다. 모바일 앱을 개발하면 실제 스마트폰 환경에서 테스트 과정을 거친 뒤, 최종 수정 보완하여 일반 사용자들에게 공개한다.

 모바일 앱 개발자가 되는 방법을 알려 주세요.

학력이나 전공의 제한은 없다. 그러나 컴퓨터 공학과, 스마트폰학과, 정보 미디어학과, 소프트웨어 공학과 등에 진학하면 앱 개발에 필요한 전문 지식을 배울 수 있어 유리하다. 학원에서 실무 교육을 받거나 한국 정보 통신 진흥 협회에서 주관하는 모바일 앱 개발 전문가(2·1급·전문가) 자격증을 취득하는 것도 도움이 된다. 모바일 앱 개발 회사에 들어가거나 모바일 앱 개발 회사 설립, 프리랜서로 활동할 수 있다.

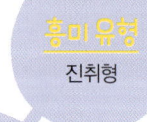

흥미 유형
진취형

능력과 성격
창의력
꼼꼼함
분석력
컴퓨터 활용 능력
인내력
미적 감각
의사소통 능력

관련 자격
모바일 앱 개발 전문가
(2·1급·전문가)

관련 문의 기관
한국 정보 통신 진흥 협회
한국 전자 통신 연구원

관련 직업
애플리케이션 엔지니어
소프트웨어 개발자
감성 기술 연구원

관련 학과
소프트웨어 공학과
응용 소프트웨어 공학과
정보 미디어학과
컴퓨터 공학과
게임 공학과
스마트폰학과
스마트 콘텐츠과

무엇을 준비해야 할까요?

 **필수**
컴퓨터와 네트워크 서비스의 기본 원리를 이해하고, 자바 스크립트 등 컴퓨터 프로그래밍 분야의 자격증 공부를 해 두세요.

 **중요**
관련 있는 기술 용어를 익히는 것도 중요해요. 목적에 맞는 사용자 환경을 만들기 위해 디자인 능력과 창의력이 필요해요.

 **도움**
개발 과정에서 어려움에 부딪쳤거나 오류가 발생했을 때 분석적인 사고로 대처해 나갈 수 있어야 해요. 인내심과 끈기도 필요하지요.

앞으로의 전망은 어떤가요?

스마트폰, 태블릿 컴퓨터 등이 많은 사람에게 보급되면서 이러한 기기로 다양한 일을 수행할 수 있는 애플리케이션 개발이 중요해지고 있다. 우리나라에는 2009년에 처음 스마트폰이 도입되었는데도 빠르게 시장이 성장하였고, 기업의 수요도 많아진 형편이다. 또 최근에는 개인이 모바일 앱을 만들 수 있는 프로그램까지 개발되어 산업과 시장이 엄청난 속도로 확대될 것으로 기대된다.

 ## 감성 기술 연구원은 어떤 일을 하나요?

사람의 감성을 읽을 수 있는 기술을 연구하고, 프로그램을 개발해 실제 제품이나 서비스 등에 응용하는 일을 한다. 최근에는 사람이 느끼는 감성을 파악하고 그것을 처리하여 교감하는 것으로까지 기술력이 확대되고 있다. 빛에 따라 사람의 감정이 달라지는 것을 반영한 조명 기구, 숙면에 도움을 주는 사운드 테라피 장치 등에 감성 기술이 활용되었다. 다양한 산업 분야에 응용이 가능하여 앞으로 발전 가능성이 높다.

소프트웨어 개발자

컴퓨터 프로그램을 만드는 양승범

Q 어떤 계기로 소프트웨어 개발자가 되셨나요?

대학에서 경영학을 전공했는데 학과 수업 중 전사적 자원 관리 시스템(ERP)에 관한 강의가 있었습니다. 강의를 들으면서 소프트웨어를 접하게 되었고, 흥미로워 공부를 시작했지요. 그 일을 계기로 지금과 같은 소프트웨어 개발자가 되었습니다.

Q 소프트웨어 개발자는 어떤 일을 하나요?

사람들에게 필요한 컴퓨터 프로그램을 개발합니다. 소프트웨어는 우리 생활에 아주 깊이 들어와 있습니다. 예를 들면 휴대 전화의 여러 기능을 창출하는 모바일 애플리케이션, 컴퓨터 프로그램, 인터넷 환경에서 사용하는 시스템, 컴퓨터 게임 등은 모두 소프트웨어의 일종입니다. 이를 개발하는 사람을 통틀어 소프트웨어 개발자라고 하지요. 소프트웨어의 개발 영역은 매우 넓은데 저는 응용 소프트웨어 개발자라고 할 수 있습니다. ERP(Enterprise Resource Planning) 소프트웨어 개발을 맡고 있어요. ERP는 전사적 자원 관리를 뜻하는데 기업 경영에 필요한 인사, 재무, 생산 관리 등 전 부분의 관리 시스템을 하나로 통합해 회사의 모든 업무를 효율적으로 관리하고 운영할 수 있도록 재구축하는 프로그램입니다. 소프트웨어 개발자는 프로그램을 개발하는 작업뿐만 아니라 이미 개발 완료된 소프트웨어의 성능을 시험하고, 분석하는 일까지 담당합니다.

양승범 님 약력
현 비젠트로 컨설팅 센터 소프트웨어 개발자
SBS 골프 근무
배재대학교 경영학과, 영문학과 복수 전공

무엇을 준비해야 할까요?

 **필수**
컴퓨터와 네트워크 서비스의 기본 원리를 이해하고, 자바 스크립트 등 컴퓨터 프로그래밍 분야의 자격증 공부를 해 두세요.

 **중요**
관련 있는 기술 용어를 익히는 것도 중요해요. 목적에 맞는 사용자 환경을 만들기 위해 디자인 능력과 창의력이 필요해요.

 **도움**
개발 과정에서 어려움에 부딪쳤거나 오류가 발생했을 때 분석적인 사고로 대처해 나갈 수 있어야 해요. 인내심과 끈기도 필요하지요.

앞으로의 전망은 어떤가요?

스마트폰, 태블릿 컴퓨터 등이 많은 사람에게 보급되면서 이러한 기기로 다양한 일을 수행할 수 있는 애플리케이션 개발이 중요해지고 있다. 우리나라에는 2009년에 처음 스마트폰이 도입되었는데도 빠르게 시장이 성장하였고, 기업의 수요도 많아진 형편이다. 또 최근에는 개인이 모바일 앱을 만들 수 있는 프로그램까지 개발되어 산업과 시장이 엄청난 속도로 확대될 것으로 기대된다.

 감성 기술 연구원은 어떤 일을 하나요?

사람의 감성을 읽을 수 있는 기술을 연구하고, 프로그램을 개발해 실제 제품이나 서비스 등에 응용하는 일을 한다. 최근에는 사람이 느끼는 감성을 파악하고 그것을 처리하여 교감하는 것으로까지 기술력이 확대되고 있다. 빛에 따라 사람의 감정이 달라지는 것을 반영한 조명 기구, 숙면에 도움을 주는 사운드 테라피 장치 등에 감성 기술이 활용되었다. 다양한 산업 분야에 응용이 가능하여 앞으로 발전 가능성이 높다.

소프트웨어 개발자

IT

컴퓨터 프로그램을 만드는 양승범

Q 어떤 계기로 소프트웨어 개발자가 되셨나요?

대학에서 경영학을 전공했는데 학과 수업 중 전사적 자원 관리 시스템(ERP)에 관한 강의가 있었습니다. 강의를 들으면서 소프트웨어를 접하게 되었고, 흥미로워 공부를 시작했지요. 그 일을 계기로 지금과 같은 소프트웨어 개발자가 되었습니다.

Q 소프트웨어 개발자는 어떤 일을 하나요?

사람들에게 필요한 컴퓨터 프로그램을 개발합니다. 소프트웨어는 우리 생활에 아주 깊이 들어와 있습니다. 예를 들면 휴대 전화의 여러 기능을 창출하는 모바일 애플리케이션, 컴퓨터 프로그램, 인터넷 환경에서 사용하는 시스템, 컴퓨터 게임 등은 모두 소프트웨어의 일종입니다. 이를 개발하는 사람을 통틀어 소프트웨어 개발자라고 하지요. 소프트웨어의 개발 영역은 매우 넓은데 저는 응용 소프트웨어 개발자라고 할 수 있습니다. ERP(Enterprise Resource Planning) 소프트웨어 개발을 맡고 있어요. ERP는 전사적 자원 관리를 뜻하는데 기업 경영에 필요한 인사, 재무, 생산 관리 등 전 부분의 관리 시스템을 하나로 통합해 회사의 모든 업무를 효율적으로 관리하고 운영할 수 있도록 재구축하는 프로그램입니다. 소프트웨어 개발자는 프로그램을 개발하는 작업뿐만 아니라 이미 개발 완료된 소프트웨어의 성능을 시험하고, 분석하는 일까지 담당합니다.

양승범 님 약력
현 비젠트로 컨설팅 센터 소프트웨어 개발자
SBS 골프 근무
배재대학교 경영학과, 영문학과 복수 전공

음악 춤
미술 디자인
스포츠
방송 언론 출판
서비스
의료
교육
법 행정
경제 금융
공학 자연 과학

Q 소프트웨어 개발자가 되기 위해서는 어떤 준비와 노력을 해야 할까요?

사람들과 대화를 할 때 가장 중요한 것은 언어입니다. 이는 컴퓨터 세상에서도 마찬가지입니다. 그러므로 프로그램을 개발하려면 컴퓨터에서 쓰는 언어를 배워야 합니다. 소프트웨어를 개발하는 방법과 응용 프로그램은 시간이 지날수록 발전하고 있습니다. 따라서 프로그램 개발자가 되려면 꾸준히 공부하고 다양한 방법으로 모의 테스트를 해 보는 것이 도움이 됩니다.

Q 가장 보람을 느낄 때와 반대로 힘들 때에 대해 말씀해 주세요.

일이 잘 풀리지 않을 때가 종종 있습니다. 또는 생각하지 못한 시스템상의 착오가 생기기도 하고요. 그때마다 대안을 마련하고, 다시 문제를 해결해 나가야 하는데 결과적으로 착오를 극복하여 프로그램이 올바른 방향으로 실행될 때 정말 큰 보람을 느낍니다.

반면, 시간에 쫓기는 경우에는 어려움을 느끼지요. 쉽게 해결할 것이라 생각했던 부분이 예상을 벗어나는 경우가 종종 있습니다. 그러다 보면 마감 시간을 맞추기 위해 시간에 쫓기는 경우가 발생하거든요.

Q 인생의 멘토를 소개해 주세요.

제 인생에서 가장 좋은 멘토는 아버지라고 생각합니다. 많은 아버지가 그렇듯이 아버지는 제가 지금 걷는 길을 앞서서 걸어가신 분이니까요. 비록 일하는 분야가 다르지만 사회 경험의 측면에서는 대선배로 생각하고 있습니다. 아버지와 대화를 나눌 때에는 그 대화 내용에서 많은 것을 깨닫게 됩니다. 여러분도 여러분의 부모님과 많은 대화를 나누어 보세요.

제가 여러분보다 조금 더 경험이 많은 선배로서 조언을 하자면, 가만히 앉아서 '나는 될 거야.'라고 생각하기보다는 '나는 되어야 해.'라고 생각하는 것이 목표를 이루는 데에 도움이 됩니다. 그렇게 절실한 마음으로 자신이 생각하는 진로를 향해 무엇이든 실천해 나가기를 바랍니다.

소프트웨어 개발자에 대해 알아볼까요?

소프트웨어 개발자는 어떤 직업인가요?

컴퓨터 사용자들이 다양하고 편리하게 컴퓨터를 활용할 수 있도록 목적에 맞는 다양한 소프트웨어를 개발한다. 시스템 소프트웨어 개발자는 컴퓨터를 작동시키거나 통제하는 프로그램을 연구·개발한다. 응용 소프트웨어 개발자는 워드 프로세서, 회계 관리 프로그램 등 기존에 널리 쓰이는 소프트웨어의 장단점을 분석하고, 컴퓨터 사용자들이 원하는 컴퓨터 활용 방법이 무엇인지 파악하여 새로운 응용 프로그램을 개발하는 일을 한다.

소프트웨어 개발자가 되는 방법을 알려 주세요.

대학에서 소프트웨어 공학, 컴퓨터 시스템 공학 등을 전공하여 컴퓨터에 대한 기본적인 이해부터 전문 지식까지 공부해야 한다. 그러나 대학에서 전공을 하지 않았더라도 사설 교육 기관에서 필요한 교육을 받거나 자격증을 취득하여 진출하는 경우도 많다. 소프트웨어 개발자는 주로 소프트웨어 개발 회사, 기업의 통신망을 결합한 통합 시스템 관리 회사, 회사의 전산 부서 등에서 일한다.

소프트웨어 개발자가 되려면?

- **흥미 유형**: 진취형
- **능력과 성격**: 책임감, 창의력, 수리 논리력, 분석력, 프로그래밍 능력, 대인 관계 능력, 의사소통 능력
- **관련 자격**: 정보 처리 산업 기사, 컴퓨터 시스템응용 기술사, 정보 처리 기능사, 정보 처리 기사
- **관련 문의 기관**: 한국 정보 통신 공사 협회, 한국 정보 기술 연구원, 한국 정보 통신 진흥 협회, 한국 소프트웨어 산업 협회
- **관련 직업**: 컴퓨터 프로그래머, 모바일 앱 개발자
- **관련 학과**: 소프트웨어 공학과, 응용 소프트웨어 공학과, 컴퓨터 공학과, 멀티미디어 공학과, 컴퓨터 시스템 공학과

무엇을 준비해야 할까요?

필수
컴퓨터에 관련된 잡지나 과학 서적 등을 꾸준히 읽어 컴퓨터의 원리 및 프로그래밍에 대한 전문적인 지식을 쌓아야 해요.

중요
논리적이고 분석적인 사고 능력이 중요해요. 새로운 프로그램을 설계할 수 있도록 창의적인 아이디어를 내는 훈련도 해 보세요.

도움
다른 컴퓨터 전문가와 협력하여 일할 기회가 많기 때문에 원만한 대인 관계 능력과 의사소통 능력을 기르면 도움이 되어요.

앞으로의 전망은 어떤가요?

소프트웨어 개발은 정보 통신 산업의 핵심이 되어 미래 정보 산업을 주도할 기술이다. 국가와 기업에서도 적극적으로 소프트웨어 개발과 관련한 분야에 투자를 늘리고, 지원 정책도 마련하고 있다. 또한 전문 인력이 되기까지 비교적 오랜 시간이 걸리기 때문에 고용이 안정적이고 수요가 많아 앞으로 발전 가능성이 매우 크다. 한편 업무량이 많고, 정신적인 스트레스 수준은 높은 편이다.

아하! 그렇구나 — 임베디드 소프트웨어 개발자는 어떤 일을 하나요?

임베디드 소프트웨어는 텔레비전, 휴대 전화, 세탁기, 자동차 등 각종 기기에 탑재되어 사용자가 손쉽게 제품을 사용할 수 있도록 만든 프로그램으로, '끼워져 있는 프로그램'이라는 의미이다. 이러한 소프트웨어를 연구·개발·설계하는 전문가를 임베디드 소프트웨어 개발자라고 한다.

임베디드 소프트웨어 기술은 각종 자동화 장치의 가치를 높일 수 있는 요인으로, 앞으로는 거의 모든 전자 제품이 임베디드 소프트웨어를 포함하게 될 것으로 예상되어 직업 전망이 매우 밝다.

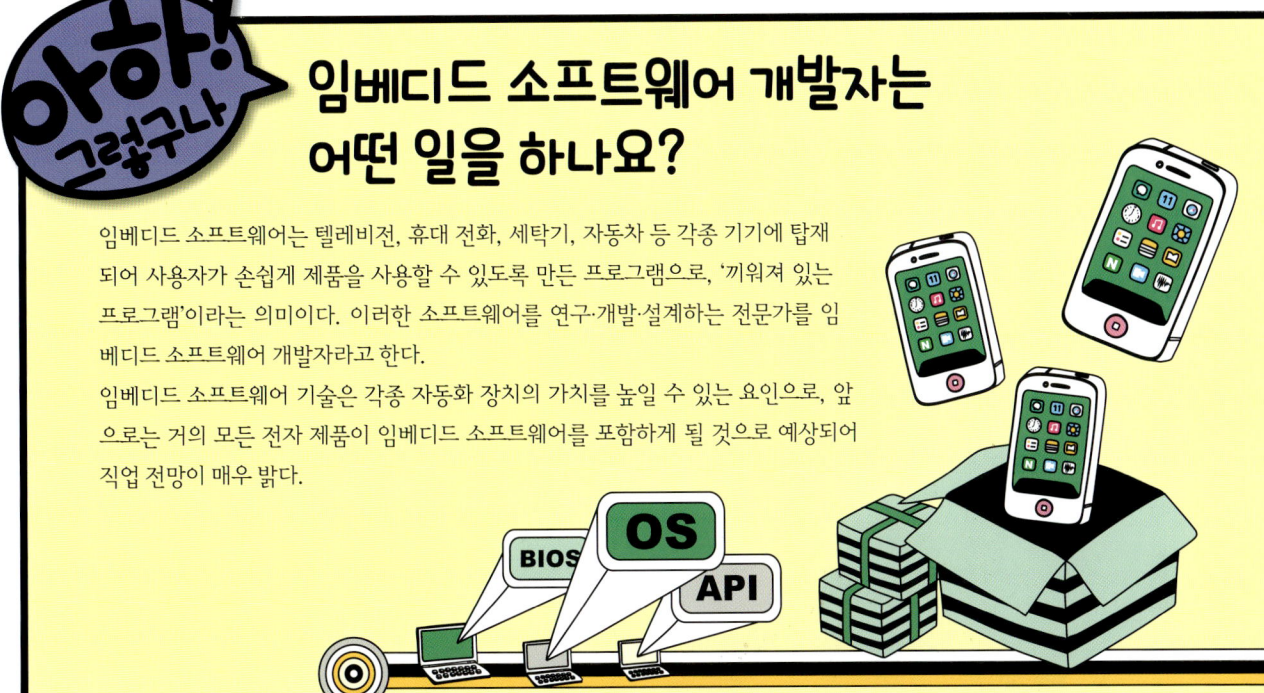

IT

웹 마스터

웹 사이트를 제작·관리하는 김지훈

Q 어떻게 웹 마스터의 길을 걷게 되셨나요?

어릴 때부터 꿈이 디자이너였고 시각 디자인학과로 진학하면서 본격적으로 디자인 공부를 시작하였습니다. 대학교 재학 중, 컴퓨터 그래픽스, 편집, 웹 디자인 업무를 하는 회사를 창업했습니다. 그때 웹 사이트를 제작하는 일이 제 적성에 맞고, 의뢰인들의 만족도가 높다는 사실을 깨달았어요. 많은 실무 경험도 쌓았지요. 그 이후 저는 자연스럽게 웹 사이트 제작의 전반을 책임지는 웹 마스터가 되었습니다.

Q 구체적으로 어떤 일을 하는지 소개해 주세요.

웹 사이트 제작에 필요한 기획, 디자인, 여러 가지 자료를 컴퓨터 환경에 맞도록 암호화하는 코딩 작업, 개발 작업, 서버 관리 등 모든 작업을 아우릅니다. 그러므로 웹 마스터는 프로젝트를 이끌 수 있는 기획력과 정해진 콘셉트에 맞는 디자인을 하는 능력, 개발 능력, 완료된 프로젝트를 유지하고 보수하는 관리 능력까지 필요합니다. 일종의 멀티 플레이어인 셈이지요.

김지훈 님 약력

현 디아디자인(DIEA DESIGN) 대표
〈선플 운동 본부〉, 〈K-바둑〉, 〈PLAY SEOUL〉 등 웹 사이트 제작
한성대학교 시각·영상 디자인학과 졸업

음악 춤

미술 디자인

스포츠

방송 언론 출판

서비스

의료

교육

법 행정

경제 금융

공학 자연 과학

Q 가장 보람을 느낄 때는 언제인가요?

프로젝트를 멋지게 완수한 결과물인 웹 사이트를 제작사와 의뢰인 모두가 만족할 때, 또 사용자들이 제가 만든 웹 사이트를 이용하는 모습을 볼 때 가장 크게 보람을 느낍니다. 그릇을 만드는 사람이 잘 만들어진 그릇을 보기만 하는 것보다 그 그릇을 사용하는 모습을 보면서 더 큰 보람을 느끼는 것과 같은 이치라고 할 수 있겠네요.

Q 가장 힘든 점은 무엇인가요?

의뢰인의 요구 사항을 만족시키면서도 작업자만의 정체성을 가진 웹 사이트를 제작해야 하는 점이 어렵습니다. 그 과정에서 기획자와 디자이너, 프로그래머 등이 각자 다른 의견을 내놓을 때가 많은데 다양한 의견을 조율하는 것은 무척 어려운 작업입니다. 컴퓨터로 작업만 하는 것이 아니라, 많은 사람의 의견을 조합하여 더 나은 결과물을 만들어 내야 한다는 것이 웹 마스터의 가장 큰 고충인 것 같습니다.

Q 웹 마스터가 되려면 어떤 준비를 해야 할까요?

저는 지금도 열심히 공부하며, 배우고 있습니다. 인터넷 환경, 모바일, 소프트웨어 등 IT 계열의 기술은 나날이 발전하고 유행도 시시각각 바뀌기 때문에 웹 마스터는 쉼 없이 공부해야 하는 직업입니다. 거의 모든 작업을 컴퓨터로 해야 하므로 컴퓨터를 좋아해야 하며, 컴퓨터와 친해져야 합니다. 기본적인 컴퓨터 프로그래밍 관련 언어(HTML, PHP, ASP, JSP)를 알아 두면 큰 도움이 되지요. 위의 사항들이 웹 마스터가 되기 위한 실질적인 준비 사항이라면, 마음가짐을 갖추는 것도 중요합니다. 책임감이 강하고, 대인 관계 관리에 능해야 하지요. 웹 마스터는 여러 사람을 아울러 일을 할 수 있어야 하기 때문입니다. 이러한 마음가짐은 하루아침에 만들어지지 않습니다. 어렸을 때부터 밝고 건강한 생각, 좋은 친구 관계를 유지하는 것부터 시작하여 본인의 성향을 만들어 나가는 것이 중요합니다. 이는 웹 마스터라는 직업뿐만 아니라 다른 어떠한 직업을 선택하더라도 많은 사람을 상대하고, 의견을 조율하는 리더가 되기 위한 기본 자질이라고 생각합니다.

웹 마스터에 대해 알아볼까요?

 **웹 마스터는 어떤 직업인가요?**

웹 사이트의 기획에서부터 디자인, 코딩, 개발 등의 과정을 통해 제작하고, 안정적으로 운영될 수 있도록 관리하는 것까지 총괄한다. 웹 사이트의 게시판 관리, 외부 사용자들의 문의를 처리하는 일도 담당한다. 또한 웹 사이트의 업그레이드 작업을 통해서 항상 최적의 상태로 운영될 수 있도록 관리한다. 많은 사람이 웹 사이트를 방문할 수 있도록 홍보하고, 문제점이 발생하였을 때 직접 해결하거나 담당 개발자에게 알린다.

 **웹 마스터가 되는 방법을 알려 주세요.**

대학에서 컴퓨터 공학, 전산학, 인터넷 정보 공학 등을 전공하여 인터넷에 대한 지식과 웹 사이트 운영 능력을 배우거나 사설 교육 기관에서 필요한 교육을 이수해야 한다. 업무에 필요한 정보 처리 기사, 웹 디자인 기능사 자격증을 따는 것도 도움이 된다. 주로 기업체의 홈페이지 관리 부서, 홈페이지 제작 회사에 들어가거나 프리랜서로 활동한다.

웹 마스터가 되려면?

흥미 유형
관습형

능력과 성격
공간 지각 능력
수리 논리력
창의력
분석력
논리적 사고력
리더십
책임감

관련 자격
정보 처리 기사
정보 처리 산업 기사
웹 디자인 기능사

관련 문의 기관
한국 정보 기술 연구원
한국 정보화 진흥원
한국 전자 통신 연구원

관련 직업
컴퓨터 프로그래머
웹 엔지니어
웹 프로그래머
웹 프로듀서

관련 학과
전산학과
전자 공학과
전기 전자 공학과
컴퓨터 공학과
인터넷 정보 공학과
응용 소프트웨어 공학과

무엇을 준비해야 할까요?

필수
컴퓨터의 구조 및 컴퓨터가 작동하는 시스템에 대해 알아 두세요. 인터넷 사이트를 만들고 관리하는 기술도 미리 공부해야 해요.

중요
정보를 분석하고 논리적으로 사고하는 훈련을 해 보세요. 웹 사이트를 설계하고, 오류가 발생했을 때 대처하는 능력도 길러야 해요.

도움
외국어 공부를 해 두면 좋아요. 웹 사이트를 제작하고, 디자인에 관여할 수 있도록 미적 감각을 갖추는 것도 도움이 되어요.

앞으로의 전망은 어떤가요?

요즈음에는 대부분의 기업과 단체, 공공 기관에서 홈페이지를 제작하여 조직의 활동을 소개하고, 마케팅 수단이나 간단한 업무 처리 용도로 활용한다. 따라서 앞으로 웹 마스터의 발전 가능성은 매우 크다. 또 지금은 컴퓨터 환경의 시스템에서 스마트폰을 활용한 통신 환경으로 이동하는 단계이기 때문에 향후 몇 년 동안 직업의 수요는 늘거나 안정된 상태를 유지할 것이다.

웹 엔지니어와 웹 프로듀서는 하는 일이 다른가요?

웹 엔지니어는 인터넷 서버를 구축하고 운영하는 기술 책임을 맡는 사람이다. 서버와 네트워크에 대한 전문 지식을 바탕으로 네트워크, 운영 체제, 데이터베이스 등을 관리한다.

웹 프로듀서는 웹 사이트의 기획과 운영, 마케팅 업무를 총괄한다. 사이트에서 제공할 정보 및 콘셉트를 정하고, 웹 엔지니어, 디자이너, 프로그래머 등과 협의하여 제작한다.

인터넷이 보급된 초기에는 웹 마스터가 웹 엔지니어와 웹 프로듀서의 일을 모두 했지만 인터넷 사용 환경이 빠르게 발전하고 변화하면서 각 직업의 역할이 구분되었다.

네트워크 관리자

IT

네트워크 시스템 운영을 책임지는 조용일

Q 네트워크 관리자는 어떤 일을 하는지 소개해 주세요.

네트워크 관리자는 기업의 복잡한 네트워크 통신망을 운영·관리합니다. 지금은 회사나 개인의 업무 처리 대부분이 인터넷 네트워크를 통하지 않고는 힘든 시대가 되었죠. 그러다 보니 네트워크를 연결하는 장비가 잠시라도 고장이 나면 문제가 심각해집니다. 업무가 마비되고, 경제적인 손실도 크지요. 요즘 많은 사람에게 인기를 끌고 있는 소셜 네트워크 서비스(SNS) 이용도 불가능하고, 전자 우편을 주고받는 것도 안 돼요. 그래서 네트워크 관리자는 장비가 고장 나기 전에 지속적인 모니터링과 에러 발생 상황을 예측해 문제가 생겼을 때 신속하게 대응하는 일을 합니다.

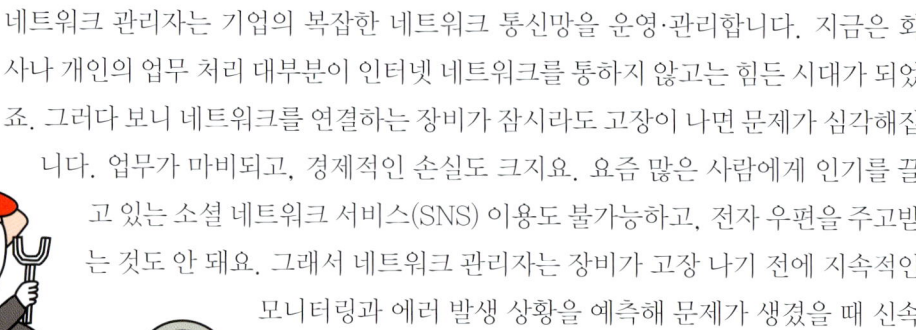

Q 네트워크 관리자가 된 특별한 계기가 있나요?

어렸을 때 아버지가 컴퓨터를 사 주셨어요. 그때가 아마 1982년이었을 겁니다. 1년여 정도 공부를 하여 금성사(지금의 LG전자)라는 회사에서 주최한 프로그램 경진 대회에서 입상을 했습니다. 그 이후 프로그래머가 되겠다는 꿈을 꾸었고, 그 꿈을 이루었습니다. 프로그램을 만드는 일이 정말 좋았어요. 혼자 이것저것 프로그램을 만들어 보기도 했지요. 그러던 중 채팅 프로그램을 만들었는데 제 컴퓨터에 입력한 글이 옆 친구에게 전달되는 방법이 궁금해졌습니다. 그 호기심이 결국 네트워크에 관심을 가지는 계기가 되었답니다.

조용일 님 약력

현 현대정보기술 네트워크 기술팀 수석
정보 통신 특급 기술 감리사
2006 정보화 추진 공로 서울시장 표창
단국대학교 전자 공학과 졸업

Q 네트워크 관리자가 되려면 어떤 준비를 해야 할까요?

처음부터 네트워크 관리자로 시작하기는 어렵습니다. 네트워크 관리자는 네트워크 구성 및 장비와 관련된 다양한 기술과 경험을 쌓는 과정이 필요하지요. 실력을 인정받는 데는 자격증만큼 좋은 것이 없습니다. 해외 네트워크 장비 제조 회사인 시스코(CISCO)에서 만든 네트워크 전문가 자격증이 세계적으로 가장 널리 인정을 받습니다. 난이도별로 'CCNA-CCNP-CCIE'가 있습니다.
또 네트워크 관리자는 서버, 보안 프로그램 및 네트워크 등 외부 연결 시스템에 대한 이해가 필요합니다. 그래야 문제가 발생하였을 때 신속하게 해결할 수 있습니다.

Q 일하시면서 가장 기뻤을 때는 언제인가요?

2001년에 네트워크 장비의 사용 용량을 조작하여 통신을 마비시키는 '코드레드'라는 바이러스가 전 세계적으로 퍼져 큰 피해를 주었습니다. 이때 저는 국내 유명 대학의 네트워크 관리자로 일하고 있었는데 특정 컴퓨터와 컴퓨터를 이어 주는 패킷 분석 프로그램을 이용하여 문제점을 찾고, 네트워크 장비에서 바이러스를 차단하기 시작했습니다. 당시에 많은 곳에서 해결책을 찾아 헤맸는데 제가 관리하는 대학에서 가장 먼저 해결했을 때 보람과 자부심을 느꼈습니다.

Q 반대로 어떤 점이 힘든가요?

네트워크를 이용하는 사람들은 시간과 장소를 가리지 않습니다. 1년 365일, 하루 24시간 동안 문제없이 작동해야 합니다. 그러다 보니 개인적인 시간을 보내다가도 문제가 발생하면 바로 복구를 시작해야 하죠. 그뿐만 아니라 사람들이 네트워크를 사용하지 않는 시간에 네트워크 장비를 교체하거나 확장 작업을 해야 하기 때문에 늦은 저녁이나 휴일에 일을 많이 합니다. 이런 점이 어렵지만 최근에 기술이 좋아져서 네트워크 장비의 고장이 적고, 문제가 발생한 장소와 먼 곳에서도 수습할 수 있는 방안이 개발되어 점점 나아지고 있습니다.

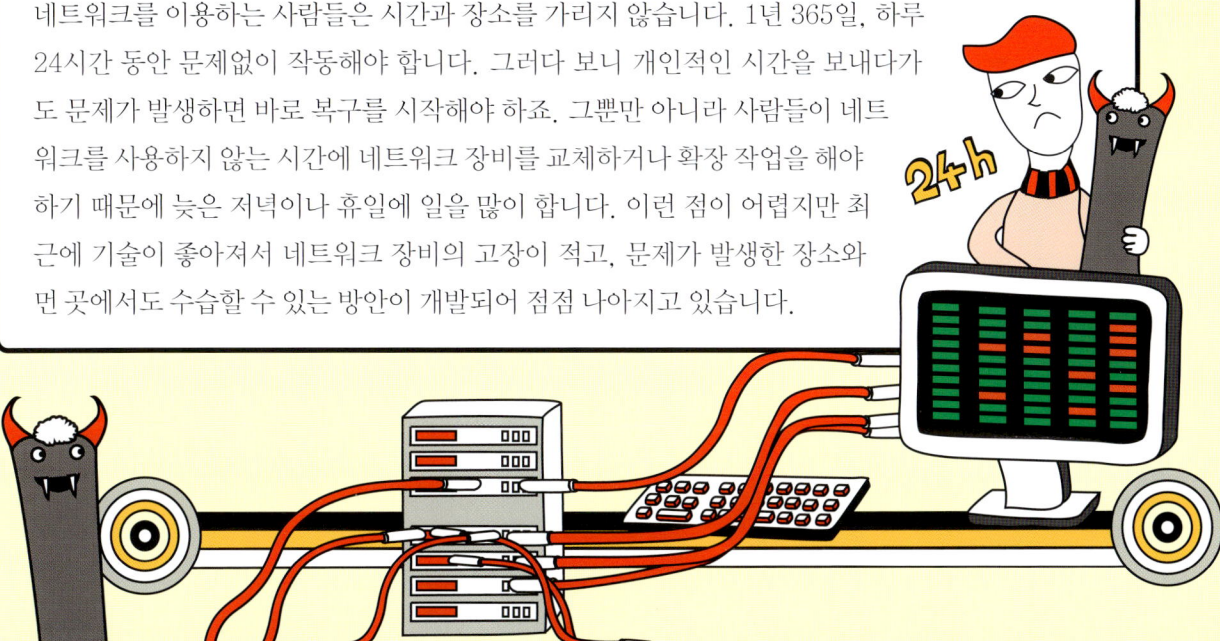

네트워크 관리자에 대해 알아볼까요?

네트워크 관리자는 어떤 직업인가요?

국가 기관이나 기업 인터넷 네트워크망을 운영하고 관리하는 사람이다. 네트워크를 구축하고, 제대로 운영되도록 관리한다. 사용 중 네트워크 장비에 장애가 발생하면 신속하게 원인을 찾고 복구하며 정보 시스템에 접근하는 사람의 등록 관리 및 권한 부여, 원활한 네트워크 유지를 위한 각종 기술적인 대책과 보안 장치를 마련한다. 만일의 사태에 대비해 중요한 자료는 항상 따로 보관하며, 수명이 다한 시스템을 교체하는 일도 한다.

네트워크 관리자가 되는 방법을 알려 주세요.

전문 대학 이상의 학력이 필요하다. 높은 수준의 전문성이 필요한 일이기 때문에 컴퓨터 공학, 전산학, 전기·전자 공학 등을 전공하여 체계적인 교육을 이수해야 한다. 네트워크 관리자, 정보 처리 기사, 리눅스 마스터 자격증을 취득하면 도움이 된다. 회사나 공공 기관, 대형 병원 등의 전산실이나 전산 시스템을 전담하여 관리하는 회사에 취업할 수 있다.

무엇을 준비해야 할까요?

 **필수**
컴퓨터 통신망과 각종 컴퓨터의 운영 체제, 여러 소프트웨어에 대한 기술적인 지식이 필요하므로 관련 학과에 진학해야 해요.

 **중요**
책임감과 인내심을 기르고, 문제가 발생했을 때 정확하게 분석하고 판단하여 해결할 수 있는 문제 해결 능력을 길러야 해요.

 **도움**
정보 통신 산업 분야의 아이디어 공모전, 코딩 체험 대회 등에 참여하면 도움이 돼요. 관련 자격증 공부를 해 두면 좋아요.

 앞으로의 전망은 어떤가요?

네트워크 시스템에 문제가 발생했을 경우 많은 이용자의 불편과 경제적인 피해가 생기고, 사회 혼란까지 일어날 수 있기 때문에 안정적인 네트워크 시스템 관리가 매우 중요해졌다. 따라서 네트워크 관리자의 일자리가 늘어나고, 대우도 좋아질 것으로 전망된다. 전문 기술이 필요하므로, 실력만 인정받으면 직장의 이동이 자유로워 발전 가능성이 높다.

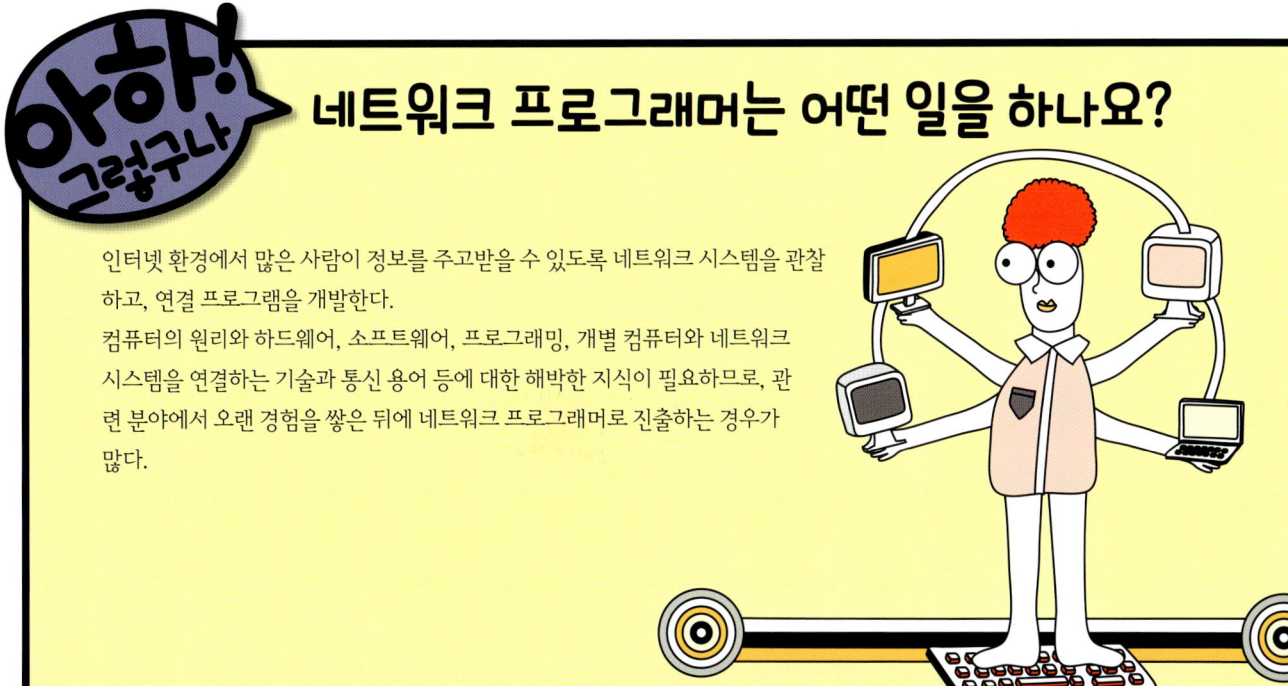

아하! 그렇구나 네트워크 프로그래머는 어떤 일을 하나요?

인터넷 환경에서 많은 사람이 정보를 주고받을 수 있도록 네트워크 시스템을 관찰하고, 연결 프로그램을 개발한다.
컴퓨터의 원리와 하드웨어, 소프트웨어, 프로그래밍, 개별 컴퓨터와 네트워크 시스템을 연결하는 기술과 통신 용어 등에 대한 해박한 지식이 필요하므로, 관련 분야에서 오랜 경험을 쌓은 뒤에 네트워크 프로그래머로 진출하는 경우가 많다.

교육

유치원 교사

대한민국의 미래를 키우는 신현정

Q 원래 아이들을 좋아하셨나요?

네, 어린 시절부터 아이들을 돌보는 일을 좋아했어요. 그러다 보니 주변에서 권유가 많았죠. "너는 아이를 좋아하니 유치원 교사를 하면 잘 어울리겠다."면서요. 하지만 여러 가지 이유로 대학을 간호학과로 진학하게 되었어요. 열심히 공부해서 소아과에서 일해야겠다고 생각하다가 1학년을 마치고 다시 유아 교육과에 지원하기로 마음을 바꾸었지요. 물론 환자의 생명을 구하는 간호사도 멋진 직업이지만 아이들과 함께 어울리며 친구 같은 편안한 교사가 되고 싶었거든요. 이후 유치원 현장 실습을 하면서 힘들기도 했지만 뿌듯함과 왠지 모를 자랑스러움을 많이 느꼈어요. '이게 바로 내가 원하던 직업이다!'라고 깨달았지요.

Q 요즘 유치원에서는 어떤 교육을 하나요?

기본적인 학습 교육은 저희가 어렸을 때와 비슷합니다. 달라진 점이라면 초등학교에 들어가기 전에 아이들이 건강하고 안전한 생활 습관을 가질 수 있도록 개인 위생, 안전 생활 교육이 추가되고, 단체 생활을 통한 공동체 의식을 기르는 교육이 강화되었다는 점이지요. 선생님이 일방적으로 가르치는 교육이 아니라 관찰, 실험, 조사, 견학 등을 통해 토의하고 발표하는 등 아이가 주도적으로 학습한다는 점도 큰 차이점이에요. 학부모님 교육도 전보다 체계적이고 다양하게 이루어지고 있습니다. 유아의 발달 과정에 협조할 수 있도록 부모 교육, 가정 통신문 발송, 학부모 상담 등을 실시하지요.

신현정 님 약력

현 동산유치원 교사
새알곡유치원 근무
국제대학교 아동 보육과 졸업

Q 보람을 느낄 때가 많으시겠어요.

제가 맡은 아이가 좋은 쪽으로 달라지는 모습을 보았을 때, 또는 학부모님과 상담 중에 "우리 아이가 선생님 덕분에 많이 변했어요."라고 고맙다는 인사를 들을 때 가장 크게 보람을 느끼죠. 학기가 시작되는 3월에는 달라진 환경에 낯설어하던 원생이 어느 순간 유치원 생활에 즐거움을 느끼고 활짝 웃으며 등원할 때에도 흐뭇하고요. 편식하던 아이가 안 먹던 음식을 먹을 때, 친구에게 양보하는 모습을 보았을 때, 함께 공부한 내용을 기억했다가 "선생님이 알려 주셨지요." 하고 이야기할 때, 주말에 전화해 선생님이 보고 싶다고 말할 때 등 아이들이 사랑스럽다고 느낄 때가 많아 매일매일 보람을 느껴요.

Q 유치원 교사가 되려면 어떤 준비를 해야 할까요?

기본적으로 대학에서 유아 교육을 전공하고, 유치원 2급 정교사 자격증을 취득해야 합니다. 자격증을 취득하면 누구나 유치원 교사가 될 수 있지만 그 외에도 현장에서 요구하는 능력을 준비해야 하지요. 관찰력, 통솔력, 돌발 상황에 대처할 수 있는 능력 등이 필요합니다. 아이들을 올바르게 교육하기 위해 정확한 어휘 구사 능력과 바른 언어 습관도 중요하고요. 아이들의 개인별 특성을 파악하여야 하므로 섬세한 사람이 유리합니다. 무엇보다 나보다는 아이들을 우선으로 생각할 수 있는 배려심과 책임감, 포용력이 필요하다고 생각해요.

Q 앞으로 유치원 교사의 직업 전망은 어떤가요?

앞으로 5년간 유치원 교사의 고용이 늘어날 것이라는 이야기를 들었어요. 우리나라의 경우 다른 선진국에 비하여 유치원 교사 한 명이 돌보는 아이들 수가 많은 편인데, 아이들이 양질의 교육을 받을 수 있는 기회를 제공하기 위해 교사 한 명이 맡는 아이들 수를 줄이는 추세예요. 특히나 여성의 경제 활동 참여가 많아져 가정에서 양육이 어렵고, 조기 교육이 중요해지면서 전문적인 능력을 갖춘 유치원 교사의 중요성이 점점 더 커질 것 같아요.

또 유치원 무상 교육, 교육비를 지원하는 등 국가 정책이 확대되고 있어요. 그러므로 어린이 여러분 중 유치원 교사를 꿈꾸는 친구가 있다면 정말 뿌듯한 일이고, 아이들과 교감하며 사랑을 느낄 수 있는 의미 있는 일이므로 도전해 볼 만하다고 생각해요.

유치원 교사에 대해 알아볼까요?

유치원 교사는 어떤 직업인가요?

만 3세부터 취학 전 유아를 신체적, 정신적으로 안전하게 보호하고, 건강하게 발달할 수 있도록 도우며, 교육적으로 지도하는 일을 한다. 연령별 교육 계획을 세워 쓰기, 읽기, 숫자, 예능 같은 학습 영역과 놀이, 단체 활동, 협동심, 공동체 의식 등을 기르는 사회성 영역, 개인의 위생과 안전 생활 영역으로 갈래를 나누어 교육한다. 출석과 결석 관리, 입학식 및 졸업식 준비 같은 행정 업무와 학부모 교육, 학부모 상담 활동도 유치원 교사의 주요 업무이다.

유치원 교사가 되는 방법을 알려 주세요.

대학에서 유아 교육학을 전공하고, 유치원 정교사 2급 자격증을 취득하면 유치원 교사가 될 수 있다. 유치원 정교사 2급 자격증을 가진 사람은 사립 유치원이나 어린이집에서 일할 수 있으며, 국·공립 유치원에서 근무하려면 각 시·도에서 실시하는 교원 임용 시험에 합격해야 한다. 임용 고사는 필기, 논술, 수업 실기, 면접으로 이루어진다.

무엇을 준비해야 할까요?

필수 아이에 대한 관심과 애정, 관찰력, 통솔력이 필요하고, 올바른 교육을 위해 정확하고 바른 언어 사용 능력을 반드시 갖추어야 해요.

중요 유치원생은 아직 성인의 보호를 받아야 하므로, 섬세하게 관찰하고, 변화를 살필 수 있어야 해요. 인내심과 포용력도 중요해요.

도움 남에 대한 배려와 책임감, 자기 통제 능력을 갖추면 도움이 되므로, 봉사 활동 등에 참여해 아이들과 시간을 보내 보세요.

앞으로의 전망은 어떤가요?

맞벌이 부부의 증가와 부모의 높아진 교육열 때문에 교육계에서는 유치원 교사 채용을 늘리는 추세이다. 국가적으로 유치원 무상 교육, 보육비 지원 같은 정책을 시행하고 있어 일자리 전망은 다른 직업군에 비하여 비교적 밝다. 하지만, 근무 시간에 비하여 보수가 낮고 업무 중 스트레스 수준이 높아 유치원 교사를 희망하는 사람은 아이에 대한 이해와 애정이 꼭 필요하다.

아하! 그렇구나 — 보육 교사는 어떤 일을 하나요?

유치원 교사와 함께 보육 시설이나 아동 복지 시설에서 영·유아를 보호하고 교육한다.
대상의 연령과 성장 발달에 따라 보육 방법을 결정하여 계획을 세우고, 그에 맞게 지도하여 일지를 기록한다. 또 부모와 원활한 의사소통을 통해 부모들이 안심하고 아이를 맡길 수 있도록 신뢰감을 형성한다.
학력 및 경력에 따라 보육 교사 3·2·1급 자격증을 취득해야 한다.

교육

초등학교 교사

아이들과 함께 꿈을 키우는 선생님, 김철래

음악 춤

미술 디자인

스포츠

방송 언론 출판

서비스

의료

IT

법 행정

경제 금융

공학 자연 과학

Q 잊지 못하는 선생님이 있으신가요?

초등학생 시절 갑작스럽게 집안 형편이 어려워졌습니다. 제가 다니던 초등학교는 강원도의 시골 마을에 있었는데 담임 선생님께서 가정 형편이 어려운 저를 사랑과 정성으로 보살펴 주셨어요. 또 미래를 향해 밝은 꿈을 가질 수 있도록 도와주셨지요. 당시의 저는 선생님을 존경하고, 진심으로 따르며, 좋아했습니다. 그때부터 저도 선생님과 같은 초등학교 교사가 되어야겠다고 생각했던 것 같습니다. 그분 덕분에 오늘의 제가 있는 것입니다.

Q 초등학교 교사는 학교에서 어떤 일을 하나요?

초등학교 교사는 국·공·사립 초등학교에서 어린이들을 대상으로 교육을 합니다. 업무를 크게 수업 지도, 학급 운영, 생활 지도 등으로 나누어 볼 수 있지요. 수업 지도를 위하여 학교 교육 계획과 수업 일수 등을 고려하여 각 교과목의 학습 계획안을 세우고, 그에 맞는 교재 연구 및 교수·학습 자료를 준비합니다. 학습 과제물 검사와 시험 출제 및 수행 평가 등을 통하여 교육에 따른 아이들의 학습 변화를 평가하고요.

학급을 운영하며 학생들이 원만한 친구 관계를 맺고, 다른 사람과 더불어 생활하는 법을 알아 가도록 교육을 하기도 합니다. 안전사고 및 폭력 예방, 성교육, 기본 생활 습관 지도, 교우 관계 등을 지도하고, 부모님이나 학생들과 상담도 합니다.

학생들의 입학, 전학, 출석 사항, 생활 기록부 관리, 가정 통신문 준비 같은 학사 업무와 학교 교육 과정 편성 및 운영에 참여하는 것도 초등학교 교사의 주요 업무입니다.

Q 가장 보람을 느낄 때는 언제인가요?

무엇보다 큰 보람은 학생들을 지도하면서 얻는 기쁨인 것 같습니다. 가르친 학생들과 스승과 제자의 인연을 맺고 헤어진 후, 훗날 잘 자라서 사회의 큰 일꾼이 되어 저를 다시 찾아와서 인사를 나눌 때 정말 큰 보람을 느낍니다.

Q 초등학교 교사가 되려면 어떤 준비가 필요할까요?

초등학교 교사가 되기 위해서는 교육 대학교를 졸업해야 합니다. 그러므로 대학 입시부터 준비해야 하지요.
공부도 중요하지만 가장 중요한 것은 어린이를 사랑하는 마음과 교육자로서의 인품을 갖추는 것입니다. 학생들을 사랑으로 가르치려는 마음가짐과 열의도 반드시 필요한 자질입니다.

Q 초등학교 교사의 전망을 어떻게 보시나요?

초등학교 교사는 일반 회사에 비하여 정년 퇴임이 보장되어 있어 안정적인 직업입니다. 근무 시간만을 비교하자면 직장인에 비해 여가 시간도 많은 편이고요. 국가 공무원으로서 신분도 보장되고, 퇴직 후 연금을 받을 수도 있습니다. 향후 본인의 노력에 따라 각 시·군 교육 지원청 및 도 교육청, 교육부 등의 행정 기관 장학사, 연구사로도 진출할 수도 있고요. 이러한 점들 때문에 초등학교 교사로 진출하고 싶어 하는 학생들이 몰려 갈수록 경쟁이 치열해지고 있습니다.
한편 교육 현장에서는 공교육 활성화를 위한 초등학교 교사들의 꾸준한 연구와 노력이 필요하다는 점을 명심해야 해요. 또 최근에 공무원 퇴직 연금을 둘러싸고 논란이 있어 초등학교 교사를 희망하는 어린이라면 관련 소식을 잘 살펴보아야 할 것입니다.

김철래 님 약력

현 모현초등학교 교사
경기도 초등 영어 교육 연구회 총무 이사
한국 저작권 위원회 청소년 저작권 교육 강사
경인 교육 대학교, 경인 교육 대학원 졸업

초등학교 교사에 대해 알아볼까요?

초등학교 교사는 어떤 직업인가요?

국가에서 정한 교육 과정에 맞추어 국·공·사립 초등학교에서 교과목을 가르치는 일을 한다. 초등학교에서는 영어, 체육 등 일부 교과를 제외한 대부분의 교과를 담임 교사가 가르친다. 연간 교육 계획을 수립하여 수업 내용과 교재를 정하고, 학습 지도안을 작성하여 수업을 진행한다. 과제물 검사, 평가, 생활 지도, 사회성 지도, 학교 폭력 예방 교육, 안전 교육, 준법 교육 등을 실시하고 학부모를 대상으로 상담 활동도 한다. 방학 기간에는 교원 연수, 교육 과정 연구 등에 참여한다.

초등학교 교사가 되는 방법을 알려 주세요.

전국의 교육 대학교나 한국교원대학교, 이화여자대학교와 제주대학교의 초등 교육과를 졸업하여 초등학교 정교사 2급 자격증을 취득해야 한다. 초등학교 정교사 2급 자격증을 취득한 뒤에는 각 시·도에서 주관하는 교사 임용 시험에 합격해야 국·공립 초등학교 교사가 될 수 있다. 학교에서 3년 이상의 경력을 쌓고, 일정 기간 필요한 교육 과정을 이수한 뒤 초등학교 정교사 1급 자격증을 취득할 수 있다.

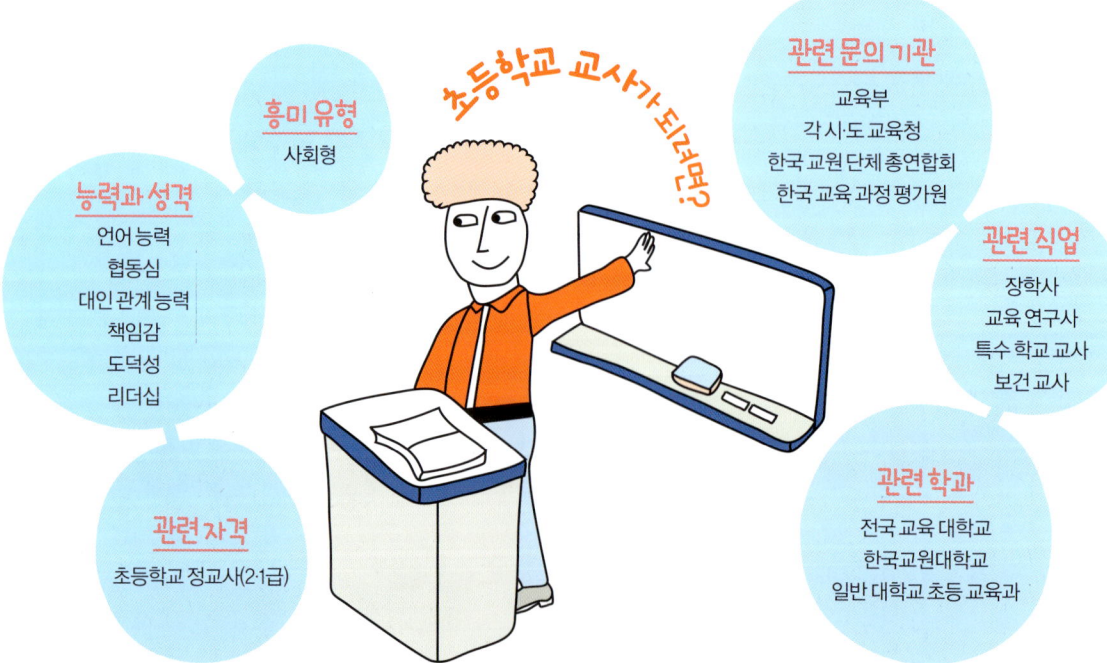

무엇을 준비해야 할까요?

필수

교육자로서 사명감을 가지고, 아이들에게 모범이 되는 도덕적인 소양을 길러야 해요. 학생을 이해하고, 사랑하는 마음도 필요하지요.

중요

여러 과목을 가르치기 때문에 교과목에 대한 정확한 지식이 필요해요. 쉽고 정확하게 전달할 수 있는 능력도 중요해요.

도움

침착하고 원만한 성격이 도움이 되어요. 많은 사람과 어울리고, 리더십을 기를 수 있는 체험 프로그램에 참여해 보세요.

 ## 앞으로의 전망은 어떤가요?

교육계에서는 한 학급당 학생 수를 줄이는 정책을 펼치지만 출산율이 줄어드는 사회 현상 때문에 앞으로 초등학교 교사의 수요는 현재와 비슷한 수준일 것으로 예상된다. 단, 고용의 안정성이 보장되고, 근무 시간이 규칙적이며 성별, 연령에 따른 차별이 적다. 따라서 초등학교 교사를 희망하는 지원자가 많아져 경쟁이 매우 치열할 것으로 예상된다.

 ## 특수 학교 교사는 어떤 일을 하나요?

특수 학교 교사는 신체장애나 정신적 발달 장애를 겪는 학생들에게 장애를 극복하고 사회에 적응할 수 있도록 필요한 지식을 가르치는 교사이다. 특수 학교 교사는 학생의 특성을 잘 이해하고, 그에 맞는 학습 지도를 실시해야 한다. 지식을 가르치는 것 외에도 식사, 등·하교 지도, 옷차림 등 인성과 생활 지도의 비중이 크다.

중등학교 교사

청소년의 길잡이, 윤상용

 어떤 중등학교 교사가 되고 싶으셨나요?

저는 어렸을 때에 친구들의 이야기를 잘 들어 주는 편이었습니다. 고민을 함께 나누는 것이 즐거웠지요. 초등학교 때부터 대학교 때까지 동아리 활동을 즐겼는데 그것이 저를 성숙하게 만들었고, 학교생활을 행복하게 했습니다. 하지만 당시만 해도 동아리 활동을 지지해 주시는 선생님이 많지 않았어요. 그래서 나중에 제가 교사가 되면 학생들이 하고 싶은 동아리 활동을 마음껏 할 수 있도록 돕고 격려해 주어야겠다고 생각했습니다.

 가장 보람을 느낄 때는 언제인가요?

학생이 성장하는 모습을 볼 때 가장 행복합니다. 지식뿐만 아니라 인격적으로 성장하고, 자기가 목표한 것들을 완성해 가는 제자의 모습은 무엇과도 바꿀 수 없는 기쁨이고 보람입니다. 교사는 청출어람*을 교육의 목표로 삼아야 한다고 생각합니다. 교사를 통해 목표를 이루고, 교사의 능력을 넘어서는 제자를 키워야 하겠지요. 하지만 다른 사람들이 성공하지 못했다고 평가하는 제자들 한 명 한 명도 저에게는 매우 소중하답니다. 그들은 모두 제가 농사지은 교육의 열매이기 때문입니다.

* **청출어람(靑出於藍)** 쪽에서 뽑아낸 푸른 물감이 쪽빛보다 푸르다는 의미로, 제자가 스승보다 뛰어남을 비유하는 말

윤상용 님 약력

전 평택 한광고등학교 윤리 교사
한국 청소년 동아리 문화 연구원 사무국장
대한민국 청소년 교육 대상 수상
총신대학교 기독교 교육과, 충북대학교 교육 대학원 학교 상담 전공

Q 중등학교 교사가 되기 위해서 어떤 준비가 가장 필요하다고 생각하시나요?

중등학교 교사가 되려면 먼저 중등학교 교원 자격증이 필요합니다. 일반적으로 대학의 사범 대학이나 사범계 학과를 졸업하거나, 일반 학과를 전공한 뒤 비슷한 전공이 설치되어 있는 교육 대학원을 졸업해야 합니다. 그렇게 하면 중등학교 2급 정교사 자격을 갖게 됩니다. 국가에서 운영하는 중학교나 고등학교의 교사가 되려면 중등 교사 임용 시험에 합격을 해야 합니다. 사립 중·고등학교 교사는 해당 학교 법인*에서 진행하는 임용 절차에 합격해야 하지요. 둘 중 어느 경우라도 합격 절차가 까다롭기 때문에 준비를 철저히 해야 합니다. 교사가 되고 싶다면 가르치고 싶은 과목의 지식뿐만 아니라 모든 교과에 대한 관심과 소양이 필요해요. 풍부한 교양과 좋은 인성을 기르는 데 도움이 되는 책을 읽고, 사람을 만나는 것을 즐거워해야 하며, 새로운 것에 대한 열정과 호기심이 매우 중요합니다.

*법인(法人) 법에 의하여 권리를 행사할 수 있는 단체

Q 중등학교 교사가 되기란 무척 어려운 것 같습니다.

그렇습니다. 꾸준한 출산율 감소세로 학교와 학생 수가 줄어든 반면 교사가 되고 싶어 하는 지원자가 많아 경쟁이 매우 치열해졌습니다. 그렇기 때문에 교사를 희망하는 사람은 아주 많은 준비를 해야 할 것입니다.
그러나 교사로서 느끼는 보람은 교사 준비 과정의 어려움이나 업무의 스트레스를 잊기에 충분합니다. 누군가를 가르치는 일이 분명 큰 부담이 될 수 있지만 가르치는 과정과 교육을 통해 달라지는 학생의 모습을 볼 때면 상상하지 못했던 행복을 느낍니다. 방학, 만 62세 정년 보장, 퇴직 연금, 사회적인 인정 등 교사로서 누릴 수 있는 혜택도 큽니다.

Q 중등학교 교사를 꿈꾸는 어린이들에게 조언해 주세요.

교사가 된다는 것은 예전이나 지금이나 소명 의식에 기초를 두어야 합니다. 왜냐하면 단순히 가르치는 일을 하는 사람으로 생각하면 이 일에 대해 실망하고 힘들어하기 쉽기 때문이지요. 변화무쌍하고 개성도 다양한 청소년을 매일 대하는 것은 결코 쉬운 일이 아니에요. 소명을 가진 선생님은 언제나 학생들에게서 희망을 찾습니다. 교사가 되고 싶다면, 평생 청소년들을 사랑할 의지가 있는지를 점검하는 것이 매우 중요합니다.

중등학교 교사에 대해 알아볼까요?

 ## 중등학교 교사는 어떤 직업인가요?

중학교와 고등학교에서 담당 교과목을 가르치고 생활 지도를 한다. 가장 중요한 업무는 교육 과정에 따라 수업 계획을 세우고, 학생들의 수준과 흥미 등을 고려하여 수업 지도안을 작성하는 것이다. 담임 교사가 되면 학급 운영을 비롯한 학생들의 학교생활 전반을 관리하고, 입학, 전학 같은 학사 업무, 진학 지도, 학생들의 바람직한 가치관 형성을 위한 상담 지도 등을 한다. 방학 중에는 교사 연수 프로그램에 참여하여 새로운 수업 방법과 변하는 지식 등을 익힌다.

 ## 중등학교 교사가 되는 방법을 알려 주세요.

대학의 사범 계열 학과를 졸업하여 중등학교 정교사 2급 자격을 취득하거나 일반 학과를 졸업한 다음 교육 대학원에서 석사 학위를 받고 중등학교 정교사 2급 자격증을 취득할 수 있다. 국·공립 중등학교 교사가 되려면 임용 시험을 치러 합격해야 한다. 총 3차로 진행되며, 한국 교육 과정 평가원에서 주관하는 필기 시험과 논술 평가, 각 시·도 교육청별로 면접시험을 치른다.

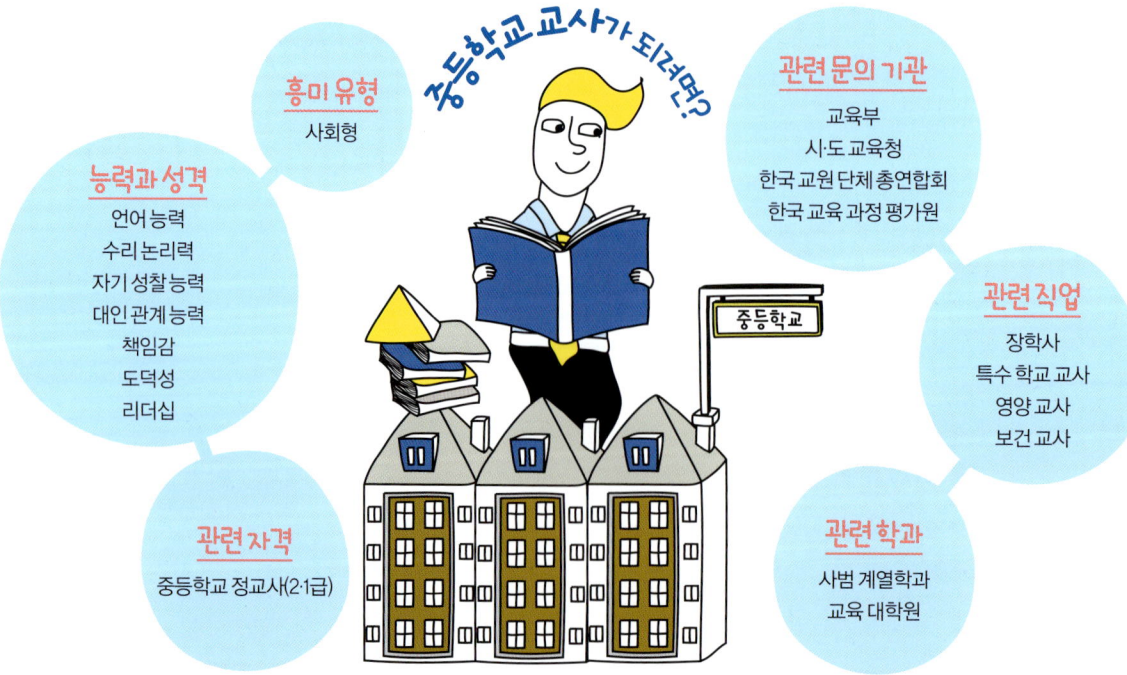

무엇을 준비해야 할까요?

 **필수**
교육자로서 사명감과 책임감, 학생을 통제할 수 있는 리더십이 필수예요. 교육과 학생에 대한 열정과 애정도 뒷받침되어야 하고요.

 **중요**
교과 내용을 정확하게 전달하는 능력이 중요해요. 친구나 부모님 앞에서 공부한 내용을 설명하는 연습을 꾸준히 해 보세요.

 **도움**
여러 가지 분야의 책을 읽고, 다양한 부류의 사람들을 만나 이야기를 나누며 남을 포용하는 능력을 길러 보세요.

앞으로의 전망은 어떤가요?

저출산으로 인한 학생 수 감소로 중등학교 교사의 일자리는 앞으로도 지금 상태를 유지하거나 줄어들 것으로 예상된다. 또 사교육과 정부의 공교육 활성화 노력 사이에서 정부 정책에 따라 일자리 전망이 영향을 받을 것으로 보인다. 하지만 정년 보장 등 고용이 안정되고, 복지 수준이 높으며, 직장 내에서 성별이나 연령에 따른 차별이 적기 때문에 지원자들의 경쟁이 심한 편이다.

 **교사의 승진 제도가 궁금해요!**

교사는 '평교사-교감-교장' 순으로 승진한다. 중등학교 정교사 2급 자격증을 취득해 교사가 되어 경력을 쌓으면 중등학교 정교사 1급 자격이 생기며, 경력이 쌓여 승진 규정에 부합하는 점수를 얻으면 교감이나 교장이 될 수 있다. 교장은 학교를 대표하는 최고 책임자로서, 학교 운영과 교사 관리 등을 맡는다. 또 학교에서 일어나는 문제를 해결한다.
2011년부터는 학교에서 전문성을 갖춘 수석 교사를 선발하여 4년의 임기 동안 교사 지원, 교과 연구 등에 참여하는 제도가 신설되었다.

교육

청소년 지도사

청소년의 꿈을 응원하는 박현숙

Q 청소년 지도사로서 어떤 일을 하고 계시나요?

청소년 지도사는 청소년 기본법*에 의한 국가 검정 자격증을 갖춘 사람으로, 학교 밖에서 청소년에 대한 전문적인 지식과 자질을 겸비하여 다양한 프로그램 기획과 실행을 하는 전문가입니다. 청소년의 신체 단련, 정서 함양, 자연 체험, 예절, 사회봉사, 전통문화 활동 등을 지도합니다.

* **청소년 기본법 제20조** 청소년 지도자의 양성과 자질 향상을 위한 연수 등에 대한 방향과 내용은 대통령령으로 정한다.

Q 일하시면서 기억에 남는 일들을 소개해 주세요.

청소년 지도사로 일하면서 자리를 잡아 갈 무렵에 맡은 업무가 평생 교육(구 문화 교실)과 동아리, 청소년 운영 위원회였습니다. 제가 맡았던 동아리 중 '퓨전엠씨'라는 세계적인 비보이(B-boy)팀과 '대한민국 청소년 동아리 경진 대회'에 참가하여 최우수상을 받은 일이 기억에 남습니다. 2006년에는 중국 베이징 국제 학교에서 공연을 했고, 세계 여러 나라에서 열리는 유명 비보이 대회에 출전하여 우승을 휩쓴 일은 제가 한 일 중 가장 크게 보람 있었던 일이에요.

Q 청소년 지도사가 되려면 어떤 자질이 필요할까요?

청소년이 흔히 겪는 시행착오는 실패가 아니라 성장하기 위한 배움과 경험의 과정이라는 이해가 필요해요. 인내심도 필수 요건이고요.
특히 청소년 지도사는 새로운 프로그램에 대한 연구를 계속해야 하므로 성실해야 합니다. 학교에서 요구하는 자문에 응하고, 학교의 사정에 맞는 자료를 제공할 수 있는 능력을 갖추어야 하지요.

- 음악 춤
- 미술 디자인
- 스포츠
- 방송 언론 출판
- 서비스
- 의료
- IT
- 법 행정
- 경제 금융
- 공학 자연 과학

무엇을 준비해야 할까요?

 **필수**
교육자로서 사명감과 책임감, 학생을 통제할 수 있는 리더십이 필수예요. 교육과 학생에 대한 열정과 애정도 뒷받침되어야 하고요.

 **중요**
교과 내용을 정확하게 전달하는 능력이 중요해요. 친구나 부모님 앞에서 공부한 내용을 설명하는 연습을 꾸준히 해 보세요.

 **도움**
여러 가지 분야의 책을 읽고, 다양한 부류의 사람들을 만나 이야기를 나누며 남을 포용하는 능력을 길러 보세요.

앞으로의 전망은 어떤가요?

저출산으로 인한 학생 수 감소로 중등학교 교사의 일자리는 앞으로도 지금 상태를 유지하거나 줄어들 것으로 예상된다. 또 사교육과 정부의 공교육 활성화 노력 사이에서 정부 정책에 따라 일자리 전망이 영향을 받을 것으로 보인다. 하지만 정년 보장 등 고용이 안정되고, 복지 수준이 높으며, 직장 내에서 성별이나 연령에 따른 차별이 적기 때문에 지원자들의 경쟁이 심한 편이다.

아하! 그렇구나 교사의 승진 제도가 궁금해요!

교사는 '평교사-교감-교장' 순으로 승진한다. 중등학교 정교사 2급 자격증을 취득해 교사가 되어 경력을 쌓으면 중등학교 정교사 1급 자격이 생기며, 경력이 쌓여 승진 규정에 부합하는 점수를 얻으면 교감이나 교장이 될 수 있다. 교장은 학교를 대표하는 최고 책임자로서, 학교 운영과 교사 관리 등을 맡는다. 또 학교에서 일어나는 문제를 해결한다.

2011년부터는 학교에서 전문성을 갖춘 수석 교사를 선발하여 4년의 임기 동안 교사 지원, 교과 연구 등에 참여하는 제도가 신설되었다.

교육

청소년 지도사

청소년의 꿈을 응원하는 박현숙

Q 청소년 지도사로서 어떤 일을 하고 계시나요?

청소년 지도사는 청소년 기본법*에 의한 국가 검정 자격증을 갖춘 사람으로, 학교 밖에서 청소년에 대한 전문적인 지식과 자질을 겸비하여 다양한 프로그램 기획과 실행을 하는 전문가입니다. 청소년의 신체 단련, 정서 함양, 자연 체험, 예절, 사회봉사, 전통문화 활동 등을 지도합니다.

*청소년 기본법 제20조 청소년 지도자의 양성과 자질 향상을 위한 연수 등에 대한 방향과 내용은 대통령령으로 정한다.

Q 일하시면서 기억에 남는 일들을 소개해 주세요.

청소년 지도사로 일하면서 자리를 잡아 갈 무렵에 맡은 업무가 평생 교육(구 문화 교실)과 동아리, 청소년 운영 위원회였습니다. 제가 맡았던 동아리 중 '퓨전엠씨'라는 세계적인 비보이(B-boy)팀과 '대한민국 청소년 동아리 경진 대회'에 참가하여 최우수상을 받은 일이 기억에 남습니다. 2006년에는 중국 베이징 국제 학교에서 공연을 했고, 세계 여러 나라에서 열리는 유명 비보이 대회에 출전하여 우승을 휩쓴 일은 제가 한 일 중 가장 크게 보람 있었던 일이에요.

Q 청소년 지도사가 되려면 어떤 자질이 필요할까요?

청소년이 흔히 겪는 시행착오는 실패가 아니라 성장하기 위한 배움과 경험의 과정이라는 이해가 필요해요. 인내심도 필수 요건이고요.
특히 청소년 지도사는 새로운 프로그램에 대한 연구를 계속해야 하므로 성실해야 합니다. 학교에서 요구하는 자문에 응하고, 학교의 사정에 맞는 자료를 제공할 수 있는 능력을 갖추어야 하지요.

음악 춤 | 미술 디자인 | 스포츠 | 방송 언론 출판 | 서비스 | 의료 | IT | 법 행정 | 경제 금융 | 공학 자연 과학

Q 청소년 지도사로서의 목표는 무엇인가요?

현재 전문적인 동아리 지도자가 되기 위해 여러 가지 준비를 하고 있어요. 우리나라에서도 청소년이 올바른 가치관을 만들고 창조적인 문화 활동을 누릴 수 있도록 한국 청소년 동아리 연맹이 설립되었거든요. 이 단체를 통해 많은 청소년이 행복해하는 모습을 볼 수 있기를 바랍니다. 앞으로도 청소년을 위한 일에 제 열정을 마음껏 쏟아붓는 것이 꿈이에요.

Q 청소년 지도사의 직업 전망을 어떻게 보시나요?

오랜 기간 청소년 지도사로 활동해 본 결과 이 직업이 매우 매력적이라고 생각합니다. 청소년의 꿈을 키우는 일은 우리나라의 미래를 설계하는 일에 도움을 준다는 뜻이니까요. 청소년에게 목표를 제시하고, 그들이 꿈꾸는 목표를 달성하는 일에 함께 참여할 자세가 되어 있다면 청소년 지도사에 도전해 볼 만한 가치가 충분합니다. 다만, 급여 수준이 지금보다 조금만 더 올라가면 좋을 것 같아요.

Q 청소년 지도사에 관심이 있는 어린이들에게 한 말씀 부탁드려요.

청소년 지도사는 화려하지도 않고 결코 쉬운 직업도 아닙니다. 청소년을 이해하고 사랑하는 마음 없이는 평생 직업으로 유지하기 어렵지요. 때로는 청소년 지도사로서 슬럼프에 빠지기도 하고 다른 직업을 꿈꾸기도 할 것입니다. 그럼에도 불구하고 이 모든 과정을 슬기롭게 헤쳐 나갈 수 있고 청소년을 사랑할 수 있다면 도전했으면 좋겠어요.
인생을 먼저 산 선배로서 여러분에게 조언을 한다면, 하고 싶은 일이 아닌, 가장 잘할 수 있는 일을 하세요. 잘하는 일은 사람을 지치게 하지 않고 안에 잠재되어 있는 에너지를 화산처럼 분출시키며 여러분의 인생에 활력이 되어 줄 것입니다.

박현숙 님 약력
현 의정부시 청소년 수련관 청소년 지도사
2014 인천 아시안 게임 연구 위원
교육부 평생 교육 자문 위원
한국방송통신대학교 대학원 가정학 석사

청소년 지도사에 대해 알아볼까요?

청소년 지도사는 어떤 직업인가요?

청소년들의 사회 적응 능력 개발과 건전한 여가 활동을 돕는다. 관련 단체에서 각종 수련 활동과 문화 교류 프로그램을 기획·운영하여 청소년들이 신체 건강, 정서 함양, 예절, 사회봉사, 전통문화 체험 등 다방면에 걸쳐 체험 활동을 할 수 있도록 지원한다. 청소년을 위한 정책 과제를 개발하고, 현장 적용, 소외된 청소년 시설에서 어려움을 겪는 청소년들이 정상적으로 일상생활에 적응할 수 있도록 사회 적응 프로그램을 지원한다. 청소년을 바른길로 이끄는 선도 활동에도 참여한다.

청소년 지도사가 되는 방법을 알려 주세요.

청소년 지도사 3·2·1급의 자격증이 필요하다. 관련 전공을 이수하고 면접시험을 통과하거나 청소년 육성 분야의 실무 경력이 있으면 자격증 시험을 치러 청소년 지도사 2급 자격증을 취득할 수 있다. 심리학, 교육학, 아동 복지학, 청소년 복지학을 전공하면 청소년 지도사로 활동하는 데 필요한 이론을 배울 수 있다. 청소년 단체 및 상담 기관, 중·고등학교 및 대학의 상담실 등에서 일한다.

무엇을 준비해야 할까요?

필수
열정이 넘치는 청소년과 프로그램을 진행하려면 강인한 체력이 필수예요. 또 심리학과 행동에 관한 책을 읽어 차근차근 지식을 쌓아 보세요.

중요
상대방의 말을 듣고, 공감하는 능력이 중요해요. 많은 사람과 대화하면서 잘 듣고, 자신의 생각을 조리 있게 말할 수 있어야 하지요.

도움
다양한 인물을 만날 수 있는 이야기책을 읽고, 등장인물의 심리를 파악해 보세요. 봉사 활동에 참여하는 것도 도움이 되어요.

앞으로의 전망은 어떤가요?

급격한 사회 변화에 따른 세대 갈등과 청소년의 방황, 청소년 문제를 적극적으로 해결하기 위한 국가 차원의 노력은 청소년 지도사의 향후 전망을 매우 밝게 한다. 특히 다양한 체험 프로그램과 청소년 수련 활동 권장 등 다양한 정부의 정책과 예산 지원으로 앞으로 청소년 지도사의 수요가 늘고 활동 분야가 다양해질 것으로 예상된다.

아하! 그렇구나 커리어 코치는 어떤 일을 하나요?

개인의 성격과 환경, 경력 등을 파악하여 목표에 맞는 직업을 갖도록 돕는 사람이다.
직업과 관련된 목표 설정과 목표를 수행하기 위해 요구되는 능력을 쌓을 수 있게 도와준다.
학교에서 근무하는 경우, 학생들의 진로 상담과 강의, 체험 프로그램 실시, 진로 지원 서류 작성 방법, 인터뷰 요령 등 직접적이고 구체적인 방법을 조언한다.

교육

인터넷 중독 상담사

인터넷 중독의 해결사, 서보경

Q 익숙하지 않은 직업인데, 구체적으로 어떤 일을 하시나요?

인터넷 중독으로 어려움을 겪는 분이 상담을 통해서 극복할 수 있도록 도와주는 직업이에요. 업무 중에는 "인터넷을 너무 많이 사용한다.", "게임을 밤새도록 한다.", "게임하는 것 때문에 엄마와 싸운다.", "인터넷을 하고 싶지 않은데 습관적으로 하게 된다."와 같은 고민을 가진 사람과 이야기를 나눠요. 문제가 있는 분들은 상담사와 얘기하면서 스스로 어디에 문제가 있는지 알게 되고, 해결할 수 있는 방법을 찾게 됩니다. 즉 인터넷을 건강하게 사용할 수 있도록 돕는 일을 해요.

Q 인터넷 중독 상담사가 된 계기는 무엇인가요?

학교를 졸업하고 직장을 찾던 중에 중독 연구소에 들어갔어요. 주로 알코올, 마약, 도박 중독을 연구하면서 우리나라의 중독 분야에서 알려져 있고 활발하게 활동하는 중독 전문가를 많이 만났어요. 그때 인터넷 중독 전문가한테 인터넷 중독에 대한 얘기를 많이 들었는데, 그 분야에서 일을 해 보고 싶다는 생각을 했지요. 때마침, 한국 정보화 진흥원에서 인터넷 중독 연구원 채용 공고를 내서 지원했고, 인터넷 중독 상담사로 일을 시작했습니다.

서보경 님 약력

현 한국 정보화 진흥원 스마트 쉼 센터 책임 연구원
중독 연구소 수석 연구원
서강대학교, 가톨릭대학교, 국민대학교 강사
독일 부퍼탈대학교 임상 심리학 박사

- 음악 춤
- 미술 디자인
- 스포츠
- 방송 언론 출판
- 서비스
- 의료
- IT
- 법 행정
- 경제 금융
- 공학 자연 과학

Q 어떤 준비가 필요한가요?

먼저 심리학과, 상담학과, 교육학과, 사회복지학과 같은 상담 관련 학과를 졸업해야 해요. 그래야 인터넷 중독 전문 상담사 자격 시험에 응시하여 자격증을 취득할 수 있으니까요. 실질적으로 필요한 준비 사항은 자격증이지만 그 외에도 성향과 태도 면에서 준비할 것이 많아요.

Q 다양한 분을 많이 만나시겠네요?

퀭한 눈에, 어깨가 축 늘어지고, 인터넷 외에는 아무것도 관심이 없는 분들을 만나죠. 하지만 상담을 시작하고 몇 주가 지나면 눈에 초점이 생기고, 웃음과 생기가 돌며, 다른 분야에 관심을 갖거나 진로에 대해 고민하기 시작해요. 그럴 때에는 저도 행복해져요. 상담을 마친 뒤에 잘 생활하고 있다고 연락을 해 오면 정말 큰 보람을 느낍니다.

Q 언제 가장 힘들고, 어떻게 극복하시나요?

상담을 통해 상태가 좋아졌다가 다시 나빠지는 상담자를 보면 힘들어요. '내가 뭘 잘못했지?'라는 자책감이 들죠. 이럴 때에는 상담하는 일이 두려워지기도 해요. 하지만 '그럴 수도 있지.'라고 그냥 지나치기보다는 상담의 전 과정을 다시 분석하고, 상담 경험이 많은 관리자를 찾아가 의논을 해야 해요. 그 상담자와 상담한 과정에서 문제점을 찾아 개선하여 상담자가 어려움을 극복할 수 있도록 도와야 하기 때문이지요.

Q 인터넷 중독 상담사에 관심이 많은 어린이에게 조언해 주세요.

인터넷 중독 상담사가 되기 위해서는 학업적인 조건 이외에 사람에 대한 관심과 진심이 아주 중요해요. 인터넷 중독 상담사가 하는 일은 다른 사람의 삶에 들어가 그 사람이 인터넷 사용으로 겪는 어려움을 공감하며, 그 사람의 입장에서 문제를 바라보고 함께 해결하는 거예요. 그러려면 사람에 대한 관심과 이해하려는 마음이 꼭 필요합니다.

인터넷 중독 상담사는 매번 다른 사람과 새로운 문제를 만나요. 같은 일을 반복하는 일이 아니기 때문에 앞으로 하게 될 일을 미리 예측하기 어렵지요. 그래서 배움을 멈추지 않아야 하는 직업이랍니다. 꾸준히 노력해야 하고요. 더불어 잘 사는 사회를 만들고 싶다면 인터넷 중독 상담사가 되어 보세요. 삶이 행복해질 거예요.

인터넷 중독 상담사에 대해 알아볼까요?

인터넷 중독 상담사는 어떤 직업인가요?

인터넷, 스마트폰의 과도한 사용으로 현실 생활에 어려움을 겪는 사람을 대상으로 중독의 정도를 진단하고, 치료 방법을 제시하여 개선하는 일을 한다. 먼저 자신이 중독인 것을 인정하여 상담의 필요성을 깨닫게 한 뒤 적성 검사, 심리 검사 등을 통해 개인별 맞춤 프로그램을 시행한다. 인터넷 중독은 다시 발생할 가능성이 높아 인터넷 중독 상담사의 지속적인 관리와 상담이 필요하다. 대부분 일대일로 상담이 이루어진다.

인터넷 중독 상담사가 되는 방법을 알려 주세요.

대학에서 교육 심리학, 사회 복지 상담, 청소년 복지학 등을 전공하면 유리하다. 인간에 대한 이해와 분석, 상담 심리에 필요한 전문적인 지식을 습득하여 상담 심리학 분야의 석사 및 박사 과정으로 진학하는 경우도 많다. 대학이나 대학원의 상담 관련 전공을 이수하면 청소년 상담 기관, 사회 복지 기관, 학교, 공공 기관 등에 취업하거나 인터넷 중독 상담 센터를 열어 활동할 수 있다.

무엇을 준비해야 할까요?

 **필수**
상담에 필요한 전문 지식과 기술, 상담을 받는 사람을 이해하려는 마음가짐이 필수예요. 관련 분야의 책을 읽고, 심리에 대해 공부해 보세요.

 **중요**
말하는 사람의 표정, 행동을 관찰해 분석할 수 있어야 해요. 많은 사람과 이야기를 나누어 종합적으로 판단하는 훈련을 해 보세요.

 **도움**
책을 많이 읽고, 여러 사람이 함께하는 체험 프로그램에 참여하여 다른 사람에 대한 이해와 포용력을 기르는 것이 좋아요.

 ## 앞으로의 전망은 어떤가요?

우리나라의 인터넷 및 게임 중독자가 200만 명을 넘어섰고, 그중 위험한 상태의 비율도 빠르게 증가하고 있다. 특히 청소년의 스마트폰 중독 문제가 심각하다. 반면, 인터넷 중독 상담사의 활동은 이제 시작 단계이기 때문에 직업 수요가 빠르게 늘어날 것으로 예상된다. 사회적으로도 인터넷 게임 중독을 막기 위한 제도가 추진되고 있어 앞으로 인터넷 중독 상담사의 사회적 역할 또한 커질 것이다.

 ## 임상 심리사는 어떤 일을 하나요?

임상 심리사는 우울, 불안, 사회 부적응, 정신 분열 같은 심리와 신체적 문제 등을 진단하여 사회에 잘 적응할 수 있도록 치료하는 사람이다.
또 이러한 정신적 문제를 예방하기 위한 심리 상담 프로그램을 제공하고 관련 기관에 자문을 한다. 한국 산업 인력 공단에서 시행하는 임상 심리사 자격증을 취득하여야 한다.

법/행정

국회 의원

국민을 대표하는 국회 의원, 유승희

- 음악 춤
- 미술 디자인
- 스포츠
- 방송 언론 출판
- 서비스
- 의료
- IT
- 교육
- 경제 금융
- 공학 자연 과학

Q 정치란 무엇인가요?

제가 생각하는 정치란 '국민을 위해 사회적인 권력과 돈을 평등하게 나누는 일'입니다. 강자가 모든 것을 차지하고 약자를 내버려 두는 것이 정치라면 굳이 정부와 제도가 필요하지 않겠지요. 정치인은 사회적인 약자와 서민들도 행복하게 살아갈 수 있도록 여러 가지 일을 합니다. 그중에서도 국회 의원은 국민이 노력해서 얻은 결실을 소수의 권력자와 부자들이 독차지하지 않고, 국민에게 골고루 돌아가도록 헌법과 법률 등을 만듭니다.

Q 국회 의원은 어떤 직업인가요?

국회 의원은 국민을 대표해서 법을 만들고, 행정부가 법에 따라 나랏일을 잘하는지 감시하고 살핍니다. 우리나라 만 19세 이상인 국민은 투표할 수 있는 자격이 있습니다. 투표권을 가진 국민들이 4년에 한 번씩 선거를 통해 국회 의원을 뽑지요. 그래서 국회 의원을 '국민의 대표'라고 한답니다. 그러니까 어린이 여러분도 정치에 관심을 가지고 지켜볼 필요가 있습니다. 중앙 행정부나 지방 자치 단체가 하는 일을 살피고 견제하는 일도 국회 의원의 중요한 임무입니다. 매년 9월이 되면 100일간 정기 국회를 열거나 필요에 따라 임시 국회를 열어 행정부가 한 일을 확인하고, 나라의 중요한 일을 결정합니다.

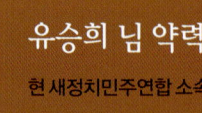

유승희 님 약력

현 새정치민주연합 소속 국회 의원
제19대 국회 여성 가족 위원회 위원장
《딸에게 들려주는 리더십 이야기》 외 집필
한양대학교 대학원 행정학 박사

Q 어떻게 국회 의원이 되셨나요?

어렸을 때부터 책 읽기와 사회 문제에 관심이 많았습니다. 입시 공부에만 치우치지 않고, 고전 명작이나 철학에 관한 책을 많이 읽었어요. 독서를 하면서 지혜로운 사람들의 생각을 배우고, 나의 삶에 대해 생각해 볼 수 있었답니다. 세계적인 명작 소설인 앙드레 지드의 《좁은 문》, 헤르만 헤세의 《데미안》, 도스토옙스키의 《죄와 벌》, 니체의 《자라투스트라는 이렇게 말했다》와 같은 책을 즐겁게 읽었습니다.

대학 시절에는 국민의 권리를 스스로 행사하는 민주주의에 대해 관심을 가졌어요. 민주화 운동에 참여하기도 했고요. 노동자를 위해 여러 가지 일을 하다가 돌아가신 전태일 열사의 삶에 깊은 감동을 받고, 이웃을 위해 살아야겠다고 다짐했답니다. 결국 제도를 바꿔야겠다는 생각으로 정치를 시작하였습니다. 그리고 두 번 연속 국회 의원으로 일하게 되었습니다. '어떻게 살 것인가? 무엇을 위하여 살 것인가? 나보다 어렵고 보호받아야 할 이들을 위하여 무엇을 할 것인가?'에 대해 고민해 왔고 이것을 위해 해야 할 일을 열심히 하다 정치계에 입문하게 되었죠.

Q 국회 의원으로 일하시면서 가장 보람된 일은 무엇이었나요?

약자를 대변하는 일입니다. 국민의 목소리에 귀 기울이고, 국민이 바라는 일을 처리하면서 보람을 느낍니다. 어느 날, 좁은 골목길에 전봇대가 서 있어서 차가 지나가기 힘들고, 보행자의 안전이 걱정된다는 연락을 받았습니다. 그길로 현장에 찾아가 만나 보니 전화를 하신 분께서 깜짝 놀라시더라고요. "국회 의원이 직접 오실 줄은 몰랐습니다." 하며 반갑게 맞아 주셨습니다. 당연히 해야 할 일인데 환하게 웃어 주시는 모습을 보니 뭉클했고, 아무리 힘들어도 열심히 일해야겠다고 다짐했습니다.

Q 우리나라의 여성 국회 의원 수는 얼마나 되나요?

19대 국회 의원 중 여성의 비율은 20%가 채 되지 않습니다. 국가에서는 여성의 정치 참여를 확대하기 위해 각종 제도를 도입했는데, 그중 여성 할당제는 국회 의원 선거 등에서 일정 비율 이상 여성 국회 의원을 반드시 선출하도록 하는 제도입니다. 비례 대표의 경우 반드시 50% 이상 여성 의원을 공천*하도록 법으로 정해져 있습니다. 대한민국이 진정한 발전을 이루려면 남녀 차별 없는 평등 사회가 되어야 합니다. 법 앞에서 인간의 권리를 확대하기 위해 노력하고, 여성 리더를 육성하기 위해 정책과 제도를 발전시켜 나가야 한다고 생각합니다.

*공천 여럿이 합의하여 추천함.

국회 의원에 대해 알아볼까요?

국회 의원은 어떤 직업인가요?

국회 의원은 국민의 직접 선거를 통해 선출된 국민의 대표이다. 국회 의원의 가장 중요한 일은 국민의 생활에 필요한 법을 만들고 고치는 것이다. 그 외에도 행정부에서 나라의 살림살이에 쓸 돈이 얼마인지, 국민 전체를 위해 올바르게 사용하는 것인지 심사하고, 국민을 대표하여 행정부의 정책을 살펴 잘못된 일이 있으면 고치도록 한다. 국회에서 행정부의 일을 살피는 것을 '국정 감사'라고 하는데 이를 통해 잘못된 정책이 발견되면 관련자들을 국회로 불러 옳고 그름을 가린다.

국회 의원이 되는 방법을 알려 주세요.

만 25세 이상이어야 국회 의원 선거의 후보가 될 수 있으며 정당에서 공천을 받거나 무소속으로 선거에 출마하여 국민의 표를 받아 당선되어야 한다. 지역구 총선거에서 얻은 표에 따라 정당에서 자체적으로 뽑는 비례 대표제에 의하여 전국구 의원이 되기도 한다. 국회 의원은 지역 활동과 자질이 중요한 판단 기준이 되기 때문에 국회 의원이 되기 전에 기초 의회, 광역 의회 등을 거쳐 경력을 쌓는 경우가 많다.

무엇을 준비해야 할까요?

 **필수**

법, 행정, 경제, 사회, 문화, 복지 등 다양한 분야에 대해 알아야 해요. 어떤 일에 대해 전반적으로 꿰뚫어 보는 통찰력도 꼭 필요하고요.

 **중요**

국민을 대표한다는 책임감과 사명감을 갖고, 도덕적이고 청렴한 생활을 해야 해요. 원활한 의사소통 능력도 중요해요.

 **도움**

신문과 뉴스를 많이 보아 사회 여러 분야에서 벌어지는 일에 관심을 가지세요. 학교에서 학생회 활동에 참여하는 것도 도움이 된답니다.

 ## 앞으로의 전망은 어떤가요?

우리나라의 국회 의원 수는 법률로 정해져 있기 때문에 국회 의원이 되기까지 경쟁이 매우 치열하다. 또 국민의 대표로서 모범이 되어야 하므로 책임이 따른다. 하지만 국회 의원이 되고 나면 임금과 복지 수준, 사회적인 지위가 높고, 경험과 성과에 따라 능력을 인정받을 수 있으며, 국회 의원 임기가 끝나도 공공 단체에서 일하는 경우가 많아 비교적 고용이 안정적인 직업이다.

 ## 국회 의원 보좌관은 어떤 일을 하나요?

국회 의원은 의원 1명당 4급 보좌관 2명, 5급 비서관 2명, 6·7·9급 비서 각 1명으로 모두 7명의 보좌진을 둘 수 있으며, 이들은 대한민국 국회에 속한 공무원이다.

국회 의원 보좌관은 국회 의원을 도와 본회의에서 논의할 주제에 대하여 전문가들과 함께 토의하는 상임 위원회와 국정 감사, 예산·결산 심사, 인사 청문회 등에서 의원들이 할 질문지를 만든다. 국회 의원의 정책 자료집, 활동 자료 및 보도 자료 등의 제작에도 참여한다.

법/행정

외교관

각종 외교 업무를 수행하는 조기중

Q 외교관이 되려고 한 특별한 동기나 이유는 무엇인가요?

언제부터 외교관이 되고 싶었는지 정확히 기억나지 않지만 중학교 때부터 국사와 세계사에 흥미가 있었습니다. 영어 공부도 재미있었고요. 신문의 국제면 기사를 읽고, 세계의 소식에 대해서도 많이 알게 되었습니다. 그러다가 고등학교에서 프랑스 어를 배운 것이 인연이 되어 대학도 프랑스 어과로 진학하였습니다. 3학년 2학기인 1994년, 프랑스 중부에 있는 '클레르몽페랑'이란 도시에서 어학연수를 하였습니다. 정치, 경제, 문화, 산업 등 모든 분야가 우리나라와는 다른 프랑스의 이모저모를 접하면서 선진국과의 교류가 우리나라 발전에 매우 중요한 영향을 미친다는 사실을 깨달았습니다. 이 일에 제가 동참할 수 있는 분야가 외교라고 생각했지요. 결국 저는 우리나라로 돌아와 바로 외무 고등 고시를 준비했습니다.

Q 외무 고등 고시 준비는 어떻게 하셨나요?

당시에 외교관이 되는 방법은 외무 고등 고시에 합격하는 것이 가장 확실했습니다. 외무 고등 고시에 최종 합격하려면 1차 필기, 2차 논술, 3차 면접 시험을 통과해야 하는데 외무 고등 고시를 준비한 지 1년 만인 1997년 초에 1차 시험에 합격하였고, 이듬해에 2·3차 시험에도 합격하였습니다. 제가 비교적 짧은 시간 안에 외무 고등 고시에 합격할 수 있었던 데에는 어린 시절부터 국제 문제에 많은 관심을 기울여 왔고, 평소에 전공 공부를 열심히 해 둔 것이 도움이 되었습니다. 그리고 할 수 있다는 자신감을 가지고 시험 준비에 매진했던 마음가짐이 있어 가능했던 것 같습니다.

무엇을 준비해야 할까요?

 **필수**
법, 행정, 경제, 사회, 문화, 복지 등 다양한 분야에 대해 알아야 해요. 어떤 일에 대해 전반적으로 꿰뚫어 보는 통찰력도 꼭 필요하고요.

 **중요**
국민을 대표한다는 책임감과 사명감을 갖고, 도덕적이고 청렴한 생활을 해야 해요. 원활한 의사소통 능력도 중요해요.

 **도움**
신문과 뉴스를 많이 보아 사회 여러 분야에서 벌어지는 일에 관심을 가지세요. 학교에서 학생회 활동에 참여하는 것도 도움이 된답니다.

앞으로의 전망은 어떤가요?

우리나라의 국회 의원 수는 법률로 정해져 있기 때문에 국회 의원이 되기까지 경쟁이 매우 치열하다. 또 국민의 대표로서 모범이 되어야 하므로 책임이 따른다. 하지만 국회 의원이 되고 나면 임금과 복지 수준, 사회적인 지위가 높고, 경험과 성과에 따라 능력을 인정받을 수 있으며, 국회 의원 임기가 끝나도 공공 단체에서 일하는 경우가 많아 비교적 고용이 안정적인 직업이다.

국회 의원 보좌관은 어떤 일을 하나요?

국회 의원은 의원 1명당 4급 보좌관 2명, 5급 비서관 2명, 6·7·9급 비서 각 1명으로 모두 7명의 보좌진을 둘 수 있으며, 이들은 대한민국 국회에 속한 공무원이다.
국회 의원 보좌관은 국회 의원을 도와 본회의에서 논의할 주제에 대하여 전문가들과 함께 토의하는 상임 위원회와 국정 감사, 예산·결산 심사, 인사 청문회 등에서 의원들이 할 질문지를 만든다. 국회 의원의 정책 자료집, 활동 자료 및 보도 자료 등의 제작에도 참여한다.

법/행정

외교관

각종 외교 업무를 수행하는 조기중

Q 외교관이 되려고 한 특별한 동기나 이유는 무엇인가요?

언제부터 외교관이 되고 싶었는지 정확히 기억나지 않지만 중학교 때부터 국사와 세계사에 흥미가 있었습니다. 영어 공부도 재미있었고요. 신문의 국제면 기사를 읽고, 세계의 소식에 대해서도 많이 알게 되었습니다. 그러다가 고등학교에서 프랑스 어를 배운 것이 인연이 되어 대학도 프랑스 어과로 진학하였습니다. 3학년 2학기인 1994년, 프랑스 중부에 있는 '클레르몽페랑'이란 도시에서 어학연수를 하였습니다. 정치, 경제, 문화, 산업 등 모든 분야가 우리나라와는 다른 프랑스의 이모저모를 접하면서 선진국과의 교류가 우리나라 발전에 매우 중요한 영향을 미친다는 사실을 깨달았습니다. 이 일에 제가 동참할 수 있는 분야가 외교라고 생각했지요. 결국 저는 우리나라로 돌아와 바로 외무 고등 고시를 준비했습니다.

Q 외무 고등 고시 준비는 어떻게 하셨나요?

당시에 외교관이 되는 방법은 외무 고등 고시에 합격하는 것이 가장 확실했습니다. 외무 고등 고시에 최종 합격하려면 1차 필기, 2차 논술, 3차 면접 시험을 통과해야 하는데 외무 고등 고시를 준비한 지 1년 만인 1997년 초에 1차 시험에 합격하였고, 이 듬해에 2·3차 시험에도 합격하였습니다. 제가 비교적 짧은 시간 안에 외무 고등 고시에 합격할 수 있었던 데에는 어린 시절부터 국제 문제에 많은 관심을 기울여 왔고, 평소에 전공 공부를 열심히 해 둔 것이 도움이 되었습니다. 그리고 할 수 있다는 자신감을 가지고 시험 준비에 매진했던 마음가짐이 있어 가능했던 것 같습니다.

- 음악 춤
- 미술 디자인
- 스포츠
- 방송 언론 출판
- 서비스
- 의료
- IT
- 교육
- 경제 금융
- 공학 자연과학

Q 어떤 준비와 자질이 필요하다고 생각하세요?

첫째, 외교관은 국가와 국민을 위해 일하는 공무원이기 때문에 투철한 국가관과 국민을 위해 평생 희생하겠다는 생각이 필요합니다. 평소 이러한 가치관이 몸에 배어야 하죠.
둘째, 외교관은 국제 무대에서 외국 외교관들을 상대하기 때문에 뛰어난 외국어 실력을 갖추어야 합니다. 영어를 제외한 외국어를 반드시 구사해야 합니다.
셋째, 국제 문제에 대하여 관심을 갖고 전문 지식을 꾸준히 쌓아야 합니다. 언론 보도를 탐독하는 것도 좋고, 어느 정도 지식이 쌓이면 전문 잡지나 이론서를 공부하는 것도 좋은 방법입니다.
마지막으로, 국제 매너에도 신경을 써서 기품 있는 외교관의 모습을 갖추면 더욱 좋습니다.

Q 외교관으로 활동하시면서 가장 보람을 느낄 때는 언제인가요?

해외에서 어려움을 당하신 우리 국민이나 교민에게 도움을 드릴 때에 아주 큰 보람을 느낍니다. 제가 파리에서 근무할 때 파리를 여행하던 우리나라 여학생 네 명이 폭행을 당한 사건이 있었어요. 그때 밤새 파리 경찰을 도와 사건이 신속히 처리되도록 했던 일을 아직도 기억합니다. 2012 여수 세계 박람회 유치에 성공한 순간도 평생 잊지 못할 것 같아요.

Q 외교관을 꿈꾸는 어린이들에게 조언해 주세요.

'외교는 무기를 사용하지 않는 전쟁이다.'라는 말이 있습니다. 흔히 외교관이라는 직업이 화려하다고 생각하는데 외교관은 늘 보이지 않는 곳에서 치열한 '외교전'을 펼치고 있다는 것을 반드시 기억하세요. 이 전쟁에서 승리하려면 우수한 외교관이 필요하고, 우수한 외교관은 하루아침에 만들어지는 것이 아니라는 것도 명심해 주셨으면 좋겠습니다.

조기중 님 약력
현 외교부 외교 사절 담당관
주프랑스 대사관 서기관, 주세네갈 대사관 참사관, 주제네바 대표부 참사관
1998 외교부(당시 외교 통상부) 입부
한국외국어대학교 프랑스 어과 졸업

외교관에 대해 알아볼까요?

외교관은 어떤 직업인가요?

외교관은 우리나라를 대표해 외국에 파견되어 근무하는 국가 공무원이다. 우리나라를 널리 알리고, 다른 나라와 좋은 관계를 유지하며, 우리 국민과 기업의 권익 보호를 위하여 여러 활동을 한다. 각 나라의 수도에는 대한민국 대사관이 있고, 정치·경제적 주요 도시에는 대한민국 총영사관이 있다. 대사관의 외교관은 외교적 문제 해결과 국가의 이익에 관련된 정보를 우리 정부에 알리고, 총영사관에서 일하는 외교관은 외국에서 살거나 활동하는 우리 국민의 안전과 이익을 위해 일한다.

외교관이 되는 방법을 알려 주세요.

외교관을 선발하는 시험인 외무 고등 고시가 2013년에 폐지됨에 따라 외교관이 되려면 국립 외교원에 입학을 해야 한다. 입학 선발 시험은 공직 적성 평가, 전공 평가 및 논술 시험, 면접시험으로 치러지고 국립 외교원 교육 과정을 이수한 사람 중 종합 교육 성적이 우수한 사람이 외교관으로 최종 임용된다. 20세 이상이면 국립 외교원 시험을 볼 수 있지만 지역 외교, 외교 전문 분야는 경력 요건이 충족되어야 한다.

외교관이 되려면?

- **흥미 유형**: 진취형
- **능력과 성격**: 외국어 능력, 의사소통 능력, 대인 관계능력, 책임감, 분석력, 협상력
- **관련 문의 기관**: 외교부, 국립 외교원
- **관련 직업**: 행정부 공무원, 국제기구 종사자, 국제 공무원
- **관련 학과**: 정치 외교학과, 국제 지역학과, 국제학과, 국제 경영 및 통상학과, 외국어 관련 학과

무엇을 준비해야 할까요?

 필수    중요    도움

필수	중요	도움
세계의 정치·경제·문화 등에 관한 풍부한 지식, 뛰어난 외국어 능력, 협상 능력을 반드시 갖추어야 해요. 사고력과 판단력도 필요해요.	국가와 국민을 대표하기 때문에 책임감과 사명감을 가지고 원만한 대인 관계를 유지할 수 있는 능력이 뒷받침되어야 해요.	책, 텔레비전 다큐멘터리, 잡지, 해외여행 등을 통해 다른 나라의 문화와 생활 모습을 체험할 기회를 가지면 도움이 되어요.

 ## 앞으로의 전망은 어떤가요?

나라 간 교역과 국내 기업의 해외 진출, 해외여행 증가, 자유 무역 협상 등 다른 나라와 우리나라 사이에 교류가 활발해짐에 따라 외교관의 일자리 수요와 하는 일은 꾸준히 증가할 것으로 예상된다. 특히 보수가 높고, 일을 하면서 쌓이는 경험과 능력이 중시되어 고용이 안정적이며, 사회적 인지도가 높다. 단, 외국에 오랜 기간 머물며 일하는 부분은 미리 고려해야 한다.

 ## 외교관의 꽃, 대사에 대해 알아볼까요?

대사는 정치·경제·문화 등 전반적인 분야에서 국가를 대표해 다른 나라와 맺는 외교를 책임지는 사람이다. 정식 명칭도 '국가의 특명을 받아 전권을 행사한다.'는 의미의 '특명 전권 대사'이다. 특명 전권 대사가 되려면 외교관 25년 이상의 경력이 필요하고, 대사로 지목되면 해당 국가에 파견 임명 동의를 의미하는 '아그레망'을 요청하여 승인을 받아야 한다.

법/행정

국제기구 종사자

국제기구에서 인류의 문제를 해결하는 김정훈

음악 춤

미술 디자인

스포츠

방송 언론 출판

서비스

의료

IT

교육

경제 금융

공학 자연 과학

Q UN SDGs 지원 기구에서 어떤 일을 하시는지 소개해 주세요.

저는 UN SDGs 지원 한국 협회라는 국제기구에서 일하고 있습니다. SDGs는 인류의 삶을 지속 가능하게 하기 위해, 우리가 사는 지구와 인류가 가진 여러 분야의 문제를 골라 2015년부터 15년간 UN*에 속한 193개 국가의 정부와 국회, 사회단체가 자발적으로 참여하는 인류 최대의 사업입니다. 저는 국제 사회의 주요 지도자들에게 이 일이 잘 추진될 수 있도록 설명하고, 동참하게 하는 일을 합니다. 또 국회가 나라의 예산을 정할 때, 기업이 사회 환원 활동을 계획할 때, SDGs에서 목표하는 방향에 맞게 하도록 조언하는 일도 합니다. 이 일을 하기 전에는 국제 개발 분야에서 기획과 언론을 담당하는 공공 외교관으로 일했습니다.

✱ UN(국제 연합) 국제 평화와 안전·경제·사회·문화·인류 문제에 관한 국제적 협력을 위해 만든 기구

Q 어린 시절 꿈이 국제기구 종사자이셨나요?

이 일을 하겠다고 처음 마음먹은 것은 대학생 때였습니다. 다만 어린 시절부터 호기심이 매우 많고, 궁금한 것은 책이나 신문 등 다양한 자료를 직접 찾아 궁금증을 풀었습니다. 사소한 일에 대해서도 그 원인과 결과를 궁금해하는 제 성격이 지금의 UN 지원 기구에서 일하는 데 큰 원동력이 된 것 같습니다. 왜냐하면, UN 지원 기구는 개인의 문제와 관심사보다는 다른 사람의 삶과 인류의 문제를 해결하는 일을 목표로 하기 때문입니다. 호기심과 궁금증을 풀기 위해 끊임없이 노력하는 자세는 이 일을 하는 데 매우 중요한 요소인 것 같습니다.

김정훈 님 약력

현 UN SDGs 지원 한국 협회 사무 대표
한국 국제 협력단(KOICA) 홍보관 및 이사장 보좌관
G20 개발 의제 포럼 최연소 기획관
《믿고 있다면 모든 것이 가능하다》, 《세계 리더와 어깨를 맞대라》 집필

Q 어떤 준비와 자질이 필요한가요?

그때그때 일어나는 국제적 이슈, 평화, 안보, 빈곤, 교육, 인권, 보건, 환경, 에너지 등에 관심을 가져야 합니다. 또한 영어, 스페인 어, 프랑스 어, 중국어 같은 국제 사회에서 통용되는 언어를 잘 구사하는 것도 중요합니다. 자신의 이익을 위해 살아가는 일이 아닌 만큼, 누구보다 투철한 봉사 의식도 필요하며 복잡한 사회의 다양한 일에도 관심을 가져야 하죠. 정치, 경제, 사회, 예술, 문화 등의 분야에 대한 관심 말이에요. 국제기구에서 일하는 사람들은 거의 모든 분야를 다루고 있다고 생각하시면 됩니다.

Q 국제기구에서 활동하시면서 가장 보람을 느낄 때는 언제인가요?

사실 저는 보람을 느끼기 위해 이 일을 하는 것이 아닙니다. 도움이 필요한 누군가에게 언젠가는 도움이 될 수 있을 것이라고 믿고 일하기 때문에 당장 눈앞의 성과가 만들어지지 않는 경우도 많습니다. 수천 킬로미터 떨어진 곳에서 가난과 굶주림 때문에 죽어 가는 누군가를 돕는 일에 '이유'와 '보람'을 말하는 건 적절하지 않다고 생각합니다. 반드시 누군가는 해야 하는 일이고, 꼭 필요한 일이기 때문이에요.

Q 국제기구에서 일하고 싶어 하는 어린이들에게 조언해 주세요.

외적으로 보이는 모습에 현혹되어 국제기구에서 일하고 싶어 하는 친구가 많습니다. 하지만 국제기구에서 일하는 것은 매우 전문적인 지식, 뛰어난 봉사 정신과 남을 위해 희생할 수 있는 마음에서 출발해야 합니다. 이런 점들을 모두 고려하여 국제기구에서 일하겠다는 확신이 생겼다면 신문과 책을 많이 읽어 국제 소식에 관심을 가지는 것부터 준비를 시작해 보세요. 순간순간 변하는 목표가 아니라 확실한 신념을 가지고 차근차근 준비해 나갈 것을 당부하고 싶습니다.

국제기구 종사자에 대해 알아볼까요?

 국제기구 종사자는 어떤 직업인가요?

두 개 이상의 국가가 서로 협력하기 위하여 만든 단체를 국제기구라고 한다. 국제기구가 하는 일은 국가의 정부 각 기관에서 하는 일과 비슷한데 경제·교육·환경 등 각 분야의 일을 세계적인 안목에서 국제기구의 설립 목적에 맞게 해결해 나간다. 목표를 달성하기 위한 방안을 수립하고, 홍보하며, 관계가 있는 사람과 단체에 동참해 줄 것을 설득한다. 국제기구 종사자가 되면 외무 공무원 신분이 되어 일하며 만 60세까지 정년 근무를 보장받는다.

 국제기구 종사자가 되는 방법을 알려 주세요.

국제기구 종사자가 되려면 국제 연합(UN)을 비롯한 국제기구에서 채용 공고가 날 때 지원하거나, 우리나라 정부에서 젊은 인재를 파견하는 형식의 젊은 전문가 프로그램(YPP)에 선발되거나, 국제기구 초급 전문가(JPO) 시험에 통과하는 방법이 있다. 이 외에도 국제기구의 인턴이 되거나 국제 연합 자원 봉사단(UNV)으로 활동한 경력이 있으면 도움이 된다.

국제기구 종사자가 되려면?

흥미 유형
진취형

능력과 성격
언어 능력
외국어 능력
의사소통 능력
책임감
봉사 정신
대인 관계 능력

관련 문의 기관
외교부 국제기구 인사 센터
국제 연합 자원 봉사단(UNV)
한국 국제 협력단(KOICA)

관련 직업
외교관

관련 학과
정치 외교학과
국제 지역학과
국제학과
국제 경영학과
외교 통상학과
외국어 관련 학과

무엇을 준비해야 할까요?

 **필수**
영어와 국제단체에서 주로 사용하는 외국어를 공부해야 해요. 국제기구의 설립 목적에 맞는 전문 지식도 필요하고요.

 **중요**
다른 나라의 문화를 이해하고, 원만한 대인 관계를 이루는 능력이 중요해요. 가족과 떨어져 사는 시간이 길어 사명감도 필요하지요.

 **도움**
한국 국제 협력단(KOICA)의 해외 청년 봉사단 활동에 참여하면 도움이 되어요. 사회의 여러 분야에 대한 공부도 필요해요.

앞으로의 전망은 어떤가요?

현재 인류가 해결해야 할 문제는 전 세계가 힘을 모아야 하는 것이 많다. 그렇기 때문에 국제기구의 역할은 지금보다 훨씬 중요해지고, 국제기구 종사자들도 늘어날 것으로 예상된다. 보수와 사회적 대우가 좋은 반면 지원 요건이 까다롭고 경쟁이 치열하기 때문에 일찍부터 필요한 자질과 자격 요건을 준비해야 한다.

세계에는 어떤 국제기구가 있나요?

1. UN(국제 연합)
세계 평화 유지와 안전, 국제 협력을 목적으로 만들어진 국제기구

2. UNICEF(유엔 아동 기금)
전쟁과 굶주림 등으로 어려움을 겪는 어린이들을 구호하기 위해 설립된 기구

3. IMF(국제 통화 기금)
세계 무역 확대, 가입국의 경제 발전을 위해 만들어진 국제 금융 기구

4. WHO(세계 보건 기구)
보건·위생 분야에서 국제적인 협력을 위해 설립된 기구

5. UNESCO
(국제 연합 교육 과학 문화 기구)
교육, 과학, 문화 등 각 분야의 지식 전파, 세계 유산 보호 등을 위한 기구

6. IAEA(국제 원자력 기구)
평화적인 목적의 원자력 연구와 공동 관리를 위하여 설립된 국제기구

법/행정

판사

법정에서 공정한 판결을 내리는 김갑석

Q 판사가 되려고 하신 까닭이 있나요?

막연히 미래의 직업에 대해 생각해 보기는 했지만 구체적으로 직업에 대해 고민한 것은 대학 졸업을 앞두었을 때였습니다. 저는 많은 사람의 이익을 위해 일을 하고 싶었습니다. 또 제 판단이 존중받는 환경에서 일을 하면 좋겠다고 생각했어요. 판사가 적합할 듯하였습니다. 사법 시험을 준비하기로 마음먹고 본격적으로 공부한 뒤 3년 만에 시험에 합격했습니다. 그 후 사법 연수원에서 2년 교육 과정을 이수한 뒤 판사가 되었습니다.

Q 판사는 어떠한 일을 하나요?

판사가 하는 일 중 가장 중요한 일은 재판입니다. '재판' 하면 흔히 형사 재판을 떠올리지만 법원에서는 형사 재판 외에도, 민사, 행정, 가사·소년·가정 보호, 파산 등 다양한 종류의 재판이 이루어집니다. 모든 재판은 갈등을 겪는 당사자들의 주장을 듣고, 그 주장에 관한 증거를 확인한 후에 누구의 주장이 옳은지 판단하는 과정을 포함합니다. 최종적인 판결을 내리는 것도 중요하지만 결론을 향해 나아가는 절차 또한 중요합니다. 따라서 판사는 법정에서 어느 쪽에도 치우치지 않도록 당사자들의 주장을 주의 깊게 듣고, 적절한 증거 조사가 이루어지도록 감시하며, 증거에 따른 죄의 유무 판단을 해야 합니다.

김갑석 님 약력
현 서울 북부 지방 법원 판사
서울 중앙·광주·인천 지방 법원 판사
서울대학교 경제학과 졸업

- 음악 춤
- 미술 디자인
- 스포츠
- 방송 언론 출판
- 서비스
- 의료
- IT
- 교육
- 경제 금융
- 공학 자연 과학

Q 판사가 되기 위해서는 어떤 준비가 필요할까요?

현재 판사가 되기 위해서는 로스쿨(Law School) 과정을 수료하고 변호사 시험에 합격한 후 일정 기간 변호사 등의 활동 경력을 쌓아야 판사 임용을 신청할 수 있습니다. 그러므로 로스쿨 입학 시험, 변호사 시험에 합격할 수 있을 정도의 학업 실력을 갖추어야 합니다.

판사가 되기 위해 필요한 자질로는 정의감과 용기, 다양한 생각을 이해하고 존중하되 어느 한쪽에 치우치지 않는 균형감, 성실함, 꾸준함, 체력 등이라고 생각합니다.

먼저 여러분이 사는 지역의 법원에서 법원 견학, 재판 방청* 같은 프로그램을 신청하여 판사나 변호사, 검사 같은 직업을 경험해 보면 필요한 자질을 파악하는 데에 도움이 될 것입니다. 또 책을 많이 읽고 자신의 생각을 글로 표현해 보거나 말해 보는 기회를 자주 가진다면 판사 일은 물론 다른 일을 할 때에도 큰 자산이 될 것이라고 믿습니다.

＊방청 회의, 방송, 재판 따위에 참석하여 들음.

Q 일을 하시면서 가장 보람을 느낄 때는 언제인가요?

사실 수많은 사건을 맡다 보니 보람을 느낄 여유조차 느끼지 못하는 경우가 있습니다. 그런 중에도 형사 재판에서 증거 조사를 통해 의심을 받던 사람이 무죄 판결을 받거나, 소년 보호 재판에서 판결을 받고 보호 시설에서 지내던 청소년이 사회에 적응하기 위해 노력하고 있다는 소식을 들으면 가슴이 뭉클합니다. 개인 간에 다툼이 생겨 벌이는 민사 재판의 경우, 조금도 양보하지 않던 당사자들이 조금씩 상대방의 목소리를 들으며 화해하는 모습을 보면서도 보람을 느끼고요.

Q 진로에 관심이 많은 어린이들에게 해 주고 싶은 말씀이 있나요?

저는 중학교 때부터 대학 진학 전까지 학교 공부에 집중하다 보니 미래의 직업에 대한 고민을 미루었던 것 같습니다. 막연하게 학자나 기업인이 되는 것도 괜찮겠다는 생각은 했지만 일찍 꿈을 찾아 키우는 것보다 현실에 쫓기듯 보낸 것 같아 아쉬운 마음이 듭니다. 자기가 하고 싶은 것과 잘하는 게 무엇인지 알아보고 경험해 보는 것은 진로를 정할 때 매우 중요한 일입니다. 해 보기 전까지는 자신의 적성에 맞는지 깨닫지 못하는 경우가 많으니까요. 가능하다면 해 보고 싶은 일을 먼저 체험할 수 있는 방법을 찾아보길 바랍니다. 일찍 꿈을 발견하고 미리 준비한다면 더 좋은 미래를 만날 수 있을 거예요.

판사에 대해 알아볼까요?

 ## 판사는 어떤 직업인가요?

사람이 살면서 다툼이 생기거나 다른 사람에게 피해를 입었을 때 재판을 통해 해결하는 경우가 있는데, 판사는 이 재판을 진행하고, 헌법과 법률에 따라 공정한 판결을 내리는 사람이다. 법정에서 변호사와 검사가 사건에 대해 주장하는 내용을 잘 듣고, 증거와 증인을 통해 누가 잘못했는지, 벌을 어떻게 내릴지 결정한다. 그 외에도 재판을 열고, 진행하는 데 필요한 행정 업무, 판결문 작성 등을 하고, 검사의 요청에 따라 범죄를 저지른 사람에게 구속 영장을 발부하기도 한다.

 ## 판사가 되는 방법을 알려 주세요.

사법 시험에 합격해 2년간 사법 연수원 수료 후 대법원장의 임명을 받는 방법과 법학 전문 대학원(로스쿨)을 통해 판사가 되는 방법이 있다. 하지만 사법 시험 제도는 2017년에 폐지될 예정이다. 법학 전문 대학원은 4년제 대학 이상의 학력을 가진 사람이 입학 시험에 합격해야 들어갈 수 있고, 변호사 시험에 합격한 후 경력을 쌓아야 판사 임용을 신청할 수 있다. 주로 지방·고등·대법원, 가정 법원 등에서 일한다.

무엇을 준비해야 할까요?

 **필수**
공정한 판결로 정의로운 사회를 만든다는 책임감과 소명 의식이 필요해요. 정확하게 판단할 수 있도록 법률 지식도 공부해야 해요.

 **중요**
냉철한 통찰력, 사건의 원인과 결과를 파악하는 논리력과 추리력이 중요해요. 다양한 분야의 사건 판결에 대비해 지식을 쌓아야 해요.

 **도움**
비판적 사고와 자기주장을 논리적으로 표현하는 글쓰기 실력을 미리 준비하세요. 각 지방 법원의 판사 체험도 도움이 되어요.

앞으로의 전망은 어떤가요?

판사는 신분이 보장되고, 보수와 명예가 높으며, 정년 퇴직의 나이가 65세(대법원장, 대법관은 70세)로 고용이 안정적이기 때문에 취업 경쟁이 매우 치열하다. 일자리 수요 전망은 지금과 비슷한 수준일 것으로 예상된다. 사회가 점점 더 복잡해짐에 따라 지식 재산권*, 컴퓨터, 환경, 국제 거래에 따른 분쟁 등 특정 분야에 대해 전문 지식을 갖추는 것이 좋다.

* **지식 재산권** 지식 활동으로 인해 발생하는 모든 권한

아하! 그렇구나 — 법무사는 어떤 일을 하나요?

법무사는 의뢰인의 요청으로 법원이나 검찰청에 제출하는 서류를 작성하는 등 법률적인 업무를 대신 처리해 주는 일을 한다. 법무사가 되려면 법무사 시험에 통과해야 한다.
법률 지식 및 업무에 필요한 문서 작성, 면접 시험으로 시험을 치르며 통과한 사람은 대한 법무사 협회에서 주관하는 연수원 교육을 받는다. 법무사들이 모여 회사를 설립하거나 기업의 법률 관련 업무 부서 등에서 일할 수 있다.

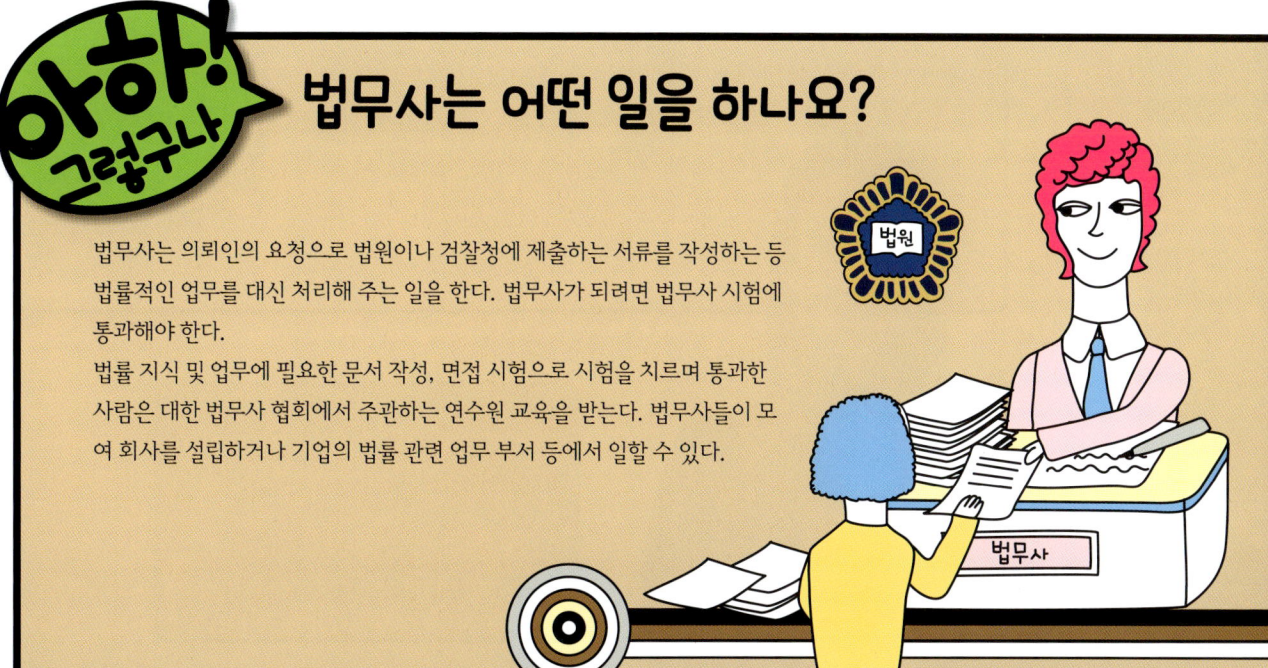

법/행정

변호사

사람들의 억울한 사정을 변호하는 오수진

Q 변호사가 되려고 한 특별한 동기나 이유는 무엇인가요?

저의 어린 시절 꿈은 아나운서, 변호사, 경찰, 국제기구 종사자 등 아주 다양했습니다. 결국 청소년기에 진로에 대해 고민하다가 한국항공대학교 항공 우주 법학과에 진학했습니다. 대학 시절은 학과 공부와 학교 홍보 대사로 활동하며 바쁘게 보냈습니다. 그러다 졸업할 무렵, 우리나라에 로스쿨 제도가 도입된다는 소식을 들었어요. 4년제 대학을 졸업한 학생들 중 법학 전문 대학원에서 3년간 공부하여 변호사 시험에 합격하면 변호사가 될 수 있게 된 거예요. 제게 좋은 기회가 될 것 같다는 확신이 들었습니다. 변호사가 되어 사람들이 겪는 다양한 문제를 함께 고민하고, 억울하거나 어려운 처지에 빠진 사람을 대변하여 정의를 실천하고 싶다는 마음이 생긴 거지요.

Q 변호사는 어떤 일을 하는 직업인가요?

변호사는 국민이 법의 보호를 받을 수 있도록 도움을 주는 일을 합니다. 자유와 평등, 정의 실현을 추구하지요. 일반적으로 변호사는 법정에서 다툼을 벌이는 사람이나 범죄를 저질렀다고 의심받는 사람의 입장을 대변합니다. 또 회사 간의 계약 체결, 인수 합병, 나라와 나라 사이에서 발생하는 보상 문제 등 다양한 분쟁이 발생하거나 권익을 따져야 할 때 법적으로 정당한 대우를 받을 수 있도록 변호합니다.

오수진 님 약력
현 법무법인 대광 소속 변호사
법무법인 이래 근무
고려대학교 법학 전문 대학원 지식 재산권 박사
한국항공대학교 항공 우주 법학과 졸업

- 음악 춤
- 미술 디자인
- 스포츠
- 방송 언론 출판
- 서비스
- 의료
- IT
- 교육
- 경제 금융
- 공학 자연 과학

Q 변호사가 되려면 어떤 준비와 자질이 필요한가요?

변호사는 사람들에게 일어나는 다양한 일에 관심을 가지고 몰입할 수 있어야 합니다. 사건이 발생한 과정과 피해 등을 파악해 법적 지식을 토대로 객관적으로 판단할 수 있어야 해요. 그러므로 변호사는 통찰력을 갖추고, 전문적인 법적 지식을 알아야 합니다. 소송에서 상대방의 주장에 반박하거나 재판부를 설득하려면 논리적으로 말하고 글을 쓰는 연습도 해야 하지요. 또 사건을 마무리할 때까지 지치지 않고 몰입할 수 있는 책임감과 끈기가 필요해요. 왜냐하면 일반인에게 재판을 통한 분쟁은 일생에서 한두 번 있을 법한 큰일이기 때문에 법정에서 승소할 수 있도록 최선을 다해야 하기 때문입니다. 재판을 빈틈없이 준비하고, 각종 자료 제출 기한과 변론 기일을 지켜야 하므로 약속을 중요하게 여기는 태도도 변호사에게 꼭 필요한 자질이라고 생각합니다.

Q 변호사로서 최종 목표는 무엇인가요?

변호사로 살면서 끊임없이 사람들과 소통하고, 한 사람이 겪을 수 있는 어려운 시기를 정의에 어긋나지 않게 최선의 상황으로 만들어 주는 역할을 하고 싶습니다. 평소 문화와 예술 분야에 관심이 많아 고려대학교 법학 전문 대학원에서 지식재산권 전공으로 박사 과정을 수료하였는데, 저작권 분야에서 뛰어난 실력을 갖춘 인간적인 변호사가 되는 것이 저의 최종 목표입니다.

Q 진로를 고민하는 어린이들에게 한 말씀 해 주세요.

저도 사춘기 시절에는 진로에 대해 고민을 많이 했습니다. 언젠가부터 정말 하고 싶은 일이 생기자 저의 하루하루가 달라졌어요. 매일 무엇을 해야 그 꿈에 다가갈 수 있을지 생각하고 실천했습니다. 그러니까 어린이 여러분도 진로 문제로 고민하는 것은 나중에 만족하는 삶을 살기 위한 준비 과정이라고 생각하고, 조급해하지 말았으면 합니다. 자기 자신을 충분히 돌아보면서 가장 원하는 일이 무엇인지, 어떤 일을 잘할 수 있는지 찾아보면 좋겠습니다. 여러분 중 변호사가 되기를 꿈꾸는 어린이가 있다면 도전하기를 바랍니다. 끈기를 가지고 오랜 기간 준비해야 하는 과정은 힘들지만 같은 시대를 사는 사람들의 어려움에 대해 깊이 고민하고, 다른 사람의 삶에서 아주 중요한 문제를 풀어 나갈 수 있으며, 그 과정에서 인생의 다양한 교훈을 깨닫고 큰 보람도 느낄 수 있으니까요.

변호사에 대해 알아볼까요?

변호사는 어떤 직업인가요?

법적으로 어려움을 겪는 사람에게 전문적인 법 지식을 활용해 도움을 주는 사람을 변호사라고 한다. 사회가 복잡해지면서 다양한 법률 다툼이 발생하고 있지만 헌법과 법률의 내용이 많고, 재판의 절차가 복잡하여 일반인이 자신의 권익을 지키기 위해 변호하는 것은 무척 어렵다. 변호사는 민사 재판에서 원고와 피고의 소송 대리인 역할을 하고, 형사 재판에서 피고의 무죄를 주장하는 변호인 역할을 한다. 또 법 집행 과정에서 의뢰인의 권리가 침해받지 않도록 관련된 일을 처리한다.

변호사가 되는 방법을 알려 주세요.

사법 시험에 합격하여 사법 연수원 과정을 수료하는 방법과 법학 전문 대학원(로스쿨)에서 3년간 공부하고 변호사 시험에 합격하여 변호사가 되는 방법이 있다. 그러나 사법 시험 제도는 2017년에 폐지될 예정이다. 법학 전문 대학원에 입학하려면 법학 적성 시험(LEET), 대학교 성적, 공인 외국어 시험 점수가 필요하며, 논술, 면접, 봉사 활동 경력 등을 요구하는 학교도 있다.

무엇을 준비해야 할까요?

 **필수**
사건을 논리적으로 분석하는 능력이 꼭 필요해요. 자신의 주장을 말과 글로 조리 있게 표현할 수 있는 능력도 필수 사항이지요.

 **중요**
법조인으로서 공정한 태도를 유지하는 게 중요해요. 의뢰인의 권익 보호를 위해 관계자와 의사소통을 원활하게 할 수 있어야 해요.

 **도움**
풍부한 독서로 다양한 분야에 관한 지식을 쌓고, 자신의 생각을 남 앞에서 말해 보거나 친구들과 토론하는 기회를 자주 가져 보세요.

앞으로의 전망은 어떤가요?

앞으로 우리나라는 개인의 권익 보호와 삶의 질 향상을 위하여 다양한 법률 서비스를 제정할 것으로 예상된다. 또 행정 기관이나 금융 기관, 기업 등에서 전문 변호사를 고용하는 경우가 많아져 변호사의 수요가 늘어날 것이다. 하지만 한편으로는 변호사가 되기를 희망하는 지원자가 몰려 경쟁은 더 치열해진 셈이다. 따라서 특정 분야에 대한 전문 지식을 쌓아 개인의 경쟁력을 갖추어야 한다.

 검사는 어떤 일을 하나요?

검사는 죄를 지었다고 의심되는 사람을 찾아 재판부에 처벌을 요구하는 일을 한다. 범죄 사건이 발생하면, 증거나 증인 등을 통하여 죄를 지었을 것으로 의심되는 사람을 붙잡아 재판을 신청한다.
경찰관의 범죄 수사를 지휘·감독하고, 나라에 큰 해를 일으킨 사건이나 복잡한 범죄 사건의 경우 직접 수사를 맡기도 한다.
변호사가 되는 방법과 마찬가지로 사법 시험 통과 후 사법 연수원 과정을 이수하거나, 로스쿨을 졸업한 뒤 변호사 시험 및 검사 임용에 통과하면 검사가 될 수 있다.

변리사

특허 소송에서 기업을 지키는 오성환

Q 어떤 일을 하는 직업인가요?

변리사는 지식 재산권에 대한 여러 가지 업무를 하는 사람입니다. 지식 재산권에 대한 상담 및 권리 획득, 분쟁 해결 등을 맡지요. 가장 큰 비중을 차지하는 일은 권리 행사의 가치가 있는 개인의 지식이나 기술을 특허* 출원할 때 필요한 절차를 대신 수행해 주는 것입니다. 또 대학이나 연구소의 연구 성과, 기업의 기술력 등이 정당하게 보호받을 수 있도록 여러 가지 법적 업무를 대신하기도 합니다. 이미 등록된 특허권에 대하여 무효 심판, 권리 범위 확인 심판 등을 대신 진행하는 것도 변리사가 하는 일입니다.

*특허 특정 인물이나 단체에게만 주어지는 권리

Q 변리사로 일하시면서 가장 보람을 느낄 때는 언제인가요?

아무리 좋은 발명이라도 특허 출원을 통해서 특허권을 취득하지 못한다면 보호를 받을 수 없습니다. 이 과정에서 변리사는 발명자를 도와 정당한 권리인 특허권을 취득할 수 있도록 합니다. 한번은 어떤 발명자가 몇십 년 동안 연구한 것을 들고 저를 찾아온 적이 있었어요. 아이디어는 좋으나 아직 완성이 되지 않아 특허 출원을 하기는 어려운 상태였습니다. 그분은 저와 함께 며칠 동안 연구하여 발명을 완성하였고 특허권을 획득하여 많은 수익을 올릴 수 있었습니다. 그동안 고생한 노력에 대해 보상을 받는 모습을 보았을 때 매우 큰 보람을 느꼈습니다.

오성환 님 약력

현 특허청 사무관
국제 지식 재산 연수원 특허법 강사
고려대학교 법학과 박사,
카이스트 지식 재산 대학원 졸업

Q 변리사가 되기 위해 어떤 준비와 자질이 필요한가요?

변리사가 되기 위해서는 복잡한 발명을 분석하고 이해하는 일을 좋아해야 합니다. 변리사는 일하는 동안 많은 발명 기술을 이해해야 합니다. 복잡하게 사고하고, 발명과 관련된 분야를 즐기지 않는다면 오래 보람을 느끼면서 일을 계속할 수가 없습니다. 또 한 분야를 깊이 있게 아는 것도 좋지만 여러 분야에 대해 지식을 갖고 있으면 도움이 됩니다. 만약 복잡한 장난감을 잘 만들거나, 발명에 관심이 있거나, 어려운 퀴즈나 수학 문제 풀이에 도전하는 것을 좋아하는 학생이라면 변리사가 될 자질을 가졌다고 볼 수 있습니다. 또한 변리사 시험에 합격하기 위해서는 기초적인 학력을 쌓기 위한 학교 공부도 게을리하지 말아야 합니다.

Q 앞으로의 직업 전망을 어떻게 보시나요?

앞으로 지식 재산권 분야는 더욱 발전하고 커질 것으로 예상합니다. 특허가 없으면 미래도 없다는 말이 있는 것처럼, 앞으로는 눈에 보이는 재산의 권리 행사보다는 보이지 않는 무체 재산권이 훨씬 더 중요해질 것입니다. 요즘 많은 기업의 자산 가치 역시 형태가 있는 것보다는 형태가 없는 기술력이나 아이디어 등을 더 높게 평가하고 있습니다. 기술은 더욱 발전할 것이고, 그에 대한 소유권 다툼은 더욱 치열해질 것입니다. 변리사는 이러한 변화의 한가운데에서 매우 중요한 역할을 할 수 있는 직업이라고 생각합니다.

Q 변리사에 관심이 많은 어린이들에게 조언해 주세요.

언론에서 변리사를 많은 돈을 벌 수 있는 직업으로 소개하는 경우가 있지만 모두가 다 그런 것은 아닙니다. 똑똑하고 능력이 있는 사람이 많아 경쟁이 매우 치열합니다. 그러므로 경쟁에서 살아남으려면 많은 노력이 필요합니다. 변리사가 되고 싶다면 본격적인 준비를 하기 전에 본인의 적성이 이 일에 맞는지 확인해야 합니다. 또 변리사의 자격 시험 준비는 매우 어려우므로 본인이 끈기 있게 공부할 수 있는지, 시험에 떨어지더라도 좌절하지 않고 다시 도전할 수 있는지 등도 생각해 보아야 합니다. 하지만 어려운 기술이나 학문을 잘 이해하고, 새롭게 도전하는 일에 흥미를 느낀다면 인생을 걸 만큼 매력적인 직업이라고 생각합니다.

변리사에 대해 알아볼까요?

 ### 변리사는 어떤 직업인가요?

변리사가 하는 일은 크게 개인이나 기업의 의뢰를 받아 새로운 기술, 발명이나 디자인, 상표 등의 특허권 취득을 돕는 출원 업무와 지식 재산권 침해와 관련한 법정 다툼이 있을 때 도움을 주는 분쟁 업무가 있다. 출원 업무는 새롭게 특허를 받고자 하는 기술을 조사하고 판정하여 기존에 특허 출원된 기술인지 확인하고 문제가 없다면 특허 출원서를 특허청에 제출하는 일이다. 분쟁 업무는 소송 준비나 변론, 기술 설명회에 참석해 사건에 대해 설명하는 일 등이 포함된다.

 ### 변리사가 되는 방법을 알려 주세요.

특허청에서 시행하는 변리사 시험에 합격하거나 변호사 시험에 합격하여 대한 변리사회에 변리사로 등록해야 한다. 변리사 시험은 만 19세 이상이면 누구나 응시할 수 있다. 그러나 변리사 시험 영역이 민법, 공학, 특허 및 상표법 등에 관한 내용이기 때문에 관련 과목을 전공하는 것이 유리하다. 시험에 합격하면 특허 사무소나 특허청 심사관, 일반 기업체의 특허팀 등에 취업해 변리사로 활동할 수 있다.

변리사가 되려면?

- **흥미 유형**: 탐구형, 관습형
- **능력과 성격**: 분석력, 책임감, 성실함, 대인 관계 능력, 문서 작성 능력, 공학적 지식
- **관련 자격**: 변리사, 변호사
- **관련 문의 기관**: 특허청, 대한 변리사회
- **관련 직업**: 특허 출원 사무원, 특허 정보 관리원, 발명가
- **관련 학과**: 공학 계열 학과, 법학과

무엇을 준비해야 할까요?

 **필수**
법률이나 다양한 분야에 대한 지식, 분석력 등이 필요해요. 의뢰인의 특허 출원 및 권리에 영향을 주는 문서 작성 능력을 갖추어야 해요.

 **중요**
특허 관련 절차는 까다롭기 때문에 꼼꼼하고 책임감 있게 일을 처리해야 해요. 원만한 대인 관계, 의사 표현 능력도 중요하지요.

 **도움**
국제 특허 업무에 대비해 외국어를 공부해 두세요. 첨단 산업과 공학 분야에 대한 책을 많이 읽어 지식을 쌓아 두는 것이 좋아요.

 ## 앞으로의 전망은 어떤가요?

기술이 날로 발달하고 새로운 기술을 먼저 개발하는 것이 기업의 성공 여부에 큰 영향을 미치게 되면서 많은 기업에서 특허 전담 부서를 꾸리고 있다. 이러한 변화에 따라 변리사의 일자리는 늘어날 것으로 예상된다. 반면 변리사 시험의 합격자 수가 늘고, 변리사로 진출하는 변호사들이 증가하면서 경쟁은 더 치열해질 것이다.

 ## 특허 출원 사무원은 어떤 일을 하나요?

특허 출원과 관련된 업무를 담당한다.
의뢰인이 지식이나 연구 성과 발명품을 특허 출원하기 위하여 변리사에게 의뢰를 하면 특허 출원 사무원이 서류 작성 및 제출을 돕는다. 특허 분쟁이 발생한 경우에는 관련 정보를 조사하고, 법조문이나 재판 결과를 조사하여 서류를 작성한다.

법/행정

소방관

생명을 구하는 소방관, 안기천

Q 소방관이 된 계기는 무엇인가요?

군 제대 후 공무원이 되어야겠다고 생각할 무렵, 대형 재난 사고가 온 세상을 떠들썩하게 흔들었습니다. 바로 1994년에 일어난 성수 대교 붕괴, 이듬해에 일어난 삼풍백화점 붕괴, 대구 가스 폭발 사건이 있었어요. 뉴스를 통해 아수라장 같은 현장에서 바쁘게 움직이는 소방관의 모습을 보았는데 왠지 모를 전율이 느껴졌습니다. 재난을 피해 빠져나오는 시민들과는 반대로 소방관들은 인명 구조를 위해 재난 현장 속으로 들어가더군요. 아무나 들어갈 수 없는 재난 통제선, 그 안에서 구조 작업을 펼치며 사람을 구하여 둘러업고 나오는 모습, 새까맣게 그을린 얼굴들이 멋져 보였죠. '아, 이거구나!'라는 생각이 들어 소방 공무원 시험에 응시해 합격했습니다.

Q 소방관은 어떤 일을 하나요?

과거에 소방관의 업무가 주로 화재 진압이었다면 요즈음은 소방관이 모든 재난 현장에서 국민의 안전을 위해 일하고 있답니다. 화재 진압 활동은 물론, 각종 안전사고 현장에 출동하여 사람을 구하고, 응급 처치를 하지요. 흔히 소방의 3대 업무를 화재, 구조, 구급으로 꼽습니다. 이 외에도 소방 안전 교육, 화재 예방 활동, 소방 훈련, 화재 원인 및 피해 조사, 소방 특별 조사, 건축·위험물 인·허가 등 시민들이 잘 알지 못하는 일들도 처리하고 있답니다.

안기천 님 약력
현 음성 소방서 소방 행정과 감찰 주임
음성 소방서 구조 팀장, 대응 기획 주임
1995 소방관 임용

- 음악 춤
- 미술 디자인
- 스포츠
- 방송 언론 출판
- 서비스
- 의료
- IT
- 교육
- 경제 금융
- 공학 자연 과학

Q 소방관 선발 방법에 대하여 알려 주세요.

소방 공무원은 공개 채용과 특별 채용을 통해 선발됩니다. 공개 채용 응시 연령은 21~40세, 특별 채용은 20~40세이며 시험은 네 차례에 걸쳐 각 단계를 합격해야 다음 단계의 응시 자격이 주어집니다. 1차 필기 시험, 2차 체력 시험, 3차 신체 검사, 4차 면접 시험 순으로 진행되며, 운전 면허 1종 보통 자격증 이상의 자격증을 취득해야만 합니다.

요즈음에는 소방 공무원에 대한 인지도가 높고 경쟁이 심해져 시험에 대한 준비를 철저히 해야 해요. 특히 체력 시험이 중요하므로, 평소에 운동을 열심히 하여 꾸준히 체력을 키워야 하지요. 그러나 무엇보다도 중요한 것은 본인의 의지이며, 희생 정신, 어려운 사람에 대한 따뜻한 마음이 꼭 필요하다고 생각합니다.

Q 가장 보람을 느낄 때와 힘들 때에 대해 말씀해 주세요.

이 질문을 받은 소방관이라면 한결같이 똑같은 대답을 하리라 생각됩니다.
시민을 무사하게 구한 뒤 마음에서 우러나오는 "고맙습니다!"라는 인사 한마디, 이 말 한마디를 듣는 순간이 제일 행복하고 보람찹니다.
소방관을 '슈퍼맨'처럼 무엇이든 다 해결해 줄 수 있는 사람으로 생각하는 사람이 많습니다. 감사하기도 하지만 때론 부담스럽기도 하지요. 정말 슈퍼맨처럼 모든 일을 처리해야 한다는 강박 관념을 안고 산다고 해야 할까요? 가끔은 "틀니를 찾아 달라.", "잠긴 문을 열어 달라.", "고드름을 떼어 달라.", "짖는 개를 조용하게 해 달라." 등 다소 당황스러운 생활 민원이 들어오기도 하고요.
무엇보다 힘들게 하는 점은 바로 장난 전화입니다. 허위로 신고된 현장에 가서 맥이 빠지거나 장난 전화 때문에 위급한 사건 현장에 늦게 출동하게 되는 경우도 있어요. 그러니까 119 번호로 장난 전화를 걸면 안 돼요.

Q 소방관을 꿈꾸는 어린이들에게 해 주고 싶은 말씀이 있을까요?

소방관이 하는 일은 무척 힘들지만 보람찹니다. 하는 업무의 양과 종류에 비해 현재 일하는 소방 공무원 수가 부족해 앞으로 수요가 많아질 직업이기도 하고요. 다른 선진국에서는 소방관이 하는 일을 높이 평가하고, 소방관을 매우 존경한다고 해요. 우리나라도 언젠가는 그렇게 변하지 않을까요? 소방관을 꿈꾸는 어린이 여러분, 소방관은 충분히 매력적인 직업이므로 도전해 보세요.

소방관에 대해 알아볼까요?

소방관은 어떤 직업인가요?

소방관은 화재를 예방하고 진압하며, 각종 사고와 재난이 발생했을 때 빨리 출동하여 국민의 생명과 재산을 보호하는 사람이다. 화재나 재난 현장을 수습하고 인명 구조 활동, 환자의 응급 처치, 병원으로 옮기는 일을 한다. 사고가 없을 때에는 안전사고에 대한 교육을 하고, 학교나 병원, 건물 등 소방 시설에 대한 정기적인 안전 점검도 실시한다. 새로운 건물을 지을 때에는 소방 규칙에 맞게 지어졌는지 확인하거나 각 지역 사회의 소방 설비를 점검한다.

소방관이 되는 방법을 알려 주세요.

소방관은 소방 공무원 공개 채용 시험, 중앙 소방 학교의 소방 간부 후보생 선발 시험에 합격하거나 관련 대학에 진학하여 특별 채용되는 방법이 있다. 소방관의 활동 분야 중 구급 분야에 지원하려면 간호사 자격증, 1급 응급 구조사 자격증을 취득해야 한다. 키, 몸무게 제한은 없어졌지만 색깔을 구분하지 못하는 사람, 안경을 벗고 측정한 시력이 0.3 미만이라면 채용 시험에 응시할 수 없다.

소방관이 되려면?

- **흥미 유형**: 사회형
- **능력과 성격**: 체력, 희생정신, 봉사 정신, 책임감, 협동심, 대인 관계 능력
- **관련 자격**: 소방 설비 기사, 소방 기술사, 1종 대형운전면허, 간호사, 응급 구조사
- **관련 문의 기관**: 국민 안전처, 한국 소방 안전 협회, 중앙 119 구조 본부, 중앙 소방 학교
- **관련 직업**: 응급 구조사, 산림 소방관, 화재 감식 전문가
- **관련 학과**: 소방 안전 관리학과, 응급 구조학과, 소방 행정학과, 소방 방재공학과, 소방학과, 소방 안전학과

무엇을 준비해야 할까요?

필수 — 위급한 상황에서 신속하고 침착하게 대처하는 능력과 강한 체력이 필요해요. 생명을 소중히 여기고, 봉사하는 마음가짐을 가져야 하지요.

중요 — 다른 사람에 대한 배려심도 중요해요. 위급하고 위험한 상황에서 팀워크를 이루어야 하므로 협동심과 안전 의식도 필요하고요.

도움 — 응급 구조 및 소방 설비에 관련한 자격증을 취득하면 도움이 되어요. 여러 가지 소방 체험 프로그램에도 참여해 보세요.

 ## 앞으로의 전망은 어떤가요?

소방 시설물의 규모가 크고, 에너지 사용이 많아지면서 대형 재난 사고의 발생 건수가 늘어났다. 또 전국 소방서와 119 안전 센터 증설 계획에 따라서 소방관의 일자리는 지금보다 늘어날 것으로 보인다. 소방관은 국가에 소속된 공무원이기 때문에 고용이 안정적이지만 업무 중에 위험에 노출되고 근무 시간이 길며 스트레스가 큰 점은 진로를 결정할 때 고려해야 한다.

아하! 그렇구나 — 화재 감식 전문가는 어떤 일을 하나요?

화재 감식 전문가는 불이 진압된 뒤 소방관과 함께 화재 발생 원인 등 관련된 사실을 먼저 조사한다. 화재 현장을 촬영하고, 불이 처음 시작된 지점을 밝히며, 필요에 따라서 불이 나기 전의 상태로 복원하는 작업을 할 때도 있다. 화재 사건이 범죄와 관련이 있거나 일부러 불을 지른 단서가 있는지 찾아내는 것이다. 알아낸 정보들은 수사를 맡은 경찰관에게 전달한다.

법/행정

사회 복지사

아름다운 사회를 만드는 이준경

Q 사회 복지사가 된 동기가 있을까요?

대학 생활을 하면서 많은 친구를 사귀었고 공부에는 크게 흥미를 느끼지 못했어요. 이후 가정 형편이 어려워졌다는 사실을 알고 난 뒤 바로 사회 복지 분야로 전공을 바꾸기 위해 시험 준비를 했습니다. 어린 시절에 부모님께서 사업을 하시느라 할아버지, 할머니와 시간을 많이 보냈는데 그 이유 때문인지 노인 복지에 관심을 기울이게 되더라고요. 사회 복지사 자격증을 취득한 뒤에는 교환 학생으로 간 중국 베이징 대학교에서 중국어 능력 시험 자격증(HSK)을 땄고 중국에서 졸업했습니다. 지금은 할아버지, 할머니에게 인기 만점인 사회 복지사로 일하고 있고요.

Q 일을 하시면서 기억에 남는 분들이 있나요?

처음 사회 복지사로 일하면서 담당한 분이에요. 연세가 102세이셨는데 중증 치매를 앓고 계셔서 배변 처리도 어려웠죠. 직접 복지관에 모시고 와 프로그램을 진행하고, 식사도 챙겨 드려야 했어요. 어느 날 오후, 어르신이 귀가하는 차 안에서 볼일을 보셔서 당황했어요. 그런데 그분이 계속 자동차 시트를 문지르시더라고요. 말리는 제게 그 어르신이 하신 말씀이 가슴을 아리게 했습니다.
"선상님, 제가 실수를 해서 치우려고 하는데 잘 안되네요. 죄송합니다, 선상님."
흔히 치매를 앓는 어르신들이 벽에 똥칠한다는 말을 하는데 알고 보면 그분들은 깨끗이 닦으려고 하는 행동이랍니다. 그 일로 저는 사회 복지사로서의 마음가짐을 다잡게 되었습니다.

음악 춤 | 미술 디자인 | 스포츠 | 방송 언론 출판 | 서비스 | 의료 | IT | 교육 | 경제 금융 | 공학 자연 과학

Q 사회 복지사가 되려면 자격증이 필요한가요?

맞아요. 사회 복지사가 되려면 사회 복지사 자격증을 취득해야 합니다. 보통 전문 대학 및 대학교, 대학원에서 사회 복지학 및 사회 복지 관련 학과를 졸업하면 3급과 2급 자격증을 취득할 수 있습니다. 3·2급 자격증을 가진 사람은 국가에서 실시하는 시험을 치러 1급 사회 복지사 자격증을 딸 수 있어요. 대학에서 사회 복지학을 전공하면 사회 복지의 기초 이론과 방법들을 전반적으로 배우기 때문에 실제로 일을 할 때에 많은 도움이 됩니다. 하지만 전공을 하지 않은 사람도 실무 경험이 있거나 보건 복지부 장관이 정한 교육 기관에서 교육을 받으면 시험 자격이 주어지기도 한답니다.

Q 사회 복지사로서 꿈이 있다면 무엇인가요?

사회 복지사는 각자의 전문 분야를 맡아서 일을 합니다. 저는 노인 복지 업무를 하고 있어요. 작은 바람이 있다면 노인들의 생활이 고루 평안할 수 있는 사회가 되는 것입니다. 지금 노인들 중에는 우리가 상상하는 것보다 더 외롭고 어렵게 살아가시는 분이 많거든요. 젊은 사람도 언젠가는 노인이 되지요. 또 갈수록 노인 인구의 비율이 높아질 것이므로 앞으로 노인이 잘 살 수 있는 사회가 되었으면 하는 것이 저의 꿈입니다.

Q 사회 복지사를 꿈꾸는 어린이들에게 한 말씀 해 주세요.

사회 복지사는 국민이 살고 싶은 나라를 만드는 데 꼭 필요한 직업이라고 생각해요. 내 가족, 내 친구들이 평생 행복한 나라를 만들 수 있다는 사실에 자부심을 느껴요.
사회 복지사를 꿈꾸는 어린이 여러분, 매일 한 시간씩 신문을 읽으세요. 신문에는 그날그날에 우리나라에서 일어난 소식이 가득합니다. 사회 복지사는 소외 계층을 위해 일하는 사람이라기보다 우리나라 모든 국민을 위해 일하는 사람이니까요.

이준경 님 약력
현 남양주시 동부 노인 복지관 사회 복지사
경기도 가평군 무한 돌봄 센터 근무
중국 베이징대학교 중어 중문학, 명지대학교 사회 복지학 복수 전공

사회 복지사에 대해 알아볼까요?

 ## 사회 복지사는 어떤 직업인가요?

청소년, 노인, 여성, 장애인 등 사회적·개인적인 문제로 어려움을 겪거나 차별을 당하는 사람들을 대상으로 문제를 진단하고, 전문 지식을 이용하여 해결을 돕는 사람이다. 복지관, 아동과 청소년 지원 센터 등에서 복지 서비스가 필요한 사람들을 위한 지원 계획을 세우거나 사회적으로 보호가 필요한 사람들에게 전문적인 상담 및 지원을 한다. 보건 복지부, 지방 자치 단체 등의 행정 기관에서 사회 복지 담당 공무원으로 일하며 복지 정책 마련 및 지원 업무를 하기도 한다.

 ## 사회 복지사가 되는 방법을 알려 주세요.

사회 복지사 자격증을 취득해야 한다. 일반적으로 대학, 대학원에서 사회 복지학과, 사회 사업학과 등 관련 학과를 졸업하면 2급 자격증을 받는다. 사회 복지사 1급 자격증을 취득하려면 한국 산업 인력 공단에서 시행하는 국가 시험에 합격해야 한다. 사회 복지사가 되면 사회 복지 이용 시설 외에도 복지 담당 공공 기관, 교정 시설, 학교 등으로 진출할 수 있다.

사회 복지사가 되려면?

흥미 유형
사회형

능력과 성격
봉사 정신
의사소통 능력
대인 관계 능력
언어 능력
사회성
책임감

관련 자격
사회 복지사(2·1급)

관련 문의 기관
보건복지부
한국 사회 복지사 협회
한국 정신 보건 사회 복지사 협회
한국 보건 사회 연구원

관련 직업
상담 전문가
교정 사회 복지사

관련 학과
사회 복지학과
사회 복지 상담학과
사회 사업학과
노인 복지학과
가족 복지학과

무엇을 준비해야 할까요?

 **필수**
다른 사람에 대해 애정과 관심을 갖고 공감할 수 있는 포용력이 있어야 해요. 돌발 상황에 대처하는 문제 해결 능력도 필요하지요.

 **중요**
봉사 정신, 사회 정의를 위해 일한다는 소명 의식, 상담과 복지 서비스에 대해 쉽게 설명할 수 있는 의사소통 능력도 필요해요.

 **도움**
봉사 활동 프로그램에 참여하여 사람들을 만나고, 다른 사람들의 생각을 이해하는 훈련을 해 보세요.

 ## 앞으로의 전망은 어떤가요?

선진화된 사회 복지 서비스를 마련하려는 정부의 노력, 노인 인구 증가, 범죄를 막기 위한 사회 복지 서비스 증대 등은 사회 복지사의 일자리 증가로 이어질 것이다. 따라서 앞으로 사회 복지사로 취업할 수 있는 가능성은 높다. 하지만 급여 수준이 낮고, 의뢰인이 처한 상황과 문제점을 해결해 가는 과정에서 정신적 스트레스가 커 어려움에 부딪칠 수 있으므로 자부심과 소명 의식을 갖고 임해야 한다.

 ## 교정 사회 복지사는 어떤 일을 하나요?

교도소, 소년원 등 법무부에 속한 교정 시설에서 근무하며 관리 대상이 사회에 나갔을 때 잘 적응하고, 다시 범죄를 저지르지 않도록 돕는 사람이다.
사회 적응 훈련과 그와 관련된 프로그램을 계획하여 치료한다. 또 가족이나 주변 사람들과 상담하여 이들이 인격적인 존중을 받을 수 있도록 돕는다.

법/행정

경찰관
우리나라 치안을 책임지는 임정완

Q 경찰관이 된 특별한 이유나 계기가 있나요?

법조인이 되고 싶어 대학을 법학과로 진학한 후, 군대에 갔습니다. 군 생활 중에 경찰이 되려고 공부를 하는 후임을 보고 경찰에 대해 구체적으로 알게 되었습니다. 건강한 몸과 강인한 정신력이 필요하고, 강력계 형사부터 세계 곳곳을 누비는 외사 경찰까지 다양한 업무를 한다는 사실을 알고 관심을 갖게 되었습니다. 제대 후에는 법조인 대신 경찰이 되기 위해 경찰 간부 후보생 시험을 준비했지요. 시험에 합격하고 평소 재미있게 보았던 첩보 영화의 주인공 같은 형사가 되고 싶어 형사과를 지원하였습니다. 지금은 다양한 업무를 거친 끝에 경찰청 수사국 형사과 강력계에서 근무하고 있습니다.

Q 강력계 형사로 근무 중이신데, 어떤 일을 하는지 자세히 소개해 주세요.

강력계 형사는 범인과 전쟁을 치르는 사람입니다. 사회에서 벌어지는 다양한 범죄에 대해 분석하고, 분석 결과를 발로 뛰면서 확인해야 합니다. 다양한 증거 자료를 종합하여 찾아낸 용의자를 검거하기 위해 잠복과 추적을 반복해야 하는 고된 일이지요. 그만큼 꼭 사건을 해결해야겠다는 강한 의지와 튼튼한 몸, 정신력이 필요합니다. 힘이 들 때도 많지만 범인을 검거하고 사건을 해결했을 때에는 보람도 크답니다.

사이드 카테고리: 음악 춤 / 미술 디자인 / 스포츠 / 방송 언론 출판 / 서비스 / 의료 / IT / 교육 / 경제 금융 / 공학 자연 과학

임정완 님 약력
- 현 경찰청 수사국 형사과 강력계 근무
- 서울 금천 경찰서 형사과 강력 팀장
- 경찰청 수사국 사이버 테러 대응 센터
- 한양대학교 법학과, 고려대학교 정보 보호 대학원 석사

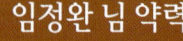

Q 갖추어야 할 자질이나 역량에는 어떤 것이 있을까요?

경찰관은 사회 전반에 대하여 관심을 가져야 합니다. 아는 만큼 보인다는 말처럼, 사회 전반에 걸쳐 발생하는 범죄를 해결하기 위해서는 다양한 분야에 대해 해박한 지식과 지혜를 갖춰야 합니다. 고등학교와 대학에서 배운 모든 지식과 지혜가 경찰 공무원의 업무를 하는 데 도움이 될 수 있습니다. 그뿐만 아니라, 해결하는 과정에서 범인과 대치하는 경우가 있는 만큼 순간의 판단력, 강한 체력과 정신력도 필수입니다.

Q 경찰관으로 일하시면서 가장 기억에 남는 일은 무엇인가요?

다양한 사건을 접했지만, 역시 경찰관이 되고 나서 처음 처리했던 살인 사건이 가장 기억에 남습니다. 돈을 벌러 한국에 온 조선족이 살인을 당한 사건이었는데 사흘 밤을 꼬박 새워 범인을 검거했습니다. 수사 완료 후 저의 손을 꼭 붙잡으며 고맙다고 말씀해 주시던 피해자 유가족의 모습이 언제나 제 머릿속에 보람과 격려의 채찍질로 남아 있습니다.

Q 경찰관의 전망을 어떻게 보시나요?

범죄가 날로 지능화되고 있고, 범죄자들도 자신의 범죄를 은폐하기 위해 다양한 시도를 하고 있습니다. 따라서, 강력계 형사의 수사 방법에도 더 많은 연구와 노력이 필요할 것입니다. 하지만, 그에 따라 사건을 해결할 경우 보람과 만족감도 커질 것입니다. 사회가 발전하고 범죄가 지능화될수록 경찰관이라는 직업은 사회의 어두운 곳을 비추는 등대와 같이 필수적이고 보람찬 직업이 될 것입니다.

Q 경찰관이 되고자 하는 어린이들에게 조언해 주세요.

경찰관이 되기 위해서는 건강한 몸과 마음 그리고 책임감이 필수적으로 필요합니다. 그뿐만 아니라, 사회 전반에 대한 관심과 상식이 있어야 범죄를 남보다 빨리 발견할 수 있고, 해결할 수 있습니다. 따라서 학교에서 배우는 다양한 지식을 놓치지 말고 열심히 공부하고, 체력을 쌓으면 이다음에 훌륭한 경찰관이 될 수 있을 것입니다.

경찰관에 대해 알아볼까요?

경찰관은 어떤 직업인가요?

국민의 생명과 재산을 보호하고, 법 질서를 바로 세우기 위해 다양한 일을 한다. 사회 질서 유지, 범죄 예방, 안전사고 예방 활동을 한다. 교통 위반 사항 단속 및 교통사고를 예방하기 위한 업무도 수행하고, 범죄 사건을 수사해 범인을 잡기도 한다. 이 외에도 국민의 안전을 지키기 위한 정보 수집, 주요 인사의 경호, 불법 시위 진압 등도 담당한다. 해양 경비, 사이버 범죄 단속, 밀수 범죄, 환경 사범 단속, 외국인 범죄 수사, 불법 체류 등 특수 분야에서 일하는 경찰관도 있다.

경찰관이 되는 방법을 알려 주세요.

경찰 공무원 채용 시험에 합격하거나, 경찰 대학을 졸업하면 경찰관이 될 수 있다. 경찰 특공대, 사이버 범죄 수사관, 디지털 포렌식 수사관, 정보 통신 분야 경찰관, 항공 요원 등 특수한 분야에서 일하는 경찰관의 경우 주로 특별 채용으로 선발한다. 분야마다 지원 자격이 다르지만 순경 공개 채용의 경우, 교정 시력을 포함한 시력이 0.8 이상이어야 하고, 필기 시험, 서류 전형, 체력 검사 등을 통과해야 한다.

경찰관이 되려면?

- **흥미 유형**: 사회형
- **능력과 성격**: 신체 운동 능력, 자기 성찰 능력, 책임감, 인내력
- **관련 문의 기관**: 경찰청, 경찰 대학, 경찰 교육원
- **관련 직업**: 사이버 수사요원, 범죄 심리 분석관, 디지털 포렌식 수사관
- **관련 학과**: 경찰 행정학과, 해양 경찰학과, 행정학과, 법학과, 경찰 경호학과

무엇을 준비해야 할까요?

 **필수**

범죄 사건을 수사할 수 있는 추리력과 판단력, 순발력이 필요해요. 국민의 안전을 책임진다는 책임감도 필수적으로 갖추어야 한답니다.

 **중요**

법에 대한 지식을 쌓아야 해요. 경찰의 도움을 구하는 사람이나 범죄자로 의심받는 사람들을 대할 때는 자기 통제력과 인내심도 필요해요.

 **도움**

강인한 체력, 리더십, 분석적 사고력을 기를 수 있도록 노력해야 해요. 관련 기관에서 실시하는 체험 프로그램에 참여해 보는 것도 좋아요.

앞으로의 전망은 어떤가요?

사회가 복잡해짐에 따라 범죄 수법이 지능화되고, 강도도 강해졌으며, 범죄 발생 수도 늘어, 국민의 안전을 위한 정부의 노력과 필요성이 커지는 추세이다. 이에 따라 일자리가 점차 증가하고 있지만, 취업 경쟁은 치열한 편이다. 경찰관은 국가 공무원으로 고용이 안정적이지만 근무 시간이 길고, 근무 중 위험에 노출되어 있어 정신적·육체적 스트레스가 많은 편이다.

아하! 그렇구나 — 경찰 계급에 대해 알려 주세요.

순경부터 치안 총감까지 총 11개의 등급으로 나뉜다. 순경, 경장, 경사는 여러 지역의 지구대와 경찰서 기동대 등에서 근무하며 국민 가까이에서 도움을 주는 경찰이다.
경위, 경감, 경정, 총경은 경찰 조직에서 중견 경찰 간부를 맡는다.
그 이상의 계급은 경찰 조직을 이끌어 나가는 지휘부에 속한다.
경정 계급까지는 시험에 통과하여 승진할 수 있지만 총경부터는 심의를 거쳐야 진급할 수 있다.

법/행정

사이버 범죄 수사관

사이버 치안의 파수꾼, **박광선**

Q 사이버 범죄 수사관이 되고자 한 특별한 이유는 무엇인가요?

어려서부터 컴퓨터를 즐겨 했고, 하드웨어나 소프트웨어를 다루는 데 두려움이 없었어요. 그래서 선택한 첫 직장이 기업의 정보 보안 담당 부서였습니다. '보안'의 의미를 가장 쉽게 설명하자면 '해커를 막는 일'이라고 할 수 있습니다. 컴퓨터나 통신망에 해커가 침입하지 못하도록 예방하고, 침입한 해커의 흔적을 추적하는 일을 하다 보니 자연스럽게 '해커를 잡는 일'이 하고 싶어졌습니다. 민간 기업의 보안 관리자가 해커를 추적하려면 법의 테두리에 부딪쳐 제약이 따릅니다. 저는 그 경계를 넘어 범죄의 본질에 접근하고 싶은 호기심에 사이버 경찰에 지원했습니다.

Q 사이버 범죄 수사관에 대해 소개해 주세요.

인터넷과 IT 기술이 발달하면서 현실 세계에서 발생하던 각종 범죄가 사이버 공간으로 옮겨 갔습니다. 사이버 범죄 수사관은 컴퓨터 시스템을 훼손하는 사이버 테러형 범죄와 일반 사이버 범죄를 벌인 범인을 검거하는 일을 합니다. 법률에 따라 사건 조사, 압수 수색을 통한 증거 확보, 증거 분석, 용의자 추적 및 검거 활동을 합니다.

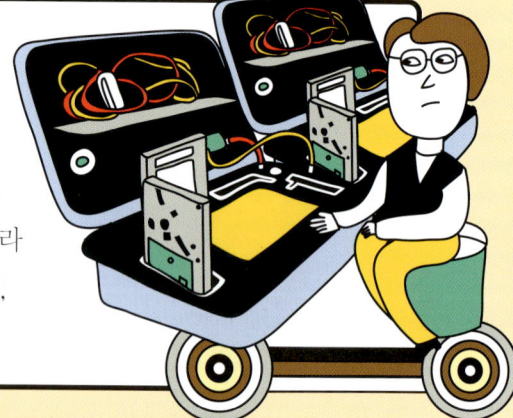

Q 사이버 범죄 수사관이 되려면 어떤 준비와 자질이 필요한가요?

경찰청에서 주관하는 '사이버 수사 요원' 또는 '보안 사이버 요원' 특별 채용 시험에 합격해야 합니다. 경찰관으로 활동하다가 사이버 수사 요원이 되는 경우도 있습니다. 사이버 범죄 수사관이 되려면 정보 처리 관련 자격증을 취득해야 하며, 해당 분야에서의 근무 경력이 필요합니다. 채용 시험은 체력 검사와 적성 검사, 면접 시험 등으로 이루어지며 컴퓨터의 운영 체제 및 프로그램에 대한 탄탄한 지식을 갖추어야 합니다.

Q 사이버 범죄 수사관으로 일하시면서 가장 보람을 느낄 때는 언제인가요?

2011년, 스마트폰 이용자의 개인 위치 정보를 불법으로 수집한 피의자를 검거한 적이 있습니다. 또 구글(Google), 다음(Daum) 등 대형 IT 기업의 위치 기반 서비스 사업을 검증함으로써 국내의 위치 기반 서비스 산업이 확대되기 전에 개인의 위치 정보의 중요성을 일깨워 줄 수 있었습니다. 그 덕분에 산업 발달과 개인의 위치 정보 보호의 균형에 이바지할 수 있었지요.

사이버 범죄 수사관은 다양한 지식과 사회 현상을 관찰하여 신종 범죄를 찾아내고, 수사 기법을 개발하여 사건을 해결할 때 짜릿한 쾌감과 보람을 느낍니다. 사회 문제가 발생할 수 있는 취약 분야와 개선 방향을 연구하여 범죄를 막아 낼 때 역시 큰 보람을 느끼지요.

Q 사이버 범죄 수사관의 직업 전망은 어떤가요?

현실 세계에서 일어나는 다양한 범죄가 이미 사이버 공간으로 옮겨 갔고, 정보 통신 기술의 발달로 우리가 누리는 편리함을 위협하는 새로운 범죄가 발생하고 있습니다. 그러므로 민간 보안 전문가를 비롯한 사이버 범죄 수사관의 사회적 역할은 꾸준히 성장할 것입니다. 여러분은 무한한 가능성이 있으므로, 이 직업에 대한 작은 관심이 불씨가 되어 앞으로 꾸준히 준비한다면 미래 사이버 범죄 수사관의 주인공이 될 수 있을 것입니다.

Q 사이버 범죄 수사관을 꿈꾸는 어린이들에게 한 말씀 부탁드려요.

컴퓨터에 대한 저의 작은 관심에서 비롯한 배움은 즐거움으로 변하고, 그 즐거움은 또 다른 배움으로 이어져 사이버 범죄 수사관이라는 현재의 직업을 갖게 되었습니다.

꼭 사이버 범죄 수사관이 아니더라도 여러분만의 소중한 꿈을 간직하고 있다면 작은 관심부터 기울여 보세요. 지금의 시작이 앞으로 여러분의 바람을 이루어 줄 것입니다.

박광선 님 약력
- 현 서울 지방 경찰청 사이버 범죄 수사대 수사관
- 해양 경찰청 전산 순경
- 삼성 SDS, 안랩 코코넛 정보 보안 전문가
- 고려대학교 정보 보호 대학원 디지털 포렌식학과 졸업

사이버 범죄 수사관에 대해 알아볼까요?

 사이버 범죄 수사관은 어떤 직업인가요?

해킹이나 악성 프로그램 제작 및 유포, 바이러스 유포, 금융 기관의 정보를 빼내어 돈을 훔치거나 보이스 피싱 사기 등 사이버 공간에서 발생하는 각종 범죄 행위를 수사하고 범죄를 예방하는 일을 한다. 사이버 테러 수사와 일반 범죄 수사로 분야가 나뉜다. 사이버 테러는 불순한 목적으로 남의 컴퓨터에 접근해 피해를 입히는 범죄이고, 일반 범죄는 인터넷상의 사기, 명예 훼손, 불법 사이트 운영 등의 사건을 일컫는다.

 사이버 범죄 수사관이 되는 방법을 알려 주세요.

보통 특별 채용으로 선발하는데 기본적으로 컴퓨터와 정보 처리 관련 자격증을 취득한 사람이 지원할 수 있다. 일반 사이버 범죄 수사관의 경우 일반 학과 졸업 후 3년 이상의 근무 경력, 전산 관련 학과 졸업 후 2년 이상의 근무 경력이나 석사 학위가 필요하고, 경위 이상의 채용 요건에는 박사 학위나 인정하는 분야의 논문 발표 경력이 필요하다. 채용 시험에서는 서류, 체력, 적성, 면접 심사 등을 실시한다.

사이버 범죄 수사관이 되려면?

흥미 유형
진취형
사회형

능력과 성격
분석력
컴퓨어 활용 능력
외국어 능력
문제 해결력
체력
협동심

관련 문의 기관
경찰청
인터넷 침해 대응 센터
사이버 안전국
대검찰청
사이버 범죄 수사과

관련 직업
경찰관
해양 경찰관
검찰 수사관
국가 사이버 안전 요원

관련 학과
정보 통신공학과
정보 보호학과
수학과
컴퓨터 공학과

무엇을 준비해야 할까요?

 **필수**

컴퓨터 시스템 분석 능력과 다양한 지식이 필요해요. 마이크로소프트 윈도, 리눅스, 유닉스 등 컴퓨터 운영 체제에 대해 공부해 두세요.

 **중요**

사건을 분석하는 능력, 순발력 등을 갖추어 사이버 테러가 발생하였을 때 빠르게 막고, 범죄자를 찾아낼 수 있어야 해요.

 **도움**

컴퓨터 관련 자격증 취득에 필요한 공부와 관련 기업에서 일해 경력을 쌓으면 도움이 되어요. 외국어 공부도 해야 해요.

 ## 앞으로의 전망은 어떤가요?

최근 사이버 범죄가 하루가 다르게 지능화되고, 발생 건수도 늘어 사이버 범죄 수사관의 채용도 증가하고 있다. 직업의 역사가 짧고, 사이버 공간에서 많은 금융 거래와 업무 처리, 주요 정보 공유 등이 이루어지므로 이러한 흐름은 계속 이어질 것이다. 사이버 범죄 수사관으로 특별 채용되면 일반 경찰보다 높은 계급에서 시작하므로, 대우가 좋다.

 ## 국가 사이버 안전 요원은 어떤 일을 하나요?

국가 정보원 사이버 안전 센터에서 일하며 공공 기관이나 연구소, 국가의 주요 전산망을 보호하기 위하여 예방책을 마련하고, 해킹 등 외부 사이버 테러의 원인을 분석하여 대응한다. 사이버 보안 교육, 모의 훈련 등을 하며 국가의 중요한 비밀을 보호하기 위하여 보안 프로그램을 개발한다.

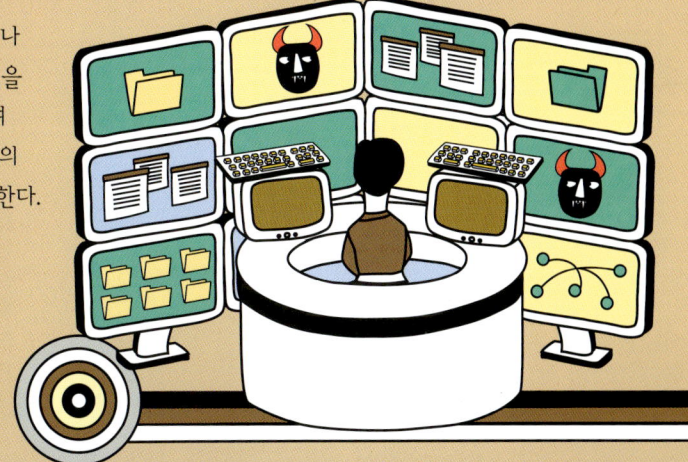

| 법/행정

디지털 포렌식 수사관
디지털 세상의 범죄를 쫓는 한귀섭

Q 생소한 직업인데, 디지털 포렌식 수사관에 대해 소개해 주세요.

범죄 사건 현장에 남은 범인의 지문, 머리카락, 핏자국 등을 통하여 용의자를 찾고 범죄 사실을 입증하는 것처럼, 메일이나 동영상 등의 디지털 파일 형태로 저장된 증거 자료 역시 매우 중요한 단서가 됩니다. 따라서 디지털 포렌식 수사관은 컴퓨터, 휴대전화, CCTV, 자동차 블랙박스, 내비게이션 등 디지털 기기에서 얻을 수 있는 자료들을 조사하여 수사에 필요한 중요한 단서를 찾거나 용의자를 추정합니다. 경우에 따라 분석 결과를 법정에 제출하여 재판의 결과를 판가름하는 주요 증거 자료로 활용하기도 합니다.

Q 이 일을 선택하신 특별한 이유가 있으신가요?

대학에서 컴퓨터 프로그래밍 수업을 들었는데 공부를 하다 보니 컴퓨터를 다루는 일이 재미있었습니다. 배움에 그치는 것이 아니라 관련 분야의 일을 해 보고 싶어 IT 회사에서 정보 보안 업무를 하다가 대학원에 진학하여 깊이 공부하기로 하였지요. 당시에 국가 기관에서 일하시던 교수님을 통해 디지털 포렌식 분야에 대해 알게 되었습니다. 생소한 분야였지만 새로운 분야에서 일하는 것이 흥미로웠고, 직접 일해 보고 싶었습니다. 때마침 경찰청에서 사이버 수사대를 특별 채용한다고 하여 경력직으로 입사하여 지금까지 이 일을 하고 있습니다.

한귀섭 님 약력
현 강원 지방 경찰청 디지털 포렌식 수사관
정보 보안 솔루션 엔지니어
건국대학교 수학과, 정보 통신 대학원 석사

- 음악 춤
- 미술 디자인
- 스포츠
- 방송 언론 출판
- 서비스
- 의료
- IT
- 교육
- 경제 금융
- 공학 자연 과학

Q 어떤 준비와 자질이 필요할까요?

첨단 기술 및 디지털 기기 등이 하루가 다르게 발전하고 변화하기 때문에 디지털 포렌식 수사관은 끊임없이 공부를 해야 합니다. 열정과 의지, 끈기와 노력이 없다면 이 분야에서 전문가로 인정받기 어려워요. 몇 시간씩 꼼짝 않고 책상 앞에 앉아 있어야 하는 경우가 많기 때문이지요. 모니터에 나타난 깨알같이 작은 암호들과 키보드, 마우스와 친해져야 하는데 적성에 맞지 않고 끈기와 열정이 없으면 오래 일하기 힘들어요.

데이터를 수집하거나 삭제하기 전 상태로 복구하는 과정은 꼼꼼하고 치밀하게 파고들어야 합니다. 자료를 분석하여 증거물로서 효력을 갖춘 자료로 만들어야 하므로 전문적인 기술과 분석 능력이 뒷받침되어야 하며, 법률 지식도 필요하지요. 하지만 가장 중요한 것은 경찰 공무원으로서 정의감과 사명감이며, 스스로 이 일을 즐길 수 있어야 한다고 생각합니다.

Q 가장 보람을 느낄 때와 반대로 힘들 때는 언제인가요?

형사들이 사건 현장에서 증거 부족으로 용의자를 찾지 못하는 상황에서 디지털 증거물로 용의자를 찾고 검거에 성공할 때 보람을 느낍니다. 또 단순 사망으로 마무리된 사건을 재수사하여 결정적인 증거를 복원해서 범인을 찾고 억울한 사고를 해결했을 때에도 뿌듯합니다. 하지만 사건에 따라서 자료를 찾고 복구하는 데 시간이 많이 걸리는 경우도 많습니다. 자료를 분석하며 밤을 새우는 것도 예삿일이라서 체력적으로 힘든 순간도 많지요. 이렇게 고생하여 분석을 하였는데도 사건의 단서나 범죄 사실을 입증할 만한 자료를 찾지 못하여 더 이상 수사를 진행하지 못하고 마무리 지을 때는 아쉽고 힘이 듭니다.

Q 디지털 포렌식 수사관의 직업 전망을 어떻게 보시나요?

현재 디지털 포렌식 수사관은 경찰청, 검찰청, 국세청 등 국가 수사 기관에 소속되어 활발히 활동하고 있습니다. 법률 회사, 대기업의 법무팀 등에서 일하는 전문가들도 있지만 그 수가 많지는 않고요. 하지만 앞으로는 디지털 포렌식 수사관의 수요가 커질 수밖에 없다고 생각합니다. 생활 전반적인 분야에서 IT 기기가 사용되어 편리함을 느끼지만 한편에서는 범죄로 악용되는 일이 많기 때문이지요. 대기업의 법무팀이나 감사실에서 기술 유출에 대처하기 위해 전문가를 채용하는 경우가 늘고 있고, 민간 분야에서도 수요가 늘어 발전 가능성이 무궁무진하다고 생각합니다.

디지털 포렌식 수사관에 대해 알아볼까요?

 디지털 포렌식 수사관은 어떤 직업인가요?

컴퓨터나 휴대 전화 기록, 사진과 영상 등 각종 범죄 정보를 수집하고 분석하여 범죄의 단서를 찾는 수사 기술을 디지털 포렌식이라고 한다. 디지털 포렌식 수사관은 범죄가 발생하면 각종 디지털 데이터 및 통화 기록, 메일 접속 기록 같은 정보를 수집하고, 삭제된 메모리, 하드 디스크 등 저장 매체에 저장되었던 자료를 복구한다. 이것이 범죄를 저질렀다고 의심받는 사람의 것이 맞는지 증명하고, 증거 자료를 법정에 제출하여 범인과 죄의 심각성을 밝혀낸다.

 디지털 포렌식 수사관이 되는 방법을 알려 주세요.

아직까지는 디지털 포렌식 과정을 전문적으로 배우는 대학 학과가 많지 않지만 점차 늘고 있다. 디지털 포렌식 수사관이 되려면 한국 포렌식 학회에서 주관하는 디지털 포렌식 검정 시험에 합격하거나, 사이버 포렌식 전문가 협회에서 인증하는 사이버 포렌식 조사 전문가 자격증(CCFP)을 취득하면 도움이 된다. 공무원 시험에 합격해 경찰청, 검찰청, 국세청 등에서 일하거나 회사의 법무 부서에 취업할 수 있다.

디지털 포렌식 수사관이 되려면?

흥미 유형
진취형

능력과 성격
디지털 처리 분석력
논리력
의사소통 능력
추리력
글쓰기능력

관련 자격
사이버 포렌식
조사 전문가(CCFP)

관련 문의 기관
경찰청
한국 포렌식 학회
사이버 포렌식 전문가 협회
한국 디지털 포렌식 학회

관련 직업
시스템 네트워크 엔지니어
데이터 베이스 관리자
거짓말 탐지 검사관

관련 학과
컴퓨터 공학과
정보 보호학과
수학과

무엇을 준비해야 할까요?

 **필수**
전문적인 컴퓨터 활용 능력, 데이터 검색 및 복구 기술 등 컴퓨터 전문 지식을 갖추어야 하므로 일찍부터 이 분야에 대해 공부해야 해요.

 **중요**
범죄의 증거를 찾아낼 수 있는 집중력과 추리력, 법률에 대한 지식을 갖추어야 증거의 타당성에 대한 보고서를 작성할 수 있어요.

 **도움**
상대방을 설득할 수 있는 논리적인 글을 쓰는 능력이 필요해요. 책을 많이 읽어 범죄인의 심리, 다양한 분야의 지식을 쌓으면 좋아요.

 ## 앞으로의 전망은 어떤가요?

디지털 기기를 이용한 범죄 수법이 복잡해짐에 따라 디지털 과학 수사의 방법과 분야는 지금보다 훨씬 다양해질 것으로 예상된다. 또 국가 기관뿐만 아니라 기업의 기술이 외부로 새어 나가는 것을 막기 위해 민간 기업에서도 디지털 포렌식 기술의 수요가 늘어날 것으로 전망됨에 따라 디지털 포렌식 수사관의 직업 전망은 매우 밝다.

 ## 거짓말 탐지 검사관은 어떤 일을 하나요?

거짓말 탐지 검사관은 범죄 사건과 관련이 있는 사람에게 질문을 한 뒤 표준화된 판단 기법을 사용하여 그 답이 사실인지 아닌지를 판단하는 사람이다. 검사를 받을 사람에게 할 질문을 준비하고, 충분히 면담을 한 뒤 거짓말 탐지기를 몸에 부착하여 질문을 한다. 검사자가 대답하는 동안 몸의 변화가 거짓말 탐지기에 나타나는데 이 결과를 토대로 종합적인 판단을 내리고, 결과 보고서를 작성한다.

범죄 심리 분석관

범죄 심리 분석으로 숨겨진 범인을 찾는 **표창원**

Q 범죄 심리 분석관을 프로파일러라고도 하지요? 어떤 일을 하는 직업인지 설명해 주세요.

프로파일러는 '프로파일링'을 하는 사람입니다. 프로파일링이란 범죄 사건이 발생했을 때 피해자와 범죄 현장의 특성을 분석하고, 현장에 남은 범죄자의 행동 증거 등을 면밀히 살피는 사람이지요. 현장에서 발견된 증거물로 종합적인 판단을 하여 범죄자의 특성(프로필; profile)과 범죄를 저질렀을 가능성이 높은 사람을 추리하는 일을 합니다.

Q 직업에 대해 관심을 갖게 된 계기가 있나요?

경찰 대학을 졸업한 뒤 경찰관으로 일하면서 화성 연쇄 살인 사건 같은 대형 사건을 해결하지 못하는 현실에 스스로 무너지는 듯한 안타까움을 느꼈습니다. 범죄 수사 능력을 향상시켜 범인을 찾지 못해 미궁에 빠지는 일이 없도록 하고 싶었어요. 그래서 전문적인 훈련을 받아야겠다고 생각했는데 당시에 국내에는 범죄 수사를 전문적으로 교육하는 기관이나 전문가가 없었습니다. 그래서 어릴 적부터 책을 읽고 동경했던 명탐정 셜록 홈스의 나라인 영국으로 유학을 갔어요.

Q 활동하시면서 가장 보람을 느낄 때는 언제인가요?

현장에서 고생하는 형사들에게 수사의 방향을 제시하고, 용의자의 범위를 좁혀 범인을 잡았을 때 보람이 있습니다. 특히 객관적인 증거와 단서를 바탕으로 논리적인 분석을 제시해 진실이 드러나면 큰 기쁨을 느끼지요. 살인 같은 강력 범죄자와 면담을 하여 그들의 잠재의식 속에 숨어 있는 생각을 드러내고, 진심으로 반성하는 모습을 볼 때도 뿌듯합니다. 두려움과 공포, 분노에 떠는 피해자들에게 믿음직스러운 수사로 안심과 위로를 드릴 수 있을 때에도 보람을 느낍니다.

Q 범죄 심리 분석관이 되기 위해 갖추어야 할 자질에는 어떤 것이 있을까요?

어떠한 압력이나 유혹에도 흔들리지 않는 강인한 정신력이 필요합니다. 오직 법과 양심, 객관적 증거와 논리에 따라 분석하고 판단하려는 태도가 중요하고 다른 사람의 말을 공감하며 들어 줄 수 있는 인내력과 평정심도 지녀야 합니다. 그 외에도 과학 수사 및 범죄 심리 분석에 필요한 지식, 인간과 사회를 이해할 수 있는 소양도 갖추면 좋습니다. 제가 대학에서 제자들에게 강조하는 사항을 여러분도 기억해 두세요.

"단 한 점의 의혹도 남지 않도록 끝까지 철저하게 분석하고 비판하라. 쉬운 답을 찾으려 하지 마라. 정반대의 입장에 서서 자신의 추론과 분석을 냉철하게 비판해 보라. 앞서 결론을 내거나 추측하지 말고, 오직 근거와 단서, 증거와 논리에 따라 판단하라."

Q 평소 존경하거나 닮고 싶은 롤 모델이 있으신가요?

《셜록 홈스》의 저자 '코넌 도일'은 법의학을 공부하면서 실제 범죄 사건을 분석해 억울하게 누명을 쓴 사람들을 구한 '인권 수사관'이었어요. 저는 항상 그를 존경했고, 닮고 싶어 했습니다. 범죄 수사 전문가는 아니지만 스스로 옳다고 믿는 바를 사람들에게 전하고 가르치며 행동으로 실천한 독립운동가 도산 안창호 선생님도 저의 롤 모델입니다.

Q 진로를 고민하는 어린이들에게 조언해 주세요.

진로를 선택할 때 명예와 보수도 중요하지만 '내가 진정으로 좋아하고 잘할 수 있으며, 그 일을 하며 평생 행복하게 살 수 있는 직업'을 목표로 삼아 준비해 나가길 바라요. 인생은 결과보다 과정이 중요하고, 그 과정이 즐거워야 행복한 삶이라고 생각합니다.

표창원 님 약력
현 표창원 범죄 과학 연구소 소장
한국 경찰 발전 연구회, 아시아 경찰 학회 회장 역임
대표작 《나는 셜록 홈스처럼 살고 싶다》, 《셜록의 사건 일지》 외 다수
경찰 대학 행정학과 졸업, 영국 엑서터대학교 석·박사

범죄 심리 분석관에 대해 알아볼까요?

범죄 심리 분석관은 어떤 직업인가요?

연쇄 살인 사건, 강력 범죄 등 일반적인 수사 방법으로는 해결하기 힘든 사건에 뛰어들어 범죄 현장에 남은 여러 단서로 범인의 성격과 특징, 연령대 등을 찾아내는 일을 한다. 범인들이 도망칠 수 있는 이동 경로와 숨어 있는 곳을 예상하고, 범인이 검거된 뒤에는 심리를 분석하여 스스로 범죄 사실을 말할 수 있도록 유도한다. 경찰관이 수사에 어려움을 겪을 때 원활하게 수사가 진행될 수 있도록 돕거나 의미 있는 단서를 가려내기도 한다.

 범죄 심리 분석관이 되는 방법을 알려 주세요.

특별 채용으로 뽑는 경우가 많다. 범죄 심리 분석관이 되려면 대학에서 심리학, 사회학을 전공하는 것이 유리하다. 범죄 심리 분석관들이 활동하는 국립 과학 수사 연구원은 박사 학위 이상, 경찰청은 사회학이나 심리학 석사 학위 이상의 학력을 요구한다. 일반 경찰관으로 일정 기간 근무하다가 과학 수사 요원 경력을 쌓아 범죄 심리 분석관이 되기도 한다.

무엇을 준비해야 할까요?

 **필수**
빠른 두뇌 회전, 여러 단서를 조합하고 분석하는 능력, 판단력 등이 필요해요. 감정에 치우치지 않고 수사하는 냉철함도 필수 조건이에요.

 **중요**
사회의 정의를 실천한다는 마음가짐과 책임감을 갖추어야 해요. 범죄 심리 분석에 필요한 심리학도 공부해야 하지요.

 **도움**
신체적·정신적으로 강해야 해요. 사회의 폭넓은 분야에 대해 관심을 가지고, 신문이나 뉴스를 많이 보면 도움이 되어요.

 ## 앞으로의 전망은 어떤가요?

지능적인 범죄 발생이 늘어남에 따라 범죄 심리 분석과 정밀한 단서를 조합해 범인을 찾아야 하는 경우가 많아졌다. 현재 우리나라에서는 범죄 심리 분석관으로 활동하는 사람이 적어 앞으로 많은 인력을 더 뽑을 것으로 예상된다. 일자리 전망은 매우 밝지만 범죄 심리 분석관이 되기 위한 과정이 어렵고, 업무의 난이도가 높으며, 스트레스가 많다는 점을 고려해야 한다.

 ## 교도관은 어떤 일을 하나요?

교정직 공무원이라고 부르는 교도관은 교도소, 구치소, 소년원 등에서 수용자를 관리하고 교정 교육을 담당하는 사람이다. 사형수의 사형을 집행하거나 수용자의 행동을 관찰하고 감시하며, 수용자가 건전한 정신과 올바른 생활 자세를 가지도록 생활 지도와 교화 교육, 직업 훈련 등을 실시한다. 수용자들의 탈주를 막기 위해 주요 시설을 경비하고, 교도소와 외부를 드나드는 물품을 감시하는 일도 한다.

경제/금융

외환 딜러

외환 시장 0.1초의 승부사, 이건희

Q 외환 딜러는 어떤 일을 하는 직업인가요?

한마디로 글로벌 외환 시장에서 각국의 화폐를 거래하여 돈을 버는 사람입니다. 물건을 사고파는 것처럼 화폐를 사고파는 일을 반복하여 수익을 내는 것이지요. 외환 딜러는 24시간 열리는 글로벌 외환 시장에서 특정 국가의 펀더멘털*과 화폐 가치를 분석하여 실제 그 나라의 화폐 가치보다 낮게 거래된다고 판단될 때 화폐를 구입합니다. 반대로 화폐 가치가 실제 그 나라의 화폐 가치보다 높은 가격으로 거래된다고 판단될 경우 화폐를 되팔아 그 차이만큼 돈을 벌어들이는 일을 합니다.

* **펀더멘털** 한 나라의 경제 상태를 표현하는 데 가장 기초적인 자료가 되는 경제 성장률, 물가 상승률, 실업률, 무역 이익 등의 경제 지표

Q 외환 딜러가 된 특별한 동기가 있으신가요?

제가 대학을 졸업할 무렵 우리나라는 IMF 경제 위기를 겪고 있었습니다. 매일 뉴스에서는 긴박하게 일하는 외환 딜러들의 모습을 보도하였습니다. 그때 저는 국제 금융 시장의 한가운데에서 외국의 딜러들과 승부하는 우리 외환 딜러들의 모습을 보고 반하고 말았습니다. 그래서 국내 최고의 외국환 은행의 외환 딜러가 되어 다른 나라의 실력가들과 겨루어 보고 싶은 끌림을 느꼈고, 그 일을 계기로 외환 딜러를 지원하게 되었습니다.

이건희 님 약력

현 KEB하나은행 (구외환은행) 트레이딩부 원달러 수석 딜러
한국 외환은행 자금 시장 본부 금융 공학팀(딜링 룸) 전입
2002 외환은행 입행
서강대학교 경영학과 졸업

Q 외환 딜러로 근무하면서 가장 보람을 느낄 때는 언제인가요?

외환 딜러는 외환 거래에 따른 '수익'으로 실력을 평가받습니다. 그렇기 때문에 많은 수익을 거둔 순간에 뿌듯함을 느껴요.

글로벌 외환 시장에서 다른 국가들이 외환 위기나 경제 위기 등으로 환율이 급격히 하락하여 어려움을 겪는 것을 종종 봅니다. 이때 강력한 경제 체력으로 가치를 인정받는 우리나라의 화폐를 거래하며 자본 시장에서 한 역할을 하고 있다고 느낄 때 자부심과 보람을 더 크게 느끼기도 합니다.

Q 하루 일과가 어떻게 되시나요?

보통은 아침 7시면 딜링 룸에 도착합니다. 곧바로 런던과 뉴욕 금융 시장의 주요 뉴스를 살펴 회의를 준비합니다. 8시경에는 딜링 룸의 모든 딜러가 모여 전략 회의를 갖습니다. 잠깐의 휴식 후 9시가 되면 서울의 외환 시장 개장과 함께 외환 거래를 시작하지요. 이때부터 오후 3시에 서울의 외환 시장이 종료될 때까지 외환 딜러들은 각자의 자리를 벗어나지 않고 거래에 집중합니다. 이후 잠깐 숨 돌릴 시간이 있지만 곧이어 시작되는 런던의 외환 거래를 준비하여 오후 8시경에 런던 지점의 외환 딜러에게 주문을 넣습니다. 퇴근 후 새벽까지도 뉴욕 금융 시장이 이어지기 때문에 수시로 가격 정보를 살피느라 잠을 설치는 날이 허다합니다. 몸이 힘들고 생활은 빡빡하지만 항상 즐거운 마음으로 일을 즐기고 있습니다.

Q 어떤 준비와 자질이 필요하다고 생각하세요?

외환 딜러가 되려면 외환 거래가 이루어지는 금융 회사에 들어가 '외환 딜러 양성 프로그램'을 이수해야 합니다. KEB하나은행(구 외환은행)의 경우 해마다 수천 명이 지원하여 1~3명만 최종 선발될 만큼 경쟁이 치열합니다. 만약 제게 외환 딜러를 준비할 기회가 다시 한 번 주어진다면 우리 사회에서 돈이 도는 흐름을 느낄 수 있는 경제학의 기본 원리와 이를 수치화하는 능력을 더 공부하겠습니다. 세계의 금융 시장에 영향을 미치는 관계자와 자유롭게 소통할 수 있도록 외국어 능력도 연마해야겠고요. 또 돈에 대한 사람들의 생각을 읽을 수 있는 심리학도 배우면 좋을 것 같아요. 여기에 겸손과 동료 의식까지 갖춘다면 그야말로 최고의 외환 딜러가 될 수 있지 않을까 생각합니다.

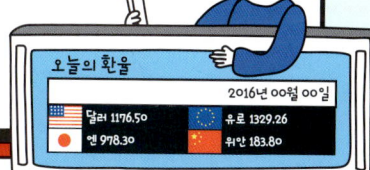

외환 딜러에 대해 알아볼까요?

 외환 딜러는 어떤 직업인가요?

기업이나 개인 고객이 맡긴 돈으로 국제적으로 널리 사용되는 미국의 달러($), 일본의 엔(¥), 유럽 연합의 유로(€), 영국의 파운드(£), 중국의 위안(¥) 등을 싸게 사서 비싸게 팔아 그 차이만큼 수익을 얻는 일을 한다. 외환 딜러는 외환 거래에서 이익을 내기 위해 세계 각국의 정치나 경제, 사회 등의 전반적 흐름이나 국제 금융 시장 관련 정보를 수집하여 환율 변화를 예측하고 외환 시장이 열렸을 때 사고팔기를 반복하여 수익을 낸다.

 외환 딜러가 되는 방법을 알려 주세요.

대학에서 경영학, 경제학, 회계학, 무역학, 통계학 등을 전공하는 것이 유리하고 필요에 따라 석·박사 이상의 학력이 필요하기도 하다. 업무상 위험 부담이 크기 때문에 먼저 금융 기관의 관련 부서에 입사하여 실무 능력을 쌓은 다음 외환 딜러로 진출하는 것이 일반적이다. 외환 관리사 등의 자격증을 취득하거나 한국 금융 연수원 등에서 시행하는 외환 딜러 양성 프로그램을 수료하면 도움이 된다.

흥미 유형
진취형

능력과 성격
분석력
판단력
외국어 능력
수리 논리력
자기 통제 능력
컴퓨터 능력

관련 자격
외환 관리사
외환 전문역(CFES)

외환 딜러가 되려면?

관련 문의 기관
한국 무역 협회
한국 금융 연수원
금융 투자 협회

관련 직업
증권 중개인
선물 거래 중개인
신용 분석가

관련 학과
경영학과
경제학과
통계학과
회계학과
무역학과
수학과
금융 공학과

무엇을 준비해야 할까요?

 필수

국제 정세를 보고 경제 변화를 정확하게 판단하는 능력이 필요해요. 분석에 따른 예측 능력, 결단력을 갖추어야 하지요.

 중요

고도로 집중해야 하므로, 강인한 정신력과 체력이 필요해요. 외환을 거래하기 때문에 뛰어난 외국어 실력도 뒷받침되어야 하지요.

 도움

신문이나 잡지, 경제 관련 자료를 보며 여러 분야에 상식을 넓혀야 해요. 경제 관련 동아리 활동도 도움이 되어요.

앞으로의 전망은 어떤가요?

나라마다 차이가 나는 화폐와 화폐의 가치를 의미하는 환율이 시시각각 달라지기 때문에 외환 거래를 통해 이익을 남기는 일에 관심이 커지고 있다. 또 지난 몇 년 사이에는 무역, 해외여행 등이 눈에 띄게 증가하여 외환 딜러의 일자리 수요가 늘어날 것으로 예상된다. 외환 딜러의 보수와 사회적 대우가 좋은 편이지만 경쟁이 매우 치열하고, 정신적 스트레스는 비교적 크다.

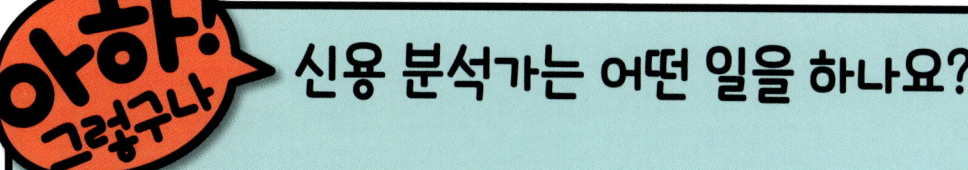

신용 분석가는 어떤 일을 하나요?

신용 분석가는 대출 업무를 하는 금융 기관에서 개인이나 기업의 재산 및 신용 관련 자료를 분석하여 종합적인 신용 상황을 판단하고 등급을 매기는 금융 전문가이다. 이러한 분석 자료는 신용 기간의 연장이나 대출의 위험도를 판단하는 데 활용된다.

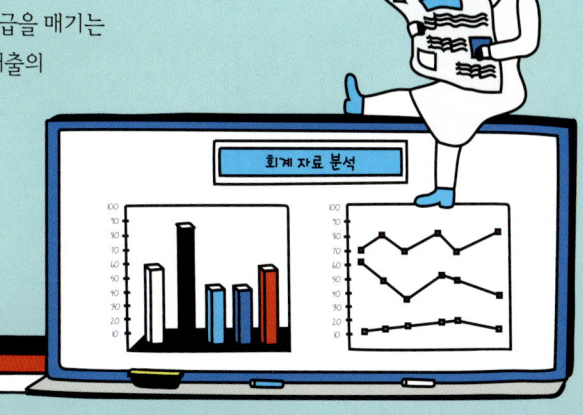

경제/금융

펀드 매니저

투자를 통해 수익을 내는 김용태

Q 펀드 매니저가 된 특별한 이유가 있나요?

대학 졸업 후 증권 회사에 입사했습니다. 증권 회사의 업무는 개인 고객 파트, 기업 파트, 국제 파트, 분석 파트, 투자 운용 파트 등으로 나뉩니다. 저는 당시에 금융 관련 직업 중 최고봉이 투자 운용 파트의 펀드 매니저라고 생각했습니다. 저에게 조용히 무언가를 분석하고, 투자하는 동물적 감각이 있다는 확신이 있었지요. 막상 일을 해 보니 투자하는 일이 제게 꼭 맞는 운명처럼 재미있고, 즐거웠습니다. 열정과 헌신, 보람을 느끼며 저의 일을 사랑하게 되었지요.

Q 펀드 매니저가 하는 일을 소개해 주세요.

펀드는 간단히 말해 개인, 기업 그리고 은행이나 보험 회사 같은 기관 투자가들이 스스로 투자하기에 어려움이 있다고 판단할 때 투자 전문가에게 돈을 맡기고 투자한 결과에 따라 그 수익을 돌려받는 과정이라고 말할 수 있습니다. 펀드 매니저는 자기가 투자하고자 하는 기업이나 채권 등에 대한 전문적인 지식과 투자 경험을 가지고 있어야 하며, 돈의 흐름과 변화를 읽어 내는 본능적인 감각이 필요합니다. 글로벌 경제와 국내 경제, 투자하고자 하는 대상을 철저히 분석하고, 그 분석 결과를 토대로 언제, 어떻게, 얼마의 금액을 투자할 것인지 판단해야 합니다. 투자한 뒤에도 다양한 위험 요소를 체크하고, 관리하는 일을 하지요.

Q 펀드 매니저로서 최종 목표는 무엇인가요?

평균 연령이 늘어나면서 우리나라의 노인 인구가 급속히 증가하고 있습니다. 많은 사람이 노후의 삶을 위한 자금 마련에 대해 고민합니다. 노후 자금은 젊은 시절부터 번 돈을 잘 운용해서 마련해야 합니다. 저는 건전하고 훌륭한 노후 자금 전문 금융 회사를 세워 우리나라 국민이 노후에 대한 걱정을 덜게 만들고 싶습니다.

음악 춤 | 미술 디자인 | 스포츠 | 방송 언론 출판 | 서비스 | 의료 | IT | 교육 | 법 행정 | 공학 자연 과학

Q 펀드 매니저가 되기 위해서는 어떤 준비가 필요한가요?

논리적 사고와 사회의 변화를 빨리 읽어 낼 수 있는 감각이 무엇보다 중요합니다. 따라서 펀드 매니저가 되고 싶다면 독서를 많이 하여 다양한 간접 경험과 통찰력을 기르는 것이 중요합니다. 분야에 따라서 뛰어난 수학적 능력이 필요한 곳도 있습니다. 또 위험 요인과 성공 가능성을 분석하여 과감하게 투자할 수 있는 용기도 필요합니다.

펀드 매니저가 되고 싶다면 세상의 변화와 다양한 부류의 사람에 관심을 갖고, 어떻게 변화할 것인지 전망해 보는 훈련을 지속적으로 해 보는 것이 좋습니다. 새로운 기술 변화, 과학, 미래에 발전 가능성이 있는 산업 등에 관심을 갖고 깊이 파헤칠 수 있는 호기심과 끈기도 중요합니다.

Q 어떤 어린이들에게 추천하고 싶으신가요?

펀드 매니저를 금융 자산 운용가라고 합니다. 개인과 기업이 가지고 있는 자산의 가치를 운용하여 더 큰 부를 만들어 내는 일이지요. 의뢰인의 이익과 관계된 직업이기 때문에 이 일은 복잡하고 에너지가 많이 필요합니다. 화려한 만큼 낙오했을 경우 상처도 크지요.

돈을 많이 벌기 위해서 이 직업을 선택하려고 한다면 그것은 바보 같은 일입니다. 하지만 투자 과정을 즐기고, 안정적이고 지속적인 투자 수익을 만들어 사람들에게 기쁨을 주는 것에 가치를 두고 있다면 펀드 매니저라는 직업은 충분히 도전할 만합니다.

요즈음을 기계와 컴퓨터, 과학이 발달한 시대라고는 하지만 투자 업무는 인간의 머리와 직관이 절대적으로 필요한 일입니다. 늘 세상의 변화에 호기심을 갖고, 독서, 많은 사람과의 대화, 여행 같은 경험을 통해 자신을 단련하는 과정을 끈기 있게 할 수 있는 사람이라면 강력히 추천합니다.

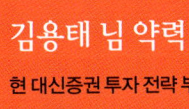

김용태 님 약력

현 대신증권 투자 전략 부장
삼성생명, 한국투자증권, 대신자산운용 펀드 매니저
경희대학교 정치 외교학과,
영국 맨체스터대학교(University of Manchester) MBA 과정 수료

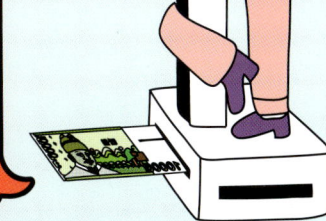

펀드 매니저에 대해 알아볼까요?

 ### 펀드 매니저는 어떤 직업인가요?

금융 자산 운용가라고도 한다. 투자 신탁 회사, 은행, 증권회사 등 금융 기관이나 개인이 투자를 통하여 수익을 올릴 수 있도록 자금 운용을 맡는 전문가이다. 의뢰인의 요청에 따라 자금을 주식, 채권 등에 투자하여 이익을 낸다. 펀드 매니저의 능력이 의뢰인의 수익률에 큰 영향을 미치므로, 정확한 분석을 통하여 꼼꼼한 투자 계획을 수립하고, 투자 시기와 종목, 자금을 분산하여 손해를 볼 위험에 대비한다. 자금 모집, 투자 설명회에도 참여한다.

 ### 펀드 매니저가 되는 방법을 알려 주세요.

4년제 대학에서 경제학, 경영학, 통계학, 수학, 회계학 등 경제 관련 학과를 전공하면 업무에 도움이 된다. 요즈음에는 미래에 발전 가능성이 높은 산업을 분석하기 위해 공과 대학 출신의 진출도 높다. 필요한 국가 공인 자격증은 없으며, 금융 투자 협회에서 주관하는 투자 자산 운용사, 금융 투자 분석사, 재무 위험 관리사, 증권·펀드 투자 권유 자문 인력 등의 자격증을 취득하면 도움이 된다.

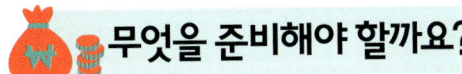 무엇을 준비해야 할까요?

 **필수**

환율, 물가, 산업 등 경제 흐름의 분석 능력이 필요해요. 금융 관련 법률, 투자 기법 등에 대한 전문 지식을 꼭 알아야 해요.

 **중요**

의뢰인이나 기업의 재산을 대신 운용하는 일이므로 책임감과 윤리 의식을 갖추어야 해요. 해외 투자에 대비한 영어 실력도 필요하지요.

도움

신문을 많이 읽고, 경제 관련 뉴스를 스크랩해 보세요. 투자 경험을 쌓기 위해 모의 투자 게임에 참여해 보는 것도 도움이 되어요.

 앞으로의 전망은 어떤가요?

돈을 버는 일만큼이나 자산 관리를 중요하게 생각하는 사람이 많아지면서 펀드 매니저의 사회적 역할이 커질 것으로 예상된다. 보수가 높고, 능력에 따라 승진이 빠르며, 전문적인 지식과 능력을 요구하는 직업이라 직장의 이동에 유리하다. 반면 한정된 일자리에 비해 지원자가 몰리기 때문에 그만큼 경쟁이 치열해질 것으로 전망된다. 성과에 따른 정신적인 스트레스가 높고, 근무 시간이 긴 편이다.

 ## 증권 중개인은 어떤 일을 하나요?

기업이나 공공 기관에서 발행한 재산상의 가치를 매긴 문서를 증권이라고 한다. 증권 중개인은 증권 거래 주문을 받아 판매자와 구매자를 연결해 주는 전문가이다. 증권 회사에 근무하면서 전문 지식과 경험을 바탕으로 고객들에게 조언을 하거나 직접 주식이나 채권을 사고팔아 의뢰인의 자산을 늘려 주기도 한다. 이 밖에 각종 증권 관련 상담 활동, 주식형 펀드 가입 안내, 금융 상품 판매 업무 등을 한다.

경제/금융

투자 분석가

금융 시장의 나침반, 이경민

Q 직업 이름을 들으면 무척 어려운 일 같습니다. 투자 분석가는 어떤 일을 하는 직업인가요?

투자 분석가라는 직업 안에도 다양한 영역이 있습니다. 주식 시장을 분석하는 분야, 경제 및 채권을 분석하는 분야, 기업을 분석하는 분야의 전문가가 있지요. 저는 주식 시장을 분석하는 일을 합니다. 금융 시장의 흐름과 상황을 확인하고, 방향을 판단합니다. 금융 시장의 나침반 역할을 하는 것이죠. 좀 더 세부적으로 들어가면 종목별 비전을 내다보고 투자 전략을 제시하기도 합니다. 뉴스, 경제 지표, 시장의 움직임 등을 분석하고 판단하여 자료를 만들고, 이 자료를 바탕으로 투자자에게 설명하고, 방송에 출연하기도 합니다. 한마디로 멀티 플레이어입니다.

Q 어떤 계기로 투자 분석가가 되셨나요?

고등학교 때는 수학과 자연 과학 분야를 집중적으로 공부하는 이과, 대학은 환경 생태 공학부로 진학하였습니다. 흔한 투자 분석가들의 전공과목인 경제, 경영과는 거리가 멀지요. 군대에서 물자나 자금 관리를 하는 회계·경리병이었는데 제대 이후 취업 준비를 위해 서점에 갔다가 유명한 투자 분석가를 취재한 책을 보았습니다. '참 멋진 직업이구나!'라고 생각했지요. 이후 증권 회사에 입사하여 투자 분석가로 일해야겠다고 마음을 먹었습니다.

이경민 님 약력

현 대신증권 리서치 센터 투자 분석가
한국경제신문 선정 2014년 상반기 베스트 투자 분석가 7위
2013 한국은행 총재 대외 포상 주식 시장 부문 수상
고려대학교 환경 생태 공학부 졸업

Q 가장 보람을 느끼는 순간과 힘든 순간을 말씀해 주세요.

제가 분석하고 전망한 대로 시장이 움직일 때, 그 자료를 보고 투자한 분들이 고맙다고 연락을 주셨을 때 보람을 느낍니다. 힘들지만 다시 한 번 심기일전*하는 계기가 되죠. 세계 금융 시장 전체를 두고 보면 작은 역할이라고 할 수 있지만 누군가에게 도움이 되었다는 점에 보람을 느낍니다.

최근에는 투자 분석가의 영역이 세계 전체로 확장되고 있습니다. 영역이 커지니 미리 예측하지 못한 요인들이 발생하거나 세계 금융 시장이 생각하지 못한 방향으로 전개될 때 고민이 많아집니다. 영향력이 얼마나 오래갈지를 빠른 시간 안에 판단해야 하지요. 하루에도 수없이 쏟아져 나오는 뉴스, 경제 지표들을 보고 투자 분석을 해야 할 때 힘들기도 하지만 자부심도 느낍니다. 빠르게 변하는 금융 시장의 역동성과 함께 제가 살아 있다는 느낌이 들거든요.

*심기일전(心機一轉) 어떤 동기가 있어 이제까지 가졌던 마음가짐을 버리고 완전히 달라짐.

Q 투자 분석가가 되려면 어떤 준비와 자질이 필요한가요?

많은 분이 자격증을 준비하고 경영, 경제 공부를 해야 한다고 생각할 거예요. 물론 이런 것들을 준비하면 금융 회사에 입사할 때 유리하고, 빨리 업무에 적응할 수 있지만 저는 그보다 책을 많이 읽을 것을 권장합니다. 유명한 투자자들의 생각이 담긴 책은 물론 사회학, 인문학 분야의 책까지 두루 섭렵하는 게 좋습니다. 선배들의 값진 경험을 간접적으로 체험할 수 있고, 문장력을 길러 자신의 생각을 설득력 있게 표현하는 훈련도 할 수 있기 때문입니다. 신입 사원 때 매주 한 권 이상의 책을 읽었던 제 경험을 되돌아보면, 편안한 마음으로 시작하는 자세가 중요한 것 같습니다. 읽다가 감명 깊은 책을 반복해서 보고, 다양한 책을 읽다 보면 자신만의 투자 철학과 판단이 생기게 될 것입니다.

Q 투자 분석가에 관심을 갖고 있는 어린이들에게 조언해 주세요.

흔히 금융 시장의 흐름을 맞춘다는 것은 신의 영역이라고 합니다. 그만큼 많은 연구와 준비를 하여 어려운 신의 영역에 근접하려고 노력해야 합니다. 그러므로 투자 분석가가 된 이후에도 끊임없이 자기 개발을 해야 하죠. 투자 분석가는 다양한 얼굴이 필요합니다. 경제 연구원, 작가, 방송인 등 상황에 맞게 적합한 역할을 해내야 하지요. 활동적이고 상황에 따라 고도의 집중력을 발휘할 수 있는 어린이라면 이 직업에 관심을 가져 보기를 바랍니다.

투자 분석가에 대해 알아볼까요?

 투자 분석가는 어떤 직업인가요?

개인이나 기관 투자가들에게 적절한 투자 기회를 제공하기 위해 채권, 증권 등에 관한 정보를 제공한다. 기업의 현재 가치, 사회 요인에 따른 미래의 가치 등을 판단하여 기업의 적정 증권 가격을 정하고, 정한 가격을 현재 시점에 거래되는 금액과 비교하여 증권을 사고팔 것에 대한 의견을 제시한다. 분석 보고서가 기업의 증권 가격 또는 주식 시장 전체에 영향을 미치는 경우도 있기 때문에 사회적 영향력이 매우 크다.

 투자 분석가가 되는 방법을 알려 주세요.

대학에서 경영학, 경제학, 회계학, 세무학, 통계학 등을 전공하여 증권 회사에 입사하는 방법과 특정 분야의 회사, 연구소에서 일하면서 증권 시장 분석과 거래에 관한 공부를 한 뒤 해당 산업 분야의 투자 분석가로 특별 채용되는 방법이 있다. IT, 자연 과학 산업 출신 투자 분석가들이 대표적이다. 금융 투자 분석사, 증권·펀드 투자 권유 자문 인력 자격증을 취득하면 유리하다.

투자 분석가가 되려면?

흥미 유형
관습형

능력과 성격
협상력
분석력
대인 관계 능력
외국어 능력
설득력
발표력

관련 자격
증권 분석사
금융 투자 분석사
증권·펀드
투자 권유 자문 인력

관련 문의 기관
금융 감독원
금융 투자 협회
한국 예탁 결제원
한국 거래소

관련 직업
증권 중개인
선물 거래 중개인

관련 학과
경영학과
경제학과
통계학과
수학과
회계학과

무엇을 준비해야 할까요?

 **필수**

수학적인 능력과 넓은 안목으로 경제의 흐름을 읽을 수 있어야 해요. 신문, 경제 분야의 책과 잡지, 외국 경제 관련 소식을 꾸준히 보세요.

 **중요**

분석 자료를 논리 정연하게 정리할 수 있는 글쓰기 실력이 필요해요. 외국 경제 자료를 분석하기 위한 외국어 실력도 중요하지요.

 **도움**

과감하게 의사 결정을 할 수 있도록 결단력을 기르세요. 상대방을 논리적으로 설득하는 기술도 훈련해야 해요.

앞으로의 전망은 어떤가요?

증권 투자에 나서는 개인과 기업이 늘어남에 따라 앞으로 투자 분석가에 대한 수요가 증가할 것으로 예상된다. 또 업무의 권한과 보수가 높고, 불확실한 미래를 예측하는 업무 성격 때문에 사회적 영향력이 매우 크며 발전 가능성이 높다. 하지만 실력이 뛰어난 인재들의 지원이 늘어 경쟁이 치열하고, 업무량이 많으며, 정신적인 스트레스 수준이 높다는 점을 고려해야 한다.

아하! 그렇구나 선물 거래 중개인은 어떤 일을 하나요?

선물 거래는 현물 거래와 달리 생산이 완료되기 전에 또는 가격이 확정되기 전에 미리 정한 값으로 물건을 사고팔 것을 약속하는 거래이다. 현재 전 세계 약 70여 곳의 거래소에서 곡물, 원유, 금속, 금리, 주가 등을 선물 거래로 사고팔고 있다.
선물 거래 중개인은 선물 시장을 관찰하면서 적당한 거래 시기를 정하여 최대 수익을 내는 전문가이다. 직접 선물 거래를 중개하거나 선물 거래 회사에서 투자자들을 위한 분석 자료를 만든다.

경제/금융

회계사

기업의 회계와 투자를 책임지는 정유철

Q 어떤 일을 하는 직업인지 소개해 주세요.

가장 대표적인 업무는 회사의 회계 감사입니다. 회계 감사는 쉽게 말하면 회사의 돈이 나가고 들어온 기록을 살피는 것인데, 회사의 이익, 재산 규모 등이 올바르게 작성되었는지 검토하는 일이라고 생각하면 됩니다. 뉴스에서 '분식 회계'라는 말을 들어 봤을 겁니다. 회사가 일부러 회계 기록을 거짓으로 작성하는 것인데, 이러한 일을 막기 위해 회계사가 검토를 하지요. 또 기업 인수 합병(M&A)도 수행합니다. 회사의 발전을 위하여 전략적으로 일부분을 사고팔거나 회사와 회사가 결합하는 것을 인수 합병이라고 합니다. 기업이 인수 합병을 할 때 저희 같은 회계사는 기업의 가치를 평가하여 조언을 하지요. 이 외에도 세무, 기타 자본 관련 업무를 하고 있습니다.

Q 회계사가 되기 위해서는 어떤 준비가 필요할까요?

공인 회계사 자격증이 필요합니다. 2007년부터 공인 회계사 시험을 보려면 대학에서 경영 관련 과목을 반드시 이수해야 하고, TOEIC 등 공인 영어 점수가 필요합니다. 금융 감독원에서 시행하는 공인 회계사 시험은 난이도가 높은 편이므로 학교의 고시반, 학원, 함께 공부하는 스터디 그룹 등 자신에게 맞는 공부법을 찾아 꾸준히 준비해야 합니다. 회계사가 되기 위한 가장 중요한 자질을 꼽으라면 성실함과 꼼꼼함입니다. 숫자를 다루는 직업이라 수학을 잘해야 할 것이라고 걱정하는 사람도 있지만 먼저 말한 요건을 갖추었다면 수학은 그다음에 생각해도 늦지 않습니다.

정유철 님 약력

현 삼일회계법인 소속 회계사

네이버 LINE, 인터파크 등 가치 평가 업무, 캐나다 OIL & GAS 펀드 투자 자문 업무 참여

고려대학교 경영학과 졸업

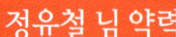

Q 일하시면서 가장 기쁠 때와 힘들 때는 언제인가요?

회계사의 업무는 자본이 오가는 한가운데에서 이루어집니다. 따라서 저의 의견을 받아들여 내린 의사 결정으로 거래 회사의 투자나 기업 인수 합병이 성공적으로 이루어질 경우 가장 큰 보람을 느낍니다. 뉴스에서 접할 수 있는 회사 간 거래나 회계 관련 사항에는 대개 회계사가 관여하는데, 그만큼 사람들의 주목을 받기 때문에 일을 할 때 긴장해야 합니다. 덕분에 자신을 돌아볼 기회가 많아 좋습니다.

반면에 개인에게 주어지는 책임감이 막중한 것은 힘든 점입니다. 회계사의 의사 결정에 따라 거래 회사에 막대한 이익을 가져올 수도 있지만 큰 피해를 줄 수도 있으므로 신중하게 판단해야 하지요. 이러한 책임감은 회계사 업무를 수행할 때 매우 부담스럽기도 합니다.

Q 회계사의 전망을 어떻게 보시나요?

예전에는 회계사 자격만 있으면 취직이 쉽고 사회적 대우와 급여 수준이 높았습니다. 하지만 요즘은 매년 800~1,000명에 가까운 회계사가 배출되어 상황이 달라졌습니다. 공인 회계사 자격을 취득하고도 자신이 미래를 어떻게 설계하느냐에 따라 회계사로서의 삶이 크게 달라질 수 있습니다. 그러므로 회계사로 일하면서 자신만이 가지고 있는 전문 분야를 만들어 둔다면 그 어떤 직업보다 자신의 미래를 풍요롭게 만들 수 있다고 확신합니다.

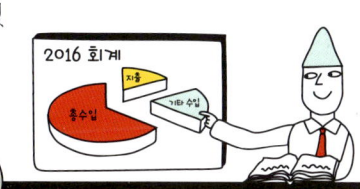

Q 회계사에 관심이 많은 어린이들에게 한 말씀 해 주세요.

어린이 여러분에게 회계사라는 직업은 조금 생소할 수 있다고 생각합니다. 저도 고등학생 때까지 회계사가 무슨 일을 하는지 정확하게 몰랐으니까요. 여러분은 아직 나이가 어리므로 회계사가 되기 위한 직접적인 준비를 하기보다는 경제 잡지, 신문 등을 꾸준히 볼 것을 추천하고 싶습니다. 이러한 훈련은 우리나라 경제 및 회사의 전반적인 특징, 회계사의 업무 등을 자연스럽게 파악하는 데 도움이 됩니다.

여러분의 꿈과 미래는 어른들이 결정해 주는 것이 아닙니다. 나에 대해 가족과 선생님 등 주변 분들의 충고와 조언에 귀 기울이되, 자신이 옳다고 생각하는 일을 추진해 나가길 바랍니다. 그러다 보면 여러분이 생각하는 꿈이 이루어질 수 있을 것입니다.

회계사에 대해 알아볼까요?

 ## 회계사는 어떤 직업인가요?

회사에서 사용한 돈과 관계된 내용을 기록한 문서를 회계 장부라고 한다. 회계사는 회계 장부의 내용이 적절한지 확인하고, 기업의 재무에 관한 조언, 세금 업무에 대한 조언 등을 하거나 투자자들이 기업에 대해 판단할 수 있는 기업 활동 보고서를 작성한다. 기업의 경영과 발전 방향에 대한 자문도 한다. 새로운 사업 계획서 검토, 경영 전략 수립에 대한 조언, 다른 기업의 인수 및 합병에 대하여 의견을 내고, 기업이 더 성장할 수 있도록 돕는다.

 ## 회계사가 되는 방법을 알려 주세요.

공인 회계사 시험(CPA)에 합격하면 국내에서, 미국 공인 회계사 자격증(AICPA)을 취득하면 세계적으로 활동할 수 있다. 2007년부터는 대학에서 회계학, 경영학, 경제학, 세무 관련 과목을 24학점 이상 이수한 사람만 시험에 응시할 수 있으므로 대학 진학 시 고려해야 한다. 회계사로 등록이 되면 정부 기관, 금융 기관, 회계 회사, 일반 회사 등에서 일하거나 개인 회사를 열어 일할 수 있다.

무엇을 준비해야 할까요?

 **필수**

회계 장부를 꼼꼼하게 검토하여, 잘못된 부분을 찾을 수 있는 수리 능력과 분석력, 정확한 판단력이 필요해요.

 **중요**

공정한 업무 처리 능력과 대인 관계 능력, 분석한 내용과 의견을 논리 정연하게 정리하고 설명하는 능력도 중요하지요.

 **도움**

경제 뉴스를 읽고, 관련 기관 견학, 체험 프로그램에도 참여해 보세요. 직업을 소개하는 텔레비전 프로그램 시청도 도움이 되어요.

앞으로의 전망은 어떤가요?

우리나라는 IMF 경제 위기 이후 기업의 투명한 회계 및 경영을 위하여 많은 회계사를 선발하였다. 회계사의 취업 경쟁은 매우 심한 수준이고 앞으로도 회계사의 취업 가능성은 현재의 수준을 유지할 것으로 예상된다. 하지만 기업이 대형화, 국제화됨에 따라 회계사의 사회적 역할이 중요해졌고, 능력을 인정받았을 경우 승진이 빠르다. 직장의 이동이 자유로워 취업 후 발전 가능성이 큰 편이다.

 ## 감정 평가사는 어떤 일을 하나요?

감정 평가사는 토지, 건물 등의 가치를 파악하여 가격을 매기는 사람이다. 일반인에게 공개하는 토지의 감정 평가, 세금의 기준을 정하기 위한 감정 평가, 국민을 위해 국가에서 벌이는 사업에 필요한 보상 평가 등을 맡는다. 감정 평가사가 되려면 한국 산업 인력 공단에서 시행하는 감정 평가사 자격증이 필요하다. 자격증을 취득하면 한국 감정원, 감정 평가 회사, 보험 회사 등에서 일할 수 있다.

경제/금융

재무 설계사

자산 설계를 지원하는 임현택

Q 재무 설계사는 어떤 일을 하나요?

재무 설계사는 현재와 미래의 행복을 균형 있게 설계해 주는 사람입니다. 대부분의 사람들은 미래의 행복보다는 현재의 행복만을 추구하는 경향이 있습니다. 그렇다고 너무 미래의 행복만을 준비하며 살다가는 현재 누릴 수 있는 행복을 놓치기 쉽습니다. 재무 설계사는 현재 고객의 경제 사정과 직업, 생활 패턴을 분석하여 현재와 미래의 균형을 잡아 줍니다. 또 적금, 펀드, 보험 등 복잡하고 어려운 금융 상품을 적절히 활용하는 방법을 조언해 주는 일을 합니다.

Q 재무 설계사가 되기 전 특별한 만남이 있었다고요?

어릴 적 부모님이 시장에서 생선 장사를 하셨는데 열심히 일하시는 부모님을 보고, 이다음에 커서 부자가 되고 싶다는 생각을 많이 했습니다. 재무 설계사가 되기 전에는 다른 직장에 다니고, 장사도 하면서 시행착오도 겪었습니다. 그러던 중 우연히 미국 재무 설계 분야에서 이름을 알리고 《펀드 투자는 과학이다》를 집필하신 김병기 재무 설계사님을 만났는데, 이 일을 계기로 제가 생각했던 부자의 개념이 잘못되었다는 것을 깨달았습니다. 그리고 그분의 권유로 재무 설계사의 길을 걷게 되었습니다.

임현택 님 약력

현 한국재무설계센터 수석 팀장 재무 설계사
임현택 가정 경제 연구소 운영
우리투자증권 투자 권유 대행인
전주대학교 토목 공학과 졸업

- 음악 춤
- 미술 디자인
- 스포츠
- 방송 언론 출판
- 서비스
- 의료
- IT
- 교육
- 법 행정
- 공학 자연 과학

Q 재무 설계사가 갖추어야 할 자질에는 어떤 것이 있을까요?

재무 설계사에게 가장 중요한 자질 세 가지 중 첫째는 '도덕성'입니다. 고객의 자산을 관리하는 만큼 도덕성이 밑바탕이 되어야 하죠.
둘째는 '표현력'입니다. 본인의 생각과 판단을 고객에게 가장 적절하게 설명하고 설득할 수 있어야 합니다.
셋째는 '실천력'입니다. 고객에게 전달하는 내용에 신뢰를 얻으려면 재무 설계사가 앞서서 실천할 수 있어야 합니다.

Q 가장 보람을 느낄 때는 언제인가요?

재무 설계사에게 가장 큰 보람은 저의 조언으로 고객이 재무적 어려움을 해결할 때입니다. 우리나라는 아직도 돈과 자산 관리에 대한 학교 교육이 많이 부족한 상황입니다. 직장 생활을 열심히 해서 번 돈을 경솔하게 투자하였다가 고스란히 잃는 경우도 많고, 열심히 일한 만큼 돈이 모이지 않는다고 호소하는 사람도 많습니다. 재무 설계사가 제시한 재무 관리 방향이 방법을 몰라 고민하는 고객에게는 한 줄기 빛이 되어 줄 수도 있습니다.

Q 인생의 멘토는 누구인가요?

저의 정신적 멘토는 무소유에 대한 깨달음과 행복을 책으로 쓰신 법정 스님입니다. 자산을 관리하는 일과는 거리가 있지요? 많은 사람이 현재의 행복을 포기한 채 더 많은 재산을 바라고 미래를 불안해하며 살아가는 것 같아요. 하지만 법정 스님의 가르침은 저에게 무소유가 아무것도 소유하지 않는 것이 아니라 필요한 만큼만 소유하는 것이며, 물건을 소유할 때에는 그에 따른 대가가 있음을 깨닫게 해 주셨지요.

Q 재무 설계사를 꿈꾸는 어린이들에게 조언해 주세요.

재무 설계사는 금융인이기도 하고, 영업인이기도 하며, 심리 상담사이기도 합니다. 세 가지 모두 사람을 상대하는 일이므로, 재무 설계사를 꿈꾸고 있다면 사람에 대하여 관심을 가지면 좋겠습니다. 재무 상담을 하다 보면 의외로 많은 젊은 직장인들이 취업을 하고도 힘들어해요. 일이 본인의 적성에 안 맞기도 하고, 기대보다 수입이 적기 때문이기도 합니다. 여러분은 취업에 초점을 맞추기보다는 먼저 본인이 하고 싶은 일이 무엇인지, 본인이 원하는 조건이 어떤 것인지 깊이 생각하여 후회 없는 선택을 하기를 바랍니다.

재무 설계사에 대해 알아볼까요?

 재무 설계사는 어떤 직업인가요?

고객의 직업과 생활 패턴 등을 고려하여 합리적으로 소득과 지출을 관리하고, 결혼 계획, 자녀 교육, 은퇴 후 등 살면서 지출이 발생하는 시기에 따른 재무 관리 방법을 조언한다. 저축 및 투자 계획, 노후 자금 관리, 세금 관리 방법 등을 알려 주고, 무엇보다 고객이 이루고 싶어 하는 목표 달성을 위하여 최적의 재무 계획을 세운다. 재무 관리와 관계있는 금융 상품에 대한 설명, 증권 투자 전략에 대해 상담을 하거나 가입을 권유하기도 하고, 가입 후에는 정기적으로 운용 보고를 한다.

 재무 설계사가 되는 방법을 알려 주세요.

금융 및 보험, 경제, 경영, 세무, 회계 관련 학과를 전공하거나 한국 공인 재무 설계사(AFPK), 국제 공인 재무 설계사(CFP), 종합 자산 관리사(IFP) 자격증이 필요하다. 국제 공인 재무 설계사는 반드시 한국 공인 재무 설계사 자격증 취득 후에 응시할 수 있다. 재무 설계사가 되면 금융 회사, 보험 회사, 재무 설계 전문 회사에서 일하거나 개인 회사를 운영할 수 있다.

재무 설계사가 되려면?

흥미 유형
사회형

능력과 성격
언어 능력
대인 관계 능력
수리 논리력
분석력
설득력

관련 자격
한국 공인 재무 설계사(AFPK)
국제 공인 재무 설계사(CFP)
종합 자산 관리사(IFP)
보험 계리사

관련 문의 기관
한국 FP 협회
금융 감독원
보험 개발원

관련 직업
펀드 매니저
보험 설계사
보험 계리사

관련 학과
금융 보험학과
경영학과
경제학과
세무학과
회계학과
통계학과

무엇을 준비해야 할까요?

필수
금융 서비스에 대한 전문 지식을 갖추어야 해요. 금융 상품의 종류와 특징을 알아야 하고, 고객을 설득할 수 있는 능력이 필요해요.

중요
적극적인 자세, 친절함과 서비스 정신을 갖추어야 해요. 경제 프로그램, 뉴스, 신문 등을 보아 경제의 흐름을 익히는 것도 중요해요.

도움
상대방의 말을 잘 듣고, 공감하는 훈련을 해 보세요. 관련 체험 활동에 참여하여 자산 관리의 중요성을 깨닫는 것도 좋아요.

앞으로의 전망은 어떤가요?

직장 생활 기간은 일정하거나 줄어드는 반면 사람들의 평균 수명이 늘어나 재무 설계에 대한 중요성을 깨닫는 사람이 많아졌다. 따라서 재무 설계사의 일자리는 꾸준히 늘어날 것으로 예상된다. 다양한 성향의 사람을 상대해야 하고 개인의 성과에 따른 스트레스가 많은 직업이지만, 다른 사람의 자산을 관리하고 부를 쌓는 데 도움을 주는 일이라 대우가 좋고 보수가 높다.

아하! 그렇구나 - 보험 업무와 관련된 직업을 알고 싶어요.

보험 계리사
보험 상품을 기획하고, 적합한 보험료를 정하며, 보험 상품의 운용을 관리하는 전문가

보험 설계사
의뢰인의 직장, 생활 패턴 등을 고려하여 적절한 보험 상품을 제안하는 보험 전문가

손해 사정인
보험 가입자가 사고를 당하거나 질병에 걸려 보험료를 청구했을 때 보상 금액을 매기는 전문가

경제/금융

세무사

정확한 세금 신고를 돕는 이규상

Q 세무사는 어떤 일을 하는 직업인가요?

세무사는 세금을 관리하고 납부하는 '세무 대리인'이라고 이해하시면 됩니다. 대한민국 국민은 반드시 국가에 세금을 납부해야 할 의무가 있습니다. 하지만 세금 신고 업무는 일반인들에게 낯설고 어렵지요. 이러한 경우 세무사는 의뢰인에게 세금 납부에 대한 상담을 하거나, 의뢰인을 대신하여 세금 신고에 필요한 각종 서류를 작성하여 세무서에 신고하는 일을 합니다. 또 납부할 세금이 부적절하게 매겨진 것이 있는지, 법을 어기지 않는 범위 안에서 의뢰인에게 유리하게 세금을 납부할 수 있는지 검토해 주는 일을 합니다.

Q 세무사를 선택하신 이유는 무엇인가요?

저는 어렸을 때 만화 영화에 나오는 큰 로봇을 볼 때마다 '저렇게 멋진 로봇을 직접 만들어 타고 다녀야지.' 하는 꿈을 꾸었습니다. 중학생이 되어서는 과학의 물리 과목이 재미있어서 물리학자가 되고 싶었죠. 막상 대학 진학을 앞두었을 때에는 돈의 흐름에 대해 공부하고 싶어졌습니다. 그래서 경영학과에 지원하였습니다. 경영학 공부를 하면서 세무사라는 직업을 알게 되었지요. 세무사 사무실을 운영하면서 제 의지에 따라 사업을 해 나갈 수 있다는 점이 매력적이었습니다.

이규상 님 약력
현 대건세무회계사무소 대표 세무사
택스앤파트너스 고문 세무사
중소기업청 비지니스 지원단
한국 세무사회 세무 회계 자격 시험 출제 위원
중앙대학교 경영학부 졸업

Q 어려운 부분은 무엇인가요?

세금은 달라진 경제 환경을 반영하여 책정하므로 해마다 세법이 바뀝니다. 저희 같은 세무사는 세금 업무와 관련된 법이 바뀔 때마다 그 내용을 인지하고, 의뢰인에 맞는 정보를 전달해야 합니다. 따라서 많은 세무사들은 일을 하면서 그때그때 발생하는 뉴스를 확인하고, 법률 개정 등 관련 분야에 대해 공부해야 합니다.

Q 가장 보람을 느낄 때는 언제인가요?

처음 사업을 시작하는 자영업자 중에 세금 신고에 대해 잘 모르거나 어려워하시는 경우가 많습니다. 하지만 세금 납부는 반드시 해야 하는 일입니다. 이럴 때 세무사는 전문 지식을 바탕으로 세금 납부에 대한 상담을 하거나 합법적으로 세금을 줄일 수 있는 '절세' 상담을 합니다. 새롭게 사업을 시작하는 분들께 세무 지식을 제공함으로써 운영에 도움이 되었다는 말을 들을 때 보람을 느낍니다.

Q 세무사로서 일을 하는 데 어떤 성격이 도움이 될까요?

꼼꼼한 성격이에요. 돈과 관련된 업무를 하기 때문에 회사에서 준 자료와 확인해야 할 내용을 정확히 살펴보아야 하기 때문이지요. 만일 실수를 한다면 나중에 수습하기 어려워지거나 의뢰인에게 손실이 생길 수 있습니다. 정해진 기한까지 세금을 납부하지 못하거나 기한을 넘기면 가산세를 무는 경우도 있지요. 또 경제의 흐름과 회사의 경영 원리 등에 대한 관심이 많으면 도움이 됩니다.

Q 세무사 직업의 전망을 어떻게 보시나요?

먼저 세무사의 업무 중 '기장' 쪽은 비교적 발전 가능성이 낮습니다. 기장 업무는 가계부를 쓰는 것처럼 수입과 지출을 장부에 적는 업무인데, IT 기기가 발달함에 따라 앞으로는 사람이 하던 기장 업무를 컴퓨터가 대신하는 시대가 올 것입니다.

다만, 단순 기장 업무가 아닌 세금을 합법적으로 줄일 수 있는 '절세 상담'이나 사업에 필요한 세무 업무, 법무, 인력 관리, 재무 관리 등을 통합적으로 조언하는 분야는 앞으로도 전망이 밝습니다. 그러려면 회사나 가게 운영에 필요한 폭넓은 분야의 지식을 알아야 합니다.

저 역시 앞으로는 세무 업무만이 아닌 여러 분야의 전문가들과 함께 고객이 실질적으로 원하는 서비스를 제공하는 회사를 만들고 싶습니다. 그렇게 하기 위해서 여러 방면의 사람들을 만나 보고, 새로운 분야에 대해 공부하며 종합적인 비전을 제시할 수 있도록 노력하고 있습니다.

세무사에 대해 알아볼까요?

 **세무사는 어떤 직업인가요?**

국가에서 정한 조세에 대해 상담을 하고 의뢰인을 대신하여 세금 납부에 관한 업무를 한다. 먼저 세금 계산에 필요한 문서를 작성하여 신고하고, 경우에 따라 세금 신고자가 내야 하는 세금을 대신 납부한다. 또 국가 기관에서 매긴 세금에 오류가 있을 경우 납부한 세금을 되돌려 받는 업무를 처리한다. 일반인이라면 내야 할 금액보다 더 많은 세금을 납부했을 경우 되돌려 받기 어렵지만 세무사는 전문적인 지식을 토대로 환급 절차를 이행하여 되돌려 받을 수 있다.

 **세무사가 되는 방법을 알려 주세요.**

국세청에서 시행하는 세무사 시험에 합격한 뒤 한국 세무사회의 교육 프로그램을 이수하거나 공인 회계사 및 변호사 자격증이 있어야 한다. 세무사 자격 시험의 응시 자격은 없으나 대학에서 경영학, 경제학, 법학, 세무학 등을 전공하면 유리하다. 자격증을 취득하면 세무 전문 회사에 들어가거나 대기업, 공기업에 채용되기도 하고, 개인 회사를 설립할 수도 있다.

무엇을 준비해야 할까요?

필수

납부할 세금을 계산할 수 있는 분석력과 수학 능력이 필요해요. 의뢰인에게 신뢰감을 줄 수 있는 대인 관계 능력도 필수 요소예요.

중요

세금 납부는 국민의 의무이니만큼 공정하고 정확하게 처리해야 해요. 그래서 윤리 의식과 책임감, 성실함, 꼼꼼함이 중요해요.

도움

사회 변화와 경제 흐름을 파악할 수 있도록 신문을 꼼꼼히 읽고, 여러 뉴스를 자주 보며 생각하는 힘을 길러 두면 좋아요.

앞으로의 전망은 어떤가요?

세무사는 보수의 수준이 높고 전문직이기 때문에 직장의 이동이 비교적 자유롭다. 또 국가나 관련 단체에서 공정하고 합리적인 세금 납부를 위하여 일반인을 위한 세무 지원 서비스를 확대하고 있어 세무사의 일자리와 사회적 역할이 증가할 것으로 보인다. 하지만 근무 시간이 길고, 스트레스 수준이 높으며, 공인 회계사나 변호사 자격증을 가진 사람이 세무 업무를 겸할 수 있어 경쟁이 치열해질 것으로 예상된다.

아하! 그렇구나 - 관세사는 어떤 일을 하나요?

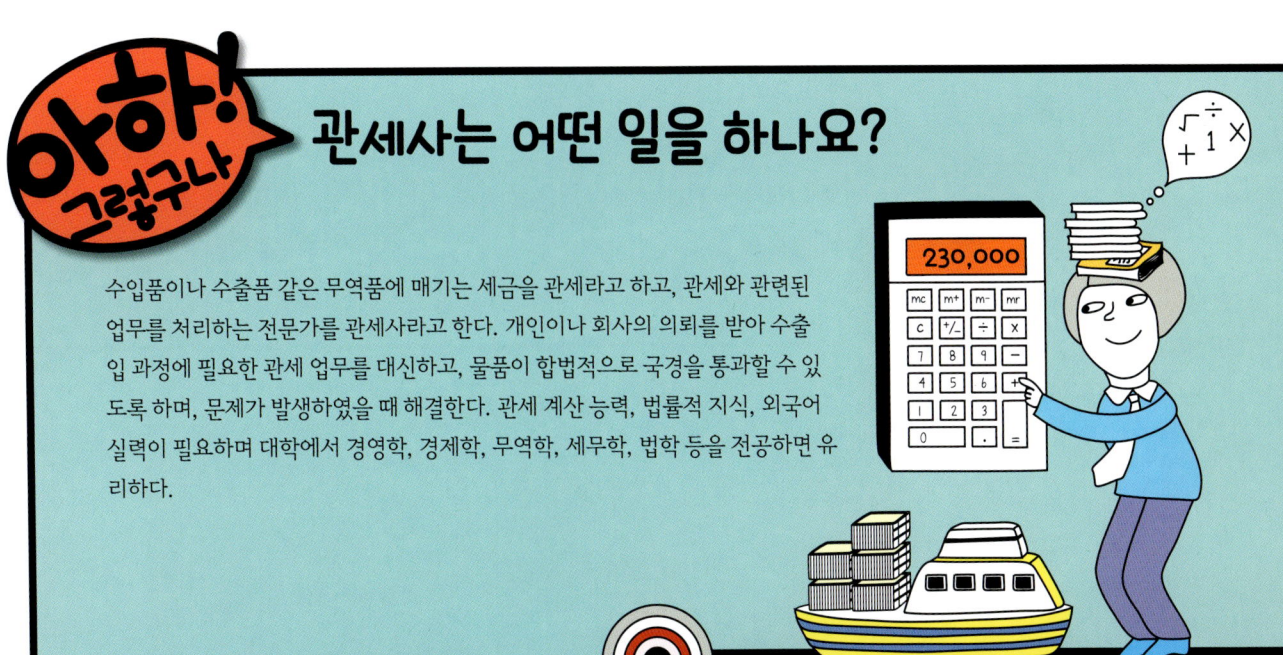

수입품이나 수출품 같은 무역품에 매기는 세금을 관세라고 하고, 관세와 관련된 업무를 처리하는 전문가를 관세사라고 한다. 개인이나 회사의 의뢰를 받아 수출입 과정에 필요한 관세 업무를 대신하고, 물품이 합법적으로 국경을 통과할 수 있도록 하며, 문제가 발생하였을 때 해결한다. 관세 계산 능력, 법률적 지식, 외국어 실력이 필요하며 대학에서 경영학, 경제학, 무역학, 세무학, 법학 등을 전공하면 유리하다.

경제/금융

헤드헌터

뛰어난 인재를 스카우트하는 **임혜진**

- 음악 춤
- 미술 디자인
- 스포츠
- 방송 언론 출판
- 서비스
- 의료
- IT
- 교육
- 법 행정
- 공학 자연과학

Q 헤드헌터님의 어린 시절 꿈은 무엇이었나요?

하고 싶은 일이 정말 많았습니다. 호텔리어, 교사, 쇼핑 호스트, 기상 캐스터 등 다양한 분야에 호기심과 흥미가 많았죠. 그리고 친구들을 참 좋아했습니다. 헤드헌터라는 직업은 대학 졸업 후 사회생활을 시작하고 나서 알게 되었는데, 되돌아보면 다양한 분야에 관심이 많았기 때문에, 여러 직업군에서 일하는 많은 사람을 만나 직업 및 경력 컨설팅을 해 주는 일을 하는 것이 아닌가 생각합니다.

Q 어떤 일을 하시나요?

헤드헌터(headhunter)는 원시 부족들이 전쟁에서 이긴 상대 부족의 머리를 잘라 오는 풍습에서 나온 말입니다. 정확한 표현은 서치 컨설턴트(Search Consultant)이지요. 서치 컨설턴트가 소속되어 일하는 회사를 서치 펌(Search Firm)이라고 하고요. 하지만 우리나라에서는 헤드헌터라는 표현을 더 흔하게 씁니다. 헤드헌터는 회사의 임원이나 전문 인력을 기업에 소개해 주는 일을 합니다. 제가 대학을 졸업한 후에 들어간 회사는 직장을 구하는 사람과 회사를 연결하는 취업 포털 서비스 회사였습니다. 그때 이름조차 낯선 헤드헌팅 본부를 처음 접하였지요. 회사에서 원하는 여러 분야의 우수 인재를 만날 수 있다는 사실이 흥미로웠는데 이후에 본부장님의 제안으로 해당 부서로 옮기게 되었습니다.

임혜진 님 약력
현 사람인 HR(인력 관리) 헤드헌팅 사업 본부
이미지 메이킹, 헤드헌팅, 취업 전략, 경력 상담 다수 진행
성신여자대학교 경영학과 졸업

Q 헤드헌터가 되기 위해서는 어떤 자질이 필요한가요?

먼저 산업과 직업에 대한 이해가 필요합니다. 수많은 업종과 빠르게 변화하는 경제 흐름에 대해 항상 공부하는 자세로 임하는 것이 중요해요. 본인이 관심 있는 분야라면 어떠한 산업이라도 괜찮습니다. 일을 하면서 많은 사람을 만나게 되므로 사람을 이해할 수 있는 마음가짐도 중요합니다. 대화를 이끌어 내고, 상대방을 설득하는 말솜씨와 논리력, 분석력 등의 역량이 필요하지요. 또한 배려와 주의를 기울여 상대방의 말을 듣는 자세도 필요하고요. 더불어 사람과 직업을 연결해 주는 중개자로서 윤리 의식과 책임감, 도덕 의식도 반드시 갖추어야 합니다.

Q 가장 보람을 느낄 때는 언제인가요?

진행하는 중개 업무가 무사히 잘 성사되면 항상 보람을 느껴요. 특히 대기업에 비해 좋은 인재를 알맞은 때에 영입하기 어려운 중소기업에 도움을 준 경우에 내심 더 큰 보람을 느낍니다. 구직자와 회사가 모두 결과에 만족스러워할 때가 중개자 역할을 한 헤드헌터가 가장 빛나는 순간이니까요.

Q 직업의 전망을 어떻게 보시나요?

현대 사회를 '평생 직업의 시대'라고 합니다. 평생 직장이라는 개념이 사라져 이를 대신하는 표현이지요. 기업에서는 전문성을 갖춘 고급 인재를 찾는 움직임이 빨라지고 있습니다. 경력과 노하우를 갖춘 직장인들도 업무 역량을 더욱더 개발할 수 있는 환경을 찾아 직장을 옮기고 있습니다. 그 가운데에서 능력 있는 인재와 좋은 일자리를 찾아 이어 주는 헤드헌터에 대한 수요와 중요성이 커질 것이라고 생각합니다.

Q 헤드헌터를 꿈꾸는 어린이들에게 조언해 주세요.

헤드헌터는 반드시 특정 전공을 이수하거나 자격증이 필요한 일은 아닙니다. 헤드헌터가 필요한 산업 분야는 너무나 다양하기 때문입니다. 그 대신 산업이나 직업을 바라보는 시야를 넓힐 수 있도록 경제·산업 관련 뉴스를 많이 접해 보세요. 비단 헤드헌터 준비뿐만 아니라 자신의 적성과 흥미에 맞는 직업이 어떤 것인지 찾는 일에도 도움이 될 것입니다. 헤드헌터는 매우 매력적인 직업이지만 일을 하는 동안에 꾸준히 공부하고 노력해야 하는 만큼 어려운 직업이라고도 할 수 있습니다. 다양한 분야에 대한 호기심, 사람의 특징을 분석하는 감각, 사람들을 상대할 수 있는 의사소통 능력을 갖추었다면 헤드헌터로서의 자질을 충분히 갖고 있다고 생각합니다. 도전해 보기를 바랍니다.

헤드헌터에 대해 알아볼까요?

 헤드헌터는 어떤 직업인가요?

경영자나 임원, 실력 있는 인재를 영입하고 싶어 하는 기업에 적임자를 찾아 소개하는 일을 한다. 먼저 기업에 방문하여 그 기업의 비전과 조직, 발전 방향과 채용하고자 하는 인재상 등을 파악한 다음 적합한 인물을 찾는다. 1차로 선발된 사람과 면담을 통하여 업무 수행 능력, 인성 등을 파악하고, 가장 적합한 인물을 기업에 추천한다. 최근에는 제약, 법률, 의학, 정보 통신(IT) 분야 등 전문 영역에서 활동하는 헤드헌터들이 늘어나고 있다.

 헤드헌터가 되는 방법을 알려 주세요.

아직 정규 교육 과정은 없지만 대학에서 인력 개발(HRD) 관련 학과를 졸업하거나 경영학, 국제학, 사회학, 심리학 등을 전공하면 유리하다. 현재 헤드헌터로 활동하는 사람들 중에는 기업에서 인사 담당자로 근무했거나 다양한 분야의 마케팅 분야에서 일한 경력이 있는 사람이 많다. 헤드헌팅 회사에 들어가거나 프리랜서로 활동할 수 있는데 경우에 따라서는 특정 산업 분야의 경력자를 우선하여 선발하기도 한다.

헤드헌터가 되려면?

흥미 유형
진취형
사회형

능력과 성격
협상력
분석력
설득력
대인 관계 능력
외국어 능력

관련 문의 기관
한국 산업 인력 공단
한국 고용 정보원
고용 노동부

관련 직업
직업 상담사
커리어 코치
인적 자원 전문가

관련 학과
심리학과
교육학과
경영학과
경제학과
사회학과

 ## 무엇을 준비해야 할까요?

필수

다양한 사람을 만나 의견을 나눌 기회가 많기 때문에 협상력, 설득력, 대인 관계 능력 등을 길러야 해요. 자료 분석 능력도 꼭 필요해요.

중요

성실함과 적극적인 자세가 중요해요. 외국계 기업의 채용이나 외국에서 공부한 인재를 소개하려면 외국어 실력도 갖추어야 하지요.

도움

상대방의 심리를 읽어 낼 수 있는 심리학 분야에 관심을 가지고 공부해 보세요. 다양한 사람을 만나기 때문에 상식을 기르는 것도 좋아요.

 ## 앞으로의 전망은 어떤가요?

요즈음에는 조직을 개편하면서 헤드헌터를 통해 실력 있는 인재를 채용하려는 회사가 많아지고 있다. 또한 능력이 있는 사람이 적극적으로 직장을 옮기려는 경향도 있어 헤드헌터의 사회적 역할이 커질 것이다. 업무 권한이 높고, 전문직이라 직장의 이동이 자유롭지만 정신적인 스트레스가 크고, 실력을 인정받기까지 꾸준한 노력이 필요하다.

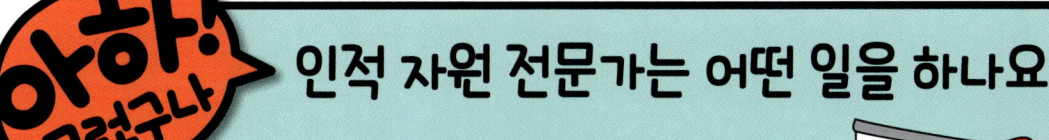

인적 자원 전문가는 어떤 일을 하나요?

인적 자원* 및 노사 관계 정책 프로그램과 절차를 개발하고 실행·평가하며 관리자와 종업원에게 인사 문제에 관한 자문을 한다. 노사 관계 상담, 직무 분석, 보상 등 특정 영역으로 전문화될 수 있다. 경제, 경영, 사회 과학을 전공하는 것이 유리하며 대개 인적 자원 관련 컨설팅 업체나 교육 연수 파트에서 일한다.

＊**인적 자원** 사람의 노동력을 생산 자원의 하나로 이르는 말

공학/자연과학

로봇 공학자

21세기 로봇 공학의 리더, 한재권

Q 로봇 공학자가 되고자 한 특별한 이유는 무엇인가요?

어렸을 때 로봇을 만들겠다고 결심한 건 동생 때문이었습니다. 동생은 뇌성 마비 장애인이라 말도 못하고 혼자서는 움직이지도 못합니다. 그래서 밥을 먹거나 화장실을 가는 간단한 일도 가족 중 누군가가 도와줘야 했죠. 그때 저는 텔레비전에 나오는 로봇이 우리 집에서 동생을 돌봐 줬으면 하고 바랐습니다. 그런데 실제로는 그런 로봇이 없다는 사실을 알았고, 많이 실망했습니다. 결국 내 손으로 로봇을 만들어야겠다고 결심했죠. 꿈을 실현하기 위해서 중학교 때 쇠를 깎아 기계를 만드는 공장에서 산업용 로봇의 부품을 만드는 일을 배웠습니다. 고되고 힘든 작업이었지만 그때 익힌 기술이 제가 로봇 공학자가 되는 데에 큰 자산이 되었습니다.

Q 로봇 공학자에 대해 간단히 소개해 주세요.

로봇은 복잡한 기술의 결합체이므로 만들기까지 여러 분야의 전문가가 참여합니다. 기계 공학 전문가들은 로봇을 설계하여 제작하고, 전기·전자 공학을 전공한 전문가는 로봇의 머리에 해당하는 컴퓨터와 부품을 연결합니다. 이렇게 로봇의 형태가 완성되면 컴퓨터 공학을 전공한 전문가들이 프로그램을 설계하여 컴퓨터에 입력합니다. 그런 다음에야 비로소 로봇이 움직이고, 세상과 소통할 수 있게 됩니다. 이렇게 로봇을 만드는 과정에 참여하는 각 분야의 공학 전문가를 로봇 공학자라고 합니다.

한재권 님 약력

현 한양대학교 로봇 공학과 교수
2013 다르파 로보틱스 챌린지 9위
2011 〈타임〉 '2011년 최고의 발명품 50'에 찰리(CHARLI) 선정
2011 로보컵 인간형 로봇 어덜트·키즈 사이즈 리그 동시 우승

음악 춤 | 미술 디자인 | 스포츠 | 방송 언론 출판 | 서비스 | 의료 | IT | 교육 | 법 행정 | 경제 금융

Q 로봇 공학자로 일하시면서 가장 힘든 점은 무엇인가요?

사람들의 너무나 높은 기대감입니다. 현재의 로봇 기술로는 한 살 된 어린아이 정도의 능력을 만들어 낼 수 있습니다. 겨우 스스로 두 발로 서서 걷기 시작했고, 세상을 보며 사물을 익혀 가는 단계지요. 이제 말을 배우고, 사람과 소통하는 기술을 만들기 위해서 열심히 노력하고 있습니다. 그런데 사람들은 영화에 나오는 로봇처럼 뛰어다니고, 어려운 임무를 척척 해결해 주는 로봇을 바라는 것 같습니다. 열심히 연구하여 완성한 로봇을 사람들에게 선보였을 때 의외로 실망하는 모습을 보면 허탈한 기분도 듭니다. 하지만 꾸준히 노력하면 언젠가는 사람들의 기대를 만족시키는 로봇을 만들어 낼 수 있을 것이라고 스스로 다짐해 봅니다.

Q 로봇 공학자로서 최종 목표는 무엇인가요?

사람의 일을 대신 해 주는 것을 넘어서 힘들고 외로울 때 위로와 힘이 되어 주는 좋은 친구 같은 로봇을 만들고 싶습니다. 자신의 희생을 감수하면서 위험에 처한 사람을 구해 주는 로봇, 몸이 불편한 사람이 아무 불편함 없이 사회생활을 할 수 있도록 항상 옆에서 도와주며 교감하는 로봇도 있으면 좋을 것 같아요. 어렸을 때 꿈꿨던 상상 속의 로봇을 현실에서 만들어 낼 수 있도록 열심히 연구하는 것이 저의 목표입니다.

Q 로봇 공학자가 되기 위해 어떤 점을 갖추어야 할까요?

로봇을 만드는 것은 지금까지 없었던 물건을 만드는 일이기 때문에 상상력과 창의력이 매우 중요합니다. 세상에 없던 것을 꿈꾸고 그것을 실현해 내는 과정이 생각보다 어려울 수 있습니다.
앞을 예상하기 어려운 상황으로 자신을 던져 나만의 해결 방안을 찾아내는 훈련이 필요합니다. 그런 의미에서 여행은 아주 좋은 방법이라고 생각합니다. 여러 사람과 만나 내가 그동안 겪어 보지 못한 다양한 상황을 경험하고 다른 사람과 대화를 나누어 그들의 생각과 지혜를 얻을 수 있으니까요.
한 가지 더 당부하고 싶은 것은 여러분이 로봇을 만들고자 하는 목적을 분명히 했으면 좋겠습니다. 로봇은 잘못 쓰이면 상당히 위험하여 사회에 해가 될 수도 있습니다. 자신이 만든 로봇이 우리 사회에서 어떤 의미를 가질 것인가를 충분히 고민하고 그 결과를 행동으로 보여 주면 좋겠습니다. 로봇은 언제나 사람의 행복을 위해 존재해야 한다는 것이 제 신조입니다.

로봇 공학자에 대해 알아볼까요?

 **로봇 공학자는 어떤 직업인가요?**

사람들에게 도움이 되는 인공 지능, 첨단 로봇 설계 원리 등을 이용해 다양한 로봇을 연구하고 개발한다. 전공 분야에 따라 로봇의 형태와 움직임을 연구하는 전문가, 회로 설계와 시스템 설계 등 전기 신호의 전달에 대해 연구하는 전문가, 로봇의 동작과 활동 방법을 설계하는 소프트웨어 개발자, 로봇이 외부와 통신할 수 있는 센서를 개발하고 제어하는 통신 공학 전문가 등으로 나뉜다. 완성된 로봇을 능숙하게 조작하는 것도 로봇 공학자가 하는 일이다.

 **로봇 공학자가 되는 방법을 알려 주세요.**

로봇 개발에는 전문 기술이 필요하기 때문에 대학에서 로봇 시스템 공학, 제어 계측 공학, 전자 공학, 컴퓨터 공학 등을 전공하는 것이 좋다. 최근에는 로봇 고등학교가 생겨 일찍부터 전문 기술을 배우기도 한다. 기업이나 대학의 부설 연구소, 방위 산업체, 국방 방위 연구소, 제조용 로봇을 관리하는 책임자로 진출할 수 있다.

로봇 공학자가 되려면?

흥미 유형
- 탐구형
- 현실형

능력과 성격
- 창의력
- 논리적 사고력
- 상상력
- 문제 해결력
- 대인 관계 능력
- 의사소통 능력
- 분석력

관련 문의 기관
- 한국 로봇 산업 협회
- 한국 공작 기계 산업 협회
- 한국 기계 산업 진흥회
- 제어 로봇 시스템 학회

관련 직업
- 로봇 공연 기획자
- 로봇 감성 인지 연구원
- 실버 로봇 서비스 기획자
- 메카트로닉스 공학 기술자

관련 학과
- 로봇 고등학교
- 기계 공학과
- 제어 계측 공학과
- 제어학과
- 컴퓨터 공학과
- 전자 공학과
- 로봇 시스템 공학과

 무엇을 준비해야 할까요?

 **필수**

로봇의 원리에 대한 지식과 로봇의 기능, 회로 설계 등을 할 수 있는 논리적 구성 능력을 갖추어야 해요. 창의력과 상상력도 필요해요.

 **중요**

여러 전문가와 함께 작업해야 하므로 원만한 대인 관계 능력이 중요해요. 새로운 기술을 끊임없이 습득할 수 있는 끈기도 중요하지요.

 **도움**

과학 발명품 대회, 로봇 기술 경진 대회 등 과학 행사에 참여해 보고, 로봇 기술과 관계 있는 책을 많이 읽으면 도움이 되어요.

 앞으로의 전망은 어떤가요?

로봇 산업은 앞으로의 사회 변화를 이끌 핵심 산업으로 주목받으면서 정부의 투자가 늘고 있다. 사람의 모습과 비슷한 생김새의 안드로이드 로봇이 많이 쓰이면서 앞으로 로봇 산업이 더 빠른 속도로 발전할 것이다. 로봇은 의료·산업·안전·국방 등 활용 분야가 다양하여 일자리 수요가 빠르게 늘어날 것이며 전문 기술 수준이 높기 때문에 고용 환경이 비교적 안정적일 것으로 예상된다.

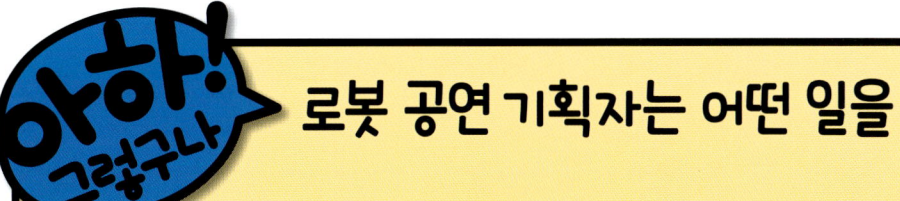

로봇 공연 기획자는 어떤 일을 하나요?

로봇 공연 기획자는 로봇을 이용한 공연을 기획하고 연출하는 사람이다. 기획 단계에서 공연 시나리오를 구성하여 무대 연출 계획을 이미지로 정리하고, 제작 단계에서는 무대, 영상, 음악, 동작 등을 계획하고, 그에 맞는 로봇의 프로그램을 만든다. 각 동작을 위한 로봇 제작을 마치면 테스트와 수정 작업을 하고, 현장에서 리허설을 거쳐 실제 공연에 들어간다. 애니메이션, 공연 예술, 미디어 아트*, 컴퓨터 공학, 로봇 관련 학과 등에 진학하면 유리하다.

***미디어 아트** 매체 예술. 텔레비전이나 컴퓨터 등의 매체와 미술을 결합한 예술의 한 갈래

건축사

삶의 터전을 설계하는 김정희

Q 학창 시절을 어떻게 보내셨나요?

7대 독자이신 할아버지의 지극한 손자 사랑 속에서 착실하게 자랐습니다. 그러나 학창 시절의 많은 부분은 열등감을 극복하기 위해 노력하고 스스로를 단련시킨 기간이 아니었나 생각해요. 다른 친구보다 못하다고 느끼는 부분이 있으면 얼른 따라잡으려고 노력을 했습니다. 노래를 잘 못해서 기타도 배우고 드럼도 열심히 연습했지요. 특히 남녀 공학이었던 고등학교 시절에는 수줍음을 많이 타 친구들 앞에서 말도 제대로 못 하는 학생이었습니다. 이런 결점을 극복하고, 동아리 회장까지 맡아 교외 활동을 열심히 했던 일은 지금도 칭찬하고 싶은 학창 시절의 제 모습입니다.

Q 건축사는 어떤 일을 하는지 소개해 주세요.

건축사는 건축학 분야의 전문가로서 내부 공간의 크기와 형태를 설계하고 주변 자연환경과 대비되는 인공 환경의 조화, 안정성, 기능성 등을 다룹니다.
건축사는 개인이나 기관의 의뢰를 받으면 공사 전에 건축주의 요구 사항을 도면에 표현하여 공사에 필요한 모든 관련 서류를 작성합니다. 이때 건물의 조형미와 법규적인 제한 조건을 만족시켜야 하지요. 공사 중에는 계획한 대로 공사가 바르게 진행되는지 확인하는 감리 업무를 하기도 합니다.

Q 건축사가 된 특별한 이유는 무엇인가요?

대학 진학 전까지 건축사라는 직업이 있는지도 몰랐습니다. 건축을 전공하게 된 것은 전적으로 대학 진학 상담 때 담임 선생님의 권유 때문이었습니다. 저에 대해 잘 알고 계시는 선생님의 권유를 따랐고, 지금 생각하면 그 일이 제 인생에서 가장 잘한 일이 아닐까 생각합니다.
공직자셨던 아버지는 자식의 삶이 여유롭고 자유로운 직업이었으면 좋겠다고 생각하셔서 건축 전공의 권유를 긍정적으로 받아들이셨던 것 같고요.

Q 건축사가 되려면 어떤 준비가 필요한가요?

건축은 인간의 생활과 환경을 반영해야 하는 분야이므로, 공학 지식만이 아닌 인문 사회의 폭넓은 지식이 필요합니다. 그래서 건축사는 학창 시절 교육 과정에서 다루는 전과목에 대한 이해가 필요하다고 강조하고 싶습니다. 따뜻한 마음, 미적 감각, 철학적인 사고 등도 필요합니다.
여러분 중 만약 건축사가 되고 싶은 어린이가 있다면 주변의 사물에 관심을 가지고 스케치를 하면서 세밀히 살필 기회를 자주 가지는 것도 좋습니다. 그렇게 사물과 공간에 대한 이해도를 높여 가는 것이지요.

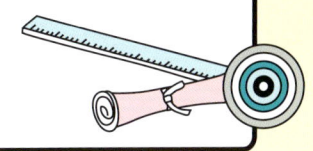

Q 직업 전망은 어떻게 보시나요?

건축사의 영역은 단순히 건축물을 설계하는 기술자에서, 자연환경에 대비되는 인공 건축물로 사람이 사는 삶의 터전을 만드는 사람으로 확장되고 있습니다. 그만큼 앞으로의 가능성이 크지요. 건축 산업은 경제 활동 상태에 따라 영향을 받기는 하지만 인간 생활에 꼭 필요한 '의식주'에 해당하는 영역이므로 장기적으로 보았을 때 전망이 밝다고 생각합니다.

Q 가장 보람을 느낄 때는 언제인가요?

건축물이 완성된 뒤 동료들과 둘러볼 때입니다. 설계에서부터 한 건축물이 완성되기까지 오랜 공사 기간을 거치며 신경을 쓰고 정성을 들이기 때문에 완성이 더 특별하게 느껴지는 것일지도 모르겠네요. 특히 건축물을 본 건축주의 만족스러운 표정을 볼 때는 더 큰 보람을 느낍니다.

김정희 님 약력
현 건축사 사무소 토반 대표
LX한국국토정보공사 건축 고문
아주대학교 건축학부 겸임 부교수
고려대학교 건축학과, 미시간주립대학 건설 경영학과 졸업

건축사에 대해 알아볼까요?

 **건축사는 어떤 직업인가요?**

건축사는 건축 의뢰를 받아 건물이 들어설 장소와 건물의 용도, 비용, 아름다움을 고려하여 건축물의 설계 방향이나 디자인을 결정한다. 건축주의 의견을 최대한 반영하여 설계 및 디자인 계획을 세우고, 완성된 모습을 예측하기 위해 축소 모형을 제작하기도 한다. 건축물에 포함되는 각종 설비는 건축 설비 기술자나 기계 기술자, 전기 기술자, 건축 구조 설계 기술자들과 협력하여 완성하고, 설계 내용에 맞게 시공되는지 관리·감독하는 일도 담당한다.

 **건축사가 되는 방법을 알려 주세요.**

건축사 자격 시험은 건축사 예비 시험과 건축사 자격 시험 두 단계로 나뉜다. 한국 건축학 교육 인증원이 인증한 대학의 건축학과를 졸업하면 건축사 예비 시험이 면제된다. 예비 시험 합격 후 실무 경력을 쌓으면 건축사 자격 시험에 응시할 수 있다. 건축사 사무소, 건설 회사, 인테리어 회사에 취업하거나 개인 건축 사무소 설립, 건설 관련 연구 기관 및 공공 기관에서 일할 수 있다.

 무엇을 준비해야 할까요?

필수
풍부한 상상력과 창의력, 공간 감각을 길러 디자인으로 표현할 수 있어야 해요. 강인한 체력과 책임감도 필수 요소랍니다.

중요
건축과 설계는 세밀하고 전문적인 기술이 요구되는 일이기 때문에 꼼꼼함과 성실함을 길러야 해요. 인문학, 국제적인 감각을 공부해 두세요.

도움
창의 공학 교실에 참여해 경험을 쌓고 유명한 건축사가 설계한 건축물을 직접 방문하거나 사진을 보는 것도 도움이 되어요.

앞으로의 전망은 어떤가요?

우리나라는 건축 기술이 발달하여 세계 각 나라의 도시 건설 사업에 참여하고 있다. 앞으로는 첨단 기술이 도입된 건축물, 친환경 빌딩 등 새로운 기술이 접목된 건축물이 등장할 것으로 예측되어 건축사의 미래 직업 전망이 밝다. 특히 건축 공학 기술 분야에는 고도의 전문성이 필요하기 때문에 대우가 좋고 직장의 이동이 자유롭다. 한편 근무 시간이 길고, 스트레스 수준은 높은 편이다.

 토목 공학 기술자는 어떤 일을 하나요?

사람이 살아가는 데 필요한 기본 시설인 도로, 철도, 교량, 터널, 항만, 상하수도, 댐 등의 건설을 계획·설계·시공한다. 사업 계획을 바탕으로 공사 일정 등의 기본 계획을 세우고, 경제적인 요인을 고려하여 시설물의 재료를 선택한다. 자연 조건, 사용 환경 등을 고려하여 주변과 조화를 이룰 수 있는 적합한 구조를 결정한다. 국가 기반 시설과 밀접한 관계가 있기 때문에 경기의 영향을 덜 받는다.

반도체 공학 기술자

공학/자연과학

첨단 IT 제품의 심장을 만드는 김석수

Q 반도체 공학 기술자에 대해 소개해 주세요.

반도체 공학 기술자는 반도체의 부품 개발, 제조, 테스트, 품질 향상에 관여하는 여러 분야의 전문가를 통틀어서 부르는 명칭입니다. 휴대 전화, 컴퓨터, 텔레비전 등은 반드시 반도체가 있어야 만들 수 있을 정도로 반도체는 거의 모든 전자 제품에 쓰입니다. 반도체 제조 과정은 매우 복잡합니다. 여러 분야의 첨단 기술이 필요하지요. 그래서 여러 방면의 전문가들이 힘을 모아 반도체를 만들어 내는데 각 단계에서 일하는 모든 분이 반도체 공학 기술자이지요.

Q 반도체 공학 기술자가 된 특별한 계기가 있나요?

대학 진로를 결정할 때, 재료 공학과를 다니는 형을 만나게 되었습니다. 그때 만난 형에게 재료 공학과에서 반도체에 대한 전문 지식을 배운다는 얘기를 들었습니다. 지금도 그렇지만 제가 대학에 진학하기 전까지만 해도 반도체는 첨단 기술 분야였고, 우리나라의 미래를 책임질 산업으로 주목받았습니다. 그 반도체 기술을 배울 수 있는 학과라는 얘기를 듣고, 저는 반도체 산업에 관심을 가지기 시작했습니다. 그리고 부모님과 상의 후 재료 공학과에 입학하여 지금에 이르렀습니다.

김석수 님 약력
- 현 제주반도체 수석 연구원
- 현대전자, 동부반도체 근무
- 제주대학교 겸임 교수
- 고려대학교 대학원 재료 공학과 석사

- 음악/춤
- 미술/디자인
- 스포츠
- 방송/언론/출판
- 서비스
- 의료
- IT
- 교육
- 법/행정
- 경제/금융

Q 어떠한 자질을 갖추어야 하나요?

전기, 전자, 반도체 이론에 대한 지식을 갖추고 있다면 많은 도움이 됩니다. 반도체 회사에 들어가면 각 분야에 대한 입문 교육을 받지만 전기와 전자 및 반도체에 관한 기초적인 지식은 스스로 공부하여야 합니다.
따라서 미리 공부를 충분히 한 뒤에 회사에 들어간다면 목표하는 바를 좀 더 빠르게 이룰 수 있을 것입니다.

Q 가장 보람을 느낄 때와 반대로 힘들 때는 언제인가요?

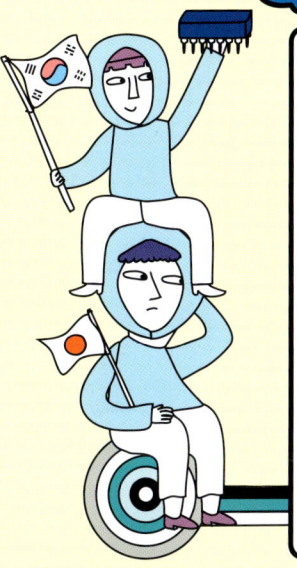

제가 어렸을 때만 해도 '반도체' 하면 떠오르는 나라가 일본이었습니다. 막연히 일본의 기술력은 정말 대단하다고 부러워했습니다. 하지만 어느덧 우리나라의 반도체 기술이 일본을 제치고 세계 1위 수준을 달성하게 되었습니다. 그 모습을 지켜보며 반도체 공학 기술자로서 그저 흐뭇했습니다. 새로운 제품 개발에 착수하여 오랜 노력 끝에 마침내 성공했을 때에는 말로 표현하기 힘든 쾌감을 느낍니다. 함께 고생한 사람들과 악수를 나눌 때에는 짜릿하기까지 하지요. 하지만 경쟁 회사보다 성능이 더 좋은 제품을 개발해야 한다는 압박은 가끔 가슴을 짓누르기도 합니다. 반도체 산업은 기술을 개발하여 경쟁 회사보다 더 빨리 제품화하는 것이 상품의 성패에 큰 영향을 미치기 때문입니다. 하지만 이러한 압박감을 잘 이겨 내야 개발의 기쁨도 맛볼 수 있지요.

Q 반도체 공학 기술자의 전망을 어떻게 생각하세요?

대부분의 사람은 현재의 것보다 더 나은 것을 좋아합니다. 새로운 휴대 전화 모델이 출시되면 현재보다 더 나은 기능에 만족하며 기존에 쓰던 기계는 뒷전으로 밀리게 되지요. 이렇듯 사람들이 새로운 것을 계속 추구하고, 기업이 더 편리해진 기기를 개발하는 한 반도체 산업은 영원할 것입니다. 다만 우리나라의 반도체 기술력이 세계 시장에서 뒤처지지 않으려면 기업은 물론 국가 차원에서 지속적인 관심과 노력을 기울여야 할 것입니다.

여러분이 반도체 공학 기술자가 되고자 한다면 국가적인 차원에서 생각해 주세요. 단지 생계 수단을 위한 직업이 아니라, 국가 간 기술력 싸움에 뛰어든다는 생각을 갖고, 우리나라 반도체 기술력이 세계 1위가 되는 데 보탬이 되겠다는 큰 뜻을 가졌으면 합니다.

반도체 공학 기술자에 대해 알아볼까요?

 **반도체 공학 기술자는 어떤 직업인가요?**

반도체는 조건에 따라 전류를 흐르게 하거나 차단하게 하는 부품으로, 냉장고, 컴퓨터, 휴대 전화, 의료 기기 등 각종 전자 제품에 활용된다. 반도체 공학 기술자는 이러한 반도체 기술을 연구하여 새로운 기능을 갖춘 반도체를 개발하거나, 생산된 반도체에 문제가 발생했을 때 원인을 분석하는 일을 한다. 반도체 개발 후에는 제조에 가장 적합한 온도와 압력, 시간 같은 생산 조건을 설정하여 작업자에게 교육한다.

 **반도체 공학 기술자가 되는 방법을 알려 주세요.**

수준 높은 전문성이 필요하기 때문에 전자·전기 공학, 반도체 공학 등을 전공해야 한다. 대학에서는 반도체 기술에 관한 기초 과정부터 심화 내용을 공부하며, 채용하는 곳에 따라 대학원 이상의 학력을 요구하기도 한다. 반도체 설계 산업 기사, 전자 산업 기사 자격증을 취득하면 도움이 된다. 공개 채용이나 학교의 추천으로 반도체 개발 회사, 시스템 개발 회사, 통신 회사 등에 들어갈 수 있다.

반도체 공학 기술자가 되려면?

- **흥미 유형**: 탐구형
- **능력과 성격**: 공간 지각 능력, 논리적 사고력, 창의력, 분석력, 탐구력, 호기심
- **관련 자격**: 반도체 설계 기사, 반도체 설계 산업 기사, 전자 산업 기사
- **관련 문의 기관**: 한국 반도체 산업 협회, 반도체 장비 기술 교육 센터, 대한 전자공학회
- **관련 직업**: 전자 계측 제어 기술자, 전자 제품 개발 기술자, 광반도체 연구원, 반도체 제조 기술자, 반도체 검사 기술자
- **관련 학과**: 반도체 공학과, 반도체 시스템 공학과, 신소재 공학과, 전기 공학과, 전자 공학과, 재료 공학과

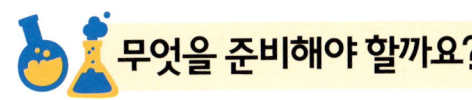 무엇을 준비해야 할까요?

 필수
반도체, 전기 공학 분야에 대한 전문적인 지식이 필요해요. 수학, 물리, 화학 등의 과목을 열심히 공부하고 관련 책을 읽어 두세요.

 중요
창의적으로 사고하는 게 중요해요. 컴퓨터 응용 프로그램과 반도체 설계 장비를 다루는 능력을 갖추도록 노력해야 하지요.

 도움
호기심, 분석력, 정확한 판단력을 길러야 하지요. 여러 사람과 의견을 조율하는 의사소통 능력을 기르면 도움이 되어요.

 앞으로의 전망은 어떤가요?

우리나라는 반도체 산업 기술 세계 1위 국가이다. 디스플레이, 저장 장치 기술은 물론 신기술을 도입한 반도체 개발 속도도 빠른 편이다. 우리나라가 세계 반도체 시장을 이끄는 만큼 앞으로 우리나라의 전자 및 반도체 분야의 일자리 수요가 늘어날 것으로 예상된다. 계속해서 기술 연구와 자기 개발을 해야 하기 때문에 전문성과 자기 발전 가능성이 높고, 사회적인 대우도 좋다.

아하! 그렇구나 반도체 검사 기술자는 어떤 일을 하나요?

생산된 반도체를 검사하여 불량품을 확인하고, 원인을 분석한다.
제품의 특성을 파악하여 한계 지점을 설정하거나 신제품이 개발되면 검사 장비를 신제품 검사에 맞게 설정하고, 사용자에게 교육을 실시하기도 한다.
반도체 제조에 관한 전반적인 지식을 갖추어야 한다.

공학/자연과학

조선 공학 기술자

바다의 무한한 가능성을 발굴하는 윤종현

Q 조선 공학 기술자가 된 계기가 있나요?

저는 어렸을 때부터 물건을 고치는 일이 무척 재미있었어요. 작은 라디오 안은 어떻게 생겼나 궁금하여 분해해 보기도 하고, 스스로 움직이는 자동차나 배, 비행기가 신기해 보이기도 했습니다. 배를 타고 멀리 바다로 나가는 일도 참 멋진 것 같았어요.
우리나라는 자원이 풍부하지 않아요. 그래서 다른 나라에서 석탄, 석유 같은 자원을 사 와서 물건을 만든 뒤 다시 다른 나라에 파는 무역업이 발달했습니다. 무역에 주로 이용되는 교통수단이 바로 배랍니다.
그래서 배와 관련 있는 여러 기술에 관심을 갖게 되었습니다.

Q 구체적으로 어떤 일을 하시는지 소개해 주세요.

배는 육지 세상의 축소판입니다. 바다 위를 떠갈 수 있게 해 주는 추진 장치, 화물을 싣고 내릴 수 있는 장비들, 배를 탄 선원들이 생활하는 설비, 각종 통신 및 안전 설비 등 여러 가지 복잡한 장비들이 갖추어져 있지요. 규모도 어마어마하답니다. 그만큼 조선 공학 기술자의 역할도 다양합니다. 선박의 쓰임에 맞는 성능을 계획하는 것부터 설계, 제작까지 여러 과정에 참여합니다. 어느 것 하나 소홀히 할 수 없는 기술 분야입니다. 또 바다 밑에 묻혀 있는 천연가스나 석유 같은 자원을 채취하는 장비인 해양 플랜트를 만들고 관리하는 일도 합니다.

음악 춤
미술 디자인
스포츠
방송 언론 출판
서비스
의료
IT
교육
법 행정
경제 금융

윤종현 님 약력
현 삼성중공업 상무
2011 조선 해양 유공자 대통령상 수상
2007 IR52 장영실상, 국무총리상 수상
서울대학교 조선 공학과, 부산대학교 대학원 조선 해양 공학과 졸업

Q 어떤 준비가 필요할까요?

배를 만드는 일, 그러니까 조선은 수학, 과학, 물리학 등 모든 학문이 종합적으로 응용되는 분야입니다. 그러므로 여러 가지 학문을 두루 아는 것이 중요합니다. 흔히 T 자형 지식이라고 하는데, 자신의 전문 분야를 깊이 공부하고, 그와 관계있는 지식을 응용할 수 있을 정도의 수준을 갖추어야 합니다. 또 우리나라의 조선소에 배를 만들어 달라고 의뢰하는 곳 대부분이 외국 정부나 외국계 회사이기 때문에 영어 실력은 반드시 갖추어야 할 사항입니다.

Q 가장 보람을 느끼는 순간은 언제인가요?

당연히 공들여 만든 배가 성공적으로 시범 운전을 마쳤을 때랍니다. 가슴이 마구 벅차오르지요. 의뢰인에게 주문을 받고 나서 설계, 제작에 필요한 재료 구입, 제작, 성능 테스트 등 배가 완성되기까지, 과정이 매우 복잡하고 시간도 오래 걸립니다. 기름을 실어 나르는 유조선의 경우 약 2년, 바다 밑에 있는 기름을 뽑아내는 설비는 5년 이상 걸리는 경우도 있습니다. 많은 조선 공학 기술자들이 땀과 노력을 들여 완성한 배의 성능 테스트를 할 때는 무척 긴장하게 된답니다. 배가 처음 바다로 항해를 하는 날에는 배의 이름을 지어 주고, 기념하는 행사를 엽니다. 그래서 배의 입장에서는 생일 파티가 되는 셈이에요. 그날은 새 생명을 만난 부모가 된 것처럼 뿌듯합니다.

Q 조선 공학 기술자로서 어떤 목표가 있나요?

우리나라의 배 만드는 산업과 기술은 세계 1위 수준입니다. 하지만 중국이 빠른 속도로 뒤쫓아 오고 있습니다. 중국은 우리나라에 비해서 인건비가 싸기 때문에 앞으로도 꾸준히 성장하며 세계 1위를 차지하기 위해 우리를 위협할 것입니다. 그러므로 우리는 높은 수준의 선박 제작 기술이나 해양 플랜트 제작 및 운영 기술 연구에 집중해야 합니다.

저는 해양 플랜트를 만들고 관리하는 분야에서 일하고 있습니다. 앞으로 우리나라가 다른 나라와 비교할 수 없는 수준의 기술력을 갖추어 해양 자원을 개발하고, 우리나라의 조선 산업이 세계 1위를 굳건히 지킬 수 있도록 제가 조금이나마 도움이 되기를 바랍니다.

조선 공학 기술자에 대해 알아볼까요?

 **조선 공학 기술자는 어떤 직업인가요?**

조선 공학 기술자는 선박 제조, 바닷속 자원을 찾거나 채굴할 목적으로 제작하는 해양 구조물을 연구하고 설치하며 관리하는 일을 한다. 만들고자 하는 선박의 특징이나 구조 등을 연구하고, 설계 계획안 등 관련 자료를 분석한다. 선박, 해양 플랜트 시설을 제작할 때에는 생산 과정의 효율을 높일 수 있는 기술을 개발하고, 적용할 방법을 찾는다. 제작 과정 중 수시로 배의 각 부분을 검사하여 선박이 안전하게 운항할 수 있도록 하고, 문제점이 발견되면 수리 여부도 판단한다.

 **조선 공학 기술자가 되는 방법을 알려 주세요.**

전문적인 해양 공학 원리, 선박의 제작에 관한 지식을 반드시 갖추어야 하므로 기계 공학과, 조선 공학과, 조선 해양 공학과 등을 졸업해야 한다. 채용하는 곳에 따라 대학원 이상의 학력을 요구하기도 한다. 선체 건조 기능사, 조선 기사 같은 자격증을 취득하면 도움이 된다. 공개 채용이나 특별 채용을 통해 조선 회사, 연구소, 선박 구조물 제조 회사 등에 취업할 수 있다.

조선 공학 기술자가 되려면?

흥미 유형
관습형

능력과 성격
문제 해결력
분석력
호기심
창의력
논리적 사고력
의사소통 능력

관련 자격
조선 산업 기사
조선 기사
조선 기술사
선체 건조 기능사

관련 문의 기관
선박 안전 기술 공단
한국 해양 과학 기술원

관련 직업
선박 기계 장치 기술자
선박 정비원
선박 전기 기술자

관련 학과
기계 공학과
조선 공학과
전기 공학과
전기 제어 공학과
조선 해양 공학과

무엇을 준비해야 할까요?

필수
선박이나 해양 플랜트 구조물의 제작 및 운용에 관한 전문적인 지식이 필요하므로 수학, 과학 과목을 열심히 공부해야 해요.

중요
논리적인 분석력, 창의력, 탐구 능력 등도 중요해요. 또 다른 분야의 전문가와 협력할 수 있는 대인 관계 능력을 길러야 해요.

도움
조선소 탐방, 선박이나 해양 플랜트 모형 조립 활동, 창의 공학 교실 체험 등 다양한 체험 활동에 참여하면 도움이 되어요.

앞으로의 전망은 어떤가요?

국가 간의 물자 교류 증가와 육지 자원의 고갈에 따른 해양 자원의 활용에 대한 관심이 집중되고 있다. 따라서 조선 공학 분야의 발전 가능성은 매우 높고, 일자리 수요도 늘어날 전망이다. 경력이 쌓일수록 전문성이 높아져 고용 수준도 안정적이다. 하지만 기계가 복잡해지고, 끊임없이 새로운 전문 기술이 등장하여 취업 후에도 꾸준한 연구와 자기 개발이 필요하다.

아하! 그렇구나 선박 기계 장치 기술자는 어떤 일을 하나요?

선박 기계 장치 기술자는 선박의 구조, 설비, 장치에 대하여 연구·개발하고 설계하는 사람이다.
선박 설계 시 설계 계획안을 검토하고 분석하여 변경이 필요한 부분에 대하여 의견을 제시한다. 선박 제작 중에는 작업자를 감독하고, 선박이 낡은 경우에는 수리 여부도 결정한다.

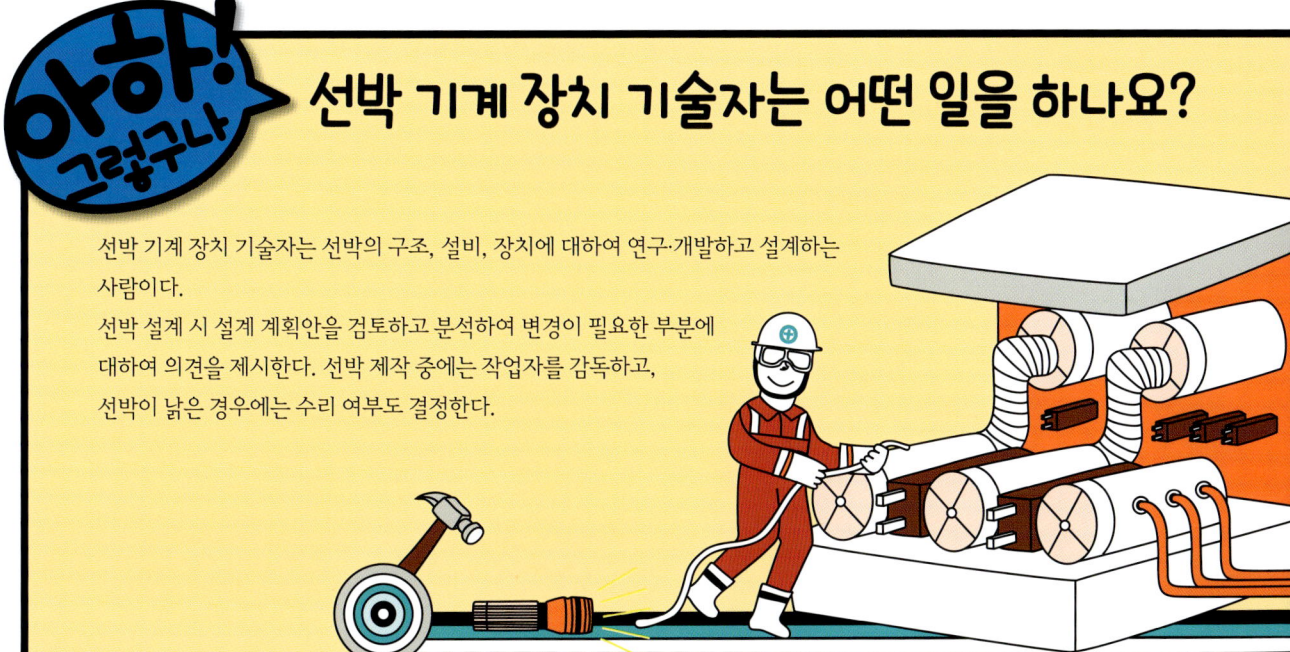

항공기 조종사

안전한 항공기 운항을 책임지는 최재승

Q 원래 전투기 조종을 하셨다고요?

그렇습니다. 전투기를 조종하는 일이 활동적이고 박진감 넘치는 일 같아서 어렸을 때부터 꿈꾸었거든요.

저는 어렸을 때부터 비행기를 만들고 날리는 놀이를 좋아했습니다. 어른이 되어서는 주로 하늘에서 공격과 방어 업무를 수행하는 공군에 지원해 전투기 조종사로 복무를 하였습니다. 그러다가 '민간 항공사의 기장이 되어 전 세계를 누비면 어떨까?'라는 생각을 했어요. 결국 저는 또 다른 도전을 계획하였습니다.

Q 항공기 조종사가 되려면 어떤 준비가 필요한가요?

조종사가 되려면 여러 가지 관문을 통과해야 합니다. 끊임없는 자기 관리가 필요하지요. 특히 강인한 체력과 정신력은 항공기 조종사가 반드시 갖추어야 할 요건입니다. 시력이 낮아 선발 시험에 떨어지는 경우가 많으므로 어렸을 때부터 멀리 있는 것을 정확하게 보는 원거리 초점을 맞추는 훈련을 하면 도움이 됩니다.

공군 사관 학교에 진학하는 것도 좋습니다. 공군 사관 학교 학생들은 전액 국가에서 지원하는 비용으로 항공기 조종 기술을 배우고, 졸업 후 바로 공군 장교가 될 수 있어 취업에 대한 부담이 적습니다. 많은 어린이가 제게 조종사 과정을 배우는 특성화 고등학교에 대해 묻는데, 아직 우리나라에는 설립되지 않았습니다.

최재승 님 약력

현 아시아나항공 소속 B-777 항공기 조종사
1997 아시아나항공 입사
《파일럿의 진로 탐색 비행》, 《파일럿의 건축학 개론》 등 집필
공군 사관 학교 졸업

Q 가장 보람을 느낄 때는 언제인가요?

비행기에 보통 300여 명을 태우는데 이·착륙할 때 승객의 안전을 책임져야 한다는 책임감과 부담감은 참으로 막중합니다. 비행을 무사히 마치고, 목적지 공항에 도착하여 승객들이 비행기에서 내리는 모습을 볼 때면 비행기를 조종한 기장으로서 무한한 보람과 책임감을 느낍니다.

Q 어떤 부분이 가장 힘드신가요?

항공기 운항은 날씨의 영향을 크게 받습니다. 기상 상태의 변화는 승객의 안전과 직결되므로 항공기 조종사로서 항상 체크하고, 신경을 곤두세워야 하지요. 특히 항공기 운항에 영향을 미치는 요인으로는 안개와 눈, 비, 바람 등을 들 수 있습니다. 기상 상황이 좋으면 비행하는 데 큰 어려움이 없지만 갑자기 나빠지거나 운항 중 기상 변화의 폭이 크면 항공기 조종사는 빠르고 정확한 판단으로 승객들이 안전하게 목적지에 도착할 수 있도록 해야 하지요.

Q 진로에 대해 고민하는 아이들에게 해 주고 싶은 말씀이 있나요?

꼭 자기가 하고 싶고, 관심과 소질이 있는 것을 찾기를 바랍니다. 진로에 대해 고민하는 시기는 빠르면 빠를수록 좋습니다. 관심 분야를 두세 가지 이상 찾아서 선택한 진로에 대해 연구하고 고민하는 탐색 기간이 필요하니까요. 시간이 많이 걸려도 괜찮습니다. 아울러 사람의 진정한 행복은 자기가 하고 싶은 일을 하는 삶에서 찾을 수 있다고 말해 주고 싶습니다.

Q 앞으로의 전망을 어떻게 보시나요?

최근 들어서 서남아시아와 중국, 동남아시아의 산업이 발달하여 우리나라와 교류가 활발해졌습니다. 그 덕분에 항공기를 이용한 사람과 물자의 이동이 꾸준히 늘어나고 있지요. 해외를 여행하는 사람이 늘어나고, 싼 비용으로 이용할 수 있는 저가 항공사들이 새로 생겨나고 있습니다. 기존에 있던 항공사들도 항공기 대수와 항공 편을 늘리는 추세라 항공기 조종사의 수요에 비해 지원자가 부족한 상황입니다. 이러한 항공기 조종사 부족 현상은 앞으로도 상당 기간 지속될 것으로 예상므로 항공기 조종사는 유망한 직업이 될 것이라고 생각합니다.

항공기 조종사에 대해 알아볼까요?

항공기 조종사는 어떤 직업인가요?

승객이나 화물을 실어 나르는 비행기를 조종하는 사람이다. 비행기 운항 시에는 기장과 부기장 등 최소한 두 명 이상이 조종한다. 기장은 비행기의 운항에 관련된 모든 사항과 승무원을 이끌고, 부기장은 기장과 함께 조종을 맡는다. 출발 전 경로, 목적지, 비행 시간, 기상 조건 등 비행기 운항에 관한 사항을 확인하고, 승무원들에게 지시 사항을 전달하며, 관제탑에 보고한 뒤 출발한다. 운항 후에는 운항 일지를 기록하고, 설비상의 문제를 항공사의 정비 부서에 알린다.

항공기 조종사가 되는 방법을 알려 주세요.

공군 사관 학교 4년 과정을 마치면 군 조종사가 될 수 있고, 재학 중에 운송용 조종사 면허를 취득하면 임관*하고 10년 뒤에 항공기를 조종할 수 있는 자격이 주어진다. 일반 대학의 항공 조종학과 등 관련 학과를 졸업한 경우에는 비행 교육원에서 교육 과정을 이수하여 면허를 취득해야 한다. 외국의 비행 학교에서 면허증을 취득하고, 국내에서 자격증 전환 시험에 통과하면 항공기 조종사가 될 수 있다.

✱ 임관 군대에서 장교 후보생이 장교로 임명되는 것

흥미 유형
현실형
관습형

능력과 성격
신체 운동 능력
공간 지각 능력
수리 논리력
문제 해결력
외국어 능력
판단력
체력

관련 자격
사업용 조종사
운송용 조종사
자가용 조종사
부조종사

관련 문의 기관
한국 항공 진흥 협회
대한민국 공군
한국 공항 공사
교통 안전 공단
항공 인력 개발 센터

관련 직업
시험 비행 조종사
항공 운항 관리사
항공 교통 관제사
항공기 정비사

관련 학과
공군 사관 학교
항공 운항학과
항공 교통학과
항공 조종학과

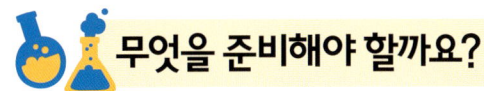 무엇을 준비해야 할까요?

 필수

돌발 상황에 신속하고 정확하게 판단하여 대처하는 능력이 필요해요. 공간과 지리 등에 대한 기본 지식도 필수 요건이지요.

 중요

외국의 항공 교통 관제사와 소통할 수 있는 외국어 실력을 갖춰야 해요. 많은 사람의 안전을 책임진다는 사명감과 책임감도 중요해요.

 도움

시력과 기초 체력 관리가 필요해요. 어린이 항공 체험 교실이나 항공 박물관 등을 방문하여 항공기 조종사가 하는 일을 체험해 보세요.

 앞으로의 전망은 어떤가요?

해외여행객 증가, 항공 화물 운송량의 증가 등으로 항공사와 항공기 운항 횟수가 늘어나 앞으로 항공기 조종사의 일자리 수요가 늘어날 것으로 예상된다. 조종 경험이 쌓이면 지리와 기상 환경에 따른 판단 능력을 기를 수 있기 때문에 발전 가능성이 높다. 다른 사람이 대신할 수 없는 전문 영역이라 연봉 수준과 사회적 대우가 좋다. 하지만 운항 중 고도의 집중력을 발휘해야 해서 스트레스가 많은 직업이다.

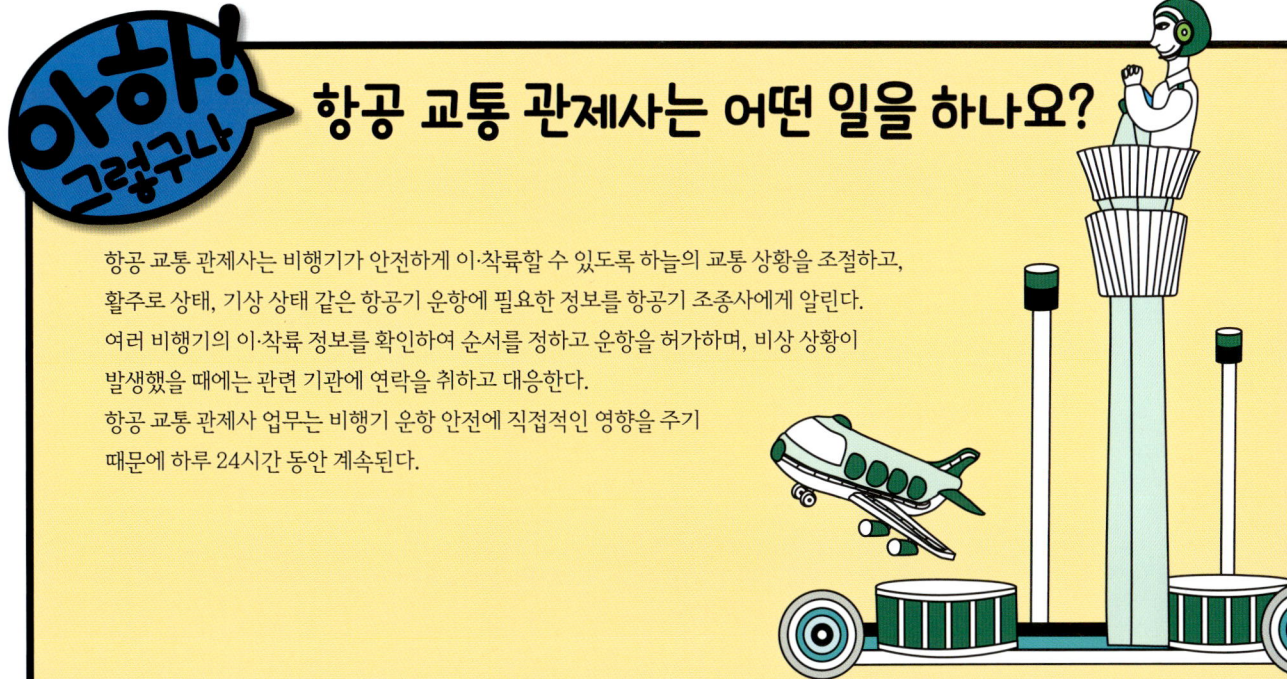

항공 교통 관제사는 어떤 일을 하나요?

항공 교통 관제사는 비행기가 안전하게 이·착륙할 수 있도록 하늘의 교통 상황을 조절하고, 활주로 상태, 기상 상태 같은 항공기 운항에 필요한 정보를 항공기 조종사에게 알린다. 여러 비행기의 이·착륙 정보를 확인하여 순서를 정하고 운항을 허가하며, 비상 상황이 발생했을 때에는 관련 기관에 연락을 취하고 대응한다.
항공 교통 관제사 업무는 비행기 운항 안전에 직접적인 영향을 주기 때문에 하루 24시간 동안 계속된다.

공학/자연과학

항공기 정비사

항공기 안전을 책임지는 정비 전문가, 서민호

 Q 항공기 정비사가 된 과정에 대해 설명해 주세요.

어릴 적부터 넓은 세상을 돌아다니는 꿈을 꾸었습니다. 그러다가 우연히 파란 하늘을 나는 비행기를 보고 '저 비행기는 어떻게 하늘을 날까?', '하늘에서 보는 세상은 어떨까?' 궁금해졌지요. 제가 어렸을 때만 해도 형편이 어려워 중학교에 진학하지 못하는 친구가 많았습니다. 저 역시 형편이 어려워 힘들게 중학교를 다니던 중, 나라의 지원을 받으며 항공기 정비 기술을 배우는 공군 기술 고등학교(현 공군 항공 과학 고등학교)를 알게 되었습니다. 결국 고등학교에 진학하여 공부를 계속할 수 있고, 꿈도 이룰 수 있겠다는 생각에 항공 정비 과정을 지원하게 되었습니다.

 Q 항공기 정비사는 어떤 자질을 갖추어야 할까요?

항공기 정비사는 업무 하나하나가 수많은 사람의 생명과 직결되는 아주 중요한 일입니다. 나사 하나를 조일 때에도 지침에 맞게 하는 세심함과 책임감이 요구되지요. 정직함과 성실함도 반드시 필요한 덕목입니다. 항공기 운항 중 돌발 상황이 발생하면 대형 사고로 이어질 수 있으므로 정비 규정에 따랐는지, 정비 과정 중에 빠진 단계는 없었는지 꼼꼼하게 확인해야 합니다. 완벽하게 정비되었는가는 업무를 수행한 본인이 가장 잘 알 수 있기 때문입니다. 빠르게 발달하는 항공 장비와 기술에 대해 꾸준히 공부해야 하므로 성실함도 필요하지요. 또 항공기 정비사가 보는 모든 설명서는 영어로 쓰여 있기 때문에 영어 실력도 꼭 갖추어야 하는 자질입니다.

Q 가장 보람을 느낄 때는 언제인가요?

수리한 항공기가 수많은 손님을 태우고 안전하게 하늘을 날 때 누가 알아주지 않아도 무한한 보람을 느낍니다. 특별히 대통령 전용기 정비사로 선발되어 대통령을 모신 비행기에 함께 타고 세계 여러 나라를 방문했을 때가 기억에 남습니다. 전용기를 완벽하게 정비하여 임무를 무사히 수행했을 때 무엇과도 견줄 수 없는 보람을 느꼈습니다.

Q 일을 하시면서 힘이 들 때도 많지요?

모든 공정마다 지침에 맞게 되었는지 확인하고 또 확인해야 하는 점이 어렵습니다. 다른 직업은 어느 정도 경력이 쌓이면 업무가 익숙해지지만 항공기 정비사는 경력이 오래되어도 계속 새로운 항공기에 대해 배우고, 새로 배운 내용대로 정비를 해야 하기 때문에 쉬지 않고 공부를 해야 합니다. 또 비행기의 운항 스케줄이나 회사에 따라 24시간 내내 정비 업무가 이어지는 경우가 많은데 아직도 야간 근무에 적응하는 일이 쉽지 않습니다.

Q 앞으로의 전망을 어떻게 보시나요?

현재 항공기 정비사 중에는 65세가 넘은 기술자도 있습니다. 보수가 많은 편이고, 고용도 안정적이라 앞으로도 지원하는 사람이 많을 것입니다. 다만 항공기 정비사는 관련 과목을 전공했거나 자격증을 취득했다고 해서 쉽게 취업이 보장되지 않기 때문에 실력을 인정받기 위해 많은 노력을 해야 합니다. 멋져 보여서 또는 보수 등을 이유로 항공기 정비사가 되어야겠다고 생각하는 것이 아니라, 영어 실력과 체력 관리는 물론 무슨 일이든 내가 손을 댄 작업은 끝까지 책임진다는 사명감을 가진 사람만이 잘 해낼 수 있는 일임을 명심했으면 좋겠습니다.

서민호 님 약력
- 현 아시아나항공 소속 항공기 정비사
- 아시아나항공 정비 훈련 강사
- 교통 안전 공단 항공기 정비사 자격증 실기 시험관
- 공군 항공 과학 고등학교 항공 정비과 졸업
- 미국 연방 항공국(FAA) 발급 자격증 취득

항공기 정비사 에 대해 알아볼까요?

 **항공기 정비사는 어떤 직업인가요?**

항공기의 안전한 운항을 위해 항공기의 몸체나 엔진 및 계기 등을 정비한다. 각종 장비를 이용해 비행기의 어느 부분이 고장 났는지, 범위는 어느 정도인지에 대해 정확히 진단하고 검사를 한다. 항공기의 변형 및 파손, 녹이 슨 부분 등을 확인하고 각종 계기판 및 기관의 작동 상태 이상 등을 살피며, 연료, 오일 및 수명이 다한 부품을 교환한다. 항공기 정비사는 새로운 항공기가 생산되면 해당 항공기에 대해 정비 교육을 받는다.

 항공기 정비사가 되는 방법을 알려 주세요.

항공 고등학교, 공군 항공 과학 고등학교에서 기술을 배우거나 대학에서 기계 공학, 항공 정비학 등을 전공하는 방법, 공군으로 입대하여 항공 정비 업무를 익혀 진출하는 방법이 있다. 민간 항공사에서 운영하는 정비 직업 훈련원에서 기술을 배우기도 한다. 학력보다는 경력을 우선으로 보는 경우가 많고 항공 기관 정비 기능사, 항공 기체 정비 기능사 같은 자격증을 취득하면 유리하다.

무엇을 준비해야 할까요?

 **필수**

기계, 전기, 전자 분야에 대한 관심과 손재주가 필요해요. 복잡하고 정밀한 기계를 다루므로 높은 수준의 집중력과 판단력도 필요해요.

 **중요**

수많은 사람의 안전을 책임진다는 마음가짐이 중요해요. 업무에 필요한 자료를 보려면 영어 실력도 갖추어야 하고요.

 **도움**

각종 모형 조립 활동, 전기, 전자 분야의 활동, 과학반 동아리 활동이 도움이 되어요. 항공기에 관련된 책을 읽는 것도 좋아요.

 앞으로의 전망은 어떤가요?

해외여행객 증가, 비행기를 이용한 화물 운송량의 증가로 민간 항공사와 항공기 대수가 꾸준히 늘고 있다. 그에 따라서 항공 정비사의 일자리 수요가 늘고 있으며 이러한 변화는 앞으로 몇 년간 계속될 것으로 보인다. 임금과 직장 내 복지 혜택 수준이 높고, 회사에 들어가 경력이 쌓일수록 전문 지식과 경험을 인정받기 때문에 정년까지 고용이 안정적이다.

 항공 기관사는 어떤 일을 하나요?

항공 기관사는 비행기 운항 중에 조종실 내의 각종 계기를 확인하여 정상적으로 작동하는지를 점검하는 사람이다. 비행기의 중량 및 균형, 남아 있는 연료를 점검하고, 항공기 조종사의 지시에 따라 엔진을 비롯한 각종 장비의 스위치를 조작한다. 비행 일지를 작성하여 비행기의 이상 여부를 항공기 정비사에게 알리기도 한다.

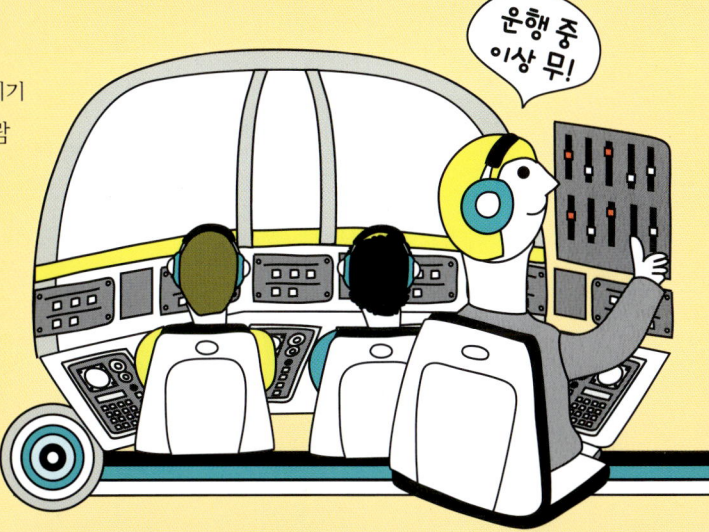

항공 우주 연구원

우주 강국을 준비하는 박정주

Q 연구원님이 소속된 한국항공우주연구원은 어떤 일을 하나요?

한국항공우주연구원에서는 항공과 우주에 관한 연구를 합니다. 항공 분야에서는 유인 또는 무인 항공기를 개발하고, 우주 분야에서는 인공위성 개발 및 운영, 인공위성 발사체인 로켓을 개발합니다. 이러한 연구·개발 활동에는 여러 분야의 전문 연구원들이 함께하지요. 또 각종 항공기와 발사체를 생산하는 산업체와 긴밀하게 협력하기 때문에 연구원의 업무는 연구실에서 혼자 머리를 짜내어 연구하는 과학자의 모습과 차이가 있습니다. 기술적인 문제를 해결하기 위해 혼자 고민도 하지만 많은 시간을 여러 분야의 전문가들과 토론하고 현장에서 테스트를 하면서 보내지요. 함께 일하는 산업체가 전국에 흩어져 있고, 성능을 평가하는 시험장도 연구소에서 멀어서 출장도 자주 다녀야 합니다.

Q 우리나라의 항공 우주 공학 분야의 기술력은 어느 수준일까요?

우리나라가 세계적으로 인정받는 반도체, 자동차, 조선 같은 분야에 비해서 항공 우주 공학 분야의 기술력은 아직 초기 단계라고 할 수 있습니다. 인공위성 분야는 비교적 발달했지만 발사체 분야는 세계 선진국과 기술 차이가 아직 큽니다. 그 이유는 우리나라가 발사체 분야에 뛰어든 시기가 선진국들보다 많이 늦었고, 투자도 적었기 때문입니다. 지금은 항공 우주 산업의 가능성에 관심을 갖고 투자를 늘리고 있으므로, 앞으로 선진국과의 기술 격차가 많이 줄어들 것입니다.

박정주 님 약력

현 한국항공우주연구원
　한국형 발사체 개발 사업단 발사체 체계 1실
대한민국 최초 우주 발사체 나로호 개발 참여
2003 과학 기술 훈장 도약장 수상
서울대학교 항공 공학과 졸업, 카이스트 항공 공학과 석사 및 박사

Q 영화 속에서 본 우주의 모습이 실제와 비슷한가요?

오래전에 만들어진 〈스타워즈(Star Wars)〉나 〈스타트랙(Star Trek)〉과 같이 외계인이 나오는 영화는 상상해서 만든 것이니 실제와 차이가 있겠죠. 그렇지만 요즘의 〈그래비티(Gravity)〉 같은 영화는 실제 우주에서 본 지구나 우주의 모습 등을 참고하여 만들어 현실과 많이 닮았을 것이라고 생각합니다. 영화에서처럼 우주는 공기가 없는 진공 상태이며 우주 공간을 떠다닐 때는 중력도 느끼지 못합니다. 이러한 현상은 지구를 둘러싼 대기권만 벗어나면 경험할 수 있지요. 하지만 우주는 우리가 상상하는 것 이상으로 커서 머나먼 외계의 행성 사정은 과학적으로 연구하여 추측할 수밖에 없어요. 그렇다고 터무니없는 거짓말이라고 단정 짓기도 어렵습니다.

Q 연구원님이 이 일을 하면서 가장 보람을 느꼈거나 짜릿했던 순간은 언제였나요?

우주 발사체는 개발하는 데 5년에서 10년 정도의 오랜 기간이 걸립니다. 하지만 다 개발한 후에 실패와 성공을 판가름하는 데는 우주 발사체의 비행 시험 시간인 10분도 채 안 걸리죠. 그렇기 때문에 발사 시일이 다가오면 성공과 실패에 대한 부담감이 상당합니다. 대한민국 최초의 우주 발사체인 나로호(KSLV-1)는 지상에서 이륙한 지 9분 후에 인공위성이 지구 둘레를 도는 궤도에 진입함으로써 성공적으로 임무를 완수했습니다. '성공'을 감지했을 때 온몸으로 느꼈던 짜릿한 경험은 평생 잊지 못할 거예요. 이따금씩 세 번째 발사마저 실패했다면 어땠을까라는 상상을 하면 아찔해지기도 하지요.

Q 항공 우주 산업의 현재와 미래를 어떻게 보시나요?

제가 대학에 진학할 때만 해도 항공 공학과에 들어갈 것이라고 하면 "지금은 잠잠하지만 전망이 좋아."라는 얘기를 주변에서 많이 했습니다. 지금 항공 공학과에 간다고 하면 뭐라고 할까요? "지금도 괜찮지만 앞으로는 더 좋아질걸." 하고 얘기할 거예요. 지구 둘레를 도는 인공위성에 신호를 보내어 위치를 파악하는 위성 항법 장치(GPS)는 우리 생활 곳곳에서 쓰이고 있습니다. 인류가 지구 밖으로 나가 우주에 들어선 지 60년도 채 안 되었지만 항공 우주 산업은 우리 생활에 깊이 파고들어 온 셈이지요. 앞으로 우주와 관계된 산업은 지금보다 더 크게 성장할 것이라고 생각합니다. 더불어 항공 우주 분야에 종사하는 사람들과 그들이 하는 일도 늘어나겠지요.

항공 우주 연구원에 대해 알아볼까요?

 **항공 우주 연구원은 어떤 직업인가요?**

항공 우주 연구원이 하는 일은 크게 항공 공학 분야와 우주 공학 분야로 나뉜다. 항공 공학 분야 기술자는 인공위성, 로켓, 미사일, 전투기 같은 비행 물체의 몸체에 필요한 장치, 각종 통신 설비 등을 설계하고 제작한다. 우주 공학 분야 기술자는 인공위성의 설계나 개발에 참여하고, 우주 공간을 비행하기 위한 기술을 연구한다. 각종 비행 물체나 부품이 정상적으로 작동하는지 확인하고, 발사 및 비행 물체의 안전성에 대한 분석 업무도 한다.

 **항공 우주 연구원이 되는 방법을 알려 주세요.**

항공 우주 연구원이 되기 위해서는 대학에서 항공 우주 공학, 기계 공학, 물리학, 전자 공학 등을 전공해야 한다. 일을 하면서 높은 수준의 전문 지식을 요구하기 때문에 대학원 과정을 이수하면 더 유리하다. 항공 기관 기술사, 항공기체 기술사, 항공 기사 같은 자격 시험에 통과하는 것도 도움이 된다. 항공기 제작 업체, 한국항공우주연구원, 우주 산업 연구소 등에서 일한다.

항공우주 연구원이 되려면?

흥미 유형
현실형

능력과 성격
공간 지각 능력
수리 논리력
분석력
판단력
대인 관계 능력
외국어 능력
도전 정신

관련 자격
항공 기사
항공기체 기술사
항공 기관 기술사

관련 문의 기관
한국 항공 우주 학회
나로 우주 센터 우주 과학관
한국항공우주연구원

관련 직업
발사체 기술 연구원
발사체 추진 기관 연구원
국제 우주 정거장 운영자
인공위성 분석원
위성통신망 운용원

관련 학과
항공 우주 공학과
전기·전자 공학과
컴퓨터 공학과
통신 공학과
기계 공학과
물리학과

무엇을 준비해야 할까요?

 **필수**

항공 우주 공학에 관한 공부를 많이 해야 해요. 항공 우주 산업 관련 자료를 보려면 영어 실력이 꼭 필요하므로 미리 준비해야 해요.

 **중요**

호기심과 탐구심, 문제 해결을 위한 논리적 사고 능력이 필요해요. 다른 사람과 명확하게 의사소통을 할 수 있는 능력도 갖추어야 하고요.

 **도움**

새로운 기술을 배우고, 적응할 수 있는 자세와 유연함을 갖추어야 해요. 우주 체험 센터, 우주 박물관 등을 체험해 보는 것도 도움이 되어요.

 앞으로의 전망은 어떤가요?

항공 우주 산업 분야는 전 세계적으로 빠르게 발전하여 우리 생활에도 많은 영향을 주고 있다. 우리나라 정부에서도 항공 우주 공학을 미래 산업을 이끌 핵심 분야로 보고 적극적으로 지원하고 있다. 이러한 흐름에 따라 항공 우주 연구원의 직업 전망은 매우 밝을 것으로 예상된다. 직업의 전문성이 높기 때문에 고용이 안정적이고, 임금을 비롯한 사회적 대우가 좋다.

아하! 그렇구나 국제 우주 정거장(ISS) 운영자는 어떤 일을 하나요?

우주에는 지구 주위를 일정한 속도로 도는 우주 정거장이 있다. 우주 탐사를 할 때 먼저 우주 정거장으로 사람과 장비를 보내어 시설물을 점검한 뒤, 우주 왕복선으로 옮겨 안전하게 우주 공간에 머무를 수 있도록 한다. 여러 나라가 함께 운영하는 국제 우주 정거장의 운영자는 우주 실험이나 우주 관측을 수행하며 몇 개월에 한 번씩 담당자를 바꾼다.

공학/자연과학

해양 생물학자

바닷속 미래를 개척하는 황운기

Q 어떤 일을 하시는지 소개해 주세요.

해양 생물학은 그 범위가 엄청나게 넓어서 해양 생물학자가 하는 일도 매우 다양해요. 간단히 설명하면 해양 생물학자는 우리가 알 수 없는 바닷속에서 새로운 생물을 찾아 인간이 얼마나 소중하게 이용할 수 있는가에 관해 연구하는 일을 합니다.
바닷속에는 우리가 모르는 생물이 무척 많이 살아요. 그 생물들을 어떻게 보존하고 이용할 수 있는가를 고민한답니다.

Q 해양 생물학자가 된 계기는 무엇인가요?

저는 동해안의 작은 어촌에서 태어나 어린 시절을 바다와 함께 보냈습니다. 아버지가 어부셔서 자연스럽게 바다에 사는 생물의 이름을 익힐 수 있었지요. 여름이 되면 하루에도 몇 번이고 해수욕을 하곤 했습니다. 어린 시절부터 바다를 가까이해서 그런지 대학 진학 역시 바다와 관계가 있는 전공을 선택했고, 바다에 대해 공부하면서 해양 생물학자가 되어야겠다고 다짐했던 것 같아요.

황운기 님 약력

현 서해 수산 연구소 해양 생태 위해 평가 센터 선임 연구사
한국 해양 생명 과학회 임원
《일본의 수환경 행정》 번역 집필 외 국제 논문 발표
일본 홋카이도대학교 수산학부 박사

음악 춤 / 미술 디자인 / 스포츠 / 방송 언론 출판 / 서비스 / 의료 / IT / 교육 / 법 행정 / 경제 금융

Q 해양 생물학자가 되려면 어떤 준비가 필요할까요?

무엇보다 늘 바다에 대한 호기심을 가지는 것이 중요한 것 같습니다. 물고기의 이름과 특징을 궁금해하는 수준의 호기심 말입니다. 자질은 호기심에서 출발하여 여러 가지 준비와 교육에 의해 자연스럽게 생기기 때문에, 적게라도 관심이 있고 노력할 마음가짐만 있다면 누구든지 해양 생물학자가 될 수 있다고 생각해요.

해양 생물학자가 되고 싶다면 해양과 수중 생물의 특징을 소개하는 책을 많이 읽을 것을 권합니다. 해양 생물학의 수많은 분야를 직접 경험하기는 불가능하므로, 책을 통해 간접 체험하고 공부하는 과정이 필요합니다. 그러는 동안 해양 생물학의 여러 분야 중 자기 적성에 맞거나 유난히 관심이 가는 분야를 발견할 수 있을 거예요.

Q 가장 보람을 느낄 때는 언제인가요?

학자는 다른 사람이 연구 성과를 알아주지 않아도 연구를 즐길 수 있어야 합니다. 미래를 개척한다는 자부심을 갖고, 연구 결과를 세상에 발표하여 많은 사람이 해양 생물에 대해 더 쉽게 이해하는 모습을 보면서 큰 보람을 느낍니다.

Q 앞으로의 전망을 어떻게 보시나요?

해양 생물 연구는 삼면이 바다로 둘러싸인 우리나라의 미래를 이끌어 나갈 분야라고 생각합니다. 해양 생물학자는 연구하는 분야마다 여러 갈래로 나뉘지만 고래, 바다사자 같은 생물의 습성과 형태 등을 알아내거나 해양 환경 보존과 오염 개선 방향을 연구하여 깨끗한 해양 환경을 만드는 데 기여할 수 있습니다. 또 전복이나 새우 같은 생물의 양식 기술을 개발하여 생산량을 늘리고 양식업에 종사하는 어민의 소득을 늘릴 수 있답니다. 만약 자격을 갖추었다면 남극 세종 기지에 가 더 새로운 분야를 연구할 기회를 얻을 수도 있지요.

Q 삶에 영향을 미친 멘토가 있으신가요?

두 분이 떠오릅니다. 한 분은 바다를 대하는 태도와 가치관을 만들어 주신 아버지이고, 다른 분은 제가 일본에서 공부할 때 더 나은 해양 생물학자가 될 수 있도록 연구를 이끌어 주신 홋카이도대학교의 무기야 야스오라는 지도 교수님입니다. 아버지를 통해 바다를 알게 되었고, 지도 교수님을 통해 해양 생물학자의 기초를 다질 수 있었어요.

해양 생물학자에 대해 알아볼까요?

 **해양 생물학자는 어떤 직업인가요?**

우리나라 주변 바다의 생태계 특징을 조사하여 건강한 해양 생태* 환경을 만들기 위해 노력하고, 물고기, 어패류, 해조류 등의 품질과 생산성을 높이기 위한 연구를 한다. 해양 생물을 연구하여 인간의 생활에 도움을 주는 새로운 물질을 찾아내고, 육지에서 흘러 들어간 오염 물질이 바다의 생태계에 어떤 영향을 미치는지 등에 대한 연구 활동을 하여 해양 생태계를 보전한다. 각종 통계 자료를 수집·분석하여 정부의 수산 정책 수립의 기초 자료를 제공한다.

*생태 생물이 살아가는 모양이나 상태

 **해양 생물학자가 되는 방법을 알려 주세요.**

해양 생물학, 해양 수산 자원학, 해양 공학 등 관련 학과에 진학하여 전문 지식을 배워야 한다. 특히 해양 생물 연구 분야의 경우 박사 학위 이상을 요구하는 경우가 많다. 또 해양 조사, 양식 기술 개발 업무를 하려면 어로 기술사, 수산 양식 기능사 같은 자격증이 필요하다. 대학에 속한 연구소, 정부 기관이나 정부가 운영하는 연구소, 자원 개발 회사 등에서 일한다.

해양생물학자가 되려면?

흥미 유형
사회형

능력과 성격
관찰력
논리적 사고력
창의력
분석력
인내력

관련 자격
수산 양식 기능사
수산 제조 기술사
어로 기술사
어업 생산 관리 기사
해양 환경 기사

관련 문의 기관
국립 수산 과학원
한국 해양 수산 개발원
한국 해양 수산 연구원

관련 직업
해양 공학 기술자
해양학 연구원
해양 환경 연구원

관련 학과
수산 자원 개발학과
해양 수산 자원학과
해양 공학과
해양 생물학과
해양 시스템 공학과

 ## 무엇을 준비해야 할까요?

 **필수**
바다와 바다 생물에 대한 관심이 필요해요. 자연 과학 과목을 열심히 공부하고 논리적으로 분석하는 능력을 길러야 해요.

 **중요**
오랜 기간 배에서 생활하는 경우가 많아 강인한 체력과 인내심이 필요해요. 관찰력과 탐구 능력을 갖추는 것도 중요해요.

 **도움**
해양 환경, 해양 생태계, 우리나라의 바다를 다룬 책을 많이 읽고, 자연 다큐멘터리를 보아 관련 지식을 쌓으면 도움이 되어요.

앞으로의 전망은 어떤가요?

우리나라는 삼면이 바다로 둘러싸여 있어 바다 자원 및 해양 생물 연구 분야의 발전 가능성이 매우 높다. 최근에는 어업의 발달 흐름이 잡는 어업에서 기르는 어업으로 변화하고 있기 때문에 해양 생물학자의 역할이 매우 중요해질 것으로 예상된다. 해양 생물학자가 하는 일은 전문성이 높아 고용이 안정적이지만, 근무 시간이 길고 업무량이 많아 어려움이 있을 수 있다.

 ## 해양 공학 기술자는 어떤 일을 하나요?

바다 근처에 부두, 공업 단지 등을 조성하기 전에 해양 환경을 조사하는 일을 한다. 또 적조 현상의 원인이나 확산 경로, 해류의 흐름 등을 파악하여 효과적인 대안을 세우기도 한다. 선박 및 바다와 관련된 정보 시스템 개발, 해양 관측 시스템 개발, 바다 밑에 묻힌 광물 자원 탐사 등을 연구하는 것도 해양 공학 기술자의 주요 업무이다.

공학/자연과학

항해사
안전한 항해를 책임지는 김진영

Q 원래 선박에 관심이 많으셨나요?

막연하게 전 세계 사람들과 소통하며 일하는 글로벌 인재가 되는 것이 꿈이었습니다. 그러던 중 우연히 항해를 전공할 수 있는 해양 대학교가 눈에 띄었습니다. 제 고향인 충청도는 바다와 거리가 멀어서 바다와 관계있는 학과가 익숙하지 않았지만, 그래도 넓은 바다를 누빌 수 있다는 점이 큰 매력으로 다가왔습니다. 그 이후 저는 오직 항해사를 목표로 열심히 달려왔습니다.

Q 항해사는 어떤 일을 하나요?

항해사는 선박이라는 대형 운송 수단을 안전하고 경제적으로 운항할 수 있는 면허를 취득한 사람으로, 여객 운송 산업에 필수적인 전문 인력입니다. 바다에는 항로라는 보이지 않는 길이 있는데 항해사는 이 길을 따라 선박을 안전하게 이동시키지요. 또한 수십만 톤에 이르는 대형 선박이 사람이나 물건을 싣고 원하는 목적지에 잘 도착해서 내리는 업무까지 원활하게 진행할 수 있도록 관리·감독하기도 합니다. 항해사는 직책에 따라 총책임자인 선장, 1등 항해사, 2등 항해사, 3등 항해사가 있습니다. 3등 항해사부터 시작해서 경력을 쌓고 2등 항해사, 1등 항해사, 선장 순으로 진급합니다. 한 번 항해할 때 평균적으로 6~8개월 승선하고, 1~2개월 휴가를 받습니다. 거대한 선박을 조종하는 일은 전문 기술이 필요하며 다른 직종보다는 상대적으로 고액 연봉을 받으며 일을 합니다.

김진영 님 약력
- 현 SK해운 3등 항해사
- 여성 최초 액화 천연가스(LNG)선 승선
- 한국 해양 대학교 항해학부 졸업

음악 춤 | 미술 디자인 | 스포츠 | 방송 언론 출판 | 서비스 | 의료 | IT | 교육 | 법 행정 | 경제 금융

Q 언제 보람을 느끼시나요?

항해사는 선박 운항뿐만 아니라 선박에 화물을 싣고 목적지에 도착하여 무사히 내려야 하는 책임이 있습니다. 그래서 운항을 마치고 배에 싣고 있던 화물을 내리는 작업을 하는 모습을 보면 안도감과 보람을 느낍니다. 선박에 탄 사람들의 안전을 지키고, 질서를 유지하는 것도 항해사의 중요한 책임입니다. 기상이 나빠 멀미를 한 날도 많고 다른 배와 아슬아슬하게 충돌할 뻔했던 날도 있지만, 이러한 조건에서도 끝까지 긴장을 늦추지 않고 안전하게 운항을 했을 때에도 보람을 느껴요.

Q 세계적으로 여성 항해사의 수가 남성보다 적은 편이지요? 여성 항해사로서 어려운 점은 무엇인가요?

해운 산업에서 활동하는 우리나라의 여성 인력 중 여성 항해사는 소수입니다. 승선은 남성이 하는 일이라는 사회적인 인식 때문에 여성의 고용 기회가 적은 편이지요. 그러나 항해사로 일을 하면서 성별로 인한 차이는 느끼지 못했습니다. 남성과 똑같이 당직을 서고, 같은 시간 일한 뒤 휴식을 취하며, 하루 세 번 교대로 일하는 업무 방식은 다를 바가 없습니다.
여성이라서 힘들다기보다는 바다라는 특수한 환경에서 오는 육체적, 정신적인 어려움이 큽니다. 이것은 남성 항해사들도 마찬가지예요. 여성 항해사도 남성과 같은 과정을 이수하며 실력을 쌓습니다. 남성과 여성의 체력적인 차이는 이를 악물고 업무에 열심히 집중하여 극복할 수 있으므로 다 같은 '항해사'로 생각해 주시면 좋겠습니다.

Q 항해사를 꿈꾸는 어린이들에게 조언해 주세요.

자원이 부족한 우리나라에서는 무역 의존도가 높을 수밖에 없고, 주요 무역품인 석유, 천연가스 및 기타 물품의 운송은 대부분 선박을 통해 이루어지죠. 해운 산업은 국민 경제의 안정, 국가의 지속적인 경제 발전에 필수적인 요소가 되고 있습니다. 경쟁력 있는 해운 산업을 이끌어 가는 데에는 선박 운항의 전문 지식과 기술을 갖춘 항해사가 꼭 필요합니다. 항해사가 되려고 한다면 국가 경제를 책임질 것이라는 자부심을 가지세요.

항해사에 대해 알아볼까요?

 **항해사는 어떤 직업인가요?**

여객선, 화물선, 원양 어선 등을 운전하고 선원들을 감독하여, 안전한 운항을 총괄적으로 책임진다. 출발 전에는 목적지와 이동 경로의 기후 등을 확인하고, 선박의 상태를 점검한다. 운항 중에는 선박의 정확한 위치와 항로, 배의 안전, 비품 관리 등 전반적인 사항들을 감독한다. 항해사는 선장, 1·2·3등 항해사로 총 4개의 직책으로 구분한다. 선장은 선박과 관련된 업무의 총책임자이고, 각 등급에 따라 항해사가 하는 일이 다르다. 선박의 크기에 따라 항해사가 1~2명만 근무하기도 한다.

 **항해사가 되는 방법을 알려 주세요.**

국립 해사 고등학교, 해양 대학교로 진학하면 전문 지식을 배울 수 있다. 항해사가 되려면 해기사 면허증을 취득해야 하는데 선박의 운항, 선박 기관의 작동, 선박 통신 업무 수행을 위한 능력을 평가한다. 6급에서 1급까지 단계가 나뉜다. 배에서 일한 실무 경력과 학력에 따라 응시 자격이 다르고, 취득한 자격증에 따라 탈 수 있는 선박의 크기와 담당 직책도 달라진다.

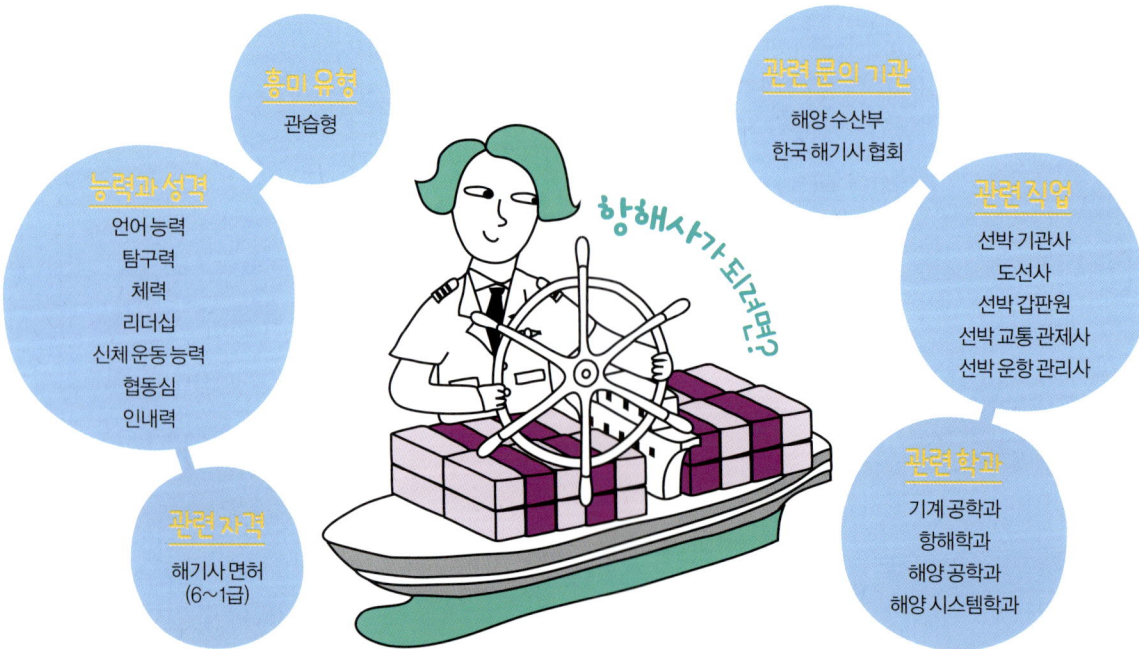

흥미 유형
관습형

능력과 성격
언어 능력
탐구력
체력
리더십
신체 운동 능력
협동심
인내력

관련 자격
해기사 면허
(6~1급)

관련 문의 기관
해양 수산부
한국 해기사 협회

관련 직업
선박 기관사
도선사
선박 갑판원
선박 교통 관제사
선박 운항 관리사

관련 학과
기계 공학과
항해학과
해양 공학과
해양 시스템학과

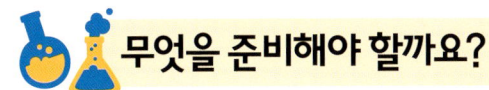 무엇을 준비해야 할까요?

 **필수**

여러 선원을 이끌 수 있는 통솔력과 리더십이 필요해요. 항해에 필요한 실무 능력과 비상 상황에 대응하는 판단력을 길러야 해요.

 **중요**

오랜 기간 바다 위에서 항해해야 하므로 인내심과 밝은 성격이 중요해요. 동료들과 협동하는 마음가짐도 중요하지요.

 **도움**

뱃멀미를 극복해야 하고, 강인한 체력도 필요해요. 다른 나라의 해상 교통 관제 센터와 의사소통을 할 수 있는 외국어 실력도 길러야 하지요.

 앞으로의 전망은 어떤가요?

자유 무역 협정이 체결되고 해외 무역 증가로 선박을 통한 국제 운송량이 늘어나고 있다. 또한 대형 여객선 여행에 대한 사람들의 관심이 높아져 항해사의 일자리 전망 및 고용 수준도 안정될 것으로 예상된다. 하지만 한편에서는 자동화 시스템을 갖춘 선박이 개발되어 앞으로 일자리가 줄어들 것이라고 바라보기도 한다. 바다에 나가면 수개월 이상 항해하는 경우도 있어 근무 시간이 길고, 불규칙한 편이다.

아하! 그렇구나 도선사는 어떤 일을 하나요?

도선사는 항구에서 배의 출항과 입항을 안내해 주는 사람이다. 보통 20년 이상의 선장 근무 경력이 있는 선박 운항 전문가들이 활동하여 '해기사의 꽃'이라고 부른다. 선박 조종이 힘든 항구에서는 배에 직접 올라타서 출항과 입항을 대신 맡아 주기도 한다. 배에 올라오는 시점부터는 배의 모든 선원과 시스템을 도선사가 총지휘·감독한다. 따라서 선장 이하 모든 선원은 도선사의 지시에 따라 움직여야 한다.

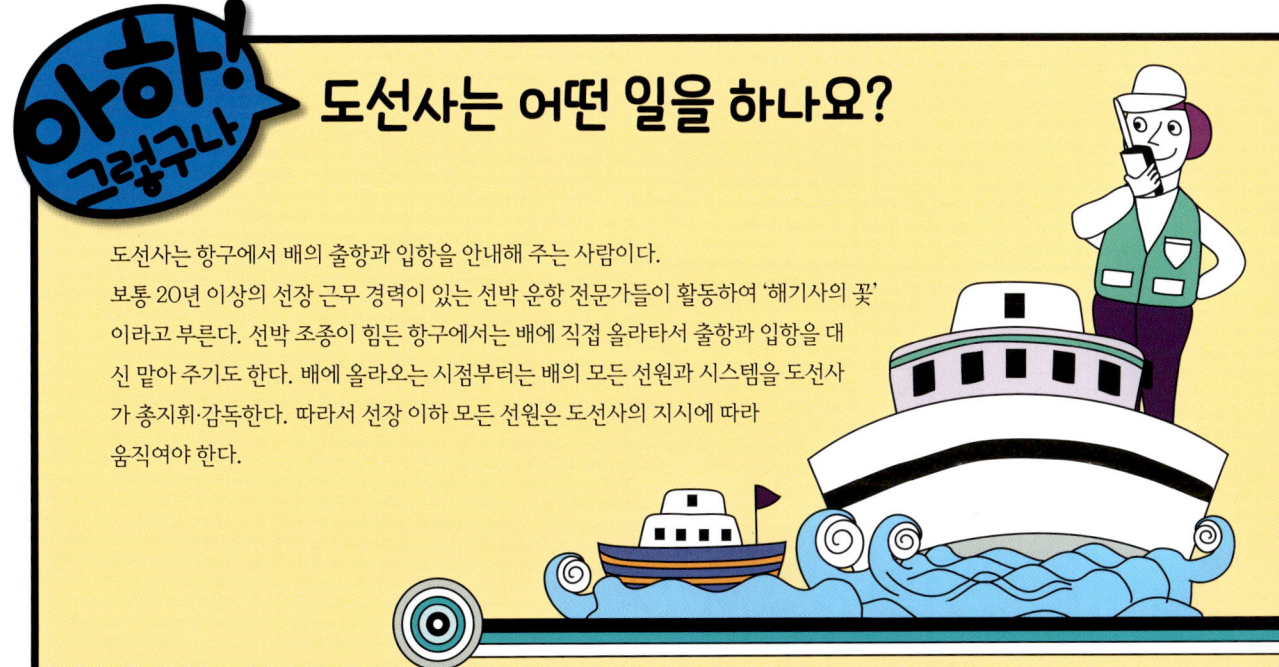

기상 예보관

날씨와 기후를 예측하는 임장수

Q 기상 예보관이 된 특별한 이유는 무엇인가요?

중학교 때부터 물리 과목에 관심이 많아 대학도 물리학과를 지원했어요. 막상 공부를 하다 보니 물리학도 분야가 매우 다양하더라고요. 저는 물리학 지식이 필요한 공무원이 되어야겠다고 생각했습니다. 공무원 시험을 준비하다가 우연히 기상청 공무원 모집 공고를 보았는데, 시험 과목 중 물리 과목이 있었습니다. 기상청 업무와 물리학이 밀접한 관계가 있다는 사실을 알고, 시험에 응시했습니다. 이것이 제가 기상청 공무원이 된 출발점이지요.

Q 기상청에서는 구체적으로 어떤 일을 하나요?

기상청에서는 일기와 기후 변화를 예측하고, 기상 관련 산업, 국제 기상 업무 등의 일을 합니다. 그중에서도 주된 업무가 일기를 관측하고 예보하는 것이지요. 호우, 대설, 폭풍, 해일, 지진, 태풍, 황사 등 11종의 자연재해가 발생할 것으로 예상될 때 특보의 종류와 발생 시점, 구역 등을 미리 알아내어 주의보와 경보 발표를 합니다. 이렇게 하면 많은 사람이 먼저 대비하여 피해를 줄일 수 있지요. 또 각 나라 정부 기관들의 협약에 따라 기상 관측 자료를 공유하고, 기후 변화를 막기 위해 힘을 모아 연구하는 일도 합니다.

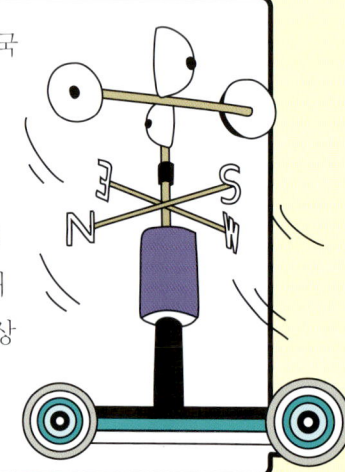

임장수 님 약력

현 대전 지방 기상청 예보과 기상 예보관

2011 우수 공무원 국무총리상 수상

2007 지식 관리 우수상 수상

충남대학교 물리학과,
서울과학기술대학교 대학원 컴퓨터 공학과 졸업

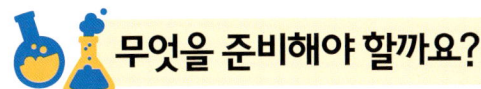 무엇을 준비해야 할까요?

 **필수**

여러 선원을 이끌 수 있는 통솔력과 리더십이 필요해요. 항해에 필요한 실무 능력과 비상 상황에 대응하는 판단력을 길러야 해요.

 **중요**

오랜 기간 바다 위에서 항해해야 하므로 인내심과 밝은 성격이 중요해요. 동료들과 협동하는 마음가짐도 중요하지요.

 **도움**

뱃멀미를 극복해야 하고, 강인한 체력도 필요해요. 다른 나라의 해상 교통 관제 센터와 의사소통을 할 수 있는 외국어 실력도 길러야 하지요.

 앞으로의 전망은 어떤가요?

자유 무역 협정이 체결되고 해외 무역 증가로 선박을 통한 국제 운송량이 늘어나고 있다. 또한 대형 여객선 여행에 대한 사람들의 관심이 높아져 항해사의 일자리 전망 및 고용 수준도 안정될 것으로 예상된다. 하지만 한편에서는 자동화 시스템을 갖춘 선박이 개발되어 앞으로 일자리가 줄어들 것이라고 바라보기도 한다. 바다에 나가면 수개월 이상 항해하는 경우도 있어 근무 시간이 길고, 불규칙한 편이다.

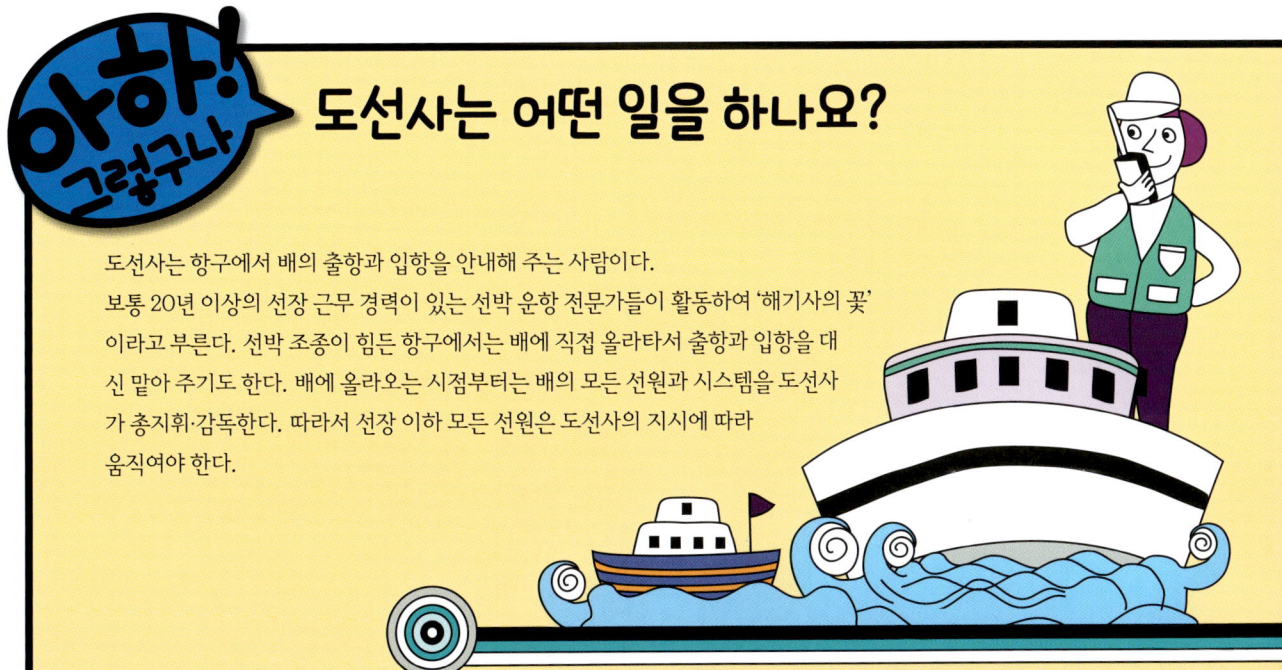

도선사는 어떤 일을 하나요?

도선사는 항구에서 배의 출항과 입항을 안내해 주는 사람이다. 보통 20년 이상의 선장 근무 경력이 있는 선박 운항 전문가들이 활동하여 '해기사의 꽃'이라고 부른다. 선박 조종이 힘든 항구에서는 배에 직접 올라타서 출항과 입항을 대신 맡아 주기도 한다. 배에 올라오는 시점부터는 배의 모든 선원과 시스템을 도선사가 총지휘·감독한다. 따라서 선장 이하 모든 선원은 도선사의 지시에 따라 움직여야 한다.

기상 예보관

공학/자연과학

날씨와 기후를 예측하는 임장수

Q 기상 예보관이 된 특별한 이유는 무엇인가요?

중학교 때부터 물리 과목에 관심이 많아 대학도 물리학과를 지원했어요. 막상 공부를 하다 보니 물리학도 분야가 매우 다양하더라고요. 저는 물리학 지식이 필요한 공무원이 되어야겠다고 생각했습니다. 공무원 시험을 준비하다가 우연히 기상청 공무원 모집 공고를 보았는데, 시험 과목 중 물리 과목이 있었습니다. 기상청 업무와 물리학이 밀접한 관계가 있다는 사실을 알고, 시험에 응시했습니다. 이것이 제가 기상청 공무원이 된 출발점이지요.

Q 기상청에서는 구체적으로 어떤 일을 하나요?

기상청에서는 일기와 기후 변화를 예측하고, 기상 관련 산업, 국제 기상 업무 등의 일을 합니다. 그중에서도 주된 업무가 일기를 관측하고 예보하는 것이지요. 호우, 대설, 폭풍, 해일, 지진, 태풍, 황사 등 11종의 자연재해가 발생할 것으로 예상될 때 특보의 종류와 발생 시점, 구역 등을 미리 알아내어 주의보와 경보 발표를 합니다. 이렇게 하면 많은 사람이 먼저 대비하여 피해를 줄일 수 있지요. 또 각 나라 정부 기관들의 협약에 따라 기상 관측 자료를 공유하고, 기후 변화를 막기 위해 힘을 모아 연구하는 일도 합니다.

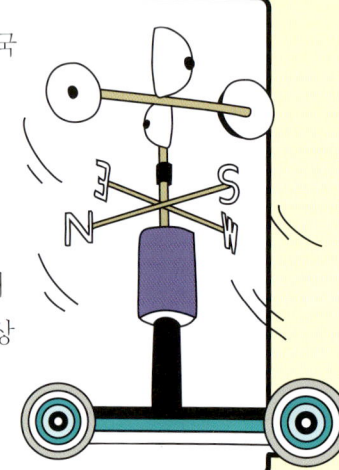

임장수 님 약력

현 대전 지방 기상청 예보과 기상 예보관

2011 우수 공무원 국무총리상 수상

2007 지식 관리 우수상 수상

충남대학교 물리학과,
서울과학기술대학교 대학원 컴퓨터 공학과 졸업

Q 어떤 준비가 필요할까요?

기상청은 예보 업무와 기후 변화에 관한 업무의 비중이 크므로 대학에서 대기 과학을 전공하면 좋습니다. 따라서 중·고등학교 때에는 수학과 과학 과목에 관심을 가지고, 좋은 성적을 받을 수 있도록 노력해야 합니다. 또 기상청은 자연재해로부터 국민의 생명과 재산을 보호하는 막중한 업무를 수행하는 국가 기관입니다. 따라서 나랏일을 하는 공무원이 갖추어야 할 청렴함, 성실함이 필요하지요.

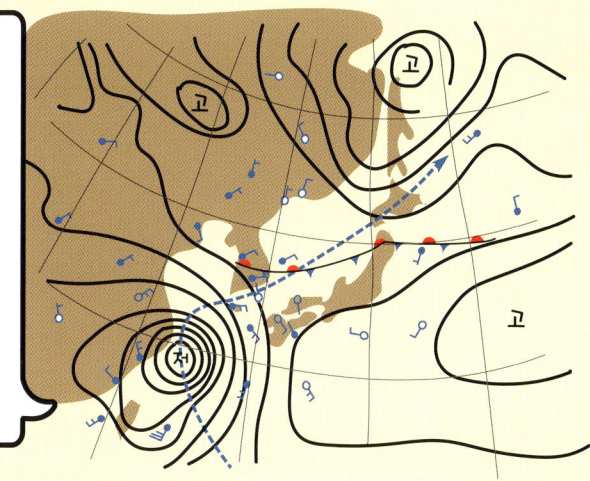

Q 지구의 기후가 급속도로 변하고 있다는데요?

지난 100년 동안 지구의 평균 기온은 0.85℃ 상승했습니다. 지구 온난화의 주요 원인인 석탄, 석유 같은 화석 연료를 지금처럼 계속 사용한다면 21세기 말에는 지구의 평균 기온이 3.7℃ 더 상승할 것으로 예상됩니다. 그에 따라 해수면도 지금보다 63cm 높아질 것으로 전망되지요. 특히 우리나라의 기온은 지구의 평균 기온의 상승폭보다 훨씬 빠르게 오르고 있습니다. 이에 따라 기상청은 기후 변화를 감시하고, 변화에 대응할 수 있는 방법을 연구하며, 다양한 정책을 수립하여 산업에 활용할 수 있도록 지원합니다. 또 우리의 기후 예측 정보를 세계 여러 나라, 연구 단체와 공유하고 국제 활동에 참여하여 전 세계의 기후 변화에 적극적으로 대응해 나가고 있습니다.

Q 앞으로의 전망을 어떻게 보시나요?

미국의 기상 산업 규모는 2011년 기준 약 9조 원입니다. 일본은 기상 관측 장비 관련 산업을 제외하고도 2012년 기준 4200억 원이고요. 우리나라는 2013년 기준으로 약 3400억 원 수준으로, 미국과 일본에 비하면 아직 규모가 작은 편이지만 점점 성장하는 추세를 보이고 있습니다. 여러 선진국이 국가의 산업을 발전시켜 줄 원동력으로 기상 산업을 꼽고 있는 만큼 이 분야는 새로운 일자리가 늘어날 것이고, 국가의 경제를 활성화시킬 수 있는 산업이라고 생각합니다. 우리나라의 기상청에서도 우리의 기술력으로 만든 기상 장비 및 기상 서비스 개발을 위해 연구 활동과 투자를 강화하고 있으며 기상 산업 활성화 지원 정책을 추진하고 있습니다. 기상 산업은 사람의 생활과 관계된 모든 분야에 매우 중요한 역할을 하므로 성장 가능성이 무궁무진할 것으로 예상됩니다.

기상 예보관에 대해 알아볼까요?

 ## 기상 예보관은 어떤 직업인가요?

기상 예보관은 기상 상태를 관측한 후 분석 과정을 거쳐 일기 예보 자료, 각종 주의보 및 경보 자료를 작성하고, 대기의 변화와 원인을 조사하여 일기도를 제작한다. 환경, 농업, 대기, 기후 등 기상 변화에 관한 다양한 분야의 연구를 하기도 한다. 정확한 기상 관측 및 기상 정보 제공을 위한 기후 예측 기술도 개발한다. 오랜 기간 관측된 기상 자료를 분석하여 장·단기 기후 통계 자료 제작, 기후 변화에 대비한 연구도 기상 예보관이 하는 일이다.

 ## 기상 예보관이 되는 방법을 알려 주세요.

천문학, 기상학, 대기 과학 등을 전공하여 전문 지식을 배우는 것이 유리하지만 대학의 전공과목이 필수 요건은 아니다. 기상 예보 기술사, 기상 기사 자격증을 취득하면 취업하는 데 유리하다. 공개 채용이나 특별 채용을 통해 기상청, 기상 연구소 같은 연구 기관이나 방송국의 일기 예보 담당자, 항공사의 기상 연구원 등으로 일할 수 있다.

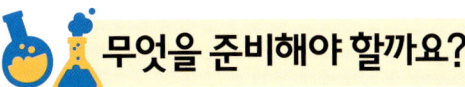 무엇을 준비해야 할까요?

 **필수**

지구와 대기 현상에 대해 풍부한 지식을 쌓아야 해요. 작은 변화까지 파악하는 섬세함과 분석적 사고 능력, 관찰력도 필요하고요.

 **중요**

여러 분야의 전문가와 일할 수 있도록 대인 관계 능력과 원만한 의사소통 능력을 길러야 해요. 수학과 물리학에 대한 공부도 중요하지요.

 **도움**

첨단 장비를 사용할 수 있도록 기계와 컴퓨터를 다루는 능력을 기르고, 다양한 기상 체험 프로그램에 참여해 보는 것이 좋아요.

앞으로의 전망은 어떤가요?

최근에는 기상 관측 및 예측의 경제적 가치와 사회의 관심이 높아지고 있다. 또 신문과 텔레비전, 인터넷 등 다양한 매체를 통해 기상 예보 자료를 공유하여 앞으로 기상 예보관의 일자리가 늘어날 것으로 전망된다. 관련 기술이 나날이 발달하고 전문화됨에 따라 박사 이상의 학력을 요구하는 경우가 많다.

 **기상 예보는 어떤 과정으로 이루어지나요?**

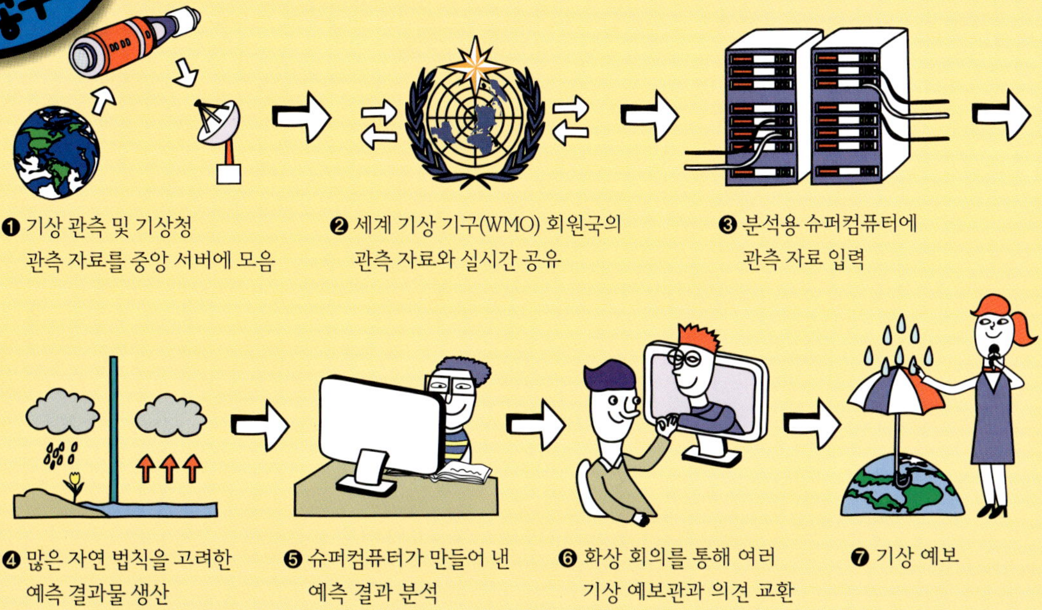

❶ 기상 관측 및 기상청 관측 자료를 중앙 서버에 모음

❷ 세계 기상 기구(WMO) 회원국의 관측 자료와 실시간 공유

❸ 분석용 슈퍼컴퓨터에 관측 자료 입력

❹ 많은 자연 법칙을 고려한 예측 결과물 생산

❺ 슈퍼컴퓨터가 만들어 낸 예측 결과 분석

❻ 화상 회의를 통해 여러 기상 예보관과 의견 교환

❼ 기상 예보

생명 공학자

생명에 질문하고 답을 구하는 강유정

Q 직업의 이름이 어려운데, 생명 공학자는 어떤 일을 하나요?

생명 공학은 생명 현상, 생물의 유전자를 인위적으로 조작하는 기술을 통틀어 이르는 말입니다. 유전자를 새롭게 만들거나, 세포 융합 등의 기술로 새로운 특징을 가지는 유전자를 만들지요. 생명 공학은 기초 생물학 연구, 유전 공학, 미생물, 의약품과 의료 기기 개발, 인공 지능 전자 기술, 무선 통신 기술, 환경 생명 공학, 축산학 등 다양한 분야에 필요한 지식과 기술입니다. 따라서 생명 공학자는 기초 생물학을 연구하는 대학과 병원, 연구 기관의 교수나 연구원 등이 될 수 있으며, 의약품, 의료 기기, 인공 지능 제품을 개발하는 회사의 연구소에서 근무할 수도 있습니다. 유전 공학자가 되어 식물이나 동물의 유전자 재조합, 인공 수정 등을 연구할 수도 있고요. 줄기세포*를 연구하여 인류의 질병 치료에 활용하는 방법을 찾기도 합니다.

＊ 줄기세포 아직 어떤 조직으로 성장할지 정해지지 않은 수준의 세포

Q 생명 공학자가 된 뒤, '이건 꼭 준비하면 좋겠다.'라고 생각하신 게 있나요?

생명 공학은 다른 학문과 접목하여 응용하기 때문에 다양한 지식을 공부해야 합니다. 그래야만 자유롭고 획기적인 연구와 개발이 가능합니다. 저는 대학에서 생물학을 전공하고, 유전 공학 실험실에서 석사 과정을 수료할 때까지 생명 공학자는 생물학 공부만 열심히 하면 충분하다고 생각했습니다. 그런데 박사 과정에서 연구한 내용을 컴퓨터로 모의 실험을 해 보고, 세운 가설을 증명하면서 공학자들과 의견을 나눌 기회가 늘어나자 공학에 관한 내용을 공부했더라면 더 깊이 있는 연구가 가능할 텐데 하는 아쉬움을 느꼈습니다. 자유롭게, 즐기면서 연구하는 생명 공학자가 되고 싶다면 컴퓨터, 공학, 수학, 전자 공학 등 다양한 분야를 아는 것이 좋습니다. 혼자 모든 분야를 섭렵하기는 어려운 일이므로, 다양한 지식을 가진 사람과 끊임없이 지식을 공유하고, 협력해야 합니다.

Q 가장 보람을 느낄 때와 반대로 힘들 때는 언제인가요?

새로운 결과를 얻고 사람들과 공유하여 연구 성과에 대해 인정받으면 그걸로 몇 년간의 노고를 보상받는 기분입니다. 하지만 새로운 발견을 위해서는 스스로 끊임없이 질문해야 해요. 얻은 답에 대해 다시 질문하여 확인하고, 혹시나 틀릴 수 있는 부분을 찾아 반복해서 확인해야 하지요. 연구 결과에 대하여 의문을 가진 동료들을 설득할 수 있는 데이터를 만드는 과정은 생각보다 훨씬 길고 외롭습니다. 그 긴 외로움 속에서도 연구를 즐길 수 있어야 행복한 생명 공학자가 될 수 있습니다. 결국은 매일의 실험이 가장 힘들고 가장 크게 보람을 느끼게 해 주는 것 같습니다.

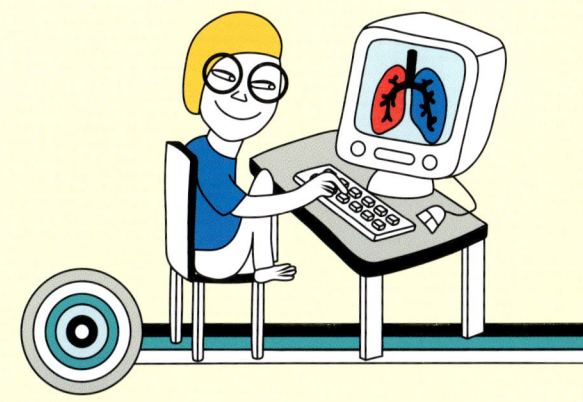

Q 현재 어떤 연구를 하고 계시나요?

혈관과 혈액의 흐름을 분석할 수 있는 의료 기기를 개발하고 있습니다. 막혀 있는 곳에 빛을 쐬어 촬영한 것을 입체 영상으로 보여 주는 광학 영상 장치예요. 이 기기가 병원에 도입되어 환자의 건강 상태를 정확하게 분석할 수 있으면 좋겠습니다. 이러한 의료 기술과 산업 기술이 쌓여 우리의 삶이 더 풍요롭고 편리해질 거라 생각해요. 그 변화에 제가 도움이 된다면 행복할 것 같아요.

Q 생명 공학자를 꿈꾸는 어린이들에게 한 말씀 부탁드려요.

생각해 보면 좋아서 하는 일은 잘할 수밖에 없어요. 또 어떤 직업이든 남보다 뛰어나면 금전적인 보상이 따라오는 것 같습니다. 다양한 경험을 해 보고, 열정을 쏟고 싶은 무언가를 꼭 찾기를 바랍니다. 그렇게 열심히 찾아 준비하다 보면 행복한 미래가 기다리고 있을 거예요.

강유정 님 약력
현 뷰웍스 부설 연구소 책임 연구원
예일대학교 의학 대학 심혈관 연구소 박사, 연구원
한국과학기술원(KAIST) 바이오 및 뇌공학과 박사, 연구원
경희대학교 대학원 생물학과 석사

생명 공학자에 대해 알아볼까요?

생명 공학자는 어떤 직업인가요?

생물체를 연구하고, 유전자를 해석하여 난치병 예방 및 치료 기술을 개발한다. 의학, 약학, 환경 공학 등 다른 분야의 전문가들과 협력하여 유전자 재조합과 같은 새로운 기술을 연구하고, 생명 공학 기술을 활용한 의료 기기와 의약품, 생명 화학 제품 등을 개발·생산하는 일에도 참여한다. 또 최첨단 실험 도구나 컴퓨터를 이용하여 유전자를 조작 또는 변형하고, 새로운 물질을 만든다. 동물의 체세포, 혈액을 분리하여 새로운 의약품을 개발하기도 한다.

생명 공학자가 되는 방법을 알려 주세요.

전문 지식이 필요하여 관련 분야 전공 및 석사 학위 이상의 학력을 요구하는 곳이 많다. 생명 공학, 생명 과학, 유전 공학, 생화학, 약학, 수의학 등을 전공하는 것이 유리하다. 생물 공학 기사 자격증을 취득하면 도움이 되며, 시험은 필기와 실기 능력을 구분하여 평가한다. 생명 공학자는 정부나 연구 기관, 병원, 제약 회사, 식품 회사, 대학에 속한 연구소 등에서 일할 수 있다.

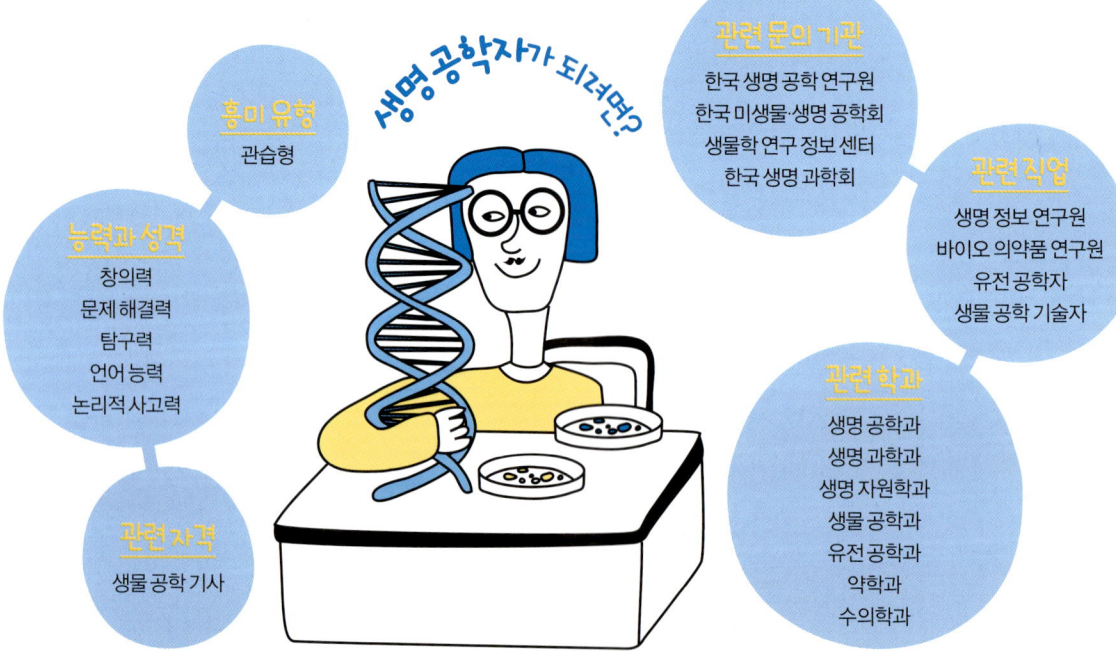

무엇을 준비해야 할까요?

 **필수**

생물학, 공학, 의학, 약학 등 전문 분야와 주변 주제에 대해 공부해야 해요. 논리적이고 분석적인 사고력, 창의력, 관찰력 등도 꼭 필요하고요.

 **중요**

문제를 해결하려는 적극적인 자세, 오랜 기간 연구를 계속할 수 있는 인내심과 끈기를 길러야 해요. 정확한 판단력도 중요하지요.

 **도움**

전문 자료를 볼 수 있도록 외국어 실력을 기르고, 생명을 소중히 여기는 마음, 윤리적이고 도덕적인 마음가짐을 갖추어야 해요.

앞으로의 전망은 어떤가요?

생명 공학은 다른 연구 분야와 접목하여 응용할 수 있는 범위가 매우 넓고, 전 세계 여러 나라에서 생명 공학 분야에 대한 투자와 지원이 늘어남에 따라 일자리 수요가 빠르게 늘어날 것으로 예상된다. 오랜 기간 방대한 양을 연구해야 하기 때문에 근무량이 많지만 전문성이 높아 고용이 안정적이다. 요즘에는 높은 수준의 전문 지식을 갖춘 박사 위주로 채용하여 경쟁이 치열하다.

유전 공학자는 어떤 일을 하나요?

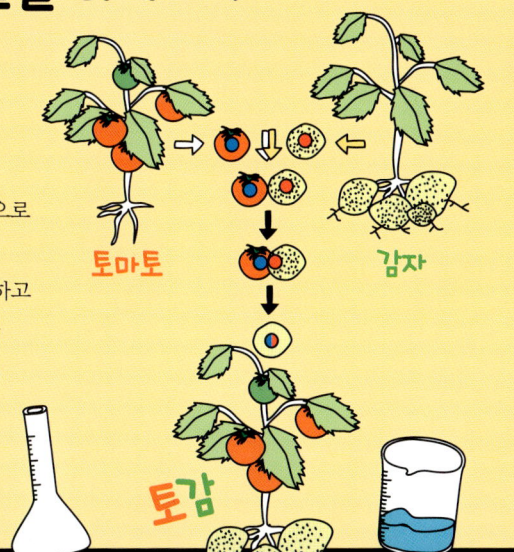

유전 공학자는 생명체의 유전자를 조작하거나 가공하여 실생활에 적용하고자 연구하는 사람이다.
농업 분야의 경우, 토마토와 감자를 합친 토감, 무와 부추를 합친 무추 등으로 생산성을 높이거나 병충해에 강한 옥수수나 벼를 만들기도 한다.
축산업 분야에서는 일반 가축보다 2~3배 큰 슈퍼 가축 생산 기술을 연구하고 의료 분야에서는 줄기세포 기술을 이용한 치료, 동물 복제, 인간의 유전자 조작을 통한 유전병 예방 등의 연구를 수행한다. 관련 학과의 석사 이상의 학력자가 유리하다.

공학/자연과학

임업 연구관

산림 생태계의 전문가, 이병두

좌측 탭: 음악 춤 / 미술 디자인 / 스포츠 / 방송 언론 출판 / 서비스 / 의료 / IT / 교육 / 법 행정 / 경제 금융

Q 원래 나무에 관심이 많으셨나요?

어린 시절 꿈은 학년이 올라가면서 조금씩 달라졌습니다. 처음에는 영화에서처럼 손목에 차고 소식을 주고받을 수 있는 기기를 만드는 것이 꿈이었습니다. 지금의 스마트 워치 정도로 상상하시면 되겠네요. 그다음에는 경찰관이 되고 싶었습니다. 경찰관이 되는 꿈은 실제로 도전해 보려 하였으나 아쉽게도 기회를 놓쳤습니다. 세 번째 꿈은 식물에 대해 전문가가 되는 것이었습니다. 제 적성에 맞는 일이 무엇일까 고민한 끝에 생물학을 자세히 공부하면 좋을 것 같다는 결론을 내렸습니다.

Q 임업 연구관이 된 특별한 이유가 있나요?

제 적성과 맞는 분야라고 생각했기 때문입니다. 고등학교 때 자연계를 선택했는데 물리, 화학, 공학 같은 수업보다는 생물 과목에 관심이 많았습니다. 복잡하게 얽혀 서로 관계를 맺는 생태계도 흥미로워 보였고요. 해양, 하천, 산림 등 다양한 생태계가 있지만 우리나라 국토의 64% 이상을 차지하는 산림 생태계에 유독 관심이 갔습니다. 이러한 계기로 산림 분야를 전문적으로 연구하는 국립 산림 과학원에 입사했습니다.

이병두 님 약력

현 국립 산림 과학원 임업 연구관
국제 연합 재해 경감 전략 기구(UN ISDR) 산불 자문 위원
제24회 아시아 태평양 산림 위원회 정부 대표단
서울대학교 산림 자원학과 졸업

Q 임업 연구관은 구체적으로 어떤 일을 하나요?

저는 임업 연구사로 입사한 다음, 승진하여 임업 연구관이 되었습니다. 연구사와 연구관이 하는 일은 거의 같아요. 산림과 임업에 관련된 분야에서 다양한 연구를 수행하죠. 국립 산림 과학원은 산림 정책과 복지, 산림 생태계와 산불 방지 같은 보전 업무와 임업 발달을 위한 산림 자원, 조직 배양, 신품종 개량 등을 연구합니다. 그 외에도 전국에 있는 수목원과 국립 산림 품종 관리 센터에서도 산림 종자 연구와 같은 다양한 연구를 진행하고 있습니다.

Q 가장 보람을 느낄 때는 언제인가요?

저는 산불 방지에 대한 업무를 맡고 있습니다. 맡은 업무를 하다 보면 보람을 느낄 기회가 많지만 그중에서도 제가 연구한 결과가 산불 방지 정책으로 이어질 때 가장 큰 보람을 느낍니다. 산불이 발생한 현장에서 국민의 재산과 생명을 보호하는 데 도움을 주었다고 생각하면 마음이 뿌듯해지지요.

Q 힘이 들 때는 언제인가요?

육체적으로 힘이 들 때는 산불이 발생한 기간입니다. 비상근무를 해야 하고, 낮과 밤, 주말을 가리지 않고 화재 진압을 위해 현장 조사를 해야 합니다. 아무래도 출장이 많은 직업이라 가정에 소홀할 수밖에 없는데 그 점도 늘 마음을 무겁게 합니다.

Q 임업 연구관에 관심이 있는 어린이들에게 조언해 주세요.

환경을 보존하려는 노력이 커지고, 산림 보전에 대한 국민의 관심이 높아짐에 따라 임업 및 산림 자원 분야에 대한 연구는 지속적으로 활발해질 것이라고 생각합니다. 전망이 밝으므로 임업 연구관이 되고 싶다면 요건을 차근차근 준비해 나가기를 바랍니다.
임업 연구관은 산림과 숲에 대해 깊이 이해해야 합니다. 관련 분야의 책을 많이 읽고, 산에 자주 가서 기운을 느끼고, 새소리를 들으며 산림과 생태 자원의 소중함을 생각해 보면 좋겠습니다.

임업 연구관에 대해 알아볼까요?

임업 연구관은 어떤 직업인가요?

우리나라의 산림 정책을 수립하고, 산림 자원의 가치를 높이기 위한 연구를 수행한다. 산촌 및 농촌 주민들의 소득을 높여 줄 산림 자원 개발, 숲에 나무를 심고 가꾸어 경제적인 가치를 만드는 산림 조성, 산불 방지 사업 및 훼손된 산림 복원, 병충해 확산 방지 등 산림 자원을 보호하기 위한 활동 등을 한다. 산림의 정화 능력, 기후 변화에 따른 생태계 보호 방법 마련, 산림 자원을 이용한 미래 에너지 연구 등에도 참여한다.

임업 연구관이 되는 방법을 알려 주세요.

임업에 관한 전문적인 지식을 갖추어야 한다. 임학과, 임산 가공학과, 조경학과, 임업 경제학과, 식물 자원학과 등을 졸업하면 임업 연구관이 되는 데 유리하다. 관련 분야의 자격증으로는 산림 기능사, 산림 산업 기사, 임산 가공 기능사 등이 있다. 자격을 갖추면 산림청, 국립 산림 과학원, 국립 수목원 등에 들어갈 수 있고, 조림 회사, 임업 시험장, 산림 조합 등에서 일할 수 있다.

임업 연구관이 되려면?

흥미 유형
- 탐구형

능력과 성격
- 관찰력
- 인내력
- 자기 통제력
- 협동심
- 책임감
- 대인 관계 능력

관련 자격
- 산림 기능사
- 산림 산업 기사
- 임산 가공 기능사
- 임산 가공 산업 기사
- 임업 종묘 기능사

관련 문의 기관
- 산림청
- 국립 산림 과학원
- 국립 수목원
- 국립 산악 박물관

관련 직업
- 임업 시험 연구원
- 작물 시험원
- 숲 해설가

관련 학과
- 임학과
- 임산 가공학과
- 임업 경제학과
- 임업 경영학과
- 식물 자원학과
- 조경학과

무엇을 준비해야 할까요?

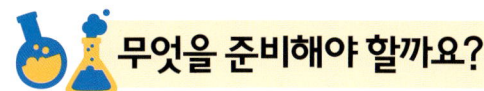

필수
산림 자원에 대한 지식을 쌓고 관찰력, 세심함 등을 길러 두세요. 산불 같은 재해 발생 시 빠르게 판단할 수 있는 능력도 필요해요.

중요
다른 분야의 연구원들과 협력할 수 있도록 원만한 대인 관계 능력을 길러야 해요. 인내력, 성실함도 아주 중요하지요.

도움
산림 박물관 및 숲 체험 프로그램에 참여해 보는 것도 좋아요. 식물을 사랑하는 마음과 강한 체력을 기르는 것도 도움이 되지요.

앞으로의 전망은 어떤가요?

산림 치유 및 휴양에 대한 사람들의 관심이 증가함에 따라 정부나 지방 자치 단체의 자연 휴양림과 삼림욕장 조성을 위한 지원이 늘어나고 있다. 또 기후 변화에 따른 산림 자원 연구로 일자리 수요가 늘어날 전망이다. 임업 연구관의 일자리 수요 측면에서는 전망이 밝은 편이지만 도시에서 멀리 떨어진 산촌이나 농촌에서 일하는 경우가 많아 직업 선택 전에 이 점을 고려해야 한다.

아하! 그렇구나 숲 해설가는 어떤 일을 하나요?

숲을 찾아온 방문객에게 나무의 이름과 생태 특징, 이름에 얽힌 이야기, 숲과 관련된 역사적 사실 등을 설명하여 방문객들이 숲과 나무를 이해하고 재미있게 즐길 수 있도록 도와주는 사람이다.
숲 해설가가 되려면 대학에서 임학 등을 전공하거나 산림청에서 인증하는 숲 해설가 교육 과정을 이수하여야 한다.

공학/자연과학
농업 생명 과학 연구원
생명을 연구하여 미래의 농업을 준비하는 조일규

Q 농업 생명 과학 연구원에 대해 자세히 알려 주세요.

농업 생명 과학 연구원은 환경과 농작물을 연구하여 사람들이 살아가는 데 유익하게 쓰일 수 있도록 합니다. 사람에게 좋은 먹을거리를 만들기도 하고, 적은 양의 씨앗으로 많은 열매를 맺을 수 있는 방법을 찾기도 합니다. 생물체의 기능을 활용한 물건을 개발하거나 새로운 생물체를 만들기도 하지요. 따라서 농업 생명 과학 분야는 환경과 사람, 동식물과 미생물까지 생명체 전반에 대해 연구를 합니다. 최근에는 화학, IT, 전자 등 다른 기술 분야와 결합하여 연구 및 응용 분야가 확대되고 있고요.

Q 농업 생명 과학 연구원이 된 과정을 설명해 주세요.

대학과 대학원에서 농업 분야의 화학적인 현상을 공부하는 농화학을 전공하였습니다. 졸업 후에는 농촌 진흥청과 농약 제조 회사의 연구실에서 근무했는데 도중에 해외 연수 프로그램에 선발되어 하와이주립대학교에 진학하였습니다. 그곳에서 곤충 단백질체학*과 기기 분석학*을 공부하여 생명 현상의 원리를 밝히고, 질병 치료에 응용하는 연구를 10년간 하였습니다. 지금은 우리나라에서 생물의 유전자 속에 담긴 유전 정보를 연구하고 있습니다. 환경을 오염시키지 않으면서 병충해를 막는 친환경 농약을 개발하는 성과를 내기도 했고요.

*단백질체학 유전 정보를 포함한 물질이 화학 반응을 일으켜 단백질체가 되는 과정과 그 산물의 구조 및 기능 등을 연구하는 학문
*기기 분석학 물질의 성분과 성질을 분석하기 위하여 전기·화학 반응, 전자파 분석 등 첨단 장비를 동원하는 학문

조일규 님 약력
현 한국 생물 안전성 연구소장
농촌 진흥청 농약 연구소 근무
미국 하와이주립대학교 연구 교수
전남대학교 농화학과 졸업

Q 연구원님께서 연구하시는 분야에 대해 더 자세히 알고 싶습니다.

인간은 크고 작은 질병에 걸립니다. 많은 과학자들은 질병의 원인과 치료 방법을 찾기 위해 열심히 연구를 하는데 저 역시 인간의 질병을 치료할 방법을 찾고 싶었습니다. 그래서 곤충의 각 부분을 연구하기 시작했습니다. 곤충의 몸 구조와 각 부분이 하는 일을 연구하면 인간의 몸과 비슷한 점을 찾을 수 있을 거라는 확신이 있었습니다.

또, 식물을 연구하여 친환경 농약을 만드는 일도 합니다. 화학 약품을 섞은 농약을 뿌리면 해충을 막을 수 있지만 땅과 지하수를 심하게 오염시킵니다. 그래서 병균으로부터 몸을 보호하기 위해 스스로 보호 물질을 만드는 식물을 연구하여 환경을 오염시키지 않으면서 해충을 이겨 내는 농약을 개발하였습니다.

Q 농업 생명 과학 연구원이 되려면 무엇을 준비해야 할까요?

관찰력과 끈기가 필요합니다. 보통 연구가 1년 이상 이어집니다. 따라서 지치거나 포기하고 싶은 순간이 찾아오는데 이를 잘 극복해야 합니다.

또 사소한 현상을 그냥 지나치지 않고 원인을 찾으려 한다면 기본 소양을 갖춘 셈입니다. 농업 생명 과학 연구원이 되기 위해 구체적인 준비를 하고 싶다면 대학 진학 계획을 세울 때 농학, 생물학, 분자 생물학, 유기 화학 같은 생명체의 아주 작은 단위의 구조를 배우는 전공을 선택해야 합니다. 생물학은 지구 상에 있는 생물의 종류와 특징을 연구하는 분야입니다. 분자 생물학은 생명체를 이루는 유전자(DNA)를 연구하고, 유기 화학은 석탄, 석유 같은 탄소 화합물의 구조와 쓰임에 대해 연구하는 분야입니다. 생물체에서 일어나는 신기한 화학 반응 등을 연구하는 생화학과에 진학하는 것도 도움이 됩니다.

Q 가장 힘든 일은 무엇이고, 언제 보람을 느끼시나요?

오랜 시간과 값비싼 장비를 동원해 연구한 결과가 예상과 달라 실생활에 적용할 수 없을 때 힘들어요. 반면, 어렵게 연구한 결과가 좋을 때에는 설명하기 힘들 만큼 뿌듯합니다.

곤충의 구조와 단백질체를 연구하여 단백질의 기능을 규명한 제 연구 결과가 인간의 구조 및 화학적인 현상을 이해하는 데 응용되는 모습을 보았을 때 가장 크게 보람을 느꼈습니다.

또 환경을 오염시키지 않는 약품을 만들어 냈다는 자부심이 큽니다. 제 노력 덕분에 식물이 병충해를 이기고, 많은 양의 생산물을 만들어 낸다는 사실도 기쁘고요.

농업 생명 과학 연구원에 대해 알아볼까요?

 **농업 생명 과학 연구원은 어떤 직업인가요?**

농업 생명 과학 연구원은 농업 분야에 활용할 품종이나 기술 개발을 위하여 생물의 기능과 습성 등을 연구한다. 생물체에서 화학 반응을 일으키는 효소 연구, 방사성 동위 원소를 활용한 작물 재배 기술, 유전자 재조합과 같은 생명 기술, 작물의 안전성 등에 관한 연구를 한다. 토양과 농작물에 해를 끼치는 물질과 피해의 심각성을 조사하거나 안전 기준, 예방책을 만든다. 친환경 농업 기술 보급 활동에도 참여한다.

 **농업 생명 과학 연구원이 되는 방법을 알려 주세요.**

농업 생명 과학과, 농학과, 생물학과, 생물 공학과, 유전 공학과 등 관련 학과의 석사 학위 이상이 필요하다. 대학에서는 자연 과학과 관련된 기초 지식을 배우고, 대학원에서는 생물학, 의약학, 식품 과학, 농생명 등 세부 전공과목을 택하여 집중적으로 공부한다. 자격을 갖추면 정부 기관 및 연구소, 의약품 회사, 식품 회사 등에 들어갈 수 있다. 대학교수와 연구원 업무를 동시에 하는 사람도 많다.

농업 생명 과학 연구원이 되려면?

흥미 유형
탐구형

능력과 성격
관찰력
논리적 사고력
창의력
분석력
인내력

관련 문의 기관
농촌 진흥청
한국 생명 공학 연구원
서울대학교 농업 생명 과학 연구원

관련 직업
농약 활성 연구원
곤충 연구원
농업 생화학 연구원
농업 환경 생태 연구원
농업 해충 연구원

관련 학과
생물학과
생명 공학과
유전 공학과
생물 공학과
농업 생명 과학과
농학과
식품 생명 공학과

 ## 무엇을 준비해야 할까요?

 **필수**

자연 과학에 관련된 전반적인 분야를 공부해야 해요. 과학적 연구 방법을 이해하고 실제 적용할 수 있는 논리력, 추리력, 관찰력도 필요하지요.

 **중요**

오랜 기간 연구를 계속할 수 있는 끈기와 세밀함이 필요해요. 다른 연구원들과 협력할 수 있는 대인 관계 능력도 중요해요.

 **도움**

생물과 환경 분야의 책을 많이 읽으세요. 또 다른 나라에서 발표한 자료를 공부할 수 있도록 외국어 실력도 갖추어야 해요.

앞으로의 전망은 어떤가요?

농업은 인류의 생명을 유지하는 산업으로, 농업 생명 과학 연구는 의학, 약학 등 다른 분야와 결합하여 무한하게 발전할 수 있는 분야이다. 이에 따라 국가의 정책적인 지원이 늘고 있으며 농작물이나 곤충 등을 이용한 새로운 물질과 품종 개발 분야에 우수한 인력을 배치하고 있다. 따라서 농업 생명 과학 연구원의 향후 전망은 매우 밝지만, 전문 지식을 요구하기 때문에 그만큼 철저하게 준비를 해야 한다.

아하! 그렇구나 — 곤충 연구원은 어떤 일을 하나요?

농업에 활용할 수 있는 곤충을 찾아내어 번식시키고, 새로운 활용 방법을 연구한다. 우리나라에 서식하는 곤충 자원을 수집하여 인공 사료 개발, 번식 등 곤충의 종 보전을 위한 활동을 하고, 곤충을 이용한 병충해 예방법과 생태계 보전 방법을 연구한다. 또 환경에 따라 살 수 있는 곤충을 조사하여 환경 평가를 실시하기도 한다.

수학자

어려운 수학 문제의 해결사, 심임보

Q 수학을 어려워하는 어린이를 위해 어떻게 수학자가 되셨는지 알려 주세요.

중학교 2학년 때부터 수학을 좋아했습니다. 수학 선생님께서 수업 중에 질문을 하시면 늘 먼저 대답하는 적극적인 학생이었지요. 대학에서 수학을 가르치시는 훌륭한 교수님을 보고 나도 그분처럼 어려운 문제를 다루어 다른 학문에 영향을 줄 수 있는 수학자가 되고 싶었습니다. 제가 근무했던 연구소에는 수학자, 전자 공학자, 물리학자가 모여 연구를 하였는데 수학자의 역할이 특히 중요했습니다. 어려운 문제를 수학적 원리로 접근하여 풀어내면 전자 공학이나 물리학 분야의 연구원들이 응용할 수 있었기 때문입니다. 수학은 다른 학문이 발달할 수 있도록 돕는 기초가 되는 학문이라는 자부심을 갖고 공부했습니다. 박사 과정을 공부하면서 평생 연구를 하며 사는 것이 크게 의미 있는 일이라는 확신을 갖게 되었습니다.

Q 수학자는 어떤 일을 하나요?

수학자가 하는 일은 굉장히 다양합니다. 수학 연구 분야는 크게 대수, 기하학, 함수를 집중적으로 연구하는 순수 수학과 미분 방정식, 수학적인 모델링, 확률 이론 등을 연구하는 응용 수학으로 나눌 수 있습니다. 어느 분야를 연구하느냐에 따라 하는 일이 달라집니다. 순수 수학자는 어려운 문제를 다루는 경우가 많습니다. 한 문제를 풀기 위해 많은 시간과 노력을 들이지요. 응용 수학자들은 자연 과학, 공학에서 이용되는 수학적 개념을 푸는 일을 합니다. 또 특정 현상에 대한 가설을 세워 올바른 해법을 제시하기도 합니다. 하지만 수학자가 하는 일이 반드시 수학 문제나 수학 이론 연구에만 국한되지는 않습니다. 금융 기관, 기상 관측 기관, 자원 탐사 기관, 신소재 개발 기관 등 다른 산업 분야에 진출하여 여러 방법으로 공헌을 할 수도 있지요.

Q 어떤 준비와 자질이 필요할까요?

수학에 대한 애정이 가장 중요합니다. 오랜 시간 동안 관심을 갖고 좋아해야 훌륭한 수학자로 활동할 수 있어요. 그러려면 자신에게 잘 맞고, 꾸준히 할 수 있는 공부 방법을 찾아내어 수학 공부에 흥미를 잃지 않아야 합니다. 다음으로, 어려운 수학 문제를 풀다가 어려움에 부딪치더라도 포기하지 않는 끈기가 필요하지요. 마지막으로 예술 분야 같은 다른 학문에 대해서도 지식을 가져야 수학적 이론을 여러 분야에 잘 응용할 수 있습니다.

Q 문제를 푸는 데 보통 시간이 얼마나 걸리나요?

짧게는 일주일에서 2년가량 연구할 때도 있었습니다. 오래 고민한 문제를 해결하였을 때 느끼는 보람은 엄청납니다. 때로는 문제를 잘못 이해하거나 풀이 과정을 확인해 나가는 과정에서 논리적인 오류를 발견하여 좌절하기도 하지만 문제를 풀어냈을 때의 쾌감은 말로 설명하기 어렵습니다.

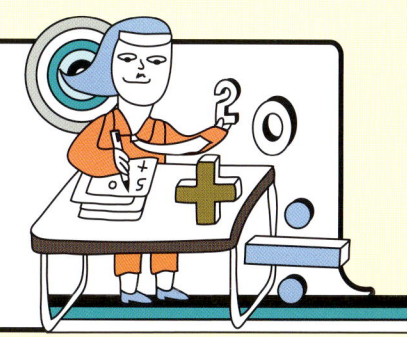

Q 수학자로서 최종 목표는 무엇인가요?

수학자로서 최종 목표는 우수한 연구 성과를 내는 것입니다. 연구 결과의 내용을 많은 사람과 공유할 수 있도록 책을 집필하고, 각종 학회에 발표하여 세계에 알릴 수 있었으면 좋겠습니다. 여러분 중에도 수학자를 꿈꾸는 어린이가 있나요? 그렇다면 많은 문제를 푸는 것보다 적은 수의 문제라도 다양한 문제 풀이 방법을 고민해 보는 훈련이 필요합니다. 수학을 다룬 영화나 책을 읽어 수학자의 세계를 먼저 엿보는 것도 의미가 있지요. 과학에 숨겨진 수학의 원리를 찾아가는 노력도 게을리하지 마세요.

심임보 님 약력

현 국가 수리 과학 연구소 선임 연구원
스위스 로잔연방공과대학교 대학원 교수
독일 추제 연구소 연구원
독일 국립 함부르크대학교 수학과 역학 전공(학사, 석사)
스위스 바젤대학교 수학 전공(박사)

수학자에 대해 알아볼까요?

수학자는 어떤 직업인가요?

수학을 연구하여 개념, 이론 및 문제 풀이 방법을 개발하고, 자연 과학, 사회 과학, 생명 과학, 경영학 등 다른 분야에 수학적 원리를 활용하여 문제를 해결하는 일을 한다. 순수 수학자들은 새로운 이론을 만들고, 기존 이론들간의 상관관계를 찾는 등의 일을 주로 하고, 응용 수학자들은 수학적 이론 등을 이용해 군사, 정치, 금융, 등 사회 각 분야의 문제들을 해결하는 일을 한다. 예를 들면 가장 효율적인 비행기의 이동 경로, 통계 조사, 암호 분석 등에 수학적 이론을 활용한다.

수학자가 되는 방법을 알려 주세요.

수학과나 통계학과를 졸업하면 유리하다. 관련 학과를 전공하면서 컴퓨터 공학에 대한 지식을 쌓게 되면 수학자가 되는 데 도움이 된다. 주로 공개 채용이나 특별 채용을 통해 대학, 정부, 은행 및 신용 회사, 보험 회사, 일반 회사의 전산 부서, 과학 및 공학 컨설팅회사 등에 취업한다.

수학자가 되려면?

흥미 유형
관습형

능력과 성격
창의력
문제 해결력
언어 능력
수리 논리력
분석력
탐구력
호기심

관련 문의 기관
국가 수리 과학 연구소
대한수학회
고등 과학원
한국 산업 응용 수학회

관련 직업
통계학자
작업분석가
경제학자
보험 계리사
수학 교사

관련 학과
수학과
통계학과

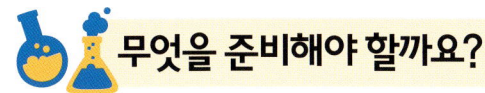 무엇을 준비해야 할까요?

 **필수**

문제를 이해할 수 있는 집중력과 분석력, 풀이 과정을 찾아내는 논리적인 사고력을 길러야 해요. 탐구 정신과 호기심도 필요해요.

 **중요**

수학 공식을 이해하고 암기하는 능력, 응용 능력을 갖추어야 해요. 오랜 시간 꾸준히 문제를 풀어내는 지구력도 중요하지요.

 **도움**

수와 수학에 관심을 가지고, 수학이 활용되는 분야에 대한 책을 읽어 두세요. 꼼꼼하고 신중하게 문제를 푸는 훈련도 도움이 되어요.

 앞으로의 전망은 어떤가요?

수학은 자연 과학, 공학, 경제학 등 모든 분야의 기초가 되는 학문으로, 전공자는 다양한 분야로 진출할 수 있기 때문에 취업에 유리하다. 최근에는 금융권, 공학, 사회과학 등 우리 사회 다양한 분야와 빅데이터 분석 기술과 같은 수준 높은 수학적 문제 해결 능력이 요구되는 분야에서의 수학자의 역할이 늘어나고 있으므로 직업의 전망은 밝을 것으로 예상된다.

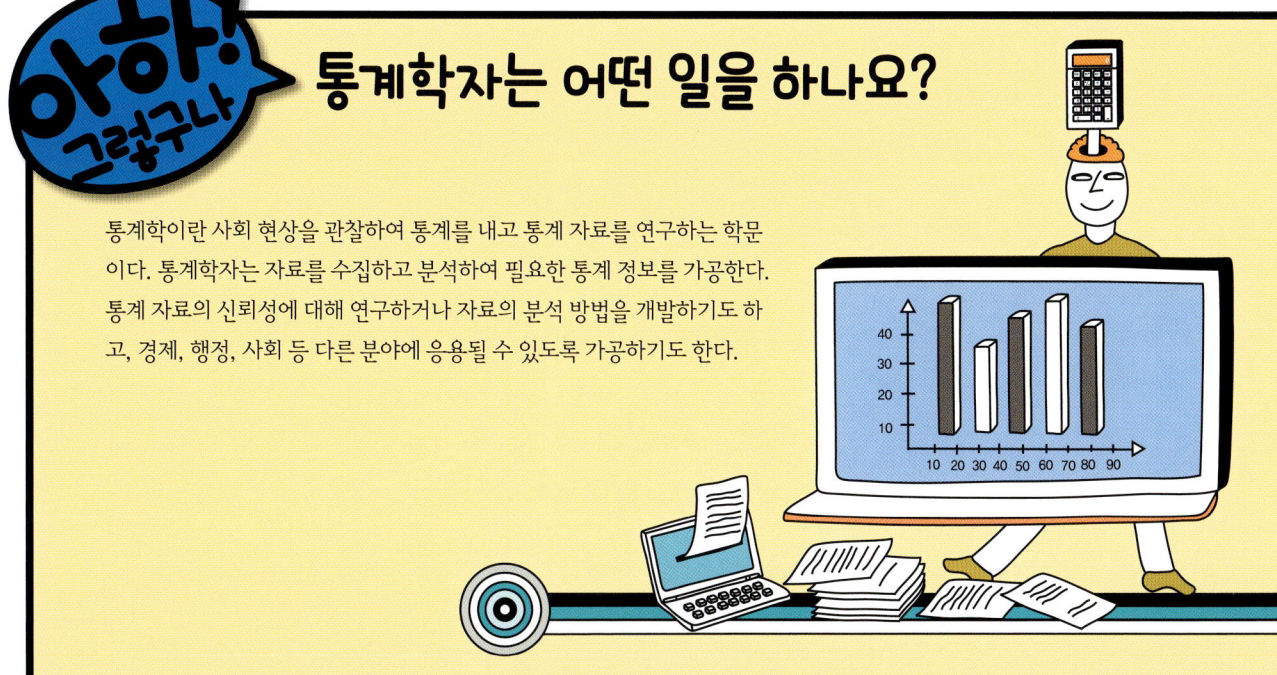

아하! 그렇구나 — 통계학자는 어떤 일을 하나요?

통계학이란 사회 현상을 관찰하여 통계를 내고 통계 자료를 연구하는 학문이다. 통계학자는 자료를 수집하고 분석하여 필요한 통계 정보를 가공한다. 통계 자료의 신뢰성에 대해 연구하거나 자료의 분석 방법을 개발하기도 하고, 경제, 행정, 사회 등 다른 분야에 응용될 수 있도록 가공하기도 한다.

공학/자연과학

동물 조련사

동물을 사육하고 관리하는 남지혜

Q 원래 동물을 좋아하시나요?

어렸을 때부터 동물을 무척 좋아하고 관심이 많았습니다. 동물에 관한 책, 옷, 학용품 등 동물이 있는 것이면 모두 좋았습니다. 심지어 동물과 함께 노는 꿈도 자주 꾸었어요. 동물과 노느라고 학교에 가는 것을 깜빡 잊어 선생님께서 연락을 한 적도 있었지요. 그런데 부모님은 제가 동물을 키우는 것을 좋아하지 않으셨어요. 학교 앞에서 파는 병아리를 몰래 사서 키우다가 닭이 되어 들켰던 것도 기억이 납니다. 이렇게 동물을 좋아하다 보니 자연스럽게 동물 조련사를 해야겠다고 생각하며 성장했어요.

Q 구체적으로 어떤 일을 하세요?

동물 조련사는 동물에게 먹이를 주거나 야생과 비슷한 환경에서 건강하게 살아갈 수 있도록 환경을 만들어 주는 일을 합니다. 동물원을 방문하는 관람객에게 동물에 대한 설명도 해 주고요. 보호하는 동물이 아프면 수의사와 상의하여 치료해 주는 것도 동물 조련사의 일입니다. 그리고 동물을 훈련하는 일도 하는데, 야생 동물이 동물원에서 생활하거나 치료 과정 중에 겪을 수 있는 스트레스를 줄이기 위해 사전에 적응 훈련을 합니다. 동물 공연을 위해 간단한 동작이나 말 등을 훈련시키기도 하고요.

Q 동물 조련사가 되려면 어떤 자질을 갖추어야 할까요?

기본적으로 동물에 대한 애정이 각별해야 합니다. 동물에 대한 두려움이 있거나 동물을 싫어하는 사람은 일을 할 때 어려움을 겪을 수 있습니다. 또 끈기와 인내도 필요해요. 말을 못 하는 동물에게 부모님, 친구 같은 존재가 되어 주어야 하고, 동물이 아프면 밤새 간호를 해 주어야 하는 날도 많으니까요. 그래서 동물 조련사가 되려면 동물을 정성과 사랑으로 돌봐 줄 수 있는 마음이 있어야 합니다.

Q 가장 어려운 점은 무엇인가요?

아무래도 야생 동물이기 때문에 항상 안전을 생각하고 일을 해야 합니다. 특히 여자와 남자를 구분할 줄 아는 동물 중에는 여자를 얕보는 경우가 많아 여자 조련사는 어려움이 따릅니다. 하지만 저는 여자 조련사의 섬세함을 살려 동물을 대한다면 오히려 유리할 수 있다고 생각합니다. 비록 시간은 오래 걸릴 수 있지만 동물을 사랑하는 마음으로 정성을 다해 대한다면 결국은 동물들이 알아준답니다.

Q 동물 조련사를 꿈꾸는 어린이들에게 조언해 주세요.

요즈음 텔레비전에 나오는 동물 조련사를 보며 꿈을 키우는 친구들이 많습니다. 하지만 텔레비전에 나오는 모습은 좋고 즐거운 상황만 다룰 때가 많은데 그것이 동물 조련사가 하는 일의 전부는 아닙니다. 많은 직업이 그렇듯이 동물 조련사도 힘든 점이 많은 직업이에요. 동물과 함께 지낼 수 있어 마냥 좋다고 생각했다가 실제와 달라 포기하는 친구를 많이 보았습니다. 동물과 생활하는 것이 생각보다 어렵고 체력적으로 매우 힘들기 때문입니다. 동물 조련사를 진정으로 원한다면 자신의 적성에 맞는지, 생활 패턴을 동물에 맞출 수 있는지 자신을 다시 한 번 돌아보고 선택할 것을 권합니다. 그런 다음, 확신이 있다면 포기하지 말고 도전해 보세요. 신기한 동물을 보고 즐거워하는 관람객을 볼 때나 저를 엄마처럼 생각하고 마음의 문을 열어 주는 동물을 볼 때면 큰 보람을 느낄 수 있는 직업이니까요.

남지혜 님 약력

현 에버랜드 동물 조련사
국내 최초 말하는 앵무새 훈련 성공
펭귄, 물개 등 다양한 동물 조련

동물 조련사에 대해 알아볼까요?

 **동물 조련사는 어떤 직업인가요?**

동물이 건강하게 자랄 수 있도록 먹이를 주고, 사육장의 위생을 확인하며, 건강 상태를 점검하는 등 관리 업무를 한다. 동물의 특성을 파악하여 공연이나 인명 구조, 맹인 안내 등 목적에 맞게 훈련 계획을 세우고, 동물이 의도한 대로 행동하도록 반복적으로 훈련한다. 동물을 보러 온 관람객에게는 동물과 관계있는 정보를 자세히 설명하고, 쇼를 선보인다. 이러한 동물 조련사의 업무는 동물의 특성이나 성격, 습관 등을 정확하게 알고 있어야 가능하다.

 **동물 조련사가 되는 방법을 알려 주세요.**

동물 자원학과, 애완동물 관리과, 동물 조련 이벤트과 등을 졸업하는 것이 유리하다. 수의사, 축산 기능사 등의 동물 관련 자격증이 있으면 도움이 되지만 필수 요건은 아니다. 동물 조련사는 동물 공연이 이루어지는 동물원이나 테마파크, 대형 아쿠아리움 등에서 일하거나 애견 학교, 구조견이나 맹인 안내견 훈련 센터 등에 진출할 수 있다.

동물 조련사가 되려면?

흥미 유형
탐구형

능력과 성격
관찰력
인내력
대인 관계 능력
연기력
순발력
체력
리더십

관련 자격
수의사
축산 기능사

관련 문의 기관
서울대공원
에버랜드
한국동물 구조 관리 협회

관련 직업
애완동물 미용사
동물원 큐레이터
동물 매개 심리사
아쿠아리스트

관련 학과
동물 조련 이벤트과
애완동물학과
특수 동물학과
동물 자원학과
애완동물 관리과

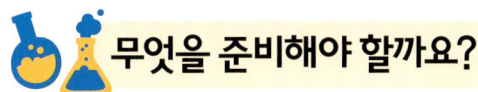 무엇을 준비해야 할까요?

 필수
동물을 사랑하고 이해하려는 마음가짐이 꼭 필요해요. 동물을 가족처럼 아끼고, 다양한 동물의 특성을 파악해 두어야 하지요.

 중요
동물 훈련은 오랜 기간 같은 과정을 반복하여야 하기 때문이 인내심과 끈기가 중요해요. 세심한 관찰력과 강인한 체력도 길러야 해요.

 도움
동물과 함께 쇼를 진행할 수 있는 연기력, 원만한 대인 관계 능력도 필요해요. 애완동물을 길러 보거나 동물 관련 책을 많이 읽어 두세요.

 앞으로의 전망은 어떤가요?

주 5일 근무제 시행으로 주말을 이용해 동물원을 찾는 관람객이 많아졌다. 이에 따라 동물원이나 놀이공원 등에서 더 많은 관람객을 모을 수 있는 동물 공연을 늘리고 있고 애완동물에 대한 사람들의 관심이 늘어 훈련 기관도 많아졌다. 반면 소와 돼지 같은 축산업 분야의 동물 조련사 채용 건수는 줄어 일자리 전망이 지금 수준이거나 소폭 줄어들 것으로 예상된다.

아하! 그렇구나 동물원 큐레이터는 어떤 일을 하나요?

동물원의 동물을 어떤 주제로 전시할지 기획하는 일을 한다. 자료를 조사하여 계획안이 나오면 동물의 종류를 정하여 국내외 수용 기관에 연락하여 입양한다. 동물원 내에서 동물이 살 환경을 조성하고, 관람객의 이동 경로, 편의 시설, 안내 팻말 등을 정하고, 교육 프로그램 기획 및 운영까지 다양한 분야의 일을 처리한다. 필수적으로 요구하는 전공과목은 없지만 대학에서 생태학, 수의학, 축산학 등을 전공하면 일을 하는 데 도움이 된다.

나에게 꼭 맞는 직업 찾기

나에게 꼭 맞는 직업을 선택하려면 나를 잘 관찰하고, 다양한 경험을 통해 관심 분야와 적성을 찾아야 해요. 다음의 직업 적성 검사 및 온라인 심리 검사와 직업 체험 활동으로 나에게 꼭 맞는 직업을 알아보세요.

직업 적성 검사

진로 상담 기관에서 운영하는 적성 검사를 해 보고, 내가 생각하는 나의 모습과 비교해 보세요. 하지만 진로와 직업을 결정할 때에는 검사 결과를 절대적으로 따르기보다 참고하는 것이 좋아요.

검사 기관	홈페이지	검사 유형	특징
고용 노동부	워크넷 www.work.go.kr	직업 흥미 검사 직업 적성 검사 직업 가치관 검사 직업 인성 검사	초등학생을 위한 진로 인식 검사 실시 가능
한국 직업 능력 개발원	커리어넷 www.career.go.kr	직업 적성 검사 직업 흥미 검사 직업 가치관 검사 진로 성숙도 검사	학생의 진로와 학습 활동에 대한 일정을 관리하는 커리어 플래너 운영
서울 진로 진학 정보 센터	www.jinhak.or.kr	성격 유형 검사 직업 흥미 검사 다중 지능 검사	검사 결과에 따른 온라인 상담, 방문 상담 실시
대교 드림멘토 상담 센터	clinic.daekyo.com	적성 진로 검사 학습 능력·방법 검사 성격·사회성 검사 발달·정서 검사	영유아~성인까지 연령별 심리 검사 가능, 검사 후 전문가 상담 가능

 ## 현장 직업 체험 | 한국 잡 월드

고용 노동부에서 운영하는 한국 잡 월드는 우리나라 최대 규모의 직업 전시, 직업 체험 공간을 갖춘 직업 종합 테마파크예요. 흥미와 재능을 찾을 수 있는 진로 설계관, 직업의 역사와 떠오르는 미래의 직업을 알려 주는 직업 세계관, 창의력과 협동심을 배우고 120여 가지의 직업을 체험할 수 있는 어린이·청소년 직업 체험관 등을 갖추고 있어요.

이용 안내

위치 | 경기도 성남시 분당구 분당수서로 501

홈페이지 | http://koreajobworld.or.kr

전화번호 | 1644-1333

이용 시간 | 오전 9시~오후 6시 30분(사전 예약 필수)

어린이 체험관 운영 시간 |
1부 오전 9:30~13:30
2부 오후 14:30~18:30

휴일 매주 월요일, 신정 및 설 연휴, 추석 연휴

어린이 체험관 내부

청소년 체험관 내부

미래의 직업은 어떻게 달라질까요?

 ### 보수보다는 일의 가치가 중요해요

과거에는 직업이 생계를 유지하는 수단으로서의 역할이 강했지만 요즈음에는 돈보다 자신의 자아를 실현하고 행복을 느낄 수 있는 직업을 선택하는 사람이 많아졌어요. 이러한 경향은 앞으로도 계속될 것으로 보이며 여러분도 적성에 맞고 즐거움을 느낄 수 있는 직업을 선택하는 것이 좋아요.

 ### 전문가가 되어야 해요

여러 기관에서 정한 미래의 유망한 직업을 살펴보면 전문 지식이나 기술을 요구하는 직업이 많아요. 수준 높은 훈련을 받고, 실제 업무 현장에서 일을 수행할 수 있는 전문가가 미래 사회를 이끌게 될 것이라는 의미지요. 더구나 전망이 밝은 직업에는 능력이 뛰어난 지원자가 몰리고, 준비해야 할 사항이 많아 경쟁이 치열하므로 나만의 경쟁력을 갖출 수 있는 전문 지식을 준비하는 것이 좋아요.

 ### 여러 가지 직업을 가질 수 있어요

평생 한 가지 직업 분야에서 일하는 사람도 있지만 같은 시기에 여러 가지 직업을 가진 사람도 있고, 나이가 들어 새로운 직업을 선택하는 사람도 늘어났어요. 이러한 변화는 앞으로 더 흔해질 것이랍니다. 그러므로 여러분은 끊임없이 나의 적성과 흥미 분야를 관찰하고, 빠르게 변화하는 사회의 흐름을 읽으며 자기 개발을 해야 해요. 미래에는 나이나 성별에 상관없이 가지고 있는 능력에 따라 일하고 쉴 수 있는 '탈(脫) 회사 노(No) 정년' 흐름이 더욱 뚜렷해질 것이니까요.

미래에 떠오를 직업을 알아보세요

다가올 미래는 지금보다 훨씬 더 복잡하고 빠르게 변할 거예요. 일의 분야를 세밀하게 나누어 전문 기술을 요구하는 직업이 늘고, 노인 복지 관련 산업, 정보 통신과 정밀 기계 산업이 성장하면서 관련 직업 분야의 미래도 밝지요. 취업 경력 소개 사이트, 한국 직업 정보 시스템, 한국 직업 능력 개발원에서 발표한 미래 유망 직업을 살펴보세요.

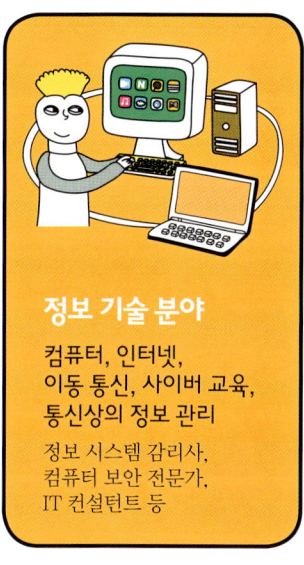

정보 기술 분야
컴퓨터, 인터넷, 이동 통신, 사이버 교육, 통신상의 정보 관리

정보 시스템 감리사, 컴퓨터 보안 전문가, IT 컨설턴트 등

첨단 기술 분야
생명 공학, 유전 공학, 나노 전자 공학, 항공 우주 공학

IPTV 영상 처리 전문가, 지능형 로봇 개발자, 나노 사업 기획자 등

국제화 분야
국제 법, 국제 교류 전문, 국제회의 기획, 나라 간 다툼 해결

국제 협상 전문가, 국제회의 기획자, 국제 관광 홍보업 등

문화·서비스 분야
방송, 영화, 음악 등 문화 산업 관련, 공연 기획, 게임 개발

여행 상품 기획자, 다이어트 프로그래머, 퓨전 음식 개발자 등

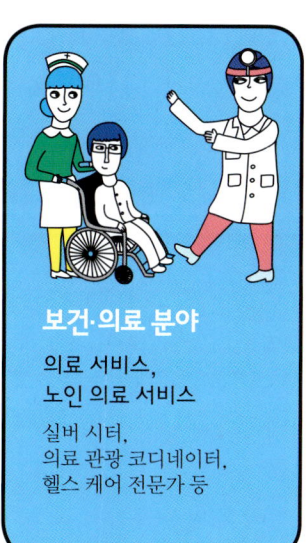

보건·의료 분야
의료 서비스, 노인 의료 서비스

실버 시터, 의료 관광 코디네이터, 헬스 케어 전문가 등

환경 분야
재생 에너지, 오염 물질 처리, 에너지 관리

천연 에너지 개발자, 친환경 도시 계획가, 기후 변화 전문가 등

101번째 직업 소개

이 책을 만든 출판 기획자에 대해 알아볼까요?

Q 출판 기획자는 어떤 직업인가요?

출판 기획자는 독자들의 관심을 분석하고 판매 가능성을 예측하여 출판 기획안을 만든다. 기획안이 완성된 뒤에는 작가, 화가를 섭외하고, 디자인 컨셉, 글과 이미지의 배치 등을 디자이너와 상의한다. 작가가 원고를 완성하면 기획 방향에 적합한지 검토하고, 책이 완성된 뒤에는 홍보 및 판매 전문가와 전략을 짜기도 한다. 언론사에 홍보할 보도 자료와 광고 문구를 만드는 것도 출판 기획자의 업무이다.

Q 출판 기획자가 되는 방법을 알려 주세요.

국문학, 심리학, 사회학 등을 전공하여 인문학적 소양을 키우거나 출판 관련 학과를 졸업하는 것이 좋다. 최근에는 출판 미디어학과가 생겨 출판에 관한 전문적인 교육을 하기도 한다. 출판사에 들어가 편집 업무부터 차근차근 배우며 경력을 쌓고 출판 기획자로 성장한다.

Q 무엇을 준비해야 할까요?

필수 사람들의 관심 분야와 유행의 흐름을 읽는 열린 생각과 기획력이 필요해요.
중요 책 제작과 관련된 전문가를 이끄는 리더십과 의사소통 능력이 중요해요.
도움 여러 글감으로 글쓰기 훈련을 해 보세요.

Q 앞으로의 전망은 어떤가요?

해마다 도서의 판매가 줄어들고, 디지털 매체를 통해 정보를 얻는 경우가 늘어 종이책 중심의 출판 기획자는 줄어들 것으로 예상된다. 하지만 앞으로의 출판 시장에서는 독자들의 관심을 정확하게 분석하여 베스트셀러를 만들 수 있는 출판 기획자의 역할이 더욱 중요해지는 추세이다. 출판 기획자들 중 컴퓨터나 모바일 기기에서 제공되는 콘텐츠 제작자로 진로를 바꾸는 경우도 많다.